ARCHIVES

DE

LA MAISON-DIEU

DE CHATEAUDUN

TRANSCRITES ET PLACÉES PAR ORDRE CHRONOLOGIQUE

PAR

Aug. de BELFORT

MEMBRE DE LA SOCIÉTÉ DUNOISE

PRÉCÉDÉES D'UNE INTRODUCTION

PAR

M. Lucien MERLET

ARCHIVISTE D'EURE-ET-LOIR

PARIS
AU SIÈGE DE LA SOCIÉTÉ FRANÇAISE DE NUMISMATIQUE
ET D'ARCHÉOLOGIE
46, RUE DE VERNEUIL

CHATEAUDUN
CHEZ POUILLIER-VANDECRAINE, LIBRAIRE

1881

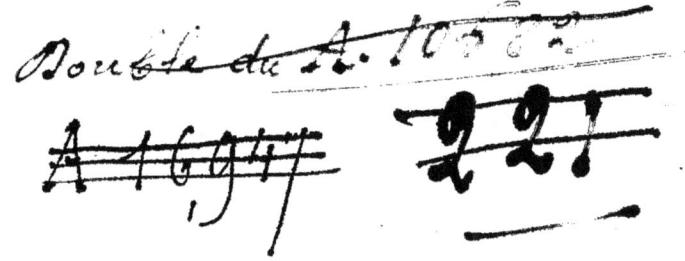

ARCHIVES

DE

LA MAISON-DIEU

DE CHATEAUDUN

PARIS. — IMPRIMERIE F. LEVÉ, RUE CASSETTE, 17.

AVANT-PROPOS

Les archives de la Maison-Dieu de Châteaudun se composent de quelques commencements de cartulaires et d'un grand nombre de pièces détachées. Quelques-unes de ces pièces sont originales, mais le plus grand nombre sont des copies qui sont elles-mêmes la reproduction de copies plus anciennes.

Malgré les invasions, les guerres locales et les tourmentes populaires, les archives de la Maison-Dieu ont été conservées presque intactes. A la révolution elles furent reléguées dans un grenier, où elles restèrent oubliées jusqu'en 1860.

Au moment de la réédification d'une partie de l'hopital, on fit disparaître de vieilles constructions, et c'est là qu'elles furent découvertes.

M. Brossier-Géray s'empressa de recueillir tous ces parchemins, les mit en sûreté et commença à en faire la lecture. Ce travail était ingrat, à cause du mauvais état des pièces à déchiffrer, mais il lui parut si intéressant qu'il fit facilement comprendre aux membres de la commission administrative des hospices réunis de Châteaudun l'importance de la découverte qui venait d'être faite.

Les administrateurs des hospices, hommes intelligents et dévoués à leur ville, n'hésitèrent pas à charger M. Lucien Merlet, le savant archiviste du département d'Eure-et-Loir, de rédiger l'inventaire du trésor que le hasard remettait entre leurs mains.

M. Merlet se mit à l'œuvre, et en 1867 il publia l'*Inventaire sommaire des archives hospitalières antérieures à 1790. Hospices de Châteaudun.* 1 vol. in-4°.

Vers 1867, la Société Dunoise, récemment fondée, entreprit de rechercher les anciens documents concernant le pays Dunois pour refaire l'histoire locale appuyée sur des pièces authentiques. Il fut décidé qu'on publierait d'abord des cartulaires, dans lesquels seuls on pourrait trouver des renseignements utiles et peu connus. M. Emile Mabille se chargea de rédiger le cartulaire de Marmoutiers pour le Dunois. Plein de zèle, et ne me doutant pas des difficultés d'un pareil travail, je me chargeai du cartulaire de la Maison-Dieu de Châteaudun.

Je me mis de suite à l'œuvre, mais je fus bien vite forcé de reconnaître mon impuissance. Non seulement je ne pouvais lire les écritures anciennes lorsqu'elles étaient bien conservées, mais le plus grand nombre des pièces étaient presque effacées par l'humidité ou lacérées, et il fallait les reconstituer en partie. A force de persistance, je parvins à lire et à copier quelques chartes, les plus faciles à lire naturellement, puis les pièces devenant de plus en plus difficiles à déchiffrer; je perdis patience et j'abandonnai mon travail en 1869.

L'année suivante la guerre éclatait. La ville de Châteaudun, attaquée par tout un corps d'armée, se défendait d'une manière héroïque. L'ennemi criblait ses maisons et ses monuments des projectiles de son artillerie et, au mépris de conventions sacrées, c'était surtout sur l'hôpital placé sous l'égide du drapeau des ambulances, qu'il dirigeait ses attaques.

Les archives qui avaient échappé aux guerres des Anglais, aux guerres de religion et aux désastres de la révolution, furent sauvées presque miraculeusement. Un obus éclatant dans le local où elles sont conservées pouvait tout détruire et, de ces documents si intéressants pour le pays, il ne serait resté que l'inventaire dressé par M. Merlet; c'est-à-dire le simple titre des pièces, et tous les détails qu'elles renferment auraient été perdus.

Cette pensée vint ranimer mon courage ; je me remis à l'œuvre et je publie aujourd'hui une partie de mon travail comprenant les documents qui se rapportent aux XII⁰ et XIII⁰ siècles.

Le titre de cartulaire me paraissant trop ambitieux pour mon travail, je l'ai simplement intitulé : *Archives de la Maison-Dieu de Châteaudun.*

J'ai placé les pièces dans leur ordre chronologique, vrai ou supposé, et je me suis appliqué à reproduire exactement le texte tel qu'il est sur les originaux, sans rectifier ni l'orthographe ni les dates. Pour faciliter la lecture j'ai pensé pouvoir me permettre de changer les *i* en *j* et les *v* en *u*.

Quelques passages paraîtront inintelligibles, mais il ne faut pas oublier que les pièces ont été copiées plusieurs fois et que des fautes ont certainement dû se glisser dans ces copies. En rectifiant ces fautes, je m'exposais à altérer le texte, et je me suis interdit toute rectification de ce genre, laissant à chacun son interprétation.

Un renvoi indique pour chaque pièce la série et le numéro de son classement, tant dans l'inventaire de M. Merlet que dans le local où les archives sont conservées.

Un certain nombre de pièces ayant été découvertes après l'impression de l'inventaire de M. Merlet, je les ai classées à la série A., en leur donnant les numéros qui suivent ceux déjà inventoriés, c'est-à-dire en commençant au n° 67.

L'ordre chronologique étant adopté, j'ai divisé mon travail en parties correspondantes chacune à un siècle, et j'ai fait pour chaque partie deux tables, comprenant l'une les noms des personnages cités et l'autre indiquant les localités désignées dans les documents.

Le travail que je livre aujourd'hui est une œuvre de patience. Malgré tous mes soins, il contient encore de nombreuses fautes, mais tel qu'il est, et à défaut d'autre mérite, il aura au moins celui de préserver de la destruction une foule de documents intéressants pour l'histoire et les familles du vieux comté de Dunois.

Une publication aussi aride demandait une introduction qui

retraçât rapidement l'histoire de l'hôtel-Dieu de Châteaudun. Que pouvais-je dire après le remarquable travail que M. Lucien Merlet, le savant archiviste d'Eure-et-Loir, avait placé au commencement de son inventaire de 1867 ? J'ai pensé que je ne saurais faire mieux que de le reproduire en supprimant quelques citations sans intérêt, puisque les pièces se trouvent reproduites en entier dans mon travail. M. Merlet consulté a consenti à ma demande avec une courtoisie parfaite, et je reproduis ici son introduction à l'inventaire de 1867, qui sera certainement pour le lecteur la partie la plus intéressante de mon livre.

MM. d'Arbois de Jubainville et Froehner ont eu l'extrême obligeance de relire mes épreuves et de me signaler de nombreuses erreurs. M. Brossier-Géray, toujours plein de zèle et d'abnégation, a eu la patience de vérifier mes copies sur les originaux. Je les prie tous trois de recevoir ici l'expression de mes bien sincères remerciements et de ma reconnaissance.

Je ne saurais terminer cet avant-propos sans remercier également messieurs les membres de la commission administrative des hospices de Châteaudun, qui ont bien voulu mettre à ma disposition et me permettre de reproduire toutes les pièces qui m'ont été nécessaires.

Auguste de BELFORT.

Paris, janvier 1881.

INTRODUCTION

Les origines de l'hopital de Châteaudun, comme celles de la plupart des établissements religieux qui remontent à une haute antiquité, sont enveloppées de profondes ténèbres. On ignore par qui et à quelle époque il fut fondé. Dut-il sa création à de pieux ecclésiastiques qui se rassemblèrent pour venir au secours des pauvres et des pèlerins, ou fut-il établi par la munificence des comtes de Blois, alors seigneurs de Châteaudun ? Ce sont là deux hypothèses, successivement admises ou rejetées par les parties intéressées.

A en croire les comtes de Dunois du xviiie siècle, ce sont leurs auteurs, les comtes de Blois du xiiie siècle, qui fondèrent l'Hôtel-Dieu, et nous trouvons un Mémoire écrit vers 1628 par Jacques Despoy, maître de l'Hôtel-Dieu, qui affirme que l'hopital fut fondé en 1160 environ par le comte Thibaut V, sénéchal de France. Nous verrons plus loin quel intérêt poussait les comtes de Dunois à soutenir ce système ; pour le moment nous ne voulons que le discuter, et, dès l'abord, nous devons déclarer qu'il est impossible de le soutenir. Nous avons en effet une lettre d'Yves, évêque de Chartres, écrite vers l'année 1101, dans laquelle il désigne nommément l'hopital de Châteaudun. *Omnia que ptocotrophio quod situm est in Castroduno prope ecclesiam Beate-Marie-Magdalene a fidelibus collata sunt, vel in futurum, Deo donante, conferenda sunt, in tuitionem sancte Carnotensis ecclesie et nostram paterne suscipimus.*

La fondation par les comtes de Blois écartée, et nous venons de voir qu'elle n'était pas soutenable, au moins dans les termes où la proposaient les comtes de Dunois, reste l'hypothèse de la fondation pas de pieux ecclésiastiques. Nous nous rallions complètement à ce système, que nous avons trouvé très ingénieusement développé dans un Mémoire placé par l'abbé Alexandre Courgibet, frère condonné de l'Hôtel-Dieu, au commencement d'un cartulaire de l'hopital de Châteaudun qu'il composa en 1738. « Un canon d'un concile tenu à Rome en 1059 sous le pape Nicolas II, dit l'abbé Courgibet, était conçu ainsi : « Ceux qui « ont conservé la continence mangeront et dormiront ensemble « près des églises pour lesquelles ils sont ordonnés et mettront « en commun tout ce qui leur vient de l'église, s'étudiant à pra- « tiquer la vie commune et apostolique. » Les prescriptions de ce canon furent encore recommandées par le pape Alexandre II dans un autre concile tenu à Rome en 1063. Enfin, vers l'année 1091, sous le pape Urbain II, suivant l'abbé Fleury (*Hist. Eccl.* t. XIII, p. 493), plusieurs laïcs, en Allemagne, ayant embrassé la vie commune et s'étant donnés, eux et leurs biens, au service des communautés régulières de clercs et de moines pour y vivre sous leur conduite, quelques envieux blâmèrent cette manière de vivre ; mais le pape Urbain, l'ayant appris, écrivit en ces termes aux supérieurs de ces bons laïcs : « Nous approuvons cette « manière de vie que nous avons vue de nos propres yeux, la « jugeant louable et digne d'être perpétuée comme une image « de la primitive Église, et nous la confirmons par ces présentes, « de notre autorité apostolique. »

« Ainsi des villages entiers embrassèrent cette dévotion, les garçons et les filles, les hommes et les femmes mariées. C'est de là que prirent naissance dans le royaume plusieurs communautés régulières, qui, par le même principe de piété, s'établirent pour faire du bien à l'Etat et à l'Eglise : les uns étaient pour travailler à la conversion des infidèles ; les autres pour donner l'hospitalité aux pèlerins et aux pauvres malades dans le temps des croisades ; ici il y en avait qui n'étaient établis que pour chanter les louanges du Seigneur, dans une perpétuelle abnégation et un renoncement général à toutes les choses du monde ; là enfin d'autres se fondaient pour vivre en commun et s'adonner à tous les exercices de charité envers les pauvres malades.

« C'est ainsi en effet que l'on doit croire que s'est établie en ces temps la communauté des maître et frères condonnés de l'Hôtel-Dieu de Châteaudun : ce fut d'abord plusieurs prêtres qui s'unirent ensemble, en se donnant mutuellement leurs biens, leurs personnes et leurs cœurs, pour vivre en commun en un même lieu et sous l'obéissance d'un maître et d'un supérieur. »

S'il y eut des discussions sur la question de la fondation de l'Hôtel-Dieu, on ne fut pas non plus toujours d'accord sur l'emplacement qu'il occupa primitivement.

Suivant le mémoire de Jacques Despoy que nous avons déjà cité, l'Hôtel-Dieu n'aurait pas, dans le principe, été placé où il est actuellement ; il aurait été fondé à la porte Chartraine, et pour retirer les pauvres passants seulement, « ainsi qu'il appert, dit Despoy, par les ruines des vieilles masures qui sont encore ésdits lieux, qui sont appartenant audit hospice. »

C'est, je crois, encore là une erreur. Nous avons vu en effet, par la lettre d'Yves de Chartres, que, dès la fin du xi° siècle, l'Hôtel-Dieu était situé près de l'église de la Madeleine, et, dans sa lettre, Yves se sert du mot *ptocotrophium*, qui doit s'entendre d'un établissement destiné au soulagement de toutes sortes de pauvres indistinctement, et non de celui de *xenodochium*, qui s'appliquait aux maisons où l'on ne recevait que des pauvres passants.

Pour nous, voici donc ce qui nous paraît la vérité : l'Hôtel-Dieu de Châteaudun fut fondé vers la fin du xi° siècle, à l'endroit précisément où il existe encore aujourd'hui (1), par une réunion de pieux ecclésiastiques qui se rassemblèrent pour vivre en commun et donner asile et secours, tant aux pauvres pèlerins qui allaient à la Terre-Sainte, qu'à tous autres pauvres infirmes de leur ville ou des environs.

La communauté naissante dut, dès le principe, se poser une règle : nous ne connaissons pas ces statuts primitifs, mais nous avons conservé ceux qui furent établis vers le xiii° siècle ; ils

---

(1) Nous aurions été certainement moins affirmatif sans la lettre d'Yves de Chartres, qui porte expressément *prope ecclesiam Beatæ-Mariæ-Magdalenæ*.(Voir ch. n° 1) Nous trouvons, en effet, dans le recueil de l'abbé Courgibet la copie d'une charte fort curieuse, que nous n'avons pas rencontrée ailleurs il est vrai, mais qui par son texte nous paraît parfaitement authentique. L'abbé Courgibet fait remonter cette pièce à l'année 1140 environ. Cette date nous paraît un peu trop ambitieuse ; mais cette pièce n'est certainement pas postérieure à 1160. C'est un don fait à l'Aumône par Julduin, que nous voyons maître de l'Hôtel-Dieu dans une bulle d'Alexandre III, de l'année 1162. Ce Julduin, en se faisant frère condonné, abandonne à l'Hôtel-Dieu, *hebergamentum suum cum omnibus pertinentiis suis situm ante conventum maioris ecclesie in Lombardia, ad hospitandos adeuntes in Jerusalem, et quando non erun ad sustentandos pauperes et egenos.* (Ch. 8.) En admettant, ce qui est positif d'après les termes de la lettre de saint Yves, que l'Hôtel-Dieu fût déjà établi devant l'église de la Madeleine, le don de Julduin dut puissamment contribuer à l'accroissement de ses bâtiments.

n'étaient sans doute que la consécration des statuts adoptés antérieurement. Chaque frère, lors de sa réception, jurait de les observer fidèlement.

Nous croyons devoir les publier ; ils sont comme la charte de commune de cette pieuse association :

Ego juro Deo et beato Nicholao præstare obedientiam magistro hujus domus in omnibus licitis et honestis.

Ego juro præstare honorem fratribus, secreta capituli observare et commodum dictæ domus pro posse procurare et damnum evitare.

Ego juro accipere baculum sancti Nicholai (1) *infra tres annos post receptionem meam.*

Ego juro quod, dum ero presbiter, dicam orationem Inclina, *in celebratione majoris missæ.*

Ego juro dicere quolibet die unam antiphonam de beata Maria.

Ego juro quod intereo horis et divinis servitiis quæ fieri solent in ecclesia hujus domus.

Ego juro quod nullo modo relinquam prædictum servitium nisi licentia Magistri.

Ego juro dicere quotidie post prandium et post cœnam De profundis *et* Fidelium.

Ego juro quod nullum eligam in magistrum nisi prius sit frater hujus domus.

La communauté des maître et frères ecclésiastiques s'étant augmentée beaucoup en peu de temps, plusieurs laïcs même voulurent y entrer, et l'on se vit obligé alors de faire de nouvelles constitutions. Les voici, telles qu'elles furent adoptées au XVe siècle (2) :

Nullus debet recipi in fratrem nisi habeat ætatem viginti annorum, nisi de gratia speciali.

Item recipiendus donare debet dictæ domui omnia bona sua præsentia et futura.

Item recipiendus solvere debet dictæ domui unam cuppam vel decem libras turonenses.

Item recipiendus debet afferre ad dictam domum lectum munitum

---

(1) Saint Nicolas était le patron de la chapelle de l'Hôtel-Dieu. Cette formalité, de prendre le bâton de saint Nicolas était une marque de l'obligation à laquelle se soumettaient les Frères d'aller quêter dans les diverses paroisses pour les besoins de l'Hopital.

(2) Nous n'avons plus l'original de ces statuts ; mais une des copies que nous possédons porte la mention que l'original était signé par N. de Villexis et J. Le Gaigneur. Or, Jean Le Gaigneur était maître de l'Hôtel-Dieu dès l'année 1455.

duabus cooperturis et unum sciphum argenteum et unum cochlear argenteum.

Item, durante tempore quo frater de novo receptus est clericus, non presbiter, Magister tenetur illi tradere, quolibet anno, summam viginti solidorum turonensium pro calceatura et summam quadraginta solidorum pro vestimentis, et cuilibet presbitero deserviendo et continuam mansionem faciendo in dicta domo centum solidos turonenses pro vestimentis prædictorum, demptis beneficiatis qui nulla debent habere vestimenta.

Item tenentur fratres presbiteri ordinatim ministrare sacramenta ecclesiastica pauperibus dictæ domus et prædictorum pauperum exequias facere.

Item nullus de fratribus se poterit a dicta domo absentare et alibi mansionem facere absque licentia Magistri.

Item si aliquis frater habeat beneficium et se absentaverit a dicta domo et servitio per mensem, Magister poterit privare eum a suo beneficio et nichil percipiet de dicta domo.

Item si quis deliquerit de fratribus aut aliquod malum faciet, magister poterit illum ponere in carcerem ad hoc in dicta domo designatum aut aliter punire secundum delictum.

Item quod conjuges qui se ibidem offerunt, non debent recipi ut ibidem commorentur, sed alibi extra septa prædictæ domus (3).

L'observation exacte de la règle acquit à la communauté une si grande réputation que plusieurs laïcs, de tout sexe et de toutes conditions, touchés des grands biens qu'elle accomplissait, se firent un plaisir et un honneur, à l'envi les uns des autres, de s'y associer pour y pratiquer eux-mêmes toutes les œuvres de charité qu'on y exerçait continuellement. Afin de contribuer à l'accroissement de la maison d'une manière spéciale et particulière, les uns s'y donnèrent avec tous leurs biens présents et à venir, les autres se contentèrent de léguer à l'Hôtel-Dieu des fonds ou des rentes : tels ont été les bienfaiteurs dont nous retrouvons les chartes de donation dans les cartulaires ou dans le chartrier de l'hopital.

Les papes Alexandre III et Innocent III accordèrent à la communauté des privilèges qui furent encore augmentés dans la suite par Urbain VIII et Innocent XII.

Plusieurs évêques de Chartres approuvèrent et confirmèrent

(1) Voir E, 48 et A 8, n° 6.

la société des maître et frères dès son commencement. Ils ne furent pas seuls à accorder une affection toute spéciale à l'Hôtel-Dieu de Châteaudun ; une pieuse tradition conservée dans cette maison veut que Thomas Becket, archevêque de Cantorbéry, y ait cherché un asile contre la persécution de Henri II. Avant la Révolution, on exposait, tous les ans, sur l'autel de la salle des malades, à la vénération des fidèles, la mître, les gants et la bourse de ce saint martyr, qu'il avait, disait-on, donnés à l'Hôtel-Dieu pendant son séjour, comme un gage authentique de sa reconnaissance (1).

Les rois de France ne se montrèrent pas moins empressés que les papes et les évêques à témoigner à l'Hôtel-Dieu toute leur bienveillance. Louis le Jeune écrivait à tous les officiers de son royaume, tant ecclésiastiques que laïcs, d'avoir autant de considération pour les maître et frères de cette maison que pour lui-même, et de défendre leurs biens avec autant de soin que les siens propres, se déclarant d'ailleurs leur confrère et bienfaiteur. L'année précédente, il avait donné à l'hospice 40 sous de rente sur les étaux des boulangers à Orléans, donation qui fut plus tard confirmée par Philippe-Auguste.

A l'exemple des rois, les comtes de Blois et les vicomtes de Châteaudun donnèrent de nombreuses preuves de leur affection pour l'Hôtel-Dieu. Nous signalerons, parmi les donations des vicomtes de Châteaudun, le droit de foire pendant un jour, à la fête de la Madeleine, avec toute la justice moyenne et basse en ce jour, octroyé en février 1201 par Geoffroy IV, et la fondation de la foire de Saint-Nicolas par Geoffroy V en juillet 1229.

L'Hôtel-Dieu de Châteaudun avait continuellement des relations forcées avec les communautés religieuses de la ville et en particulier avec l'abbaye de la Madeleine, dont les possessions joignaient les bâtiments de l'hopital. Avant de parler de ces relations trop souvent litigieuses avec ses puissants voisins, les Bénédictins de la Madeleine, sans nous arrêter à ses rapports de bonne confraternité avec l'église de Saint-Valérien, paroisse sur laquelle il avait été fondé, nous examinerons rapidement

---

(1) Nous n'indiquons ce souvenir que comme pieuse tradition ; car nous doutons fort, quant à nous, que jamais Thomas Becket se soit réfugié à l'Hôtel-Dieu de Châteaudun ; nous croyons plutôt que les reliques de ce prêtre furent données à l'hopital par Jean de Salisbury, évêque de Chartres, compagnon fidèle du saint martyr.

comment l'Hôtel-Dieu fut mêlé parfois aux affaires du chapitre de Saint-André.

Au mois de septembre 1228, les chanoines de Saint-André, sur la requête des maître et frères de l'Hôtel-Dieu, leur avaient accordé une prébende dans leur église, à la condition que le maître dudit Hôtel-Dieu observerait fidèlement les statuts du chapitre et que lui ou un frère par lui délégué acquitterait sa semaine comme les autres chanoines.

La concession de cette prébende donna lieu à de nombreux procès. Le chapitre de Saint-André avait de même octroyé des prébendes aux abbés de la Madeleine et de Bonneval et au prieur de Saint Denis de Nogent-le-Rotrou. Dans la suite des temps, les abbés et le prieur cessèrent d'assister à Saint-André pour vaquer uniquement à leur propre église, et passèrent des transactions avec le chapitre pour le paiement de ce qui leur était dû.

Les comtes de Dunois jugèrent à propos de décharger de même le maître de l'Hôtel-Dieu de l'assistance continuelle à l'office de Saint-André. Alors intervint, en 1614, une transaction, aux termes de laquelle le chapitre déchargea le maître de l'assistance au chœur pour l'attacher entièrement à l'Hôtel-Dieu, et il lui donna la somme de 93 livres, au lieu de 120 livres ou environ qu'il touchait avant cette transaction, tant pour distributions manuelles que pour célébrations de messes en sa semaine.

Là-dessus, protestation du maître de l'Hôtel-Dieu, et requête au Parlement, afin qu'il soit ordonné qu'il touchera, comme les autres chanoines de Saint-André, quatre muids un setier de froment, autant d'avoine, 80 livres en argent, et qu'il jouira d'un arpent de pré et d'une maison. Contredits du chapitre alléguant que jamais le maître de l'Hôtel-Dieu n'a été considéré comme chanoine, tellement qu'il est dit dans l'acte de fondation *stallum habebit in choro, sed vocem in capitulo non habebit.* Enfin, au mois d'octobre 1657, nouvelle transaction par laquelle, au lieu de 93 livres, le chapitre accorde la somme entière de 120 livres que le maître touchait précédemment.

Ce procès avait duré un demi-siècle, mais ce n'est rien comparativement à ceux que l'Hôtel-Dieu eut à soutenir contre l'abbaye de la Madeleine.

Un manuscrit d'Alexandre Souchay, avocat-fiscal du comté de Dunois au XVIIe siècle, prétend que, dans le principe, l'Hôtel-Dieu fut administré par les religieux de la Madeleine. C'est là assurément une assertion toute gratuite et que toutes les présomptions tendent à infirmer : cependant il est impossible de ne pas croire que les moines de la Madeleine aient eu quelque part à l'établissement de cette maison, ne fût-ce qu'en abandonnant tout ou partie du terrain sur lequel elle fut bâtie. Quoi qu'il en soit, les premiers actes authentiques qui nous parlent des relations de l'Hôtel-Dieu et de l'Abbaye nous les font voir aussi amicales que possible.

Ainsi, en 1131, l'abbé de la Madeleine, Archambaud, ayant dressé un règlement général pour les moines de son abbaye, fit intervenir l'Hôtel-Dieu de Châteaudun, avec lequel, dit-il, il avait commencé par faire une transaction. (Ch. 4.)

Mais la concorde ne devait pas durer longtemps entre les deux établissements; ils avaient trop d'intérêts semblables pour que la bonne harmonie pût subsister; dès 1180, la lettre adressée par Thibaut V à Pierre, cardinal du titre de Saint-Chrysogône, légat du pape Alexandre III, constate un commencement de discorde.

Les principales difficultés venaient du droit de dîme que les abbés de la Madeleine prétendaient sur les vignes de l'Hôtel-Dieu et des censives que les deux établissements réclamaient chacun de leur côté.

La création de la foire de la Madeleine, en 1201, au profit de l'Hôtel-Dieu, amena de nouvelles difficultés. L'abbaye ne pouvait voir sans déplaisir les maître et frères jouir de ce privilège d'une foire franche, qui se tenait sur leur domaine et qui, chaque année, prenait une telle extension que bientôt les marchands forains envahirent la place devant l'abbaye et jusqu'au cimetière de la Madeleine.

Outre les étaux du jour de la foire de la Madeleine, il y en avait d'autres permanents, placés dans l'église même de l'abbaye et qui servaient à vendre de la cire. L'Hôtel-Dieu prétendait avoir seul le droit de les louer. De là encore de nombreuses contestations.

Une grave question aussi était celle des droits curiaux. Naturellement, les religieux de la Madeleine prétendaient que, sous ce rapport, l'Hôtel-Dieu leur était assujetti. Vers l'année 1160, Guillaume, abbé de Tiron, à la prière du comte Thibaut, avait cédé à l'Aumône une terre pour y établir son cimetière, en la censive de l'abbaye de la Madeleine. Les religieux réclamaient, outre le cens, un droit par chaque sépulture. Cette contestation fut réglée par une transaction du mois de juillet 1212, par laquelle il fut convenu, en même temps que les personnes commensales de l'Hôtel-Dieu ne pourraient contracter mariage ailleurs que dans l'église de la Madeleine, et que les domestiques à gages de l'Hôtel-Dieu seraient tenus de faire leurs pâques à la Madeleine.

Par suite de cette prétention sur les droits curiaux, les religieux s'arrogeaient le droit de régler tout ce qui concernait l'église de l'Hôtel-Dieu. C'est ainsi que les maître et frères furent forcés de prendre l'engagement de ne pas construire plus de trois autels dans leur église. C'est encore en vertu de cette prééminence curiale que les religieux de la Madeleine ne voulurent jamais permettre que l'Hôtel-Dieu eût des cloches dans son église. Dans toutes les grandes occasions, jusqu'à la Révolution, les maître et frères furent obligés de se servir des cloches de la Madeleine.

L'Hôtel-Dieu possédait deux annexes, les chapelles de Saint-Blaise et de Sainte-Cécile.

L'abbé Bordas dit que « les frères de l'Hôtel-Dieu de Château-
« dun formèrent de moindres hospices pour les malades dans
« des lieux où leurs bienfaiteurs jugeaient leur présence conve-
« nable. On trouve dans leurs titres qu'ils exerçaient l'hospita-
« lité envers les malades à Beaufou sur le chemin de Vendôme,
« à Fontaine-Marie, à Péronville et à Dangeau. » Nous ne croyons pas à l'existence de ces succursales de l'Hôtel-Dieu et nous n'en avons trouvé nulle trace ; mais les frères possédaient, dans chacune des paroisses de La Chapelle-Vicomtesse et de Fontaine-Raoul, une chapelle dont l'un d'eux était pourvu et dans les dépendances de laquelle il pouvait recevoir les pauvres malades de la paroisse.

La véritable fondation de la chapelle de Sainte-Cécile, dans la paroisse de Fontaine-Raoul, date de 1224. A cette époque, Geoffroy de la Rue, chevalier, en se faisant frère condonné, octroya à l'Hôtel-Dieu divers dons et entre autres lui abandonna 100 livres pour acheter le bois de Beaufou, à la condition qu'il serait institué un chapelain perpétuel chargé de faire l'anniversaire dudit donateur. Les maîtres et frères se conformèrent au désir de Geoffroy de la Rue et instituèrent l'un d'eux chapelain. (Ch. 133.)

Mais si l'établissement de la chapelle ne date que de 1224, longtemps auparavant l'Hôtel-Dieu avait, dans la paroisse de

Fontaine-Raoul, d'importantes possessions qui constituèrent le revenu de la chapelle de Sainte-Cécile. Ainsi, dès 1169, on rencontre un accord entre l'Aumône et Jean de Secourray pour les terres de Beaufou, accord confirmé par le comte Thibaut V. Par cet acte, il est convenu que les frères condonnés pourront établir des hôtes dans leur terre de Beaufou, en leur donnant à chacun un quart d'arpent pour leur logis et autant de terre labourable qu'ils le jugeront convenable. Les terres de l'Aumône qui n'auront pas été données à des hôtes seront mesurées; Jean de Secourray en livrera la même quantité, et toutes ces terres seront cultivées par les soins des frères, mais Jean percevra le tiers des revenus, à la condition toutefois de fournir le tiers des bestiaux et des semences. Le terrage, la dîme, le cens sur les hôtes, la taille et tous les autres revenus seront partagés également entre le seigneur et les frères, à l'exception cependant des menues dîmes qui appartiendront exclusivement à l'Aumône.

Cet acte nous prouve que, dès les premières années de sa fondation, la Maison-Dieu de Châteaudun possédait des héritages à Beaufou; mais la donation la plus importante qui lui fut faite de ce côté est celle d'Ursion de Meslay, seigneur de Fréteval, au mois de mars 1222. Ce seigneur, par un acte passé à Chartres, dans la chapelle de Saint-Martin, abandonna à l'aumône en toute propriété, avec tout droit de justice, trois cents arpents de bois, sis entre la grande route qui va de Beaufou à Fréteval d'une part et le bois Bourreau d'autre part, s'étendant en long depuis la plaine de Beaufou vers Malebranche et le chêne du Trépied, aussi loin qu'il sera nécessaire pour que la quantité de trois cents arpents soit complètement atteinte. Ursion donne aux frères condonnés tout droit et usage dans ledit bois, réservant cependant pour les moines de l'Aumône de Cîteaux le pacage de cent quarante bestiaux et pour lui-même, la chasse de la grosse bête, cerf, chevreuil et sanglier : mais à la condition que si un cerf ou une biche, un chevreuil ou une chevrette est pris dans les limites du bois des hospitaliers, ledit gibier leur appartiendra; que si c'est un sanglier ou une laie, quatre jambons seront remis aux frères condonnés.

La donation du seigneur de Fréteval était des plus importantes; aussi fut-elle entourée de toutes les garanties possibles, et nous trouvons dans le chartrier de l'Hopital une assez grande quantité d'actes qui s'y rapportent.

Le premier en date est la confirmation faite, au château de Fréteval, par Emma, femme d'Ursion de Meslay, au mois de mars 1222 (Ch. 123.) En même temps Ursion envoyait par un de ses familiers, Nicolas de Frécot, chanoine de Chartres, une requête à l'évêque Gautier pour le prier de ratifier sa donation (Ch. 122), ratification que celui-ci accorda, au mois de juillet de la même année (Ch. 127), en donnant au maître de l'Hôtel-Dieu l'investiture desdits trois cents arpents de bois. Au mois de mai précédent, Hugues et Geoffroy de Meslay, vidames de Chartres, avaient déjà confirmé, en présence de l'évêque Gautier, la donation de leur frère Ursion (Ch. 126).

Marguerite, comtesse de Blois, avait confirmé également cette donation en 1222 (Ch. 128). Cette confirmation ne parut pas suffisante à Ursion de Meslay; il voulait surtout avoir l'assentiment de Gautier d'Avesnes, mari de Marguerite : nous ne savons si le comte finit par se rendre aux prières du seigneur de Fréteval, mais du moins il ne le fit pas immédiatement; car, en 1224, nous voyons deux requêtes qu'Ursion lui adresse successivement pour lui demander de ratifier son présent (Ch. 131 et 132).

A partir de 1224, l'un des frères de l'Hôtel-Dieu fut pourvu de la chapelle de Sainte-Cécile, et perçut le revenu des métairies de ladite chapelle. Cet état de choses dura jusqu'en 1565. A cette époque, une grande révolution s'était accomplie depuis quelques années dans l'Hôtel-Dieu : aux maître et frères avaient été substitués comme administrateurs des commissaires laïcs; ceux-ci prétendaient avoir le droit de disposer des revenus des chapelles de Sainte-Cécile et de Saint-Blaise aussi bien que des autres propriétés de l'Hôtel-Dieu. Pour éviter cette dépossession, les frères firent entre eux, le 29 septembre 1565, un accord, aux termes duquel, « quiconque d'entre eux sera pourvu d'icelles cha-
« pelles les fondera en titre seulement, et pour son titre et célé-
« bration du service divin prendra et recevra tant seulement,
« sçavoir est ledit chapellain de Sainte-Cécile les dixmes tant
« grosses que menues avec le dedans de ladite chapelle, et ledit
« chapellain de Saint-Blaise, au pareil, recevra les dîxmes tant
« grosses que menues, avec le dedans d'icelle chapelle tant seu-
« lement. Le surplus des bois, rentes, revenus, terres, posses-
« sions, bois, étangs et autres droits y appartenant reviendront
« à la manse pour vivre en commun, qui sera reçu par lesdits
« maître et frères. »

La chapelle de Saint-Blaise était située, comme nous l'avons dit, dans la paroisse de La Chapelle-Vicomtesse. Nous n'avons pas sur sa fondation un acte aussi précis que la charte de Geoffroy de la Rue pour la chapelle de Sainte-Cécile ; mais nous croyons pouvoir affirmer qu'elle fut établie vers la même époque, et nous pouvons voir la première trace de sa fondation dans une charte de Robert du Mée, du mois de novembre 1209, par laquelle en se faisant frère condonné il abandonne tout ce qu'il possédait sur le moulin Estornel à Boursay et confirme le don du pré de Flocel fait par le père de Guillaume de Choue. Le titre le plus ancien où nous rencontrons la chapelle de Saint-Blaise nommément désignée est une donation qui lui est faite, au mois de mars 1362, par Guillemette, veuve de Joly de Soizé, pour son anniversaire et celui de son mari. Au mois de décembre 1370, une transaction intervint entre le chapelain de Saint-Blaise et le prieur de La Chapelle-Vicomtesse, pour le règlement des dîmes, redevances, cens et rentes appartenant réciproquement aux deux parties contractantes.

Étudions maintenant l'administration intérieure de l'Hôtel-Dieu de Châteaudun.

Un premier fait qu'il importe d'établir, c'est la nature de la fondation des maître et frères condonnés qui furent les premiers administrateurs de l'Hôtel-Dieu. Or, cette fondation, suivant nous, une dans son principe, était double dans son objet. Le but de l'établissement était non-seulement de donner un asile à la pauvreté souffrante, mais encore de créer un chapitre ou communauté d'ecclésiastiques. Nous lisons dans un mémoire rédigé en 1778 par M. Gérard, curé de Saint-Valérien, les lignes suivantes qui nous semblent résumer l'esprit des maître et frères condonnés des premiers siècles de l'établissement : « La dotation de tous
« les biens en faveur de cette communauté ne pouvoit avoir pour
« objet que les membres de la communauté et le récipiendaire
« luy-mesme qui avoit le courage d'en faire le généreux sacrifice.
« C'étoit là la première intention des frères qui s'initioient dans
« cette milice toute religieuse et qui quoyque animés d'une fer-
« vente charité pour le malheureux, n'avoient pas cependant le
« goût de la pauvreté pratique jusqu'au point de se faire pauvres
« pour soulager les autres. Leur dessein seulement étoit de réu-
« nir un grand nombre de possessions, afin qu'en vivant en
« communauté ils pussent, de leurs épargnes, soulager la misère

« de ceux que la fatigue et les longs voyages de piété présen-
« toient à leur compassion. Ne les supposons donc pas plus cha-
« ritables qu'ils ne l'étoient et que ne le disent leurs actes de
« donations. C'est à eux-mesmes qu'ils se donnoient leurs biens;
« de là le nom de frères condonnés. »

Les preuves abondent pour établir ce caractère de chapitre que nous pensons devoir attribuer à la communauté des frères condonnés. Ce sont d'abord les anciens statuts. La bulle d'Alexandre III, de 1162, traite les frères absolument comme des chanoines; le pape leur permet de célébrer dans leur église, tous les offices divins, même dans le temps d'un interdit général. N'est-il pas évident, d'après les termes de la transaction de 1212 avec l'abbaye de la Madeleine, que l'intention des frères condonnés fut d'attacher à l'église de Saint-Nicolas tous les droits d'une église majeure principale, et non de la réduire au simple état d'une chapelle dépendante et accessoire d'un hopital? « Aussi, » dit un autre Mémoire de l'année 1773, « voit-on que cette église
« n'a jamais subsisté un moment sans titres de bénéfices, et sans
« ministres érigés, créés et donnés pour un office canonial et
« pour le service de l'hopital. Dès les premiers tems de sa nais-
« sance, elle est devenue collégiale, curiale et hospitalière, et
« c'est sur le fondement de ces qualités qu'elle doit des secours
« spirituels et temporels aux pélerins, aux pauvres, aux malades
« et aux sœurs de la Charité, ayant une résidence fixe ou passa-
« gère dans l'Hôtel-Dieu. »

Nous avons voulu, avant de commencer l'historique des divers changements survenus dans la nouvelle administration de l'Hôtel-Dieu, bien préciser ce caractère de la fondation des frères condonnés, afin qu'on pût comprendre sur quoi étaient fondées les résistances qu'ils opposèrent pendant deux siècles à la réformation de l'Hopital, et jusqu'à quel point ils avaient des motifs sérieux de s'opposer à cette réformation.

La pièce la plus ancienne où nous voyions mentionné le nom de frères condonnés est la charte de Juilduin, de l'année 1160 environ. Généralement le titre le plus communément adopté avant le XIIIe siècle est celui de *procuratores Elemosine* ou *elemosinarii*. Le maître s'appelait tantôt prieur, tantôt procureur, ministre ou maître. Antérieurement au XIIIe siècle, les donations se faisaient ordinairement *domui Elemosine* ou *Deo et pauperibus infirmis Elemosine*; mais à partir de 1220 surtout, presque tous les dons sont faits aux maître et frères condonnés.

Dans le principe, le nombre des frères condonnés paraît avoir été de huit prêtres et deux novices, auxquels étaient adjointes quelques sœurs religieuses qui étaient voilées et donnaient, comme les maître et frères, tous leurs biens audit hospice. Vers la fin du xv⁰ siècle, les sœurs furent supprimées, comme aussi deux frères et un novice, pour décharger l'Hôtel-Dieu d'un tel nombre de personnes qu'on jugeait inutiles, et on les remplaça par un gardien et sa femme.

De l'aveu de leurs adversaires les plus ardents, les maître et frères gouvernèrent pendant longtemps l'Hôtel-Dieu avec ordre et beaucoup de charité; mais, leur piété étant venue à diminuer, ils tombèrent dans le dérèglement, abandonnèrent l'intérêt des pauvres et firent tourner à leur profit et à leur bien-être les revenus dudit Hôtel-Dieu. Nous n'avons pas de renseignements précis sur cette période de l'administration de l'Hopital, mais un mémoire présenté en 1558 par les échevins de Châteaudun aux juges commis par le roi pour la réformation des hopitaux nous fait connaître quelques-uns des griefs reprochés aux administrateurs ecclésiastiques de l'Hôtel-Dieu.

Les échevins disent qu'ils ont « fait faire inventaire des lits,
« dont s'est trouvé peu et du linge pareillement pour les pauvres
« et qu'ils se sont entremis dans l'administration du revenu
« temporel, lequel revenu qui peut valoir par chacun an deux
« mil livres estoit consommé et mangé au moyen du grand
« nombre de gens d'église et autres serviteurs supernuméraires
« estans audit Hostel-Dieu, parce qu'il y a dix ou douze prestres
« qui se dient frères et avoir fait profession, et sept ou huit ser-
« viteurs; lesquels prestres qui se dient frères et avoir fait pro-
« fession, combien qu'ils n'en ayent fait aucune, et y entrent et
« sortent par le congé simple du maistre, veulent avoir à chacun
« repas touttes sortes de viandes, fromage et fruits à l'issue de
« chacun des repas, et pain et vin sans nombre ne mesure, et
« trois fois la semaine chapons et autres vollatilles rousties, au
« grand intérest de laditte maison et diminution du vivre des
« pauvres. » Il est vrai que, un siècle plus tard, les maîtres et frères protestaient contre ces accusations, en alléguant que c'était un simple dire de leurs adversaires sans aucune preuve à l'appui; mais ils oubliaient que, quelques jours après leur requête, les échevins, accompagnés de six notables, faisaient une descente

à l'Hôtel-Dieu et constataient qu'il y existait, entretenus aux frais de la maison : « M° Anceaume Touchard, maistre ; M⁹ˢ Flo-
« rent Jahan, Jean Drouet, Jean Moreau, Mathurin Pézières,
« Jacques Couronneau, Jean Lambert, François Vacher et
« Pierre Guérin, tous prestres, Jean Guérin et Anceaume Tré-
« boil, novices, tous eux disans frères condonnez audit Hostel-
« Dieu ; M° Mathurin Beslon, prestre, servant de despencier ;
« M° Gilles Blanvillain, aussy prestre, préposé pour recevoir les
« grains appartenans audit Hostel-Dieu et mestre au moullin ;
« Benoist Joyeux et sa femme, gardians de la salle des pauvres ;
« la veufve Geoffroy Fresneau, servante ; un nommé Thevot,
« charretier, conduisant le harnois et les quatre chevaux dudit
« Hostel-Dieu ; un nommé Philbert, pallefrenier du cheval et
« mulet dudit maistre de la Maison-Dieu ; un nommé Guillaume
« Brichon, boullanger ordinaire de ladite maison ; un petit gar-
« çon qui sert à la table. De plus, au lieu de Fontaine-Marie, une
« nommée Besnarde Panthonnière, veufve Marin Jaulnet, ser-
« vante ; un moutonnier nommé Jean ; un porcher nommé
« Louis Mothereau ; une nommée Jeanne Luzette, vachère. »

Nous avons rencontré d'ailleurs, dans le chartrier de l'Hopi-tal, un autre témoignage qui ne peut être suspect. C'est une requête présentée au Parlement en 1566 par Jacques Couronneau maître de l'Hôtel-Dieu, pour obtenir une augmentation du revenu attribué aux frères condonnés. Par cette requête, Jacques Couronneau remontre qu'il n'a été alloué à chacun desdits frères que « quatre-vingtz livres tournois, qui seroict à chascun des diz
« frères quatre solz sept deniers obole pour le plus par chascun
« jour de l'an seullement, laquelle somme ne se pourroict aujour-
« d'huy estendre à faire grande despence comme de avoir pain,
« vin et viande à discrétion ; car s'il falloit aujourd'huy avoir une
« chopine de vin à chascun repas et ung pain cuyt pesant douze
« onces, ne suffiroient les diz quatre solz sept deniers obole pour
« avoir du pain à chascun desdiz frères sans avoir autre pitance
« Ce nonobstant, ledict suppliant, ayant volonté de gouverner et
« entretenir les diz frères en leur communité accoustumée y em-
« ploie aultant et plus que la dicte somme ne se monte, mesmes
« les fournit de pain, vin et viande à chacun repas de disner et
« soupper ; et non contans de ce, veullent avoir desjeuner, gous
« ter et à toutes heures pain et vin à discrétion, veullent, en l'ab-
« sence dudit suppliant, contraindre les serviteurs et domes-

« tiques par menasses leur bailler ce qu'ils demandent de pain et
« de vin, et ne veullent aucunement obéyr audict maistre, ne
« vont et n'assistent au divin service sy bon leur semble... »

Au reste, ce n'était pas seulement dans l'Hopital de Châteaudun que le relâchement s'était introduit. Tout le monde sait qu'au commencement du XVe siècle, le désordre était général parmi les ecclésiastiques : sans ce désordre la réforme de Luther et de Calvin n'aurait jamais eu sa raison d'être. Le roi Henri II résolut d'apporter un remède à ce dérèglement en ce qui concernait les hopitaux de son royaume. Au mois de janvier 1545, il rendit à Saint-Germain-en-Laye un édit célèbre, dont nous signalerons les deux dispositions principales. Par la première, il enlevait l'administration du temporel aux ecclésiastiques pour l'attribuer aux maires et échevins des villes où les établissements charitables étaient situés. Par la seconde il réglait le sort des anciens administrateurs. « Et à ceux qui se prétendent titulaires
« des hopitaux et lieux pitoyables, » disait l'édit (et c'est bien là, comme nous l'avons dit, le cas des frères condonnés de Châteaudun), « voulons que s'il appert promptement à nos officiers
« de leurs titres suffisans pour y avoir bénéfices établis confor-
« mément à la constitution canonique ordonnée par le concile
« de Vienne, ils ayent à leur taxer le revenu selon la charge du
« service divin qu'ils seront tenus faire aux hopitaux, et que le
« résidu soit entièrement baillé à l'entretenement d'iceux. »

Les prescriptions de cet édit furent scrupuleusement observées à Châteaudun. Les échevins se chargèrent de l'administration du revenu et prirent les mesures suivantes pour faire disparaître les abus qu'ils avaient signalés.

« Pour le premier article de la réformation du nombre effréné
« des serviteurs, maistres Mathurin Beslon et Gilles Blanvillain,
« prestres, que ledit maistre a dit n'estre frères condonnés audit
« Hôtel-Dieu, mais serviteurs aux gages de ladite Maison-
« Dieu, il ne leur sera baillé vivres ne habitation en ladite mai-
« son.

« Au regard du boullanger, a esté advisé qu'il sera mis hors
« comme non nécessaire, tant parce qu'il est expédient les
« vivres des maistre et frères leur estre fournis à argent, que
« aussy pour les gages et vivres qu'il faudroit audict boullan-
« ger, le bois qu'il consommeroit sous ombre de la cuisson du
« pain et les larcins qui s'y pourroient faire, tant dudit boullan-

« ger que des maistre et frères, qui en pourroient transporter
« ailleurs et le distribuer à leurs parens et amis.

« Le charretier, attendu que aujourd'huy il n'a autre charge
« que de mener bois, du fumier aux vignes, et a dix-huit livres
« de gages, a esté advisé qu'il sera osté, les chevaux vendus et
« les harnois et charrettes, pour le profit dudit Hôtel-Dieu, atten-
« du aussy la dépense que fait ledit charretier, ses quatre che-
« vaux, charrettes et harnois, qui se peut monter à 200 livres
« par an.

« Le pallefrenier n'aura aucuns gages, ne sera nourry luy ne
« les chevaux dudit maistre aux dépens de la maison.

« Le gardien et gardienne demeureront ou seront ostez, et
« pourveu d'autres; lequel gardien sera tenu garder les bois
« taillés de la maison.

« La chambrière sera ostée des gages et ne sera plus à la
« charge de ladite Maison-Dieu.

« Les serviteurs de Fontaine-Marie seront ostez, le bestial
« vendu et mesnage estant audit lieu, et ledit lieu baillé à ferme
« le tout au plus offrant et dernier enchérisseur, à la charge de
« par le preneur entretenir le tout en bon estat et de garder
« les bois qui seront près ledit lieu appelez les bois de l'Au-
« mosne.

« Le maistre dudit Hôtel-Dieu aura, outre sa chanoinerie de
« Saint-André de Châteaudun dépendant de ladite Maison-Dieu
« qui peut revenir à 80 livres par an ou environ, sa cure de Neu-
« vy-en-Dunois, sa chanoinerie du chasteau dudit Châteaudun
« et autres bénéfices qu'il peut avoir, la somme de 80 livres par
« an, à la charge d'assister au service de ladite église, faire estat
« de maistre, faire faire et dire tout le divin service fondé en
« icelle église et de faire administrer les saints sacremens de
« confession et autres sacremens qu'il conviendra administrer
« aux pauvres, en la manière accoustumée et mieux si faire se
« peut; autrement et à deffault de luy sera interdit et auxdits
« frères defaillans arrestée et déniée la pension; et sera mis un
« tronc fermant à clef en l'église, laquelle demeurera entre les
« mains des échevins, où sera mis en escript ces mots : *Cy est le*
« *tronc des aumosnes des pauvres.*

« Et au regard desditz Jahan, Drouet, Moreau, Pézière, Cou-
« ronneau, Lambert, Vacher et Guérin, tous prêtres, Jean Gué-
« rin et Anceaume Triboeil, novices, tous eux disans frères con-

« donnez audit Hostel-Dieu, demeureront par provision audit
« Hostel-Dieu, seront logez aux maisons et chambres dudit
« Hostel-Dieu, ainsy qu'il sera advisé par ledit maistre et nous ;
« et outre leur logis sera baillé à chacun, pour leur vivre, la
« somme de 60 livres tournois par chacun an, qui leur sera
« payée par mois.

« Aussy a esté advisé que pour l'entretenement du service de
« ladite église, il suffiroit bien du maistre, quatre prestres et un
« petit clerc (attendu le peu de service qui est d'une messe et
« autre petit service) ; et audit clerc suffiroit bien de 30 livres
« par an, et est bon que le nombre soit diminué, au pris que le
« dessusdits eux disans frères condonnez mourront. »

Naturellement les frères protestèrent contre ce projet de réformation, qui reçut l'approbation du grand-aumônier de France. Vainement ils s'adressèrent au bailliage de Blois et au Parlement ; ils furent repoussés de toutes parts.

Cependant ils ne perdirent pas courage et réussirent à faire maintenir leur nombre de huit prêtres et deux novices. En 1573 ils obtinrent, sinon de percevoir les revenus, au moins d'en examiner l'emploi. C'était un grand pas de fait pour eux et ils espéraient reconquérir leurs vieilles prérogatives, lorsque les échevins résolurent de frapper un dernier coup en enlevant même l'administration intérieure aux frères condonnés et en élisant des commissaires laïcs, comme l'édit de 1545 leur en donnait le droit.

Mais alors surgit une nouvelle prétention. La réunion des notables de la ville de Châteaudun se tenait à l'Hôtel-de-Ville le 18 novembre 1579, « pour faire ellection et nomination d'un no-
« table bourgeois ou marchand de ladicte ville pour régir et gou-
« verner et administrer le revenu de ladicte Maison-Dieu à la
« charge d'en rendre compte, » quand Jacques Talvats, procureur de la duchesse de Longueville, « a remonstré que madicte
« dame et ses prédécesseurs, contes de Dunois, ont fondé ledict
« Hostel-Dieu et donné la plus grand partie des biens qui y
« sont ; par le moyen de quoy à elle seulle et non au roy appar-
« tient le pouvoir de maistre et administrateur audict Hostel-
« Dieu, ce qu'elle auroit toujours faict par le passé et encore à
« présent y auroit pourveu de la personne de Me François le
« Vachier ; que les édictz du roy pour les establissemens de com-
« missaires és Hostelz-Dieu ne se peuvent ny doibvent entendre
« dudict Hostel-Dieu et aultres hospitaulx estans és terres et

« seigneuries de madicte dame, comme Sadicte Majesté a déclaré
« par plusieurs foixs par lectres patentes entérinées et vérifiées és
« cours de Parlement, mesmes par celles qu'elle a puys naguères
« obtenues, lesquelles sont entre les mains de Messieurs les gens
« du roi, adressantes à mondict sieur le bailly de Blois : à ce
« moyen empesche qu'aucun commissaire soit mis au manie-
« ment et administration dudict Hostel Dieu, sinon ledict Va-
« chier qui y a été commis par madicte dame. »

La réclamation de la duchesse de Longueville venait trop à propos au secours des prétentions des frères condonnés pour que ceux-ci ne fissent pas cause commune avec elle. Aussi, renonçant pour un moment au droit d'élire leur maître, ils acceptèrent François Vachier et l'appuyèrent de tout leur crédit. De leur côté, les échevins ne se tinrent pas pour battus : dans une nouvelle assemblée, tenue huit jours après la première, ils élurent pour commissaires Jean Dugué, prieur du Saint-Sépulcre, Jean Le Jay, élu en l'Election, et Jacques Marné, marchand, et pour receveur Jacques Vigier, bourgeois ; puis ils députèrent vers Madame de Longueville pour la prier de vouloir bien renoncer à ses prétentions. Ce ne fut pas chose facile que d'obtenir son désistement ; les négociations duròront plusieurs mois ; puis enfin il fut convenu que la duchesse renoncerait pour le maître de l'Hôtel-Dieu à l'administration du temporel de ladite maison, mais se réserverait le droit de nomination ou tout au moins de confirmation des commissaires et du receveur laïcs.

Les frères condonnés crièrent à la trahison, mais force leur fut bien d'obéir. L'année suivante, 1581, François Vachier étant mort de la peste, et Marie de Bourbon ayant nommé pour lui succéder dans la maîtrise son aumônier Laurent Grasset, les frères s'empressèrent de nommer François de Saint-Mesmin : mais ce fut encore là une tentative avortée ; après quelques mois de résistance, ils furent obligés de se soumettre, et, malgré leurs protestations, l'établissement des commissaires laïcs fut définitif à partir de cette année 1579.

Comme consécration du nouvel ordre de choses, il fallait un règlement dressé par l'autorité judiciaire : aussi trouvons-nous dès l'année 1580 une sentence du bailli de Dunois portant qu'à l'avenir « le nombre des maître, six frères et un novice, demeu-
« rera et ne sera augmenté, lesquels demeureront tous ensem-
« blement dedans l'enclos de l'Hostel-Dieu, et vivront, comme

« ils ont par cy-devant fait, en commun, et auront pour la des-
« pence de leur table, comme gages de serviteurs, pour tant, la
« somme de 230 écus par an et 4 muids de blé. » Les frères acceptèrent ce règlement; ils ne discutèrent pas sur le plus ou moins
d'argent qu'on leur accordait; ce qu'ils voulaient c'était rentrer
dans l'administration absolue de l'Hôtel-Dieu.

En 1594, ils obtinrent une sentence du bailli de Dunois qui
leur donnait le droit d'assister, si bon leur semblait, à tous les
baux passés par les commissaires laïcs. Ceux-ci appelèrent de
cette sentence, et en 1596 Charles Hue de Courson, seigneur de
Villepot, commissaire pour la réformation des hopitaux des bail-
liages d'Orléans, Berry, Blois et Gien, fit un règlement célèbre,
par lequel il reconnut au maître de l'Hôtel-Dieu le droit d'assister au bureau et d'y avoir voix délibérative.

C'était là un grand point de gagné pour les frères, car, ayant
conservé le droit de nommer leur maître, ils étaient sûrs d'avoir
un représentant dévoué au sein du bureau d'administration ;
aussi, pendant près d'un siècle, les difficultés parurent apaisées.
En 1670, un prêtre, vénérable d'ailleurs par ses vertus, mais
d'un esprit brouillon et opiniâtre, tenant aux meilleures familles
de Châteaudun, fut reçu parmi les frères condonnés, et bientôt
il eut rallumé l'incendie qui n'avait cessé de couver entre
les commissaires laïcs et les prêtres desservants de l'Hôtel-
Dieu.

Les frères commencèrent par reprocher aux administrateurs
la mauvaise gestion des revenus, et, en 1676, intentèrent un
procès à Pierre Marchand, seigneur de Champbuisson, et à
Lomer Contant, bourgeois, tous deux administrateurs de
l'Hôtel-Dieu, qu'ils accusaient d'avoir dilapidé les deniers de la
maison. Ce procès fut abandonné faute de preuves, mais les
commissaires laïcs, voyant la guerre déclarée, prirent à leur tour
l'offensive, et, revenant aux termes de l'édit de 1545, contestè-
rent de nouveau au maître de l'Hôtel-Dieu le droit d'assister
aux délibérations du bureau. En 1679, une transaction intervint, aux termes de laquelle le maître put prendre part aux
délibérations, mais sans avoir le droit de s'appeler administrateur. C'était un échec pour les frères condonnés. Les commissaires qui avaient le plus contribué à leur retirer une partie des
prérogatives que leur avait concédés le règlement de 1596,
Gilles Greslain, Jacques Roger et Charles Marchais, furent con-

tinués, contre les usages ordinairement observés, dans l'administration de l'Hôtel-Dieu après leurs trois années expirées. Les frères virent dans ce fait une mauvaise volonté évidente de la part de la chambre de ville ; ils commencèrent par déposer une protestation contre cette nouvelle nomination ; puis, voyant qu'ils ne pouvaient rien obtenir par la persuasion, ils eurent recours à la violence.

Une nouvelle délibération, prise d'ailleurs par les commissaires, en l'absence du maître de l'Hôtel-Dieu, était venue mettre le comble à leur irritation : il s'agissait de l'établissement d'un portier et de la fermeture pendant la nuit des portes qui closent l'Hôtel-Dieu (1). C'était assurément là une excellente mesure ; mais on ne peut nier qu'elle n'eût été prise un peu pour vexer les frères condonnés, et elle était certainement de nature à envenimer terriblement le débat ; c'est ce qui arriva. Nous transcrivons le procès-verbal.

« Ce jourd'hui, 3 février 1690, nous Gilles Greslain, prestre, prévost de la Sainte-Chapelle de Châteaudun, et Jacques Roger, médecin de Son Altesse Mademoiselle de Montpensier, commissaires administrateurs de l'Hôtel-Dieu de Châteaudun, avec maistre Charles Marchais l'aisné, ancien procureur du bailliage de Dunois, nous sommes transportez dans l'enclos dudit Hôtel-Dieu pour de là entrer au bureau dudit Hôtel-Dieu pour délibérer des affaires d'iceluy. Auquel enclos aurions fait rencontre de maistre Oudard de Requin, l'un des prestres et frères dudit Hôtel-Dieu, lequel, nous ayant abordé avec un visage d'un homme en colère, nous auroit demandé si nous allions au bureau ; auquel aurions répondu qu'ouy et s'il y avoit quelqu'affaire ; nous auroit répliqué ledit sieur de Requin en haussant sa voix et dit en ces termes : « C'est que j'ay droit d'y estre avec vous comme tous les autres, » voulant parler des autres frères dudit Hôtel-Dieu, « et je veux estre partout où vous serez. » A quoy il luy auroit esté répondu par moy Greslain : « Vous n'avez point le droit d'assister aux délibérations que nous faisons ; vous sçavez bien qu'il y a longtemps que le roy vous a osté l'administration. » Sur quoy ledit sieur de Requin, entrant en colère ou plutôt en furie, nous auroit dit : « Le Roy est-il

---

(1) Aux termes de cette délibération, prise le 2 septembre 1689, les portes du cloître de l'Hôtel-Dieu devaient être fermées tous les soirs, depuis le 1er octobre jusqu'au 1er avril, à neuf heures, et depuis le 1er avril jusqu'au 1er octobre à dix heures.

Dieu ? » En mesme temps portant le poing au visage de moy Greslain, m'auroit dit que c'estoit un grand malheur de ce que j'estois à l'Hôtel-Dieu, que j'estois bien heureux de porter le caractère de prestre, que sans cela je ne sortirois pas, ne s'expliquant pas davantage; mais continuant sa furie en présence de plusieurs personnes qui nous attendoient à la porte du bureau pour les affaires dudit Hôtel-Dieu, m'auroit dit à moy Greslain que j'estois un méchant prestre, un brouillon, un menteur, me passant plusieurs fois, avec violence, la main devant le visage et relevant les bords de mon chapeau. Ce qui nous obligea de le laisser et d'entrer audit bureau, où nous ayant suivy et continuant sa furie, m'aurait impropéré à moy Greslain les mesmes injures de brouillon, de menteur et de méchant prestre, me portant la main au visage et relevant souvent les bords de mon chapeau de sa main avec violence, adjoutant que nous estions des voleurs, que nous n'estions, nous administrateurs, que de méchants procureurs, voulant dire que luy et ses confrères estoient les maistres de l'administration dudit Hôtel-Dieu et que nous estions seulement leurs procureurs, et en mesme temps nous présentant un mémoire des messes de fondation qu'il avoit célébrées dans l'église dudit Hôtel-Dieu et nous demandant d'arrester ledit mémoire et lui délivrer une ordonnance pour estre payé desdites messes par le receveur dudit Hôtel-Dieu. A quoy luy ayant répondu que nous ne pouvions travailler à aucune affaire ny examiner son mémoire pendant qu'il nous troubleroit par ses furies et injures, mais qu'il prist la peine de se retirer et qu'il laissast sondit mémoire et que nous l'examinerions, sa furie augmenta davantage : il nous dist qu'il ne nous confieroit pas son mémoire, qu'il le confieroit plutôt à des voleurs de grands chemins qu'à nous, qu'il ne se retireroit point, que ce n'estoit point à nous à le mettre hors du bureau, mais qu'il nous en chasseroit plutôt et que nous eussions à en sortir et que nous n'y revinssions jamais, et que si nous y revenions il nous en mettroit dehors par la peau du cou. Tous lesquels troubles et violences nous empeschans de vaquer à aucunes affaires nous auroient obligez de sortir de nostre bureau en prostestant au sieur de Requin que nous en dresserions procez-verbal et en porterions nos plaintes où il appartiendroit. Après quoy, nous estant acheminés pour nous retirer, ledit sieur de Requin nous aurait suivys hors de l'enclos dudit Hôtel-Dieu, nous disant que nous estions de bons compagnons et nous traitant de voleurs en nous faisant plusieurs gestes de menaces de ses mains.

« Et nous estant retirés, il nous auroit esté rapporté par Louis Breteau, domestique dudit Hôtel-Dieu, que maistre Louis Dupont, prestre, maistre dudit Hôtel-Dieu, auroit paru près des salles des malades et lui auroit demandé où nous estions, qu'il luy auroit répondu luy Breteau que nous nous estions retirez, qu'il y avoit eu bien du bruit ; que ledit sieur Dupont lui auroit répliqué : « J'ay bien ouy tout ce bruit » ; à quoy luy Breteau auroit réparty : « Monsieur, que ne sortiez-vous donc pour empescher tout ce bruit ? « Ledit sieur Dupont lui auroit répondu en ces termes : « J'aurois grondé aussi si j'y avois esté ; » ce qui fait paroistre qu'il y avoit intelligence entre lesdits sieurs Dupont et de Requin, et qu'ils sont de concert pour nous troubler dans l'administration dudit Hôtel-Dieu. »

Si le sieur Dupont désapprouva, comme nous n'en doutons pas, les violences d'Oudard de Requin, nous sommes bien d'ailleurs de l'avis de Gilles Greslain, et nous croyons qu'il était parfaitement d'accord avec son frère condonné pour protester contre l'administration des commissaires laïcs : la suite de sa conduite le prouve suffisamment.

Les commissaires cédèrent devant les menaces de de Requin et n'osèrent de quelque temps reparaître à l'Hôtel-Dieu ; ils transportèrent, de leur autorité privée, le siège des délibérations à l'Hôtel-de-Ville. Louis Dupont feignit d'ignorer cette décision, de laquelle au reste on ne l'avait point avisé, les commissaires affectant de ne point vouloir le considérer comme administrateur. Une nouvelle assemblée des administrateurs ayant donc été convoquée pour le 17 mars, tandis que les commissaires siégeaient à l'Hôtel-de-Ville, le maître se rendit seul au bureau de l'Hôtel-Dieu, et là reçut par l'entremise de Bougeâtre, huissier, une sommation faite aux administrateurs par Jacques de Fontaine-Marie, l'un des frères, pour être payé d'une certaine somme à lui due. La sommation reçue, il rendit une ordonnance qu'il signa seul, disant que, s'étant transporté ledit jour pour assister au bureau de l'Hôtel-Dieu et y traiter des affaires temporelles d'icelui, et n'ayant trouvé aucun des autres commissaires, il ordonnançait ladite dépense.

Comme on le voit, la position n'avait jamais été aussi tendue. L'évêque de Chartres, Paul Godet des Marais, fut officieusement informé de ces troubles survenus dans l'administration de l'Hôtel-Dieu ; il s'empressa de se rendre lui-même à Châteaudun, et, le 20 octobre 1690, il fit un règlement qui accordait aux frères condonnés une nouvelle concession. Par un article spécial, il était statué que le maître avait toujours le droit d'assister aux délibérations du Bureau, et en outre qu'en l'absence dudit maître le plus ancien des frères selon l'ordre de réception pourrait le remplacer, sans qu'il pût d'ailleurs précéder les commissaires ni avoir voix délibérative.

A partir de cette époque, il faut bien le dire, la nature des difficultés entre les frères et les commissaires changea de forme. Les frères renoncèrent définitivement à l'offensive, et, sans tenter davantage de reconquérir les prérogatives qu'ils avaient perdues, ils se contentèrent de défendre énergiquement celles qu'ils possédaient encore et qu'on s'efforçait successivement de leur enlever.

C'est ainsi qu'en 1715 les commissaires voulurent les dépouiller du droit de choisir les frères condonnés et les novices (1). Ils avaient trouvé en 1690 un appui si efficace dans la personne de l'évêque de Chartres que c'est à lui qu'ils s'adressèrent comme médiateur en cette occasion. « Monseigneur, lui écrivaient-ils le
« 10 mai 1717, la persécution que nous souffrons depuis plus
« d'un an de la part des administrateurs de l'Hôtel-Dieu de
« cette ville de Châteaudun dont nous sommes les prestres nous
« avoit obligés, pour mettre fin au procez qu'ils nous ont intenté
« à la cour de Parlement, d'obtenir de la Chancellerie, pour faire
« voir notre droit, un compulsoire des titres de l'Hôtel-Dieu,
« parmi lesquels sont les nôtres. Les administrateurs, après
« nous avoir refusé l'entrée du Bureau, ont fait ouvrir violem-
« ment par un serrurier l'armoire de nos titres, que nous avons
« tout lieu de croire qu'ils ont soustraits, nous ayant dit plu-
« sieurs fois que nous ne les aurions jamais. »

Cette fois encore, l'évêque intervint et sa médiation pacifique rétablit pour quelque temps la paix, en obtenant des commissaires qu'ils renonçassent à leurs prétentions. C'est encore à la même intervention officieuse que les frères eurent recours avec

---

(1) Les maîtres et frères étaient toujours restés en possession de la prérogative d'élire leurs confrères ; ce droit leur avait déjà été contesté par les commissaires en 1622, et, à cette époque, était intervenue une transaction, aux termes de laquelle ils s'engagèrent seulement à ne point faire d'élection sans le consentement du procureur fiscal et des commissaires.

succès, en 1752, lorsque les administrateurs, l'abbé Maugars à leur tête (1), voulurent, sous prétexte d'économie, réduire le nombre des frères condonnés au seul maître et à deux frères. Enfin c'est encore l'évêque de Chartres qui obtint, en 1775, pour les prêtres desservant l'Hôtel-Dieu, une augmentation de traitement, devenue nécessaire par suite de l'accroissement du prix de toutes les denrées.

Dans le principe, aux prêtres administrateurs de la Maison-Dieu étaient adjointes des sœurs voilées qui, comme les sœurs des Saints-lieux-forts à Chartres, étaient chargées du soin des malades. Avec le temps, la piété se ralentit; il devint difficile de rencontrer des femmes de bonne volonté qui consentissent à se dévouer à cette œuvre de charité. Des abus s'introduisirent, des désordres graves eurent lieu à l'Hopital, et l'on convint de remplacer les sœurs volontaires par un gardien et sa femme. Ces sortes d'infirmiers existaient, comme nous l'avons vu, lors du procès-verbal dressé par les échevins en 1548; la nécessité leur fit trouver grâce devant la réforme faite à cette époque des officiers et serviteurs de l'Hôtel-Dieu; mais on sentait leur insuffisance. Aussi lorsque le bienheureux Vincent de Paul eut établi son institut admirable des sœurs de la Charité, l'Hôtel-Dieu de Châteaudun fut une des premières maisons qui appela à elle ces femmes si pleines d'abnégation et de dévouement. Trois sœurs furent installées en 1654 : Jeanne Lepeintre, de Paris; Geneviève Vigneron, de Gonesse, et Charlotte Moreau, de Chaumont-en-Bassigny. Nous avons encore une copie de l'accord passé à Saint-Lazare-lès-Paris, le 16 juillet 1654, devant M⁹ Paisant, notaire au Châtelet de Paris, entre vénérable et discrète personne messire Vincent de Paul, supérieur général de la congrégation de la Mission, et maître Brice Le Jay, avocat au Parlement, procureur des administrateurs et du maître de l'Hôtel-Dieu de Châteaudun. Nous reproduisons les principaux passages de cet accord :

« Les dites filles seront toujours en la dépendance du supérieur
« général des prêtres de la congrégation de la Mission, lequel

---

(1) L'abbé Alexandre Maugars, chanoine de Saint-André de Châteaudun, est le plus célèbre des administrateurs de l'Hôtel-Dieu. Ce fut lui qui fut chargé de la défense des intérêts de l'Hôtel-Dieu dans le procès de la succession Boisseleau, et la réussite qu'il obtint lui assura une telle popularité, que, pendant plus de vingt ans, il fut continué dans l'administration de l'hopital.

« pourra, par soy-même ou par tel autre des prêtres de ladite
« congrégation qu'il députera, les visiter de fois à autre, et leur
« donner les avis qu'il jugera convenable pour l'observance de
« leur règle, afin que par ce moyen elles puissent mieux s'ac-
« quitter de leurs devoirs, tant envers Dieu qu'envers MM. les
« commissaires et administrateurs du temporel dudit Hopital,
« ensemble les maître et frères d'iceluy, comme aussi envers
« les pauvres malades.

« Et pour ce qui est du temporel, en ce qui regarde le service
« des pauvres malades et gouvernement dudit Hopital, lesdites
« filles seront entièrement sous l'autorité et en la dépendance
« desdits sieurs commissaires, qui ordonneront pour cela ce qui
« leur plaira, et elles leur obéiront entièrement, en sorte qu'elles
« seront tenues d'interrompre promptement l'ordre de leur
« exercice spirituel, même le quitter, quand la nécessité et le
« service des pauvres le requerront ; à quoy même elles sont
« déjà obligées par leur règle, cela étant leur première et prin-
« cipale obligation.

« Lesdites filles auront seules, sans qu'on puisse leur associer
« aucune femme ny fille, la charge des pauvres, afin que, par
« l'union et rapport qui est entre elles, ils en soient mieux
« servis.

« Seront nourries et entretenues de toutes sortes d'habits,
« sans qu'on leur puisse changer d'étoffe ny couleur ny forme
« d'aucun, aux dépens dudit Hopital, et traitées de médica-
« ments et vivres si elles tombent malades. Seront tenues
« comme filles de la maison et non mercenaires.

« Ne rendront compte de leur service et gouvernement qu'aux
« dits sieurs commissaires, qui les maintiendront, considérant
« que si elles ne sont authorisées d'eux tant envers les officiers et
« serviteurs de la maison que vers les pauvres, elles ne pourront
« faire le bien que Dieu veut qu'elles fassent.

« La sœur servante, à qui lesdits sieurs commissaires adres-
« seront leur mandement pour admettre les pauvres audit Hôtel-
« Dieu, auquel nul ne sera admis ny congédié que par exprès
« commandement desdits sieurs commissaires, fera registre des
« pauvres qui y entreront, des noms, surnom, âge et vocation
« et états, des païs de leur naissance. Seront leurs habits et argent
« inventoriés, et au sortir après la guérison tout leur sera rendu ;
« s'ils meurent, demeureront au profit dudit hopital.

« Elle aura soin que lesdits pauvres soient visités une fois le
« jour par le médecin, apothicaire et chirurgien, lesquels, s'ils ne
« font leur devoir envers lesdits pauvres, elle en avertira lesdits
« sieurs commissaires.

« Elle fera en sorte que personnne n'entre et sorte dudit
« hôpital sans sa connoissance, et pour cet effet y aura un portier
« qui l'avertira.

« Et afin que le service des pauvres en soit mieux fait et
« lesdits sieurs commissaires mieux obéis, elle aura soin de
« distribuer fidèlement les charges à chaque sœur, et les changer
« quand elle jugera devant Dieu qu'il est expédient, et tiendra
« la main à ce qu'elles s'acquittent bien de leurs charges.

« Ledit supérieur-général de la dite congrégation de la
« Mission pourra, quand il jugera expédient, retirer lesdites
« filles en renvoyant d'autres à leurs places aux dépens de leur
« communauté; comme pareillement lesdits sieurs commissaires
« pourront en renvoyer pour en avoir d'autres aux dépens dudit
« hopital, avis de ce préalablement donné audit supérieur-
« général, afin qu'il ait le temps pour en renvoyer d'autres en
« leurs places. »

Ces statuts furent toujours fidèlement exécutés. En 1750,
cependant, les sœurs de l'hopital de Châteaudun demandèrent
que, conformément à ce qui se faisait dans tous les hopitaux par
elles desservis, on leur donnât l'argent nécessaire pour acheter
leurs vêtements, au lieu de les leur fournir en nature. Les commissaires s'opposèrent à cette prétention, et en référèrent au
supérieur-général qui leur donna raison, comme le prouve le
passage d'une lettre écrite par le procureur de l'Hôtel-Dieu à
l'abbé Maugars : « Ces messieurs sont charmez des explications
« que vous avez eues avec le supérieur des filles de la Charité.
« Notre conduite est fondée sur le traité fait en 1654 avec
« M. Vincent de Paulle, leur premier supérieur-général. Ces
« messieurs ne veulent pas s'astreindre à donner à ces filles
« aucunes sommes de deniers pour leurs habits et linges ; ils sui-
« vront l'ancien usage qui est de leur donner tous les vêtements
« et linges lorsqu'elles en auront besoin. Il ne s'agit pas de nous
« citer les nouveaux établissements ; le nôtre est ancien et fait
« avec un saint dont elles doivent respecter la mémoire. »

Le seul changement qui survint fut dans le nombre des sœurs.
Comme nous l'avons vu, trois seulement furent installées en

1654 ; mais, le nombre des malades augmentant chaque année, il fallut aussi augmenter le nombre des infirmières.

L'état le plus ancien que nous connaissions des entrées et sorties de l'Hôtel-Dieu de Châteaudun est de 1580, mais nous n'en avons un à peu près complet qu'en 1581. De cet état il résulte que le nombre des entrées fut de 21 hommes et de 20 femmes. En 1590, on reçut 122 hommes et 25 femmes. Enfin, en 1693, commence la série régulière des registres d'entrées et sorties jusqu'en 1790. Or, en 1693, année qui paraît exceptionnelle, on admit 186 hommes et 103 femmes ; mais, ce n'est pas là la moyenne à cette époque. De 1693 à 1720 par exemple, on peut prendre pour moyenne l'entrée de 120 hommes et de 100 femmes, puis ce nombre s'élève progressivement, et, dans les dernières années qui précédèrent la Révolution, il arrive à environ 230 hommes et 140 femmes (1).

Le nombre des sœurs avait été augmenté ; il était de six au moment de la Révolution. Mais, outre la progression dans le nombre des malades, la reconstruction et l'agrandissement considérable de l'Hôtel-Dieu en 1759 étaient venus rendre le service plus difficile ; aussi les sœurs ne suffisaient-elles pas toujours à la besogne, et dans les moments d'épidémie était-on forcé de refuser beaucoup de malades. La place manquait d'ailleurs, comme le témoigne cette lettre écrite en 1785 par M. de Chevilly, intendant d'Orléans, à M. Lebeuf, subdélégué de Châteaudun.
« Il résulte du rapport dressé par M. Colombier, inspecteur-
« général des hopitaux, de la visite qu'il a faite de l'Hôtel-Dieu
« de Châteaudun, que cet hopital rebâti à neuf depuis peu d'an-
« nées n'offre aucune des commodités qu'on aurait pu y pratiquer ;
« qu'il n'a que deux salles au premier étage, l'une pour les
« hommes, l'autre pour les femmes, contenant environ 32 lits ;
« que la distribution est faite de manière que, dans les moments de
« surchage, on a beaucoup de peine à trouver au rez-de-chaussée
« une petite pièce pour six à sept lits, quoique les bâtiments
« soient considérables. L'inspecteur-général adjoute que le
« service de l'Hôtel-Dieu en tout genre est défectueux, qu'il
« n'y a point de règle pour les quantités d'aliments, point de
« pharmacie et point d'inventaire. Il est indispensable de rétablir

---

(1) La grande différence que l'on remarque entre les chiffres des entrées d'hommes et de celles des femmes provient des soldats admis dans les salles de l'Hôtel-Dieu.

« l'ordre dans cette maison. » A cette peinture de l'Hôtel-Dieu en 1785 qu'on oppose l'état actuel de l'hopital en 1867 ! Ce n'est pas à nous qu'il appartient, en cet endroit, de faire ce rapprochement...... (1).

Nous nous sommes peu occupé jusqu'ici des relations des comtes de Dunois avec l'Hôtel-Dieu, nous devons y revenir. Nous avons vu qu'en 1579 les frères condonnés avaient fait cause commune avec la duchesse de Longueville dans ses prétentions contre les commissaires ; la bonne harmonie ne fut pas de longue durée. En effet, dès 1581, nous avons constaté l'élection par les frères de François de Saint-Mesmin contre le protégé de la duchesse ; les frères condonnés, comme les comtes de Dunois, aspirant au titre et aux prérogatives de fondateurs de l'Hôtel-Dieu, ne pouvaient pas ne pas avoir des prétentions rivales. En 1622, ce fut le comte de Dunois ou le procureur-fiscal, en son nom, qui contesta aux frères, encore plus vivement que les commissaires, le droit de nommer aux places vacantes de frères et de novices. Beaucoup plus tard encore, lorsque les commissaires vivaient en très bonne intelligence avec les desservants de l'Hôtel-Dieu, le comte de Dunois songeait toujours à faire disparaître ses seuls véritables antagonistes ; c'est ce que témoigne la lettre suivante écrite de Paris en 1787 à l'intendant d'Orléans.

« Les administrateurs témoignent de l'éloignement pour la
« suppression des prestres desservants de l'Hôtel-Dieu, dont
« l'inutilité paroist néanmoins évidente. La seule question qui
« paroisse mériter d'estre approfondie est celle de savoir si ces
« prestres ont véritablement des droits aux biens de l'hopital.
« Comme *le procureur-fiscal prétend et offre de montrer le contraire*
« vous jugerez sûrement convenable de l'engager à vous administrer les preuves qu'il peut avoir à cet égard. »

Mais, sans descendre si loin, nous trouvons au XVIIe siècle un procès, qui ne dura pas loin de trente ans (1673-1701), et où apparaît nettement la rivalité existante entre les comtes et les frères, au sujet de ce titre de fondateurs de l'Hôtel-Dieu. Ici encore, comme dans la plupart de leurs querelles avec les commissaires, ce n'est qu'après provocation que les frères usent de représailles. En effet, le 21 août 1671, Le Porquier, intendant

(1) Ces lignes étaient écrites en 1867, alors que M. Merlet faisait l'inventaire sommaire des archives de l'Hôtel-Dieu.

d'Anne-Geneviève de Bourbon, duchesse de Longueville, écrivait aux échevins de Châteaudun la lettre suivante à propos du collége qu'ils avaient l'intention d'établir dans leur ville. « Ayant
« conféré avec M. Arnault, il a trouvé qu'une communeauté
« seroit plus advantageuse pour rétablir le collége de Châteaudun
« que d'y mettre un principal en luy conférant la thrésorerie de
« Saint-André, et que cette communeauté feroit du bien, non
« seulement pour la jeunesse, mais encore pour toutes sortes de
« personnes, en présidant, catéchisant, confessant, visitant les
« malades. Il reste donc à trouver les moiens de faire subsister
« cette communeauté, qui sont assez faciles. On propose de leur
« bailler les 300 livres par an que la ville veut bien prendre sur
« les deniers d'octroy, de donner à M. le curé de Saint-Lubin la
« thrésorerie de Saint-André, en résignant la cure à l'un des
« presbtres de cette communeauté, *en supprimant par mort quatre*
« *chapelains de l'Hôtel-Dieu*, dont les revenus seroient baillés à
« cette communeauté, et en faisant donner par chacun écolier six
« francs tous les ans. »

Les frères ne pouvaient acquiescer à cet arrangement, qui était la destruction à peu près complète de leur chapitre. Oudard de Requin, qui venait d'être admis au nombre des frères condonnés, conseilla de s'adresser aux docteurs de la Faculté de Paris, juges naturels de ce différend. Une consultation fut rédigée et envoyée aux docteurs, qui répondirent sans hésiter que les frères devaient, par conscience, s'opposer à l'usurpation projetée contre eux. Devant une pareille décision, la duchesse de Longueville dut elle-même céder, et l'idée du grand Arnault d'établir une communauté pour la direction du collége fut définitivement abandonnée.

Mais Oudard de Requin ne pardonnait pas facilement; il persuada à ses confrères qu'il fallait une fois pour toutes en finir avec les prétentions du comte de Dunois au titre de fondateur. Une occasion favorable se présentait; depuis quelques années, la duchesse de Longueville, se basant sur un édit du roi qui déclarait les seigneurs hauts justiciers exempts de la contribution à la nourriture des enfants-trouvés dans les hopitaux dont ils étaient fondateurs, se refusait à payer une somme de 7 à 800 livres que l'hopital lui réclamait chaque année pour l'entretien des enfants-trouvés. Les frères condonnés mirent les commissaires dans leurs intérêts, et en 1673 entamèrent un long procès contre le comte de Dunois. Un seul point était important dans cette affaire, c'était le droit qu'avait oui ou non le comte à se qualifier de fondateur; aussi c'est là-dessus seulement que roula le débat.

Nous avons déjà, quant à nous, expliqué assez longuement notre opinion à cet égard pour n'avoir pas besoin d'entrer dans les détails de ce procès. De longs factums furent produits à cette occasion; l'un d'eux, œuvre des frères, forme un volume de 450 pages in-folio. C'est un ouvrage plein d'érudition où se trouve non seulement le résumé d'une partie des chartes de l'Hôtel-Dieu, mais encore des exemples tirés d'une foule de chapitres et monastères. La passion s'y mêle souvent à la vérité, comme par exemple lorsque l'auteur attribue à Louis le Débonnaire la charte de 1162 de Louis le Jeune; mais, à part ces erreurs, c'est un monument précieux pour l'histoire de l'Hopital de Châteaudun. Ce fut la première pièce du procès, mais ce ne fut pas la dernière; car ce n'est qu'en 1701 que le comte de Dunois, de guerre lasse, consentit à payer la somme qu'on réclamait de lui, en réservant d'ailleurs tous ses droits au titre de fondateur. Ainsi la question qu'Oudard de Requin avait voulu faire trancher resta de nouveau pendante, et la Révolution de 1789 vint détruire le comté de Dunois sans que ses propriétaires se fussent vus dépossédés de ce titre tant ambitionné.

Nous sommes nous-même arrivé au bout de notre tâche: nous n'avons voulu qu'indiquer sommairement les points les plus saillants de l'histoire de l'Hôtel-Dieu de Châteaudun, espérant que d'autres viendraient après nous qui les reprendraient plus en détail.

Comme on le verra en parcourant l'inventaire que nous avons dressé, les archives de l'Hopital de Châteaudun, malgré les pertes qu'elles ont subies, peuvent être facilement considérées comme des plus riches de France et offrent au travailleur toutes les facilités désirables. Plusieurs inventaires en avaient été dressés avant la Révolution; en 1808, on en rédigea un nouveau. Malheureusement les pièces les plus importantes par leur ancienneté, les cartulaires entre autres, ne furent pas catalogués alors, pas plus qu'ils ne l'avaient été auparavant. Le travail avait été fait pour obéir aux instructions ministérielles et constater les titres de propriété, mais nullement dans un but d'ordre et de conservation historique. Le rédacteur de l'inventaire déclare qu'il n'existe aucuns titres de fondation, et que les chartes des rois, des papes, des seigneurs ont été perdues lors du déplacement des papiers de l'Hopital pendant la Révolution.

On a peine à s'expliquer le motif qui fit ainsi négliger les pièces les plus précieuses et qui porta l'auteur de l'inventaire à déclarer qu'elles étaient perdues, car elles existaient bien réellement, et il les aurait eues facilement entre les mains s'il avait voulu s'en donner la peine. On les avait reléguées avec beaucoup d'autres dans le grenier de l'hopital, et comme elles étaient là abandonnées, elles servaient parfois aux plus vils usages.

Le bonheur voulut qu'un homme, plein d'amour pour l'histoire de son pays, conçût l'idée de fouiller dans les Archives de l'Hôtel-Dieu. Il fit ce qu'on n'avait pas voulu faire en 1808; il ne se contenta pas des titres qui lui tombaient sous les mains, il chercha de tous côtés, et un beau jour il arriva dans ce grenier où des caisses et des armoires entières étaient pleines de papiers et de parchemins. Alors, comme il rencontrait, avec des titres des XIVe et XIIIe siècles, des pièces de procédure des XVIe et XVIIe qui ne faisaient que l'embarrasser, il fit un tri, mit de côté toutes les chartes primordiales, et sauva entre autres les cartulaires, dont malheureusement plusieurs feuillets avaient déjà été détachés.

L'attention de l'administration hospitalière fut nécessairement éveillée par les découvertes de M. Brossier-Géray : des hommes intelligents et aimant véritablement leur pays se trouvaient alors à la tête de la direction de l'hopital (1); ils résolurent de faire pour les Archives ce qu'ils venaient de terminer avec succès pour les bâtiments mêmes de l'hopital, c'est-à-dire de procéder à une restauration complète. Après diverses démarches auprès d'autres personnes, on me fit l'honneur de s'adresser à moi.

Les archives anciennes, classées et numérotées d'après les cotes de l'Inventaire, sont maintenant installées dans le bâtiment de l'Administration, dans une salle spéciale, au second étage, où elles sont rangées dans des boîtes en bois qu'on a fait fabriquer pour cet usage. Dans le cabinet attenant à la salle même

---

(1) MM. Lemay, maire de Châteaudun, *président*; Sence, juge de paix; Biard, ancien notaire; Géray, propriétaire; Auguste Lecesne, imprimeur; Rayé du Perret, président du tribunal civil.

des délibérations sont placées toutes les archives modernes, celles qui peuvent être consultées journellement. La conservation et le service sont ainsi parfaitement assurés, et, grâce à l'estampillage des pièces, on n'a plus à craindre d'en voir détournées. Un incendie seul serait à redouter ; mais encore, à défaut des documents originaux, il resterait au moins l'inventaire, qui pourrait au besoin servir de titres de propriété, et qui en tout cas serait toujours un monument historique.

L'Hopital de Châteaudun est un des premiers de France dont l'inventaire ait été livré au public ; puisse l'exemple donné par les administrateurs de cet établissement rencontrer de nombreux imitateurs. En parcourant cet inventaire, en lisant cette notice, les administrateurs des maisons hospitalières devront du moins être convaincus que l'impression des inventaires, loin de, fournir des armes pour les dépouiller des titres qu'ils possèdent est la meilleure garantie de la conservation de leurs Archives.

Lucien MERLET.

Chartres, le 14 octobre 1867.

ARCHIVES
DE
LA MAISON-DIEU
DE CHATEAUDUN

PREMIÈRE PARTIE
XIIᵉ SIÈCLE

I.

Littere privilegii Ivonis Carnotensis ministri (1).

1101?

Cum ea, que xenodochiis, ptocotrophis (2) vel aliis religiosis domibus, devotio fidelium pro redemptione animarum suarum dare consuevit ad sustentationem eorum qui ibi commorantur, non jam in humanis rebus computanda sunt, quia Dei sunt, oportet rectores ecclesiarum ut ea, tanquam divina patrimonia, in deffensionem Ecclesie suscipiant, et exerto gladio spiritus pervasores eorum et distractores eorum, tanquam Dei contemptores, canonica severitate ferire non differant. Quod ego, Ivo, ecclesie Carnotensis minister (3), pio affectu considerans, omnia que ptocotrophio, quod situm est in Castroduno, prope ecclesiam Beate Marie Magdalene, a fidelibus collata sunt, vel in futurum, Deo donante, conferenda sunt, in tuitionem sancte Carnotensis Ecclesie et nostram paterne suscipimus, et pervasores eorum atque distractores ante tribunal æterni judicis terribiliter condemnandos esse denuntiamus, et in hac temporali ecclesia, sine cujus communione ad illam eternam perveniri non potest, eos a corpore et sanguine Domini et ejusdem ecclesie communione sequestramus, donec resipuerint, et Christi patrimonium reformare humili satisfactione studuerint. Conservantibus et idem Christi

---

(1) Copie du xviiiᵉ siècle A. 8, n° 237. — Lettres de saint Yves (*Ivonis, episcopi Carnotensis epistolæ*) 214, édition de 1584; 282, édition de 1647.

(2) *Xenodochium*, asile pour les pauvres voyageurs. — *Ptocotrophium*, asile pour tous les autres pauvres.

(3) Saint Yves, évêque de Chartres (1090-1115). *Gallia Christiana*, VIII, 1125-1134.

patrimonium amplificantibus benedictio et pax a Domino Jesu Christo qui, cum dives esset, pro nobis pauper et infirmus factus est, ut nos ditaret sua paupertate et sanaret sua infirmitate. Vale.

II.

Littere Ivonis Carnotensis episcopi Adele comitisse (1).

1106?

Ivo, humilis ecclesie Carnotensis minister, Adele, excellenti comitisse (2), patientie et pacis abundare visceribus.

Pro summa charitate, qua diligo principatum vestrum, jam semel et secundo monui celsitudinem vestram ut, quod, dictante ira, suaderent vobis servientes vestri, non statim reciperitis, sed reditum vestrum ad nos ad audiendam et cognoscendam veritatem rerum gestarum expectaretis, quia parati erant et adhuc sunt omnes canonici Beate Marie ad exequendum per manum nostram et quod ratio dictaverit et quod justitia exegerit. Cum itaque ad omnem justitiam exequendam erga vos et erga vestros promptos se exhiberent, precepto vestro, sicut dicunt, vestri servientes annonam ecclesie apud Castrumdunum et apud Bonamvallem violenter acceperunt et vinum domini Hilduini cantoris in Vico Coriariorum saisierunt, plurima etiam indigna clericis et hominibus eorum intulerunt. Postulant itaque clerici summa instantia ut in civitate et per totum episcopatum divinum officium interdicam, donec sua recipiant, que injuste et prepropere sibi esse ablata reclamant. Et quia justitie deesse non possum, postulavi ab eis inducias, quas vix impetravi, donec ad vos nunc tertio mitterem et ad corrigendum quod perperam factum est, excellentiam vestram commonefacerem. Moneo itaque et consulo, ut clericis sua restitui faciatis, ne tam preclara ecclesia in tam sanctis diebus divino privetur officio, et de vobis a transeuntibus, qualem non deceret, publicetur opinio. In recuperabili enim re non est tam preceps danda sententia nec malivolorum inordinate satianda sevitia. Monui itaque et iterum moneo, suadente charitate qua precordialiter vos diligo, ut quod corrigendum est corrigatis, et quicquid duriter facere intenditis, usque ad legitimam discussionem differatis; ne digesta ira peniteat vos id fecisse quod faciendum non fuisse, ratione docente, videbitis. Quod si admonitionibus et petitionibus meis totiens repetitis acquiescere non vultis et justam satisfactionem respuitis, ne miremini

---

(1) Copie du xviiie siècle A. 8, no 239. — Lettres de saint Yves, no 150, édition de 1584, et 121, édition de 1647.

(2) Adèle, comtesse de Chartres, fille de Guillaume Ier, roi d'Angleterre, femme d'Etienne II, comte de Blois et de Chartres.

si doleo cum dolentibus et lugeo cum lugentibus, qui per omnia paratus eram et gaudiis vestris congaudere et doloribus condolere. Valete.

III.

Privilegium Tironensis abbatis (1).

1113?

Ivo, Dei gratia humilis ecclesie Carnotensis minister... Cum ea, que religiosis locis fidelium devotio pro redemptione animarum suarum dare consuevit ad sustentationem eorum qui ibi commorantur non jam in humanis rebus computanda sunt, quia Dei sunt, oportet rectores ecclesiarum ut ea, tanquam divina patrimonia, in defensionem ecclesie suscipiant et exerto gladio spiritu pervasores eorum et distractores, tanquam Dei contemptores, canonica severitate ferire non differant. Quod ego, Ivo, Carnotensis ecclesie humilis minister, pio affectu considerans, presentis scripture monumento notum facio omnibus orthodoxis ecclesie filiis tam presentibus quam futuris, quod Rotrocus, nobilis et strenuus Mauritanie comes (2), humilitatis nostre presentiam adierit, postulans ut consecraremus cujusdam cenobii cemeterium quod situm est super fluvium qui Tiron vocatur, ad usum quorumdam religiosorum monachorum qui in eodem loco eremiticam vitam ducere elegerant et monasterium ibi pro loci et temporis opportunitate construxerant. Nos itaque, tanti viri pie petitioni assensum prebentes, pretaxatum locum in usum cemeterii ea duntaxat conditione consecravimus, ut nulla ibi de cetero secularis potestas aliquas seculares consuetudines accipiat, nullas exactiones extorqueat; cui conditioni pretaxatus comes benigne assentiens, rem cumulatius quam peteretur exhibuit, predicte libertati addens ut, quidquid de feudo ejus eidem loco concederetur, eadem immunitate potiretur. Nos igitur ad conservandam tranquillitatem servorum Dei predictum locum cum appendiciis ejus ad petitionem predicti comitis in tuitionem sancte Carnotensis ecclesie et nostram paterne suscipimus, et pervasores eorum atque distractores ante tribunal eterni judicis terribiliter condemnandos esse denunciamus, et in hac temporali ecclesia, sine cujus communione ad illam eternam perveniri non potest, eos a corpore et sanguine Christi et ejusdem ecclesie communione sequestramus, donec resipuerint et Christi patrimonium reformare humili satisfactione studuerint. Conservantibus autem et idem Christi patrimonium amplificantibus benedictio et pax a domino Iesu Christo, qui cum dives

(1) Copie du xviii° siècle, A. 8, n°238. — Lettres de saint Yves, n° 283, édition de 1647 et 229, édition de 1584.
(2) Rotrou II, comte du Perche (1100-1144).

esset, pro nobis pauper et infirmus factus est, ut nos ditaret sua paupertate et sanaret sua infirmitate. Vale.

IV.

Règlement des moines de la Madeleine au sujet de ceux des leurs qui se seront rendus coupables de quelques fautes et qui se seront réfugiés dans la maison de l'Aumône (1).

1131?.

Quando aliquis, instinctu diabolico sue vinculo professionis abrupto, ad carnales illecebras, quibus renuntiasse videbatur, tamquam canis ad vomitum rursus redierit, et extra ecclesiam seu fratrum congregationem manere voluerit, gravem sive criminalem culpam convincitur incurrisse; si vero ex his profugis quisquam a suis pravitalibus converti, et ad gregem suum, unde per injuriam aberraverat, reverti voluerit, non statim postquam veniam apud nos fuerit assecutus intra conventum nostrum admittitur; sed in Eleemosina, que ante abbatiam nostram existit, cum fratribus ejusdem domus precipitur habitare. Magister vero, et fratres dicte Eleemosine ipsum fugitivum tenentur recipere et eidem victui necessaria ministrare, prout in quadam ordinatione inter nos et ipsos facta, plenius continetur. Denique, patientia ipsius aut humilitate considerata, a nobis recipitur in hunc modum :

Processione nostra redeunte a dicta Eleemosina, ipse fugitivus per tres dominicas juxta quantitatem delicti extra ecclesiam nostram juxta portam ecclesie, humi toto corpore prostratus, decubat, tamquam ab omnibus veniam petens. In tertia vero et ultima processione, facto signo ab Abbate vel ejus vicario, a prostratione surget; et recedens ab ecclesia per ostium quod est juxta altare Sancti Georgii, intrat infirmariam, continuum tenens silentium. Die vero crastina, mandatur in capitulum, ubi, prostratus in terra, demisso vultu, ab omnibus veniam expetit, culpam suam humiliter recognoscens. Demum ab abbate vel ejus vicario ipse reus acriter reprehensus, vestibus exui precipitur, et tamdiu a tot fratribus verberatur prout justum esse videbitur presidenti. Absolutione denique ab Abbate recepta, suis vestibus reinduitur; tunc ei, humi prostrato, quantum silentii seu abstinentia justum fuerit, secundum quod plus aut minus deliquerit, injungitur, et ultimum locum in ordine suo habere precipitur. In capitulo quotidie, donec ei remittatur, ad correctionem suscipiendam se representat, et quando conventus ingreditur chorum ad divinum officium celebrandum, extra ostium ejusdem chori aliquoties se prosternit, etc.

(1) Copie du xviii° siècle, A. 8, n° 235.

V.

De pane, vino et uno ferculo piscium in pelliciagio (1).

1154.

Notum sit tam presentibus quam futuris vel posteris quatinus ego Hugo (2), Castriduni vicecomes, utilitatem anime mee considerans et in eterna beatitudine non modicam remunerationem, in pelliciagio meo in perpetuum constituo, quod ad procurationem pauperum Elemosine Castriduni in Die Veneris Adorati sufficiat, in pane scilicet, in vino et uno ferculo piscium, volente et annuente Margarita, uxore mea, et Gaufrido filio meo, et filiabus meis. Huic dono presentes adfuerunt testes : dominus Fulcherius, abbas ; Stephanus, prior ; Maubertus, sacerdos ; Adam, canonicus ; Stephanus, capellanus ; Bricius, levita ; Rosscelinus de Manberolis ; Robertus de Sancto-Quinto ; Hugo, vicarius ; Berardus, filius Frodonis ; Hugo de Scolis ; Garinus Boguerellus et Stephanus, filius ejus ; Garinus de Novo-Vico ; Theobaldus Bonel ; Odo Trivaldus ; Hugo Flavus ; Andreas, tanator ; Hamericus filius Aalardi et Benedictus, frater ejus. Fuit enim hoc factum anno incarnationis Domini existente M°. C°. L°. IIII°.

VI.

De viginti solidis in redditu de Novo Borgo (3).

1159.

In nomine sancte et individue Trinitatis, ego Matheus, comes Bellimontis, notum facio omnibus tam futuris quam presentibus, quod Matildis comitissa, uxor mea, VI kal. julii migravit a seculo. Igitur pro remedio anime ipsius et mee et pro remediis animarum predecessorum meorum ego et filii mei, domui sancti hospitalis Castriduni damus xx solidos annuatim possidendos, in festo Omnium Sanctorum, in redditu nostro de Novo Burgo, quicumque noster ministerialis sit. Ut hoc autem donum firmum et inviolabile in perpetuum maneat, sigilli mei auctoritate firmatum est et roboratum. Auctum est autem hoc donum Coctomonte in domo mea, quibusdam de militibus meis astan-

---

(1) Copies du XIII° siècle, A. 3, n° 129, et A. 6, n° 18 ; du XIV°, A. 7, n° 157 ; du XVIII°, A. 8, n° 127. — Traduction du XVIII° siècle, A. 9.
(2) Hugues IV, vicomte de Châteaudun, fils de Geoffroy et d'Helvise.
(3) Copies du XIII° siècle, A. 3, n° 14, et A. 5, n° 36 ; du XVIII°, A. 8, n° 43.

tibus et laudantibus, videlicet : Petro de Borrenc et Petro de Ronceroles ; et de servientibus quoque meis, scilicet : Lamberto, cubiculario, et Gisleberto, cordubanario, et Nicholao de Belvaco, notario meo, cujus manu hec carta scripta est; Ermenfrido, coquo, anno incarnati Verbi M° C°. L° VIIII°.

VII.

De plateis Giraldi de Carnoto (1).

1160.

Utile est ad memoriam revocare, quod incommodum est per negligentiam senesscere. Ego igitur Theobaldus (2), comes Blesensis et Francie senesscalus, ad notitiam tam futurorum quam presentium scripto mandare curavi, quod Giraldus de Carnoto, filius Ansoudi, Erenburgi, uxore sua, laudante et concedente, plateas suas cum maceriis plateis adjunctis quas apud Castridunum habebat, Guillelmo, tunc magistro Elemosine Castriduni, pro triginta libris dunensium in presentia mea vendidit. Ut autem hec venditio infirmis Elemosine semper rata et firma teneatur, litteris commendari et sigilli mei impressione et nominis mei caractere subtus signari precepi. Testes inde habentur : Guillelmus Goetus; Willelmus juvenis, frater Birardi : Radulphus de Gelardone. Testes concessionis Erenburgis uxoris Giraldi : Gaufridus, clericus; Ebrardus, Robertus, fratres Girardi mariti dicte Erenburgis; Tronio, Gacio, servientes Giraldi ; Gerricus serviens elemosinarii. Actum est hoc Carnoti anno ab incarnatione Domini, M° C°, LX°, Ludovico (3) rege Francorum; Roberto (4) Carnotis episcopo.

VIII.

De hebergamento ante conventum majoris ecclesie in Lombardia (5).

1160?

Ego Juldinus, clericus, notum fieri volo tam posteris quam presentibus quod ego, Adelicia mea matre concedente, me in fratrem condonatum Castriduni obtuli, et ad ingressionem meam in conventum fratrum condonatorum, hebergamentum meum cum omnibus pertinenciis suis situm

---

(1) Copies du XIII° siècle, A. 3, n° 114 ; du VIII°, A. 8, n° 116.
(2) Thibaut V, comte de Blois et sénéchal de France (1152-1191).
(3) Louis VII, roi de France (1137-1180).
(4) Robert II, évêque de Chartres (1155-1164).
(5) Copie du XVIII° siècle, A. 8, 293.

ante conventum majoris ecclesie in Lombardia ad hospitandos adeuntes in Jerusalem, et quando non erunt, ad sustentandos pauperes et egenos. Prior vero et fratres meam attendentes benevolam inclinationem, me in numero suorum de assensu omnium admiserunt. Actum Castriduni anno salutis circiter 1140 (1).

IX.

De cimiterio (2).

1160?

Frater Willelmus, Tyronii abbas (3), totusque conventus, omnibus infirmis de Elemosina Castriduni, salutem in Domino. Terram quam, petione comitis Theobaldi (4), ad vestram sepulturam a nobis quesitis, pro Dei amore et memorati principis intercessione, vobis concedimus, tali pacto ut censum quod pro ea debebamus de cetero persolvatis et non nisi vestrorum corpora defunctorum sepeliatis ibidem. Vale.

X.

De quadraginta solidis apud Aurelianum (5).

1161.

Ego Ludovicus (6), Dei gratia Francorum rex, notum facimus universis presentibus et futuris pro remissione peccatorum nostrorum et pro antecessorum nostrorum animabus nos dedisse pauperibus Xristi et Hospitali de Castroduni quadraginta solidos annuatim habendos in crastino Pasche Aureliani in stallis bolengariorum de primis redditis nummis. Quod ut ratum sit in posterum et ne valeat oblivione deleri, scripture hujus testimonio et sigilli nostri impressione confirmari precepimus. Actum publice Aurelianis, anno incarnati Verbi M° C° LXI°. Data per manum Hugonis cancellarii.

(*Sceau du roi.*)

(1) Cette date paraît être une erreur du copiste. Avec M. Merlet, nous plaçons cette charte vers 1160.
(2) Copies du XIII° siècle, A. 6, n° 28; du XVII°, A. 17, n° 2; du XVIII°, A. 8, n° 17.
(3) Guillaume, abbé de Thiron, est mentionné comme étant à la tête de l'abbaye en 1119 et comme ayant obtenu en 1147 une bulle du pape Eugène III. Étienne, son successeur, n'est cité qu'en 1164 (*Gallia Christiana*, t. *VIII* 1263-1264.)
(4) Thibaut V, comte de Blois (1152-1191).
(5) Charte originale, A. 81. — Copies du XIII° siècle, A. 3, n° 164; du XVII°, B. 792, n° 2; du XVIII°, A. 8, n° 11.
(6) Louis VII, dit le Jeune (1137-1180).

XI.

Privilegium Romanum (1).

8 décembre 1162.

Alexander (2) episcopus servus servorum Dei, dilectis filiis Iuildino, magistro hospitalis in Castroduno positi, ejusque fratribus tam presentibus quam futuris communiter viventibus, salutem. Effectum justa postulantibus indulgere et vigor equitatis et ordo exigit rationis, presertim quando petentium voluntatem et pietas adjuvat et veritas non relinquit. Quocirca, dilecti in Domino filii, vestris justis postulationibus clementer annuimus et prefatum hospitale in quo divino mancipati estis obsequio cum omnibus pertinenciis sub beati Petri et nostra protectione suscipimus, et presentis scripti privilegio communimus, statuentes ut quascumque possessiones, quecumque bona idem hospitale in presentiarum juste et canonice possidet aut in futurum, concessione pontificum, largitione regum vel principum, oblatione fidelium seu aliis justis modis, prestante Domino, poterit adipisci, firma vobis vestrisque successoribus et illibata permaneant. Sane cum commune interdictum terre fuerit, liceat vobis, exclusis excommunicatis et interdictis, clausis januis, non pulsatis tintinnabulis, suppressa voce, divina officia celebrare. Decernimus ergo ut nulli omnino hominum liceat prefatum hospitale temere perturbare, aut ejus possessiones auferre, amovere, seu quibuslibet molestiis fatigare, sed omnia integre conserventur, eorum pro quorum gubernatione et sustentatione concessa sunt, usibus omnimodis profutura, salva sedis apostolice authoritate et diocesani episcopi canonica justitia. Si qua igitur in futurum ecclesiastica secularisve persona, hanc nostre constitutionis paginam sciens, contra eam temere venire tentaverit, secundo tertiove commonita, nisi reatum suum congrua satisfactione correxerit, potestatis honorisque sui dignitate careat reamque se divino judicio existere de perpetrata iniquitate cognoscat, et a sacratissimo corpore ac sanguine Dei et domini nostri Iesu Xristi aliena fiat, atque in extremo examine districte ultioni subjaceat; cunctis autem eidem loco sua jura servantibus sit pax domini nostri Iesu Xristi, quatinus hic fructum bone actionis percipiant et apud districtum judicem premia eterne pacis inveniant. Amen.

† Ego Alexander catholice ecclesie episcopus. † Ego Toubaldus

---

(1) Copies du XIIIe siècle, A. 3, n° 81; du XVIIe, A. 10, n° 1, et B. 792, n° 3, du XVIIIe A. 8, n° 7.
(2) Alexandre III (1159-1181).

presbiter cardinalis tituli Sancte Crucis in Hierosolimam. † Ego Hubaldus, Hostiensis episcopus. † Ego Iacintus, diaconus cardinalis Sancte Marie in Cosmedium. † Ego Oddo, diaconus cardinalis Sancti Nicholai in Carcere. † Ego Ardicio, diaconus cardinalis Sancti Theodori. † Ego Galtierus, Albanensis episcopus. † Ego Albertus, presbiter cardinalis tituli Sancti Laurentii in Lucina. † Ego Guillermus, tituli Sancti Petri ad Vincula presbiter cardinalis. Datum Turonis per manum Hermanni sancte romane ecclesie subdiaconi et notarii, VI° idus decembris, indictione XI, incarnationis dominice M° C° LXII°; pontificatus domini Alexandri pape III anno III.

XII.

De nemore Bordarum (1).

1162.

Utile est ad memoriam litteris revocare quod incommodum est et per negligentiam senesscere potest. Notum sit igitur tam futuris quam presentibus, quatinus Hubertus de Caro Rogo et Aremburgis, uxor sua, dederunt quicquid Odo de Villalevaudi dedit in maritagio supradicto Huberto cum filia sua Aremburge juxta Bordas, scilicet : nemus, terram et censivam ad quinque solidos de censu annuatim persolvendos in nativitate sancte Marie, si requisiti fuerint, si non in crastino ad Carum Rogum mittentur ei. Dederunt, inquam, pauperibus Elemosine Castriduni, Gildoino ejusdem domus existente magistro. Propter hoc autem Gildoinus et fratres Elemosine dederunt Huberto VI libras dunensis monete et uxori sue Arenburgi et filiabus eorum, Hildeburgi et Odeline, X solidos de concessione. Si vero Hubertus vel heres suus longe a Castroduno X leugas steterit vel infra, fratres submoniti infra quindecim dies ad hospicium suum censum mittent. Hujus rei testes sunt : Bernaldus, Robertus, sacerdotes Elemosine; Odo, Richardus, fratres Elemosine; Willelmus de Romillio. Testes concessionis Aremburgis et filiarum suarum fuerunt : Iohannes, presbiter; Iohannes de Bordis; Giraldus, famulus elemosinarii; Guido, diaconus; Odo, Gaufridus, Theobaldus, Constancia, Hildeburgis. Hoc factum est M° C° LX° II.° anno ab incarnatione Domini.

(1) Copies du XIII° siècle, A. 3, n° 137; du XIV°, A. 7, n° 117; du XVIII°, A. 8. n° 133.

XIII.

Littere Ludovici, regis, de garantizando domum istam (1).

1162?

Ludovicus (2), Dei gratia rex Francorum, omnibus archiepiscopis, episcopis nec non quibuscumque sancte ecclesie prelatis, omnibusque comitibus, castellanis, militibus, prepositis in sua terra constitutis, salutem et dilectionem in Domino. Quicquid petitur magnificum effectu dignum est, si petitio fugiat inhonestum. Quare peto atque precipio quatinus nuncios sancte Elemosinarie Domus Castriduni presentium litterarum latores, amore Dei et mei in ecclesiis vestris benigne et honorifice suscipiatis, et eos et eorum res tanquam me et meas custodiatis. Si quis inpedierit, visis his litteris, liberatis de cetero autem archiepiscopis, episcopis nostris mando atque precipio quatinus nunciis predicte Elemosine que me confratrem habet et benefactorem, ad querendum per episcopatus suos ad opus pauperum, litteras suas tribuant.

XIV.

Invadiacio Petri de Pesovilla Capitulo apud Villamgalli (3).

1164.

In nomine sancte et individue Trinitatis, ego Teobaldus, Dei gratia comes Blesensis (4), et regius dapifer, notum fieri volo tam instantibus quam futuris, quod Petrus de Pesovilla invadiavit capitulo Sancte Crucis pro XL libris, quicquid habebat in villa que dicitur Villagualli, tam in hominibus quam in terris cultis sive non cultis, tam in aquis quam in pascuis, cum omnibus redditibus ad villam pertinentibus; excepta portiuncula terre quam ipse locaverat cuidam colono per quinquennium. Peracto vero quinquennio redibit ad ecclesiam, si tamen interim in possessione fuerit vadimonii. Terminus vadimonii erit a futuro pascha usque ad duos annos. Peracto autem termino isto a sollempnitate pascali usque ad penthecosten, licebit Petro vel heredi ejus redimere. Quod si

---

(1) Copies du XIII° siècle, A. 3, n° 170; du XVIII° siècle, B. 792, n° 14, et A. 8, n° 13.
(2) Louis VII (1137-1180).
(3) Cette charte n'existe pas à Châteaudun; nous l'avons tirée des arch. départementales du Loiret, ancienne cote B. 1.
(4) Thibaut V, comte de Blois (1152-1191).

infra terminum non redemerit, usque ad sequens pasca vel penthecosten deinceps non poterit redimere usque ad annum. Poterit autem redimere singulis annis et non aliter. Odo Boerelli a cujus feodo predictus Petrus se dicebat habere possessionem, voluit et laudavit. Juraverunt insuper ipse et filius ejus primogenitus et uxor, filii et alii heredes sui, omnem calumpniam sive questionem super vadimonio movendam se pacificaturos. Quod si a predicta pactione aliquo modo resilire voluerit, Odo prenominatus et ipse Petrus dederunt me obsidem et responsalem super possessionem suam, si infra uindecim dies Petrus ab ecclesia submonitus emendare noluerit. Ita quod, salvo jure hominii utriusque, de rebus eorum capiam ita quidem quod quicquid dampni ecclesie inde illatum fuerit, restaurabor, donec idem Petrus ad plenum ecclesie satisfecerit. Sciendum autem quod Petrus et heredes sui usumfructum prenominate terre erogaverunt ecclesie Sancte Crucis in elemosinam, quandiu vadimonium durabit. Actum in presencia nostra, anno incarnati Verbi M. C. LX. IIII., regnante Ludovico, Ludovici filio (1), regni sui anno XX. VI°.

XV.

Privilegium Romanum (2).

21 janvier 1164.

Alexander (3) episcopus servus servorum Dei, dilectis filiis Iuldino magistro et fratribus Domus Hospitalis de Castroduni salutem et apostolicam benedictionem. Justis petentium desideriis dignum est nos facilem prebere consensum, et vota, que a rationis tramite non discordant, effectu sunt persequenda complenda. Ea propter, dilecti in Domino filii, vestris justis petitionibus grato concurrentes assensu, auctoritate apostolica duximus statuendum ut de nutrimentis animalium vestrorum vel de novalibus vestris decimas a vobis nemo presumat exigere. Decernimus ergo ut nulli omnino hominum liceat hanc paginam nostre concessionis infringere vel ei aliquatenus contraire. Si quis id attemptare presumpserit, indignationem omnipotentis Dei et beatorum Petri et Pauli apostolorum ejus se noverit incursurum. Datum Senonis XII kalendas februarii.

(1) Louis VII (1137-1180).
(2) Copies du XIII° siècle, A. 3, n° 41; du XVII°, A. 10, n° 2, et B. 792, n° 4; du XVIII°; A. 8, n° 8.
(3) Alexandre III (1159-1181).

XVI.

De terris apud Cortermont (1).

1166.

Existentium presentium et futurorum posteritati ego Theobaldus (2), comes Blesensis, Francie senesscalus, notum facio quod infirmis Domus Dei de Castriduno terram illam, quam Petrus de Esspesunvilla michi dederat, pro amore Dei et anime patris mei felicis et bone memorie jure perpetuo habendam ad servitium ipsorum in elemosinam concessi et dedi. Et ne hoc possit oblivione deleri et a posteris infirmari, et ut semper ratum habeatur, litteris commendo et sigilli mei impressione et nominis mei caractere subtus signo. Testes inde habentur : Raherius de Vetero Vico; Odo Burellus; Gauterius de Friesia; Aubertus Potardus; Garinus de Noviaco; Gillebertus de Milliaco; (3) Bertelinus de Botigniaco; Lambertus Saccus. Actum apud Castrumduni, anno incarnati Verbi M° C° LX°. VI°, Ludovico (4) Francorum rege, et Willermo (5), Carnotensis ecclesie electo. Datum per manum Huldrici cancellarii.

XVII.

Cyrographum de Bello Fago (6).

1169.

Ego Theobaldus (7), Blesensis comes et Francie senesscalus, notum fieri volo omnibus tam futuris quam presentibus, quod procuratores Elemosinarie Domus Castriduni et Johannes de Secureio communitatem simul fecerunt de tota terra sua, quam habent apud Bellum Fagum, tali conditione et pacto quod Elemosinarii collocabunt hosspites in terra sua propria et unicuique hospiti tradent quartam partem agripeni (*sic*) ad se hosspitandum, et de terra ad excolendum quantum placuerit Elemosinariiset Johanni. Residuum vero terre Elemosinariorum quod hosspitibus

---

(1) Copies du xiiie siècle, A. 3, n° 109; du xive, A. 7, n° 70; du xviiie, A. 8, n° 112.
(2) Thibaut V (1152-1191).
(3) Gillebertus de Milliaco figure comme témoin en 1198 dans le cartulaire de Marmoutiers pour le Dunois, charte 204.
(4) Louis VII (1137-1180).
(5) Guillaume Ier de Champagne, dit aux Blanches-Mains, évêque de Chartres (1164-1176), fils de Thibaut le Grand, comte de Champagne, nommé archevêque de Reims en 1176.
(6) Copies du xiiie siècle, A. 3, n° 119; du xviiie, A. 8, n° 119.
(7) Thibaut V (1152-1191).

non tradetur recte mensurabitur et tantumdem accipient Elemosinarii de terra Johannis ad excolendum. De terra siquidem illa quam excoluerint Elemosinarii, habebit Johannes tertiam partem et mittet tertiam partem bovum et seminum. De omni autem commodo quod proveniet de terra Johannis quam excoluerint hosspites, videlicet : de terragio et decima, de censu hosspitum et de oblitis et de tallia et aliis omnibus redditibus, qui provenient ex hosspitibus, habebunt Elemosinarii medietatem et Johannes reliquam medietatem habebit, exceptis minutis decimis que omnes erunt Elemosinariorum. Constituetur autem in villa serviens ad voluntatem Elemosinariorum et Johannis, qui fidelitatem faciet utriusque et legitime reddet Elemosinariis suam partem et Johanni suam partem de his qui ad hosspites pertinuerint. Si autem forte emerserunt querele, quas per se non possit serviens emendare, ad villam convenient Elemosinarii et Johannes, et ibi querelas terminabunt. De forisfactis et emendationibus et justiciis, Johannes mediam partem habebit et Elemosinarii aliam. Actum est hoc in presentia mea Castriduni anno ab incarnatione Domini M°. C°. LX°. IX°. volente et concedente Agnete matre dicti Johannis, et Guillelmo fratre ejus. Testes autem hujus rei sunt hii : Herbertus abbas Bonevallensis; Petrus, Elemosine tunc procurator; Robertus, sacerdos Elemosine; Robertus, presbiter de sancto Valeriano ; Hugo Borrel de cujus feodo illa terra erat; Gauterius de Friese ; Aubertus Potart; Jodoinus de Free; Johannes Halo ; Paganus de Froievilla; Bernardus decanus; Trosel.

XVIII.

De osca terre de Villereto (2).

1169?

Notum sit omnibus tam presentibus quam futuris quod ego Stephanus (3), Tyroni abbas, totusque conventus noster concessimus Elemosine Castriduni ad censum habere pro tribus solidis videlicet solvendis singulis annis in perpetuum unam osscam terre, que est ad Villeretum subtus puteum, in eadem libertate et eodem ritu quo eam tenebamus. Isti vero solidi Castriduni reddentur in domo nostra in festo sancti Valeriani.

(1) Herbert, abbé de Bonneval. Cet abbé a probablement succédé à Arnauld en 1154 : car sa participation à cette charte détruit ce qui est dit de Hugues dans l'histoire de l'abbaye de Bonneval de M. V. Bigot, p. 73 et suivantes. Dans les pièces citées à l'appui de la vie de Hugues, l'abbé de Bonneval n'est indiqué que par la lettre H, initiale de son nom, sauf dans la dernière charte de 1179, où le nom de *Hugone* est écrit en entier. Sans préciser la durée des fonctions abbatiales de Herbert, cette charte prouve qu'il était abbé de Bonneval en 1169.

(2) Copies du xiiie siècle, A. 3, n° 52; du xviiie, A. 8, n° 73.

(3) Étienne, abbé de Thiron (1164-....); son successeur n'est mentionné qu'en 1173 (*Gallia Christiana*, t. *VIII*, 1164).

XIX.

De duobus sextariis castanearum in prepositura de Sparnone (1).

1170?

Notum sit omnibus tam presentibus quam futuris, quod ego Simon, dominus Montis Fortis (2), Elemosinarie Domui de Castroduni duo sextarios castanearum singulis annis ad festum Omnium Sanctorum percipiendos in prepositura de Sparnone in perpetuum concedo. Quod ut ratum permaneat sigilli mei attestatione feci corroborari.

XX.

Littere de commendatione Turonensis archiepiscopi (3).

1172?

Joscius (4), Dei gratia Turonensis humilis minister, venerabilibus fratribus episcopis, abbatibus, archidiaconis, archipresbiteris, prioribus, presbyteris, omnibusque ministris ecclesie Dei, per Turonis provinciam constitutis, salutem. *Beatus qui intelligit super egenum et pauperem* (5), et *beati misericordes quoniam ipsi consequentur misericordiam* (6). Ut ergo eternam beatitudinem mereamini et gratiam Dei inveniatis in tempore oportuno, latores presentium ministros Hosspitalis Domus Dei Castriduni karitati vestre diligenter commendamus, observantes quatinus eos in ecclesiis vestris benigne recipiatis. Novimus enim in illa domo per horum ministeria pietatis et misericordie fervere studium in susscipiendis pauperibus, in fovendis egenis, in assidua egrotancium cura et in multitudine magna decunbentium. Populum quoque vobis a Domino commissum benignissime quesumus moneatis ut predicte domui Dei de facultatibus sibi a Deo prestitis aliquid suadeant largiri ad reficiendos pauperes, ad infirmos recreandos, quatinus omnium remissio paccatorum et retributio beatitudinis sempiterne eis concedatur ab eo qui in paupere susscipitur, domino Jesu Xristo. Amen.

(1) Copies du XIIIe siècle, A. 3, n° 153, et A. 5, n° 31 ; du XIVe, A. 7, n° 16.
(2) Simon de Montfort, vicomte de Chartres.
(3) Copies du XIIIe siècle, A. 3, n° 123 ; du XVIIe, A. 17, n° 3 ; du XVIIIe, A. 8, n° 15.
(4) Joscius (1157-1174), *Gallia christiana*, t. XIV.
(5) Psaumes de David, ps. XL.
(6) Évangile selon saint Mathieu.

XXI.

Littere Hugonis episcopi de compromissione inter nos et Hubertum de Espesonvilla, super hominibus de Villagalli (1).

1173.

Ego Hugo, Aurelianensis ecclesie decanus, totumque ejusdem ecclesie capitulum, notum facimus omnibus tam presentibus quam futuris, quod cum inter nos et Hubertum de Spesumvilla contentio diu versaretur super hominibus de Villagalli, quos in curia sua justiciare extra predictam villam ad mansiones suas de jure sibi contingente diceret; et medietatem aque et piscature, quantum territorium de Villagalli extenditur, sui juris esse assereret; nobis in contrarium proponentibus; consilio bonorum virorum inter nos et ipsum sic compositum est. Recognovit igitur medietatem supradicte piscationis et aque nostri juris fuisse et esse debere, et ea cum sua medietate communicari voluit. Si vero quoniam aqua communis esse dinoscitur, aliquod nobis emolumentum inde comparatum fuerit, de utriusque partis consensu, nobis et ipsi equaliter dividetur. Servientem nostre partis custodem ponemus. Hubertus vero et heredes sui similiter suum ponent. Quorum uterque, tam nobis quam ipsi Huberto et heredi ejus fidelitatem exhibebit, tantum pro consuetudinibus sibi proprie pertinentibus. Arundinetum quoque quod hospites ejusdem ville ad usus suos dinoscuntur habuisse, libere possidebunt; ita tamen quod ipsum nec vendere nec dare poterunt alicui. Si quid autem residuum forte supererit, commune erit. Concessit etiam Hubertus quod memoratos hospites extra Villamgalli in jus de cetero minime traheret, sed infra villam congruis temporibus et competenti die eos placitaret. Quia vero, ne predictus Hubertus et ejus heredes in nostrum jus manus extenderent, precavere nos oportuit; consuetudines in eadem villa sibi proprie pertinentes, ne contentio in posterum oriretur, subscripsimus. Oblatas igitur pro singulis masuris habet in Natale Domini : duos panes, duas gallinas, duos denarios, duas minas ordei ad magnam mensuram, que valet tres minas justas, ordei videlicet melioris illius territorii; quod si forte defecerit, competentis ordei. Si autem de panibus forte contentio emerserit, juxta consuetudinem terre Sancte Crucis reddetur. Corveias habebit pro singulis masuris : unam scilicet minam frumenti ad seminandum, frumenti scilicet melioris illius territorii; quod si forte defecerit, competentis frumenti. Ad omnem autem facionem frumenti, hospites

(1) Arch. dép. du Loiret, ancienne cote B². Bien que ce document n'existe pas à Châteaudun, nous avons cru utile de le reproduire ici.

corveias laborabunt; ita tamen quod ordinatim ab omnibus corveias accipiet in masuris eorum et in terra non arata, exceptis arpentis ipsorum et tempore competenti. Verumptamen in accipiendis corveis contra rationem ipsorum neminem molestabit. Singule carruce corveiarum pro procuratione unum denarium habebunt. Tempore autumpni garbas corveiarum pro voluntate Huberti ad Villamgalli sive ad Spesumvillam homines deferent. Ubi vero trite et parate fuerint, hospites de Villagalli usque Aurelianis, ad Castrumdunum, aut ad Firmitatem-Ville-Noli portabunt. Singule quadrige singulos denarios pro procuratione habebunt. In pascha in duabus masuris sex denarios pro agno. Tempore rogationum de singulis masuris singulos panes. In decimis minutis nichil reclamamus. Custos autem corveiarum fidem omnibus faciet, quod ultra totam summam corveiarum frumenti plusquam sextarium hominibus scienter ad deferendum non tradet. Preter has consuetudines nullas alias habet proprias in villa Hubertus vel heres ejus, nec habebunt. Verumptamen si quis hospitum de consuetudinibus istis injuriam Huberto vel heredi suo forte contulerit, Hubertus vel heres ejus ad diem rationabilem submonebit eum, et infra Villamgalli eum justiciabit. Tota autem alia justicia ad ecclesiam Sancte Crucis spectat. Decime annonarum et campipartes illius terre communes erunt et cum mina equaliter dividentur; et farragines similiter dividentur. Nos vero et Hubertus grangiam racionabilem de culmo vel arundineto rectam faciemus. Si vero post submonitionem nostram Hubertus sumptus in grangia sibi contingentes ponere noluerit, nos et grangiam faciemus et farraginem totam propriam habebimus. Hubertus vero, si nos defeceremus, similiter grangiam cum farragine habebit. Compositionem autem et consuetudines predictas Hubertus juravit et heredem hujus terre possessorem Archambaudum jurare fecit. Uxor ejus Aales idipsum concessit. Hujus pactionis testes sunt, ex parte nostra : Hugo de Ruianova, Manasses filius ejus, Archambaudus de Comblos, Albertus Major, Odo de Bestisi, Herveus de Cyconia, Rotbertus Polenus et frater ejus Girrardus, Symon de Rupibus, Teobaldus de Faverolis; ex parte vero Huberti : Vaslinus de Firmitate, Gauffridus de Basochiis, Rainaldus de Choe, Jodoinus de Chine, Britellus de Cheudri, Tesricus de Geminiaco, Rotbertus Beneventus. Actum publice in capitulo Sancte Crucis, anno M.C.LXX.III., astantibus in ecclesia nostra majoribus personis: Hūgone decano, Andrea cantore, Letoldo subdecano, Manasse capicerio.

XXII.

De dono Petri Espesunville (1).

1173 (2).

In nomine sancte et individue Trinitatis. Ego, Theobaldus Dei gratia comes Blesensis et regius dapifer, notum fieri volo tam instantibus quam futuris quod Petrus de Pesunvilla invadiavit capitulo Sancte Crucis pro XL libris quicquid habebat in villa que dicitur Villa-Gualli, tam in hominibus quam in terris cultis sive non cultis, tam in aquis quam in pascuis, cum omnibus redditibus ad villam pertinentibus, excepta portiuncula terre quam ipse locaverat cuidam colono per quinquennium. Peracto vero quinquennio, redibit ad ecclesiam; si tamen interim in possessione fuerit vadimonium. Terminus vadimonii erit a futuro Pascha usque ad duos annos. Peracto autem tempore isto, a sollempnitate Paschali usque ad Penthecostem licebit Petro vel heredi ejus redimere. Quod si infra terminum non redemerit usque ad sequens Pascha vel Penthecosten, deinceps non poterit redimere usque ad annum. Poterit autem redimere singulis annis, et non aliter. Odo Borrelli, a cujus feodo predictus Petrus se dicebat habere possessionem, voluit et laudavit. Juraverunt insuper ipse et filius ejus primogenitus, et uxor filii, et alii heredes sui, omnem calumpniam sive questionem super vadimonio movendam se pacificaturos. Quid si a predicta pactione aliquo modo resilire voluerit, Odo prenominatus et ipse Petrus dederunt me obsidem, et responsalem super possessionem suam, si infra XV dies Petrus ab Ecclesia submonitus emendere voluerit; ita quod, salvo jure hominis utriusque, de rebus eorum capiam; ita quidem quod, quicquid dampni ecclesie inde illatum fierit, restaurabo, donec idem Petrus ad plenum ecclesie satisfecerit. Sciendum autem quod Petrus et heredes sui usufructum prenominate terre erogaverunt ecclesie Sancte Crucis in helemosinam, quamdiu vadimonium durabit. Actum in presentia nostra anno incarnati Verbi M. C. LXIII regnante Ludovico Ludovici filio regni sui anno XXVI.

(1) Cette charte intéressante pour le pays dunois n'existe pas à Châteaudun. Elle est tirée du recueil manuscrit de Baluze, arm. III, p. 2, n° 4, pièce n° 78, à la Bibliothèque nationale.

(2) Cette charte est de 1163. Lorsque je me suis aperçu de l'erreur, il était trop tard pour pouvoir la remettre à son ordre de date.

XXIII.

Johannis, Carnotensis episcopi, super compositione inter capitulum et Hubertum de Espesunvilla; et de hoc quod debet habere dictus Hubertus in villa et hominibus de Villagalli et in aqua (1).

Cyrographum.

1176.

In nomine Domini et Salvatoris nostri, ego Iohannes Carnotensis ecclesie minister humilis, omnibus in perpetuum. Universis tam futuris quam presentibus notum fieri volumus, quod cum inter canonicos Sancte Crucis Aurelianensis et Hubertum de Spesunvilla contentio diu versaretur super hominibus Villagalli, quos idem Hubertus in curia sua justiciare extra predictam villam ad mansiones suas de jure sibi contingente se diceret, et medietatem aque et piscature quantum territorium de Villagalli extenditur sui juris esse assereret; canonicis in contrarium proponentibus; consilio bonorum virorum, in presentia nostra, Deo volente, sic inter eos compositum est. Recognovit enim predictus Hubertus medietatem supradicte piscationis et aque juris canonicorum fuisse et esse debere et tam predictam aquam quam piscaturam cum sua medietate communicari voluit. Si vero, quoniam aqua communis esse dinoscitur, aliquid canonicis et Huberto emolumentum inde comparatum fuerit, de utriusque partis consensu ipsis equaliter dividetur. Servientem sue partis custodem canonici ponent; Hubertus vero et heres suus similiter suum. Quorum uterque canonicis quam ipsi Huberto et heredi ejus fidelitatem exhibebit, tantum pro consuetudinibus sibi proprie pertinentibus. Harundinetum quoque, quod hospites ejusdem ville ad usus suos dinoscuntur habuisse, libere possidebunt; ita tamen quod ipsum nec vendere nec dare poterunt alicui. Hoc quoque quod de eo residuum forte supererit, commune erit. Id etiam consensu utriusque partis superadditum est, quod finito termino venditionis piscature aque, pars partem conveniet et infra quindecim dies pro conventione ad locum certum et diem ministralis capituli et Huberti, vel aliquis loco ejus, in eadem Villagalli convenientes, emptoribus piscature hinc inde adductis tam ab emptoribus quam a venditoribus fide data quod in dampnum partis alterutrius nichil sit promissum vel datum; piscatura emptori plus offerenti, salvo utriusque partis commodo concedetur. Hanc autem compositionem sub periculo fidei sue et juramenti

(1) Charte originale tirée des archives du Loiret, ancienne cote B[3], fonds de Sainte-Croix. — Copie du XIIIe siècle presque illisible, A. 3, n° 82.

quod tam se ipsum quam filium suum Archembaudum in presentia Aurelianensis capituli prestitisse nobis confessus est, tam se quam filium suum fideliter observaturum promisit; et omisso sigillo comitis Theobaldi, quod canonicos carte sue imposituros ex promisso asserebat, nostro id et capituli Aurelianensis sigillo confirmari postulavit. Concessit etiam Hubertus quod memoratos hospites extra Villamgalli in jus de cetero minime traheret, sed infra villam congruis temporibus et competenti die eos placitaret. Quia vero ne predictus Hubertus vel ejus heredes in jus ecclesie manus extenderent precavere nos oportuit, consuetudines in eadem villa sibi proprie pertinentes subscripsimus (1).

Hec autem omnia tam se quam filium suum fideliter observaturos jurasse, et uxorem suam concessisse in presentia nostra confessus est, et sub fidei sue et juramenti canonicis prestiti periculo fideliter observaturos promisit nobis. Quod ut ratum permaneret, scripto commendavimus et sigillo nostro roboravimus. Ex parte canonicorum testes affuerunt canonici et clerici Aurelianensis ecclesie : Vincentius et Raginaldus et Ernaldus blesensis(?); servientes quoque ejusdem ecclesie : Albertus major, Theobaldus et Girardus. Ex parte Huberti : Gaufridus sacerdos, Hugo de Jalanz, Paganus, Guido Briders, Therricus. Actum publice Carnoti, astantibus in presentia nostra : Gaufrido decano, Gis subdecano, Burcardo cancellario, Galterio Dunensi archidiacono. Anno incarnati Verbi M° C°. LXX^{mo} VI^{to}, episcopatus nostri primo.

XXIV.

Lettre de Thibault, comte de Blois, à Pierre, cardinal, légat d'Alexandre III (2).

1180.

L'an 1180, Thiébaut, comte de Blois et de Clermont, écrit une lettre à Pierre, cardinal, légat du pape Alexandre III, pour lui recommander l'Hôtel-Dieu de Châteaudun, à qui l'abbé de la Magdeleine faisait de la peine. Cette lettre étant considérable et un monument illustre de la piété de ce comte, qui a été surnommé le Bon, je crois la devoir traduire extraite du tome IVe de Duchesne.

Je vous prie de faire attention que la maison des pauvres de Chasteaudun est très sainte, et que la charité y règne, car on y reçoit et nourrit avec toute sorte de dévotion les estropiés et les pauvres de quelque lieu qu'ils viennent. Cette maison a été establie et tout y a été réglé

---

(1) Le texte qui suit, entre les mots *Oblatas igitur* et *farragine habebit*, est la reproduction de la charte p. XXI.
(2) Traduction du xviiie siècle, A. 11.

par mon père, le comte Thibault (1), et par les evesques de Chartres, tant ceux qui ont vécu de mon temps que ceux qui m'ont précédé, selon qu'ils l'ont jugé pour le [mieux et le plus utile; mais l'abbé de Chasteaudun entreprend de renverser ces reglemens et d'y establir je ne sçai quelles nouvelles coutumes, ce qu'il n'a pas le droit de faire. Peut-on aimer Dieu et faire quelque chose qui puisse préjudicier à une si sainte maison ! Au contraire on doit en augmenter le bien de toutes ses forces avec toute la dévotion et le soin possibles. Cela estant, je vous prie instamment de veiller sur l'avantage des pauvres de Jésus-Christ et d'ordonner que cette maison demeure dans le même estat, où elle a été jusqu'icy.

XXV.

De centum solidis in prepositura Castriduni (2).

1183.

Ego Theobaldus (3), Blesensis comes, Francie senesscalus, notum facio universis, quod pro remedio anime mee et animarum patris et matris mee, Adelicia comitissa uxore mea, filiis quoque et filiabus meis, Theobaldo et Ludovico atque Henrico, Margarita et Ysabella laudantibus et concedentibus, Elemosine Castriduni centum solidos annui redditus dedi in perpetuum in prepositura Castriduni reddendos ad Natale Domini. Quod ut ratum maneat semper et firmum, litteris commendavi et sigilli mei impressione confirmavi. Testes inde fuerunt: Ebraldus de Pusato; Raginaldus de Roboreto; Robertus de Mesio; Lambertus Saccus; Raginaldus, capellanus meus; Gaufridus, presbiter; Anianus; Hericus; Herbertus, maresscalus; Fulco, camerarius; Herveus de Curva Villa; Raginaldus Crispini. Auctum Carnoti, anno Incarnationis Dominice M°. C°. LXXXIII°. Datum per manum Huldrici cancellarii.

---

(1) Le comte Thibault, surnommé le Saint ou le Grand. Il mourut en 1154, et il était le Mecenas de son temps. *Cette note se trouve en marge de la plus vieille copie* A. 8, *devenue illisible.*

A la suite de la copie que nous donnons, et qui est attribuée à l'abbé Courgibet, celui-ci dit : « J'ay vu ce livre d'un bout à l'autre. Je n'y ai point lu cette fondation et cette qualification de Thibault. » Nous avons également parcouru le recueil de Duchesne sans plus de succès.

(2) Copies du XIII° siècle, A. 3, n° 162, et A. 5, n° 21; du XIV°, A. 7, n° 2; du XVII°, A. 12, n° 4; du XVIII°, A. 8, n° 152.

(3) Thibaut V, comte de Blois (1152-1191).

XXVI.

De tota decima de Porcheronvilla (1).

1186.

Ego Theobaldus (2), comes Blesensis, Francie senesscalus, omnibus tam futuris quam presentibus notum facio, quod Raherius de Peveris et Hugo ejus filius, in presentia mea, apud Castridunum, totam decimam de Porcheronvilla, excepta propria caruca sua, et universam minutam decimam, excepta domo propria, laudante et concedente Hugone de Valeriis, ad cujus feodum predicta villa pertinet, Elemosine Castriduni libere et quiete possidendam in perpetuum concesserunt. Quod ut ratum semper maneat et firmum, litteris commendo et sigilli mei impressione firmo. Hujus rei testes sunt : Herbertus, abbas Castriduni; Raginaldus capellanus; Lambertus Saccus; Raginaldus de Roboreto; Garinus de Noviaco; Theobaldus Decani, major communie; Nicholaus marescallus; Sanctio Borelli; Raginaldus Crispini; Hugo, chamerarius. Actum Castriduni, anno incarnati Verbi M° C° octogesimo sexto, vacante cancellaria.

XXVII.

De hospitibus de Troncheto (3).

1188.

Noverit ut presens postera etas, quod ego, Hugo (4), Castriduni vicecomes, quitto terram de Tronchetis, pauperibus Elemosine de Castroduni cum tribus hosspitibus tantum de charreio, de biennio, de exercitu, de equitatione, de tallia, de corveio; et hoc donavi in perpetuum possidenda. Propter hoc quod, cum ego homines meos ducam in exercitum vel equitationem, predicti homines pauperum venient ad custodiendum Montem Duplicem. Abbate de Tirone; Abbate de Vado Alneti; Pagano de Monte Duplici; Margarita, matre vicecomitis; Hugone de Valeriis; Garino de Novo Vico; Robin Mocel; Gaufrido, capellano, qui fecit litteras, testibus. Datum anno gratie M° C° LXXX° VIII°.

---

(1) Copies du xiii° siècle, A. 3, n° 155; du xiv°, A. 7, n° 79; du xviii°, A. 8, n° 148.
(2) Thibaut V, comte de Blois (1152-1191).
(3) Copies du xiii° siècle, A. 3, n° 25, et A. 6, n° 10; du xviii°, A. 8, n° 53.
(4) Hugues IV, vicomte de Châteaudun, fils de Geoffroy et d'Helvise, et frère de Paganus.

XXVIII.

De nemore de Belveer (1).

1189.

Ego Theobaldus (2), Blesensis comes et Francie senesscalus, tam futuris quam presentibus notum facio, quod Theobaldus Herloini, laudantibus et concedentibus filiis suis Odone et Guillermo et filia sua Agnete, vendidit Petro Abbati LX et X libras nemus suum de Belveer; quam venditionem laudavit et concessit Petrus de Brucia, de cujus feodo nemus erat, et Jodoinus Petri filius. Hoc autem nemus idem Petrus Abbati pro amore Dei et pro remedio anime sue dedit in perpetuum Elemosine Castriduni. Quod ut ratum habeatur ne inter posteros ulla possit turbari calumpnia, litteris commendo et sigilli mei impressione confirmo. Testes : Odo Borrel; Gaufridus Cointet; Hugo de Bullevilla; Garinus de Novi; Landri Lanier; Hugo, filius ejus; Hugo Sabelle; Gillebertus de Milli; Richardus Charrum; Richardus Custellarius; Odo de Theovilla; Tardi Granier. Actum Castriduni anno incarnati Verbi, M° C° LXXX° IX°.

XXIX.

De domo in Castello Castriduni (3).

1189.

Ego Theobaldus (4), Blesensis comes et Francie senesscalus, tam futuris quam presentibus, notum facio, quod Bartholomeus de Jupeel, domum quam habebat in Castello Castriduni, liberam et absolutam a banneia furni et molendini, Elemosine dedit in perpetuum. Quam domum predictus B. tenebat de me, reddendo michi annuatim quatuor nummos de censu, quos ego, pro anime patris mei et matris mee, concessi Elemosine. Etiam Elemosina XIII libras de sua caritate Bartholomeo dedit, insuper censum quem habebat apud Estauvile. Hujus rei testes sunt : Gaufridus Cointet; Robertus de Meso; Petrus de Vilerbetone; Paganus Trosel; Herbertus de Favellis et Matheus frater ejus. Actum est hoc ab incarnatione Domini anno M° C° LXXX° nono.

---

(1) Copies du xiii° siècle, A. 3, n° 174; du xviii°, A. 8, n° 159.
(2) Thibaut V, comte de Blois (1152-1191).
(3) Original B, n° 48. — Copies du xiii° siècle, A. 3, n° 26; du xviii°, A. 8, n° 54.
(4) Thibaut V, comte de Blois (1152-1191).

XXX.

De salvo conductu fraternitatis istius Domus (1).

1189?

Theobaldus (2), Blesensis comes, Francie senesscalus, omnibus fratribus Elemosine Castriduni ad quosque littere iste pervenerint, salutem. Volo vobis notum fieri quod omnes illi qui ad fraternitatem Elemosine Castriduni venire voluerint et vigilem sancti Petri ad Vincula, et ipso die festi et crastino die festi, in conductu meo sunt.

XXXI.

De duobus modiis annone in molendino de Varenna (3).

1189?

Notum sit omnibus tam futuris quam presentibus, quod, vir illustris et Deum diligens, Odo de Cormeriaco, pauperibus infirmis elemosinarie domus Castriduni dat in elemosinam in perpetuum duos modios annone in molendino de Varenna, in octabis natalis Domini persolvendos, quicumque predictum molendinum tenuerit; tali quidem pacto, quod omnibus diebus vite sue, ob remedium anime sue et parentum suorum, capellani ecclesie sancti Nicholai missam de Spiritu Sancto cum horis omnibus, et unam in morte pro fidelibus celebrabunt. Hoc totum concessit et voluit Agnes, domina de Curia Alani, de cujus feodo res esse dinoscitur, et Odo Burrelli, filius ejus. Hoc etiam concessit Jocelinus de Cormeriaco. Quod totum Hugo (4), vicecomes Castriduni, sigilli sui munimine et nominis sui caractere confirmavit. His astantibus et presentibus : Jocelino Borrelli de Curia Alani, Hugone de Feritate, Bartholomeo de Curia Alani, Simone de Mota, Teherio de Curia Alani et Haberto, filio suo. Hoc factum est tempore Angarii, tempore Bernardo, tempore Galterio, tempore Gaudefrido, tempore Gilduino de Bullevilla.

(1) Copies du XIIIe siècle, A. 3, n° 51; du XVIIIe, A. 8, n° 72.
(2) Thibaut V, comte de Blois (1152-1191).
(3) Copies du XIIIe siècle. A. 3 n° 139. — A. 6 n° 38, du XVIIe siècle. A. 7. n° 136, du XVIIIe siècle. A. 8. n° 135.
(4) Hugues V, vicomte de Châteaudun (1175-1189).

XXXII.

De burgense apud Carnotum (1).

1190.

Ego Theobaldus (2), comes Blesensis, Francie senesscalus, omnibus notum facio quod, amore Dei et pro remedio anime mee et parentum meorum, Adelicia uxore mea concedente, et filiis meis Ludovico, Philipo, et filiabus meis, Margarita, Ysabella, dedi Elemosine Castriduni in perpetuum, ad servicium pauperum unum servientem apud Carnotum liberum et quietum a tallia et omni consuetudine; et quotiens ille morietur vel voluntate Elemosine quoquomodo mutabitur, Elemosina a me vel a domino Carnotensi requiret et habebit. Itaque in presenti do eis Fobertum Boche in ea libertate qua predixi. Quod ut ratum maneat et firmum litteris commendo et sigilli mei impressione confirmo. Actum Carnoti anno incarnati Verbi M° C° nonagesimo.

XXXIII.

De molendinis de Vovreto (3).

1190.

Ego Adelina (4), Blesensis comitissa, omnibus notum facio, quod Renbaudus de Bullo, amore Dei et pro remedio anime sue, laudantibus et concedentibus fratribus suis, Bernaldo, Odone, Hugone, Gaufrido, Matheo, Nicholao, et uxore sua Herlois, et filio suo Raibaudo, et filiabus suis Ysabella, Dionisia, dedit infirmis Elemosine Castriduni in molendinis de Vovreto, unde due partes sunt Infirmorum et tertia est Renbaudi, duas partes sanguinis et latronis et omnimodo justicie, et tertiam partem sibi et heredibus suis retinuit; aqua autem tam inferior quam superior et omnis pisscatura est Renbaudi. Infirmi vero boccas et braccas tantummodo nec alia in capturam pisscium ingenia in portis tendent, et duas partes pisscium ibi captorum percipient, et Renbaudus tertiam. Chalanum etiam ad negotia sua de die infirmi habebunt, et Renbaudus vel ejus mandatum de nocte habebit clavem. Et sicut Renbaudus tertiam partem capiet in molendinis, ita et tertiam partem mittet

---

(1) Copies du XIII° siècle, A. 3, n° 121, et A. 5, n° 13; du XVIII°, A. 8, n° 121.
(2) Thibaut V, comte de Blois (1152-1191).
(3) Copies du XIII° siècle, A. 3, n° 31; du XVIII°, A. 8, n° 59.
(4) Alix, femme de Thibaut V, comte de Blois.

in omnibus expensis. Molendinarii cum communi assensu Renbaudi et infirmorum ibi habebuntur fide vel sacramento quod melius iis placuerit, obligati. Homines vero ejusdem territorii ibi molere non cogentur. Super rivum autem qui Rivus Fontis appellatur, ubi antecessores Renbaudi molendinum habuerunt, Renbaudus vel ipsius heres molendinum absque infirmorum reclamatione, si sibi placuerit, reedificare poterit. Quod quia in presentia mea factum fuit, garandire manucapio, et Ludovicus filius meus similiter. Et ut hoc similiter ratum maneat et firmum, litteris commendo et sigilli mei impressione confirmo. Datum apud Castrum Reginaldi anno incarnati Verbi M° C° nonagesimo.

XXXIV.

De decima de Brucia (1).

1190?

Notum sit omnibus tam futuris quam presentibus, quod Reginaldus Gonele quamdam decimam de Brucia pro salute anime sue et heredum suorum domui Elemosine Castriduni ad sustentationem pauperum in elemosinam dedit. Hanc vero elemosinam Robertus filius ejus concessit in presentia Ebrardi de Pusiaco, de cujus feodo predicta decima erat, et ipse Ebrardus istam donationem sigilli auctoritate confirmavit. Hujus vero rei testes sunt : Maria, uxor Ebrardi ; Hugo de Free ; Radulphus, presbiter ; Gaufridus de Tallepie ; Salvagius de Villeris ; Rainbaudus de Castellariis ; Odo de Alona ; Garinus Camerarius ; Gaufridus Gode ; Gervasius de Lanere.

XXXV.

De uno modio ybernagii in decima de Donamanu (2).

1190?

Ego Theobaldus (3), Blesensis comes et Francie senesscallus, notum fieri volo universis, quod domina Puelina de Rupe, recepta in fraternitate pauperum Elemosine Castriduni, dedit in perpetuum, predictis pauperibus, modium ybernagii in sua decima de Dona Manu et decimam vini quam habebat in vinea Raginaldi de Fonte, Fulgerio filio suo concedente. Quod ut semper firmum teneatur et a memoria per temporis

(1) Copies du XIII° siècle, A. 3, n° 49, et A. 5, n° 32 ; du XVI:I°, A. 8, n°s 70 et 289.
(2) Copie du XIII° siècle, A. 5, n° 26.
(3) Thibaut V, comte de Blois (1152-1191).

successionem non decidat, memoriali scripto commendari volui et sigilli mei impressione confirmavi. Preterea Fulgerius donavit quarterium prati quem habebat apud Vovroi, ipsa die quam arripuit iter Ierosolimis, predicte Elemosine.

XXXVI.

De terra Girardi Regis apud Castridunum (1).

1191.

Ego Adelicia (2), Blesensis comitissa, omnibus notum facio quod Girardus Rex terram suam, quam ex hereditate uxoris sue in censiva beati Launomari apud Castridunum possidebat, fratribus de Elemosina Castriduni vendidit xxx libris, uxore sua et fratribus ejus Girardo, Thoma, venditionem istam laudantibus et concedentibus. Gaufridus autem Heli, amore Dei et pro remedio anime sue et uxoris sue, ad emtionem illam agendam illas xxx libras dedit, tali tamen interposita conditione quod idem Gaufridus et uxor ipsius terram illam, quoad vixerint, pro libito suo possidebunt, proventum terre illius quiete percepturi ; post decessum vero Gaufridi et ejus uxoris, terra illa ad Elemosinam immunis redibit. Ego autem venditionem istam ab omni inquietatione defendendam manucepi. Quod ut ratum maneat et firmum litteris commendavi et sigilli mei impressione roboravi. Testes sunt : Robertus de Carnoto; Robertus de Mesio; Gaufridus Cointetus; Odo de Alona; Breton, capellanus meus. Actum Castriduni anno incarnati Verbi M° C° nonagesimo I°.

XXXVII.

De duodecim denariis in censu de Mosteriolo et de sex denariis in censu beati Medardi juxta Bellum Montem (3).

1191.

Ego Gacius de Remelato, confidens in misericordia Dei et orationibus pauperum, pro anime mee et antecessorum meorum remedio, dum ambularem Ierosolimam, dedi pauperibus Elemosine xii denarios in meo censu de Mosterolio, in crastino die festi Johannis Baptiste reddendos. Ego similiter Goherius de Berneliis dedi eisdem pauperibus vi denarios

---

(1) Original B, n° 97.
(2) Adelicia, femme de Thibaut V et mère de Louis.
(3) Copies du xiii° siècle, A. 3, n° 36, et A. 6, n° 19; du xviii° A. 3, n°s 61 et 264.

in meo censu de Sancto Medardo juxta Bellum Montem ad festum sancti Johannis Baptiste reddendos. Hujus rei sunt testes : Philipus de Monte Ducet et Gaufridus filius ejus ; Guillelmus Rufus et Benedictus clericus. Et ut hoc ratum fiat sigillo Gacii de Remelato confirmatur. Actum Castriduni anno ab incarnatione Domini M° C° XC° primo.

XXXVIII.

De XIII sextariis ybernagii et de uno modio avene in decima de Villevoison (1).

1191 ?

Ego T. (2) Blesensis comes et Francie senesscalus, notum facio universis, quod Theobaldus Rufus dedit infirmis Elemosine Castriduni, pro animabus parentum suorum et pro redemptione anime sue, tresdecim sextarios hybernagii et modium avene in perpetuum et annuatim persolvendos in sua decima de Villevoison, fratribus suis laudantibus et concedentibus Gaufrido Rufo, Mauricio Burgonio, Herveo suo nepote. Quod ut semper ratum maneat litteris commendavi et sigilli mei impressione confirmari volui.

XXXIX.

De uno modio vini in decima de Charreio (3).

décembre 1193.

R. Dei gratiâ Carnotensis episcopus (4), omnibus ad quos littere iste pervenerint, in Domino salutem. Noverit universitas vestra quod Galterius, miles de Fresia, pro remedio anime sue et parentum suorum, unum modium vini in decima de Charreio, singulis annis percipiendum, Elemosine de Castroduni in perpetuum legavit. Aales vero de Fresia, Fulcherius miles, filius ejus, et Eustachia memorate Aales filia, in presentia nostra constituti, donationem istam pacifice concesserunt. Nos vero more debito indempnitati tam prefate domus quam elemosine defuncti invigilare volentes, ad preces et petitionem predictorum et prefate domus fratrum, ne super hoc in posterum injuste possent vexari, presentem paginam in testimonium fecimus annotari et sigilli nostri auc-

---

(1) Copies du XIII° siècle, A. 3, n° 38; du XVIII° siècle, A. 8, n° 63.
(2) Thibaut V, comte de Blois (1152-1191).
(3) Copies du XIII° siècle, A 3, n° 159; du XVIII°, A. 8, n° 150.
(4) Renaud (de Mouçon), fils de Renaud II, comte de Bar, et d'Agnès, fille de Thibaut le Grand, comte de Champagne (1183-1217).

toritate roborari. Actum Carnoti in presentia multorum anno gratie M° C° nonagesimo tertio, mense decembri.

XL.

De uno modio vini ex dono Galterii de Friseia (1).

1193?

Notum sit omnibus tam futuris quam presentibus, quod ego, Galterius de Friseia, Elemosine Castriduni unum modium vini singulis annis in decimatione Feritatis, pro Dei amore et pro redemptione mee anime, et impressione sigilli mei confirmo.

XLI.

De nemore mortuo in nemore Vendocinensi (2).

1194.

Ego Gaufridus (3) vicecomes Castriduni, notum fieri, volo tam futuris quam presentibus, quod pro amore Dei, libere et benigne concessi pauperibus de Elemosina Castriduni donum illud quod eisdem donaverat dominus Jobertus de Bocheto, videlicet mortuum nemus de nemore Vindocinensi singulis diebus unam quadrigam quam uno equo extrahent de nemore. Hoc donum etiam concesserunt domina Aales, uxor avi mei et domina Johanna, mater mea, et hec elemosina earum in perpetuum durabit. Hanc etiam elemosinam concesserunt forestarii predicti nemoris qui in mortuo nemore feodum habent, scilicet : Hugo Treihos, Raginaldus Daude, Ansodus Februarius, Gilo. De concessione forestariorum testes sunt : Philipus de Plesseis, Galebrum de Meilei, Gaufridus Pevrel, et de mea cencessione testes sunt : milites mei, Brito de Ballou, Raginaldus Pagani, Guillelmus de Memillon, Robertus de Sancto Quintino, Robertus de Sancto Valeriano, Gaufridus, capellanus meus, Odo Chauvel, Robertus Mouchel, Maurat de Riveria et filius ejus, et alii multi. Auctum anno gratie M° C° LXXXX° IIII° apud Castrumduni.

(1) Copie du XIII° siècle, A. 6, n° 27.
(2) Copies du XIII° siècle, A. 3, n° 48, et A. 5, n° 30 ; du XVIII°, A. 8, n° 69.
(3) Geoffroy IV, vicomte de Châteaudun (1194-1215).

XLII.

De viginti libris in bannis de Castriduno (1).

27 janvier 1196.

Ego Ludovicus (2) comes Blesensis et Clarimontis omnibus notum facio, tam presentibus quam futuris, quod ego, pro amore Dei et pro remedio anime mee et anime patris mei, comitis Theobaldi, felicis memorie, et anime karissime matris mee Adelicie, laudante et concedente Katerina, uxore mea, et Philipo, fratre meo, et sororibus meis Margarita, Ysabella, Adelicia, dedi Elemosine Castriduni in perpetuam elemosinam xx libras andegavensum ad sustentationem infirmorum et precipue ad nutrimentum infantium in ibi projectorum Laurentium, quas in bannis meis de Castriduno annuatim capiendas assignavi, videlicet in banno meo de Natali decem libras et alias decem libras in banno meo de Pentecoste. Quod ut ratum sit et firmum litterarum memorie commendavi et sigilli mei munimine confirmavi. Testibus his : Roberto de Mesio ; Petro de Villebeton ; Hugone de Valeriis ; Roberto de Froovilla ; Petro de Froovilla ; Raginaldo Crispini, maresscalo meo ; Raginaldo de Milli ; Hugone Cambellano ; Ivoneto ; Matheo Parisiensi. Actum Castrumduni anno gratie M° centesimo XC° VI° Datum per manum Theobaldi cancellarii mei, vicesima septima januarii.

XLIII.

De una asineta terre apud Sarmesoles (3.)

1196.

Ego Adelicia (4) Blesensis comitissa omnibus tam futuris quam presentibus notum facio, quod Theobaldus de Haia, amore Dei et pro remedio anime sue et parentum suorum, unam asinetam terre quam apud Sarmesoles habebat et ipsum cultorem qui eam terram tenet, cum redditu ejusdem terre qui talis est : quinque solidi et sex denarii singulis annis in festo sancti Remigii reddendi, et duo sextarii avene ad rasum et quatuor boisselli annone ejusdem terre pro panibus oblitarum, et due galline et duo denarii singulis annis in nativitate Domini reddendos, et

---

(1) Copies du XIII° siècle, A. 3, n° 39 ; du XIV°, A. 7, n° 1 ; du XVIII°, A. 8, n° 61.
(2) Louis, comte de Blois, fils de Thibaut V et d'Alix (1191-1215).
(3) Original B, n° 515. — Copie du XIII° siècle, A. 4, n° 5.
(4) Adelicia, femme de Thibaut V et mère de Louis.

totam campi partem sepedicte terre, excepto arpento mansionis qui pro oblitis liber remanet et immunis, Elemosine Castriduni dedit et in perpetuum libere et quiete possidendam concessit. Ego vero, ad preces et petitionem Gaufridi et Willelmi de Monasteriis et Odeline et Hildeardis eorumdem uxorum, de quorum feodo predicta terra est, hanc donationem, quam ipsi laudaverunt et concesserunt, Elemosine Castriduni in perpetuum firmiter et inviolabiliter tenendam manucepi. Quod ut semper ratum maneat et firmum, litteris commendavi, et sigilli mei impresione feci muniri. Testes sunt : Gaufridus Gradulfi, Raginaldus de Orrevilla, Raginaldus de Sohiis, Polanus de Blesis, Gillemerus Panetarius, Henricus Gastelli, Guillermus de Stampis. Actum Sohiis anno incarnati Verbi M° C° nonagesimo sexto. Datum per manum Britonis, capellani mei.

XLIV.

De decem solidis in thelonio de Curvavilla (1).

1198.

Ego Johannes de Friseia et Garinus, frater meus, omnibus tam futuris quam presentibus notum facimus, quod, laudante et concedente Saturnina sorore nostra, pro remedio animarum nostrarum et antecessorum nostrorum, pauperibus Elemosine Castriduni decem solidos andegavensis monete dedimus, et in thelonio nostro apud Curvamvillam singulis annis capiendos assignavimus in festo sancti Remigii. Hanc autem elemosinam per manum illius qui predictum thelonium nostrum recipiet apud Curvamvillam statuimus reddendam. Quod ut ratum sit et firmum, litteris commendavimus, et ego Johannes sigilli mei impressione confirmavi. Testes sunt : comes Ludovicus ; Robertus de Veteri Ponte ; Gaufridus de Brullone ; Ansoldus de Ronquerolis ; Guillelmus, presbiter de Campo Rotundo ; Gaufridus de Fonca ; Guillelmus de Gastina. Actum Campo Rotundo, anno incarnati Verbi M° C° nonagesimo VIII°.

(1) Original B, 348 n° 2. — Copies du xiiie siècle, A. 3, n° 166, et A. 6, n° 4 ; du xive, A. 7 n° 12 ; du xviiie; A. 8, n° 109. — Vidimus de 1458; B. 348, n° 3.
(2) Louis, comte de Blois, fils de Thibaut V, (1191-1215).

XLV.

De clausura de Corthermont et de parte aque de Villereto (1).

1198.

Sancti Spiritus adsit gratia :

Ego Ludovicus (2) Blesensis comes et Clarimontis, notum facio omnibus tam futuris quam presentibus, contentionem que diu fuerit inter Elemosinam Castriduni et Archembaudum de Espesonvilla de clausura cujusdam domus Elemosine que dicitur Cortermont, in presentia mea et Adelicie matris mee ante recessum ipsius militis ad Ierosolimam, fuisse pacificatam, ita quod miles predictam contentionem Elemosine sine reclamatione aliqua penitus quitavit. Insuper ipse pro amore Dei aque particulam que sua erat propria aquis Elemosine apud Villeretum interposita, domui Elemosine erogavit. Pro tali autem beneficio, Elemosina diem anniversarium militis et tam patris quam matris ejusdem, tam fratrum quam sororum, annuatim in perpetuum celebrabit. Preterea miles de caritate Domus Elemosine decem libras recepit. Concedentibus, Aales matre militis et fratribus ejus Petro, Hugone et Stephano abbate et sororibus militis, Maria, Heliandi, Margarita, et Beatrice, militis filia. Quod ut ratum maneat et firmum litterarum mearum munimine et sigilli mei impressione confirmavi. Testes : Gaufridus de Brullonio; Goherius de Lanereio; Robertus de Mesio; Herveus de Villavoisum, Raginaldus de Miliaco; Hugo Camerarius. Actum Castriduni anno incarnationis dominice M° C° nonagesimo VIII°. Datum per manum Teobaudi cancellarii mei.

XLVI.

De viginti solidis in tensamento Bonevallis (3).

12 octobre 1199.

Ego Gaufridus (4), vicecomes Castriduni, notum facio omnibus tam futuris quam presentibus, quod Milo (5), comes Bari super Secanam, pro

---

(1) Original B, n° 533. — Copies du xiii° siècle, A. 3, n° 100; du xiv°, A. 7, n° 71; du xviii°, A. 8, n°⁸ 103 et 290.
(2) Louis, comte de Blois, fils de Thibaut V, (1191-1215).
(3) Copies du xiii° siècle, A. 5, n° 25; du xiv°, A. 7, n° 30; du xviii°, A. 8, n° 288. — Vidimus de 1373, A. 39.
(4) Geoffroy IV, vicomte de Châteaudun (1194-1215).
(5) Miles III, comte de Bar de la maison du Puiset et vicomte de Chartres.

remedio anime sue et avi sui Ebrardi et patris et matris sue, et omnium antecessorum suorum, laudante et concedente Helisendi, uxore sua, et Galtherio, filio suo, dedit in perpetuum et concessit Domui Elemosinarie Castriduni xx solidos andegavensium de redditu, quos in xL solidis tensamenti sui de Bonavalle per manum prepositi advenarum singulis annis, in festo sancti Petri ad Vincula, apud Bonamvallem recipiendos, assignavit. Ego vero de cujus feodo predictum est tensamentum, ad preces ejus, prescriptam elemosinam garandire manucepi, et sigilli mei munimine confirmavi. Testes : Raginaldus Paganus; Odo de Montpancier ; Richardus Harenc; Johannes de Merevilla; Guillelmus de Chesneio ; Petrus Potardus ; Robertus Motel. Actum apud Castrumdunum anno gratie M° C° nonagesimo nono. Datum per manum Huberti, capellani mei, xII die mensis octobris.

XLVII.

De quinque arpentis pratorum apud Voyretum (1).

1199.

Ego Bartholomeus, Elemosine Castriduni minister humilis, totiusque domus ejusdem, tam sanorum quam in lectis jacentium, conventus, notum facimus omnibus, tam futuris quam presentibus, Gaufridum militem de Monasteriis et Odolinam, ejus uxorem, intuitu Dei et pro animarum suarum redemptione quinque arpenta pratorum sua emptione comparata apud Vovretum, prata scilicet qua fuerunt abbatisse Sancti Aviti, Odonis Brunel, Odonis A....., domui nostre in elemosinam contulisse : ita quod nos in domo nostra unum de capellanis nostris constituemus, qui singulis diebus missam, commendationem, vigilias et vesperas defunctorum proprie pro animabus dictorum G. et O. et antecessorum suorum et omnium fidelium deffunctorum cotidie in perpetuum celebrabit. Hoc autem concessimus dictis G. et O. in virtute fidelitatis qua domui nostre tenemur astricti perpetuo conservandum, asserentes: ut, quoscumque amodo in nostra fraternitate recipiemus, idem sub eadem fidelitate concedent. Insuper diem anniversarium utriusque in die obitus sui celebrabimus; et in anniversario dicti G. infirmi xL solidos pro pitancia de redditu pratorum habebunt. Quod ut ratum maneat in futurum, presentem paginam inde conscribi et sigilli nostri fecimus impressione muniri. Actum apud Castridunum anno incarnationis Domini M° centesimo nonagesimo nono.

(1) Copies du xiii° siècle, A. 4, n° 9; du xviii°, A. 8, n° 251.

XLVIII.

De sexteragio Castriduni (1).

1199.

Ego Nevelo dominus Fracte Vallis, notum facio omnibus tam futuris quam presentibus, controversiam que erat inter Hugonem de Septem Fontibus et Elemosinarios de Castroduni de beneficio quod Petronilla filia defuncti Bartholomei Sexterarii, pro remedio anime sue, contulerat Elemosine in sexteragio suo de Castroduni, tali modo pacificatam fuisse, quod concedentibus Stephano et Thoma filiis predicti Hugonis, Elemosina tres sextarios annone et tres boissellos de sexteragio habebit in perpetuum in ipso sexteragio singulis annis in festo Sancti Remigii capiendos. Testes hujus rei sunt : Bartholomeus elemosinarius ; Godefridus capellanus ; de Veteri Vico Johannes ; Matheus de Mellaio ; Raginaldus Paganus ; Hugo de Destrez ; Fulcherius Bel-Oisel ; Borgonius de Chevernaio ; Radulphus de Villers ; Robertus villicus, Paganus Trosel ; Hubertus cerarius de Chamarcio ; Thomas Rabel ; Guibertus Escorfanz. Quod ut ratum maneat in posterum, ego de cujus feodo predictum est sexteragium, ad preces dicti Hugonis et filiorum ejus Stephani et Thome, litteris commendavi et sigilli mei impressione confirmavi. Actum Castriduno anno gratie M° C° nonagesimo nono.

XLIX.

De nundinis in Nativitate Beate Marie Magdalene (2).

février 1200.

Ego Gaufridus (3), vicecomes Castriduni, notum facio omnibus tam futuris quam presentibus, quod pro amore Dei et remedio anime mee et animarum patris et matris mee et antecessorum meorum, laudantibus et concedentibus Adelicia uxore mea, Philippo filio meo et Agnete sorore mea, donavi Domui Elemosinarie Castriduni nundinas unius diei apud Castridunum ; et dictas nundinas dicte Domui, cum salvo conductu omnium euntium ad nundinas et redeuntium, singulis annis in perpetuum in die festi Beate Marie Magdalene possidendas, assignavi, haben-

---

(1) Copies du xiii° siècle, A. 3, n° 131; et A. 6, n° 35; du xviii°, A. 8, n°ˢ 129 et 267.
(2) Copies du xiii° siècle, A. 3, n° 152, et A. 5, n° 34 ; du xvii°, A. 24, n° 1 ; du xviii°, A. 8, n° 23.
(3) Geoffroy IV, vicomte de Châteaudun (1194-1215).

das et tenendas ad tales consuetudines ad quales, Ego et Ludovicus (1), Blesis comes, dominus meus, habemus et tenemus apud Castridunum nundinas in Nativitate Beate Marie in septembri, ita ut Elemosinarii nundinas in propria manu sine venditione inde facta, et sine alterius omnino participatione semper teneant. Si enim aliqua causa contingeret quod Elemosinarii aliquem secum constituerint participem nundinarum, donum meum rediret in irritum, et nundine ulterius non durarent. Preterea omnimodam justitiam meam per illum diem Elemosine concessi, excepta latronis justitia, qui si forte capietur in nundinis, tradetur Elemosinariis, et Elemosinarii tradent illum per manum suam villico meo vel ejus servientibus. Quod ut ratum semper maneat ac firmum, litteris commendavi et sigillo meo confirmavi. Testes sunt : Gaufridus capellanus, Willelmus de Mansione Milonis, Matheus Villicus, Johannes de Giem, Gaufridus de Crimisiaco, Thomas Rabel, Theobaldus Bormaut, Gaufridus de Porcheronvilla. Actum apud Castridunum, anno gratie M° CC°. Datum per manum Huberti capellani mei, mense februarii.

L.

De nundinis Beate Marie Magdalene (2).

février 1200.

Ego Adelicia (3), vicecomitissa Castriduni, notum facio omnibus tam futuris quam presentibus, quod dominus meus, Gaufridus (4), vicecomes Castriduni, intuitu pietatis et pro remedio anime sue et patris et matris sue et antecessorum suorum donavit Domui Elemosinarie Castriduni nundinas unius diei in festo Beate Marie Magdalene apud Castridunum, singulis annis in perpetuum, ad eas consuetudines ad quas dominus comes Blesis, et idem Dominus meus, vicecomes Castriduni, tenent nundinas apud Castridunum in festo Beate Marie in septembri. Quod donum, Ego, ob spem retributionis eterne et pro remedio anime mee et parentum et antecessorum meorum, diligenter approbavi, volui et concessi, litteris commendavi et sigilli mei munimine confirmavi. Testes sunt : Gaufridus capellanus, Guillelmus de Mesmilon, Hubertus Bona, Matheus Villicus, Johannes de Giem, Gaufridus de Cremisiaco, Thomas

---

(1) Louis, comte de Blois, fils de Thibaut V et d'Adeline, époux de Katerine (1194-1215).
(2) Charte originale, A. 25. — Copies du XIII° siècle, A. 3, n° 133; du XVII°, A. 24, n° 2 ; du XVIII°, A. 8, n° 24.
(3) Adelicia, vicomtesse de Châteaudun, femme du vicomte Geoffroy V, mère de Philippe et d'Agnès.
(4) Charte originale, A. 26. — Copies du XIII° siècle, A. 5, n° 22 ; du XVII°, A. 24, n° 3; du XVIII°, A. 8, n° 25.

Rabel, Theobaldus Bormaut, Gaufridus de Porcheronvilla. Actum apud Castridunum anno gratie millesimo ducentesimo, mense februarii.

LI.

De nundinis in festo Beate Marie Magdalene (3).

mars 1200.

Ego Ludovicus (4), Blesensis et Clarimontis comes, omnibus tam futuris, quam presentibus notum facio, quod Gaufridus (5), vicecomes Castriduni, pro amore Dei et anime sue remedio, laudantibus et concedentibus Adelicia uxore sua, Philippo filio suo et Agnete sorore sua, donavit Elemosine Castriduni nundinas unius diei apud Castridunum in die festi Beate Marie Magdalene in perpetuum habendas et tenendas, ad tales consuetudines ad quales Ego et ipse vicecomes habemus et tenemus apud Castridunum nundinas in Nativitate Beatissime Virginis Marie in septembri, cum salvo conductu omnium euntium ad nundinas et redeuntium. Quod donum, quia per se, sine assensu meo, facere non poterat, rogavit me ut donum illud ex parte mea concederem et sigillo meo confirmarem. Ego autem, ad preces ejus, laudantibus et concedentibus Katherina uxore mea, Theobaldo filio meo, Johanna filia mea, Philippo fratre meo sororibusque meis Margarita et Ysabella et Adelicia, donum illud volui libere concessi et dedi. Et ut in perpetuum stabile maneat ac firmum, litteris commendavi et sigilli mei munimine confirmavi. Testes sunt : Raginaldus de Monte Mirabili, Gaufridus de Bello Monte, Garinus de Friesia, Petrus de Villebeton, Herveus Ruffus, Robertus de Mesio, Gaufridus de Rupe, Raginaldus Crispini marescallus meus, Odo decanus, Raginaldus de Milli, Ivonetus de Corbevilla, Theobaldus decanus, Hugo camerarius, Gaufridus Catus, Robertus de Bonavalle tunc prepositus Castriduni. Actum apud Castridunum anno incarnationis Domini M° CC°. Datum per manum Theobaldi cancellarii mei, mense martio.

LII.

De una emina bladi in molendino de Bretigni (1).

juillet 1200.

Ego, Odo Brunelli, dominus de Logrono, notum facio tam futuris quam presentibus, quod Radulphus, molendinarius de Bretigni pro

---

(1) Louis, fils de Thibaut V et d'Adeline (1191-1205).
(2) Geoffroy IV, vicomte de Châteaudun (1194-1215).
(3) Copies du xiii° siècle, A. 6, n° 37 ; du xviii°, A. 8, n° 269.

amore Dei, et pro salute anime sue, et animarum parentum et antecessorum suorum, dedit et in puram et perpetuam elemosinam assignavit Deo et Pauperibus Elemosine Castriduni, unam eminam bladi redditus annui capiendam in eo modio redditus bladi, quem ipse habet in molendino de Bretigni, in festo Sancti Remigii, de redditu ejusdem molendini. Ego autem ad cujus feodum dictus pertinet redditus et ipsum prefatum molendinum, id ipsum ad petitionem et preces ejusdem Radulphi predicti volui, concessi et Domui Elemosine garandire manucepi. Et ut hoc in perpetuum stabile sit ac firmum litteris commendavi, et sigilli mei munimine roboravi. Actum Castriduni, anno gratie M°. CC°. mense julii.

SECONDE PARTIE

XIIIe SIÈCLE

LIII.

De uno sextario annui redditus in molendino de Chavanz apud Firmitatem (1).

1201.

Ego Ludovicus (2) Blesensis et Clarimontis comes, notum facio omnibus tam futuris quam presentibus, quod Hugo Oliveri, de Firmitate, laudantibus et concedentibus Beatrice uxore sua et sororibus suis Audoisa, Dona et Amelina, pro amore Dei et remedio anime sue, et antecessorum suorum, contulit in perpetuam elemosinam Deo et Elemosinarie Domui Castriduni unum sextarium annui redditus in molendino de Chavanz apud Firmitatem, singulis annis in festo Beati Remigii capiendum. Ego autem ad preces ipsius Hugonis, dictum donum ipsi Elemosine garantandum manucepi. Quod ut in perpetuum stabile maneat ac firmum litteris commendavi et sigillo meo confirmavi. Testes sunt : Petrus de Villerbeton; Robertus de Mesio; Gauterius de Gaudonvilla; Guillelmus de Mohervilla; Raginaldus Crispini, marescallus meus; Raginaldus de Milli. Actum Castriduni anno gratie millesimo ducentesimo primo. Datum per manum Teobaldi concellarii mei.

LIV.

De hospitibus in foro (3).

1201.

Sicut tempus nunquam est stabile, sed fluens defluit; ita quoque, cum ipso tempore, temporales fluunt et defluunt actiones. Ne labatur ergo simul cum tempore, quod modo geritur, eternari debet et voce testium et testimonio litterarum. Innotescat ergo vitam agentibus et sciant posteri quod E. Maleterre, homines sui burgi quod est in foro,

---

(1) Original, B. 390. — Copies du XIIIe siècle, A. 3, n° 20, et A. 5, n° 27; du XVIIIe, A. 8, n° 49.
(2) Louis, fils de Thibaut V (1191-1205).
(3) Copie du XIIIe siècle, A. 6, n° 34.

et heredes suos reddit immunes ab omni collectu et ab omni coactione, salvo censu suo; pro festagio, tribus solidis redditis pro qualibet domo annuatim. Ut vero ratum sit quod modo geritur, his litteris assensum tribuunt Milesendis, uxor sua et Petrus et Golenus, filii sui, et Hugo de Ruchevilla. Ne vero aliqua possit exoriri calumpnia, has litteras salvo jure suo confirmat in sigillo suo; G. vicecomes Castriduni (1) Actum Castriduni, anno ab incarnatione Domini M°. CC°. 1°.

LV.

De contentione inter nos et personam ecclesie de Mamberolis (2).

1201.

Ego Henricus, archidiaconus Dunensis, notum facio omnibus tam futuris quam presentibus, contentionem que erat inter Elemosinarios Elemosine Castriduni et Teobaldum, personam Ecclesie de Mamberolis, de decima cujusdam campi terre, qui est ad Porcheronvillam, et vocatur Campus Sancti Martini, ita in presentia mea terminatam fuisse : quod singulis annis Elemosina mediam partem, et personna Ecclesie de Mamberolis alteram mediam partem habebit illius decime. Quod in presentia mea factum, et in perpetuum stabile maneat ac firmum, litteris commendavi et sigilli mei impressione confirmavi. Testes sunt : Bartholomeus, Elemosine procurator ; magister Matheus, capellanus meus; Raginaldus, presbyter Ororü; Willelmus de Fonte et Gervasius, Elemosine capellani; Gaufridus de Porcheronvilla; Robertus Moncel. Actum apud Castridunum, anno gratie millesimo ducentesimo primo.

LVI.

De decima furni de Cloia (3).

1201.

Ego Ludovicus, Blesensis et Clarimontis comes, notum facio omnibus tam futuris quam presentibus, quod Hugo de Cloia, pro amore Dei et remedio anime sue et parentum et antecessorum suorum, laudantibus et concedentibus fratribus suis, Gaufrido, Odone, Johanne, Gauterio, et

---

(1) Geoffroy IV, vicomte de Châteaudun (1194-1215).
(2) Copies du XIII° siècle, A. 6, n° 5; du XVII°, A. 7, n° 78; du XVIII°, A. 8, n° 197.
(3) Original, A. 68, — Copies du XIII° siècle, A. 3, n° 138; du XVII°, A. 7, n° 158; du XVIII°, A. 8, n° 134

sororibus suis, Isabella et Beatrice, contulit in perpetuam elemosinam Deo et Elemosine Castriduni, decimam omnimodi redditus furni sui de Cloia. Et similiter decimam pressorii sui de eadem villa, tali etiam conditione quod serviens ipsius Hugonis, quicumque sit, qui redditus suos de furno et pressorio recipiet; et etiam serviens heredis Hugonis erga Elemosinam fide tenebitur, quod ipse fideliter dictam decimam ipsi Elemosine singulis annis persolvet. Hoc donum concessit Odo Brunellus, de feodo cujus Hugo predicta tenebat. Ego autem, ad preces et petitiones utriusque partis, hanc elemosinam garandire manucepi. Quod ut in perpetuum stabile maneat ac firmum, litteris commendavi et sigilli mei munimine confirmavi. Testes sunt: Petrus de Villerbetone; Robertus de Mesio; Guillermus de Mohervilla; Garinus, sacerdos de Cloia; magister Hugo de Cloia; Hugo de Esspesunvilla; Abbas miles de Esspesunvilla; Paganus Trousel; Robertus de Bonavalle. Actum Castriduni anno gratie millesimo ducentesimo primo. Datum per manum Theobaldi cancellarii mei.

LVII.

De molendinis de Voyroi (1).

septembre 1201.

Ego Ludovicus (2), Blesensis et Clarimontis comes, notum facio omnibus tam futuris quam presentibus, quod Bernaldus de Bullo laudantibus et concedentibus Asscelina uxore sua et filiis suis Petro et Odone, Gaufrido, Nicholao, quitavit et in perpetuum concessit Elemosine de Castroduno quidquid habebat in molendinis de Vovreto excepta sua tertia parte justicie pro quatuor modiis annui redditus de tali annona qualem ipsi lucrabuntur molendini et molendinarius quotiescumque mutabitur erga Bernaldum fide vel sacramento tenebitur quod moutura illa in redditione redditus Bernaldi non pejorabitur. Singulis mensibus Bernaldus de redditu suo quatuor sextarios recipiet. Si quid de redditu illo Bernaldus in uno mense non habebit, in sequenti mense ipsi perficietur. Quidquid contingat de molendinis Elemosina dictum redditum Bernaldo vel ejus heredibus persolvet. Elemosinarii emendare poterunt molendinos sicut eis placuerit, sine contradictione dicti Bernaldi. Sanguinis et latronis et omnimodo justitie molendinorum, sunt due partes Elemosine et tertia pars Bernaldi. Ita tamen quod Bernaldus de criminibus predictis aliquem hominem vel aliquam non potest accusare, sed si forte latro capiatur in molendinis per manum fratris vel famuli Elemosine tradetur

(1) Copie du XIII° siècle, A. 3, n° 57.
(2) Louis, fils de Thibaut V, comte de Blois. (1191-1205).

Elemosinariis et Bernaldo. Elemosinarii boccas et bracas tantummodo in capturam pisscium in portis tendent et omnes piscces ibi captos habebunt. Chalanum querent Elemosinarii et affigent illum pallo sub calciata juxta molendinos et firmabitur illice, de nocte, duabus clavibus. Unde Elemosinarii unam habebunt; reliquam vero habebit unus de hominibus dicti Bernaldi, in villa, pro Bernaldo. Infirmi Elemosine de die habebunt chalanum ad negotia sua, et etiam de nocte, si opus fuerit. Si autem opus non fuerit, duabus clavibus dicto modo de nocte firmabitur. Qui clavem suam perdiderit, eam queret. Testes : Goherius de Lanere; Petrus de Villerbeton; Robertus de Mesio; Guillermus de Mohervilla; Nicholaus de Brueria; Raginaldus Pagani ; Raginaldus Crisspini, maresscalus meus; Raginaldus de Milliaco. Quod ut in perpetuum stabile maneat et firmum, litteris commendavi et sigilli mei munimine confirmavi. Actum Castriduni, anno gratie M°. CC°. primo. Datum per manum Theobaldi cancellarii, mense septembris.

LVIII.

De terris apud Pertes (1).

décembre 1201.

Ego, Odo Borelli, Curie Alani dominus, notum facio omnibus tam futuris quam presentibus, quod Johannes Crassus, laudantibus et concedentibus Hodierna uxore sua et Philipo filio suo, et Burdino et sororibus suis, vendidit Sancte Domui Elemosinarie Castriduni, quicquid ipse apud Pertes possidebat, terram scilicet et ejusdem terre feodum. Pro illo autem feodo terre prefate dedit michi prefatus Johannes in esscambium aliud feodum quod ipse tenebat de me cum terra predicta, quod ipsum Goherium de Pataio tenebat de eodem Johanne. Preterea idem Johannes de prefate terre precio donavit michi viginti libras dunenses pro venditionis illius concessione. Unde Ego, ad ejusdem Johannis et Hodierne uxoris sue, petitionem et preces, sepedictam venditionem volui, approbavi et concessi prefate Domui Elemosinarie libere, quiete et pacifice in perpetuo possidendam, et eam eidem Domui garandire manucepi. Quod ut in perpetuum stabile sit ac firmum, letteris commendavi et sigilli mei presenti munimine confirmavi. Actum anno incarnationis Dominice M°. CC°. primo.

(1) Original, B., n° 541, n° 1. — Copies du XIII° siècle, A. 3, n° 140, A, 6, n° 15 ; du XVII°, A, 7, n° 191 ; du XVIII°, A. 8, n° 136.

LIX.

De terris apud Pertes (1)

décembre 1201.

Ego Gaufridus (2), vicecomes Castriduni, notum facio omnibus tam futuris quam presentibus, quod Johannes Crassus, laudantibus et concedentibus Hodierna uxore sua et Philipo filio suo et Burdino et sororibus suis, Domui Elemosinarie Castriduni vendidit integre quidquid apud Pertes possidebat, terram videlicet et feodum. Hanc venditionem concessit Odo Borellus de Cortalano, de cujus feodum terra erat. Pro qua concessione, Johannes Crassus dedit eidem Borello viginti libras dunensis monete et aliud feodum pro esscambio, quod movebat de eodem feodo quod tenet Goherius de Pataio. Ego autem de cujus feodo sunt omnia predicta, hanc venditionem, ad preces et petitiones utriusque partis, volui et concessi et garantizandam manucepi. Quod ut in perpetuum stabile maneat ac firmum, litteris commendavi et sigilli mei impressione confirmavi. Testes sunt : Raginaldus Paganus, tunc senesscalus meus ; Guillermus de Mesmilo ; Droco Furrarius ; Rogerius prior de Chauveliera ; Stephanus salvus serviens ; Theobaldus Bormaut ; Stephanus Gueuhon ; Fremillon ; Johannes clericus de Capella. Actum apud Chauveleriam, anno gratie M°. CC°· primo. Datum per manum Gaufridi capellani mei, mense decembris.

LX.

De terris apud Pertes (3).

décembre 1201?

L. Blesensis et Clarimontis comes (4), domino suo G. vicecomes Castriduni (5), homo suus, salutem et dilectionem. Notum facio vobis, domino meo, quod ego venditionem terrarum de Pertes, quam Johannes Crassus vendidit Elemosine Castriduni cum precedente Borrelli concessione, ipsi Elemosine concedo. Valete.

(1) Copies du XIII° siècle, A. 3, n° 160, et A. 5, n° 19 ; du XVII°, A. 7, n° 100 ; du XVIII°, A. 8, n° 151.
(2) Geoffroy IV, vicomte de Châteaudun (1194-1215).
(3) Copies du XIII° siècle, A. 3, n° 45, et A. 6, n° 29 ; du XVII°, A. 7, n° 102.
(4) Louis, fils de Thibaut V, comte de Blois (1191-1205).
(5) Geoffroy IV, vicomte de Châteaudun (1194-1215).

LXI.

De terris apud Pertes (1).

décembre 1201.

Ego Ludovicus (2), Blesensis comes et Clarimontis, notum facio omnibus tam futuris quam presentibus, quod Johannes Crassus, laudantibus et concedentibus Hodierna uxore sua et Philippo filio suo et Burdino et sororibus suis, vendidit integre Elemosine Castriduni, quicquid apud Pertes possidebat, terram videlicet et feodum. Hanc venditionem concessit Borrellus de cujus feodo terra erat. Pro qua concessione Johannes dictus Crassus, dedit predicto Borrello viginti libras dunensis monete et feodum aliud pro escahmbio, quod movebat de eodem feodo quod tenet Goherius de Pataio. Hoc etiam concessit Gaufridus (3), vicecomes Castriduni, de quo supradictum feodum tenebat Borrellus. Ego autem ad preces et petitiones utriusque partis, hanc venditionem firmiter tenendam manucepi. Quod ut in perpetuum stabile maneat ac firmum, litteris commendavi et sigilli mei impressione confirmavi. Testes sunt : Maheius de Marli ; Johannes et Garinus et Friesia ; Odo de Cormereto ; Hugo de Cormereto ; Petrus de Villerbeton ; Odo Becchart ; Raginaldus Crispini, maresscalus meus ; Raginaldus Cortesius ; Symon Crassus. Actum Blesis, anno gratie M°. CC°. primo. Datum per manum Theobaldi mei cancellarii, mense decembris.

LXII.

De duobus solidis et sex denariis de oblitis, et tribus panibus et tribus gallinis apud Ursellas (4).

1202.

In nomine Sancte et individue Trinitatis. Sciant universi tam presentes quam futuri quod Agnes de Franchaio, assensu et concessione filiorum suorum, Philippi et Johannis, et filie sue Elisabeth, Domui Elemosinarie Castriduni apud Ursellas duos solidos et sex denarios parisienses de oblitis et tres panes et tres gallinas in crastino Natalis Domini annuatim reddendos in perpetuum dedit et concessit. Dedit ei

---

(1) Charte originale, B. 541, n° 2. — Copies du xiii° siècle, A. 3, n° 161, et A. 5, n° 20 ; du xvii°, A. 7, n° 99.
(2) Louis, fils de Thibaut V, comte de Blois (1191-1205).
(3) Geoffroy IV, vicomte de Châteaudun (1194-1215).
(4) Original, B. 679.

etiam sex minas bladi quas eadem Domus Agneti in domo de Villa Episcopi annuatim debebat; et unum arpentum prati apud Balgenciacum, quod est Fenis. Hanc itaque elemosinam Petrus Biseolus ad cujus feodum hec predicta pertinent, voluit et concessit. Ego siquidem Johannes, Balgenciaci dominus, pro Dei amore et redemptione anime mee, ad precem et petitionem Petri Biseoli qui supradicta de feodo meo ligio tenebat, elemosinas istas volui, concessi et garantire manucepi. Quod ut ratum et firmum permaneret in perpetuum presentem cartulam sigilli mei impressione confirmavi. Actum apud Balgenciacum, anno gratie millesimo ducentesimo secundo. Datum per manum Boemondi capellani et cancellarii mei.

LXIII.

De uno modio bladi redditus in molendino de Chavanz (1).

1202.

Ego Petrus de Villerbeton, notum facio tam futuris quam presentibus, quod Hugo Cambellanus, pro amore Dei et remedio anime sue et antecessorum suorum, et anime boni domini sui, comitis Theobaldi (2), laudantibus et concedentibus filiis suis, Ludovico et Crispino, et filia sua Haoisa, dedit in perpetuam elemosinam Deo et Elemosine Castriduni unum modium ybernagii redditus annui, in quinque modiis redditus quos habet in molendino de Chavanz, apud Firmitatem de Villenoil et tenet de feodo meo, annuatim capiendum. Ita quod a festo Beati Johannis Baptiste, singulis mensibus, partem Hugonis de redditu molendini, continue recipiet Elemosina, donec totum dictum habuerit modium. Ego autem de cujus feodo Hugo totum dictum tenebat redditum, hanc elemosinam approbavi, volui et concessi. Hoc etiam, ad preces meas cum petitione Elemosine et Hugonis, dominus comes Ludovicus (3) concessit. Quod ut in perpetuum stabile sit et firmum, litteris commendavi, et sigillo meo confirmavi. Actum Castriduni, anno gratie M°. CC°. secundo.

(1) Original, B. 391. — Copies du xiii° siècle, A. 6, n° 26; du xviii°, A. 8, n° 266.
(2) Thibaut V, comte de Blois (1152-1191).
(3) Louis, comte de Blois (1191-1205).

LXIV.

De quinque solidis de Veves (1).

1202.

Ego Ludovicus comes Blesensis et Clarimontis, omnibus notum facio, quod Achonetus de Montgeraguet et fratres ipsius Robertus, Maquetus et Ansellus, in perpetuam elemosinam dederunt, pro remedio animarum suarum et antecessorum suorum, Elemosine Castriduni, quinque solidos andegavenses assignatos in censu suo de Veves reddendos in decollatione Sancti Johannis Baptiste, Blesis. Quod ut ratum sit ac firmum, litteris commendavi et sigilli mei munimine confirmavi. Auctum anno gratie M°. CC°. II°.

LXV.

De octo denariis census et tres solidis de festagio in domibus apud Castridunum (2).

1202.

Ego Garnerius de Langeio, notum facio omnibus tam futuris quam presentibus, quod Ego, pro amore Dei et remedio anime mee et parentum et antecessorum meorum, laudantibus et concedentibus Johanna uxore mea, et filiis meis Garnerio et Odone, et filia mea Mathia, et fratribus meis Matheo, Gaufrido, Odone et Guillermo, et sororibus meis Agatha et Hersendi, dedi et concessi Deo et Elemosine Castriduni in perpetuam elemosinam, octo denarios census et tres solidos de festagio, sitos in quibusdam domibus apud Castridunum prope ecclesiam Beati Petri annuatim eidem Domui Elemosine ad festum Beati Remigii reddendos. Unde domus Simonis Maugerii debet sex denarios census et duos solidos de festagio, et domus Hersendis Bursarie duos denarios census et duodecim denarios de festagio. Insuper pro duodecim denarios redditus quos Elemosine debebam apud Langeium, eidem Domui octo denarios census quos Theobaldus Beenne michi debebat pro vinea quadam que est ad Mofflart quam habuit a domina matre mea, annuatim ad festum Sancti Remigii reddendos, in esscambium assignavi. Quod ut in perpetuum stabile sit et firmum, litteris commendavi, et sigillo meo confirmavi. Actum Castriduni anno gratie M°. CC°. secundo.

(1) Copies du XIII° siècle, A. 3, n° 46 ; du XVIII°, A. 8, n° 67.
(2) Copies du XIII° siècle, A. 4, n° 8 ; du XVII°, A. 7, n° 36 ; du XVIII°, A. 8, n° 181.

LXVI.

De uno sextario annone et XII denariis census super grangiam de Haia (1).

mai 1202.

Ego Ludovicus (2), Blesensis et Clarimontis comes, notum facio omnibus tam futuris quam presentibus, quod Erraudus Malaterra, pro amore Dei et remedio anime sue, et parentum et antecessorum suorum, laudantibus et concedentibus, Milesendi uxore sua, et filiis suis Petro et Jolleno, et Isabella filia sua, dedit Elemosine Castriduni in perpetuam elemosinam unum sextarium annone annui redditus, singulis annis in festo Sancti Remigii in grangia sua de Haia percipiendum, et duodecim denarios census, de quibus : Stephanus Gueuhon debet sex denarios pro vinea sua de Rouserein, et Maria, uxor defuncti Raginaldi Tescelini, sex denarios de vinea sua de Rouserein, ibidem in festo Sancti Remigii ipsi Elemosine annuatim persolvendos. Ego autem de quo Erraudus predicta tenebat, ad preces ipsius, dictum donum volui, concessi, et ipsi Elemosine garantandum manucepi. Quod ut stabile maneat ac firmum semper, litteris commendavi et sigilli mei munimine confirmavi. Testes sunt : Petrus de Villerbeton ; Robertus de Mesio ; Guillermus de Mohervilla ; Raginaldus de Milli ; Theobaldus decanus. Actum Castriduni, anno gratie millesimo CC°. secundo. Datum per manum Theobaldi cancellarii mei, mense martii.

LXVII.

De Porcheronvilla (3).

mai 1202.

Ego Ludovicus (4), Blesensis et Clarimontis comes, notum facio omnibus tam futuris quam presentibus, quod Ego, Iherosolimam proficiscens, amore Dei et pro anime mee et parentum et antecessorum meorum remedio, laudantibus et concedentibus Katharina uxore mea, Theobaldo filio meo, Iohanna filia mea, et sororibus meis Margarita, Ysabella, quitavi Gaufrido de Porcheronvilla clerico, ad tempus vite sue, unum sextarium redditus annone, quem capiebam in terra Odonis patris sui

---

(1) Original, B., n° 109. — Copies du XIII° siècle, A. 4, n°⁵ 1 et 3, A. 5, n° 23.
(2) Louis, fils de Thibaut V, comte de Blois (1191-1205).
(3) Copie du XVII° siècle, A. 7, n° 76.
(4) Louis, fils de Thibaut V, comte de Blois (1191-1205).

apud Porcheronvillam. Ipsum etiam Gaufridum et res ipsius in custodia et defensione mea suscepi. Quod ut stabile sit et firmum, litteris commendavi et sigillo meo confirmavi. Actum Aurelianis, anno gratie millesimo CC°. secundo. Datum per manum Theobaldi cancellarii mei, mense maii.

LXVIII.

De confirmatione quinque solidorum redditus Novi-Castri (1).

mai 1202.

Ego Gervasius, Novicastri dominus, omnibus tam futuris quam presentibus notum facio, quod Ego, pro amore Dei et remedio anime mee, et parentum, et antecessorum meorum, laudantibus et concedentibus Margarita uxore mea et filiis meis, Hugone et Herveio, dedi et in perpetuam elemosinam concessi Domui Elemosinarie Castriduni, decem solidos carnotenses annui redditus, et eos in pedagio meo de Novocastro, per manum illius qui dictum pedagium recipiet, quicumque sit ille, in die festi Sancti Remigii, remota omni dilatione, singulis annis reddendos assignavi. Ut in perpetuum ratum permaneat et inconcussum, litteris commendavi et sigillo meo confirmavi. Actum apud Abbatiam Beati Vincencii de Nemore. Datum anno gratie M°. CC°. secundo, mense maii.

LXIX.

De una summa olei et de uno millenario harencorum (2).

mai 1202.

Ego Ludovicus (3), Blesensis et Clarimontis comes, notum facio omnibus tam futuris quam presentibus, quod Ego, Iherosolimam proficiscens, pro amore Dei et anime mee et parentum et antecessorum meorum remedio, contuli in elemosinam Elemosine Castriduni, unum millenarium harencorum et unam summam olei, quamdiu in hac peregrinatione morabor, in prepositura Castriduni annuatim in prima septimana quadragesime persolvendum. Quod ut stabile sit et firmum, litteris commendavi et sigillo meo confirmavi. Actum Aurelianis, anno gratie

---

(1) Copies du xiii° siècle, A. 3, n° 171 ; du xvii°, A. 7, n° 10 ; du xviii°, A. 8, n°ˢ 156 et 173.
(2) Copies du xiii° siècle, A. 3, n° 15, et A. 5, n° 29. — Vidimus de 1356, A. 15. — Copies du xvii° siècle, A. 7, n° 6 ; du xviii°, A. 8, n° 44.
(3) Louis, fils de Thibaut V, comte de Blois (1191-1205).

M°. CC°. secundo. Datum per manum Theobaldi cancellarii mei, mense maii.

LXX.

De contentione inter nos et Abbatiam Beate Marie Magdalene de decimis vinearum (1).

mai 1202.

Ego Ludovicus (2), Blesensis comes et Clarimontis, notum facio omnibus tam futuris quam presentibus, quod contentio erat inter Abbatiam Beate Marie Magdalene Castriduni et Elemosinam Castriduni, de decimis vinearum quas Elemosina debebat Abbatie; de dominio terre canonicorum quod omnino vetabant, ne nundine Elemosine ibi residerent; de quibusdam censivis quas utraque domus ad invicem tenebat ab altera; de tintinnabulis Abbatie; de cimiterio Abbatie; de canonico quem canonici poscebant recipi in Elemosina tempore satisfactionis sue. De decima vinearum, factum est ita, quod Elemosina annuatim pro decima reddet Abbatie sexaginta et decem solidos dunenses infra tres ebdomadas post Natale Domini proximo sequentes reddendos, et decima remanet Elemosine in perpetuum quitta, quicumque de cetero loca vinearum possideat. Et sunt hec loca vinearum : in Froitval tria arpenta; ad Moflart tria arpenta; ad Huelinam duo arpenta et dimidium; ad Puteum duo arpenta et dimidium; ad Terras Dulces, quatuor arpenta; juxta vineam Hugonis Quadrigarii, tres quarteria; vinea de Fonteneio, unum arpentum. Si contingat quod Elemosina processu temporis alias vineas habeat in decima canonicorum, decimam ab eis habebat Abbatia. Denarios quos Abbatia debebat Elemosine, pro hac pace quitavit Elemosina Abbatie. Abbatia debebat Elemosine pro pratis defuncti Theobaldi Decani duodecim denarios census; et pro parte vinee que Benedicta nuncupatur, viginti denarios census. Elemosina autem debebat Abbatie pro plateis defuncti Roberti Rastel, duos solidos census. Hos census utraque domus, alteri mutuo in perpetuum quittavit, ita tamen, quod si Elemosina aliquid adquiret in censiva Abbatie, licite et libere sine contradictione Abbatie licebit ei possidere, et similiter vice mutua tantumdem censive juxta summam census, in censiva Elemosine poterit Abbatia adquirere et tenere. Tempore nundinarum Elemosine, nulli licebit in proprio canonicorum sine eorum assensu stallos ponere, ubique autem nundinantes stallos habeant. Elemosina nichilominus suarum ubique sequetur et colliget consuetudinem nun-

(1) Copies du XIII° siècle, A. 4, n° 2, A. 5, n° 24; du XVIII°, A. 8, n° 303.
(2) Louis, fils de Thibaut V, comte de Blois (1191-1205).

dinarum. De tintinnabulis et de cimiterio Abbatie que Elemosina ad petitionem suam requiret sibi a canonicis ad usus suos accommodari, et de canonico quem Abbatia requiret ad preces suas in Elemosina recipi tempore prostrationis sue, sicut fuit retroacto tempore, non mutatum remanet. Quod ut in perpetuum stabile maneat ac firmum, litteris commendavi et sigillo meo confirmavi. Actum Castriduni, anno gratie M°. CC°. secundo. Datum per manum Teobaldi cancellarii mei, mense maio.

LXXI.

De decem solidis apud Montinhiacum (1).

mai 1202.

Ego Johannes (2) Montinhiaci dominus, notum facio omnibus tam futuris quam presentibus, quod Ego, Iherosolimam proficisscens, pro amore Dei et salute anime mee et antecessorum meorum, laudantibus et concedentibus Matildi uxore mea, et Odone filio meo, et filiabus meis, Isabella, Margarita et Adelicia, et Gaufrido fratre meo, dedi et in perpetuum concessi pauperibus Elemosine Castriduni decem solidos annui redditus, et eos, in festagio meo de Montinhiaco in festo Sancti Dionisii annuatim persolvendos assignavi. Ita tamen quod dictum festagium, modo quocumque remanere contigerit, in censibus meis de Moutinhiaco qui michi in festo Sancti Aviti apud Motinhiacum persolvuntur, dictum redditum capiendum institui. Quod in perpetuum stabile sit ac firmum, litteris commendavi et sigillo meo confirmavi. Actum apud Motinhiacum, anno gratie M°. CC°. secundo. Datum per manum Herberti, clerici mei, mense maii.

LXXII.

De quatuor sextariis bladi de Toriel (3).

mai 1202.

Ego Ludovicus (4) Blesensis comes et Clarimontis, notum facio omnibus tam futuris quam presentibus, quod Odo Brunel pro amore Dei et remedio anime sue, laudantibus et concedentibus filiis suis Henrico et

---

(1) Original, A. 40. — Copies du xiii° siècle, A. 3, n°s 44 et 101; A. 6, n° 13; du xviii° A. 8, n° 66.

(2) Jean Ier, dit le Roux, fils d'Eudes et petit-fils de Rohier II, seigneur de Montigny, (Voyez Cart. de Marmoutier pour le Dunois, par E. Mabille, p. 42 de l'introduction). 1198-1212.)

(3) Original, B., n° 624. — Copies du xiii° siècle, A. 4, n° 4; du xvii°, A. 7, n° 159.

(4) Louis, fils de Thibaut V, comte de Blois (1191-1205).

Gaufrido, et fratre suo Gaufrido, et sororibus suis Eustachia, Ada et Laurentia, dedit et in perpetuum concessit Elemosine de Castriduno, quatuor sextarios et unam emiuam ybernagii annui redditus in terra sua de Toriel ad festum Sancti Remigii, remota omni dilatione, capiendos. Hoc concessit Bernaldus de Bullo de cujus feodo Odo tenet terram predictam. Hoc etiam concesserunt Phylippus, Brochart de Brocea et Gaufridus Gode, ad quorum feodum spectat terra predicta. Elemosina autem concessit Odoni domum suam que fuit Odonis Frellon, post decessum ipsius Odonis et heredibus suis perpetuo possidendam. Testes sunt : Herveus Ruffus; Odo de Monpancier ; Gaufridus de Bullenvilla; Roscelinus Craton ; Paganus Trossel. Ego autem, ad petitiones utriusque partis, rem predictam utrique parti garantandam manucepi. Quod ut in perpetuum stabile maneat ac firmum, litteris commendavi et sigillo meo confirmavi. Actum apud Castridunum anno gratie millesimo ducentesimo secundo. Datum per manum Teobaldi cancellarii mei, mense maii.

LXXIII.

De modio bladi redditus in molendino de Chavanz (1).

Mai 1202.

Ego Ludovicus (2), Blesis et Clarimontis comes, notum facio omnibus tam futuris quam presentibus, quod Hugo Cambellanus, pro amore Dei et remedio anime sue, et anime comitis Theobaldi patris mei, et pro animabus antecessorum suorum, laudantibus et concedentibus filiis suis, Ludovico et Crispino et Haoisa filia sua, dedit et in perpetuum concessit, Deo et Pauperibus Elemosine Castriduni, unum modium hybernagii annui redditus, capiendum in parte sua redditus molendini de Chavanz, apud Firmitatem de Villenoil. Et Elemosina incipiet recipere dictum redditum a festo Beati Johannis Baptiste, et totam partem redditus Hugonis sicut singulis mensibus ex tunc reddetur, habebit, donec dictum modium penitus habuerit. Hoc concessit Petrus de Villerbeton de cujus feodo, ipse H. dictum tenebat redditum. Ego autem, ad petitiones utriusque partis, hanc elemosinam garantandam manucepi. Testes sunt : Nicholaus de Sancto Lazaro ; Mauricius de Sancto Valeriano ; Bertholomeus magister Elemosine ; Petrus de Villerbetone ; Raginaldus de Milli. Et ut hoc in perpetuum stabile maneat ac firmum, litteris commendavi et sigillo meo confirmavi. Actum Castriduni, anno

---

(1) Original, B. 391, n° 2. — Copie du xiii° siècle, A. 5, n° 28. — Vidimus de 1416, B. 391, n° 3.

(2) Louis, fils de Thibaut V, comte de Blois (1191-1205).

gratie M°. CC°. secundo. Datum per manum Theobaldi cancellarii mei, mense maii.

LXXIV.

Littere Ludovici comitis de rebus nostris conservandis (1).

Mai 1202.

Ego Ludovicus (2), Blesis et Clarimontis comes, notum facio omnibus tam futuris quam presentibus, quod ego, pro amore Dei et remedio anime mee, et antecessorum meorum et parentum, laudantibus et concedentibus Katarina uxore mea, Theobaldo filio meo, Iohanna filia mea, Philipo fratre meo et sororibus meis Margarita, Isabella, universas res Elemosine Castriduni, ubicumque sint, tanquam meas res proprias, in custodia et defensione mea habeo et omnimodis conservandas recepi. Insuper, omnes elemosinas que ipsi Domui, in feodo meo, Deo volente, quocumque beneficio erogabuntur et quidquid dicta Domus in feodo meo, justo processu temporis, poterit adquirere, libere et quiete ipsi Domui in pace tenendum in perpetuum concessi et garantizandum tanquam meam rem propriam manucepi. Quod ut in perpetuum stabile sit et firmum, litteris commendavi et sigilli mei impressione confirmavi. Actum Castriduni, anno gratie M°. CC°. secundo. Datum per manum Theobaldi cancellarii mei, mense maii.

LXXV.

Littere Ludovici Blesis comitis de omnibus nostris observandis (3).

Mai 1202.

Ego Ludovicus (4), Blesis et Clarimontis comes, notum facio omnibus tam futuris quam presentibus, quod ego, Ierosolimam proficiscens, pro amore Dei et anime mee et parentum et antecessorum meorum remedio, Elemosinam Castriduni, in custodia et defensione mea, et res ejus universas susscepi, et ei universas elemosinas, et a me et ex assensu meo, et ab antecessoribus meis vel ipsorum voluntate collatas, garantandas manucepi, et confirmavi, videlicet : terram de Cortermont, quam

---

(1) Copies du XIII° siècle, A. 3, n° 175, et A. 5, n° 9. — Vidimus de 1373, A. 16, n° 1. — Copie du XVIII° siècle, A. 8, n° 27.
(2) Louis, fils de Thibaut V, comte de Blois (1191-1205).
(3) Original, A. 14. — Copies du XIII° siècle, A. 3, n° 169, et A. 5, n° 12; de 1522, A. 13, n° 1; du XVIII° siècle. A. 8, n°s 155 et 305.
(4) Louis, fils de Thibaut V, comte de Blois (1191-1205).

comes Theobaldus pater meus ipsi Domui dedit et illam terram in eadem
parte, quam Hugo de Ialanz dedit Domui quitam Elemosine, Guillermo, filio suo, eoncedente. Terram de Villereti; Terram de Pertes;
Terram de Villa Episcopi; Terram de Villenblini; Terram de Ialanz;
Terram Bordarum; Terram Liboville, cum villa; Terram de Tronchetis;
Terram de Bello Fago, cum villa.; Terram de Borgelattre; campum terre
quem defunctus Osmondus de Tievilla dedit juxta Noeretum; centum
solidos annui redditus quos comes Theobaldus, pater meus, dedit in
anno novo reddendos, de prepositur Castriduni; viginti libras redditus
quos ego ipsi Domui dedi; decem libras reddendas in banno meo de
Natali annuatim, et alias decem libras in banno de Pentecosten, apud
Castrumdunum; nemus Bordarum; decimam de Porcheronvilla quam
Raherius de Peveris et Bochagia, uxor sua, dederunt; in decima de
Villavesson, tredecim sextarios ybernagii et unum modium avene redditus annui in festo sancti Remigii, quos Theobaldus Ruffus dedit;
unum modium ybernagii in decima de Donamanu et decimam vinee
Raginaldi de Fonte que est juxta herberiagium que Pucelina de Rupe
dedit : asnetam terre apud Sarmesoles et hosspitam terre cum tali redditu; quinque solidos et VI denarios parisiensium annuatim ad festum
sancti Remigii, et duos sextarios avene ad rasum, et quatuor boisellos
annone ejusdem terre pro panibus oblitorum, et duas gallinas et duos
denarios pariter in Natali, et campi partem totius terre, excepto arpento
mansionis, que immunis remanet pro oblitis et..... picturina census
parisiensis in festo sancti Carrauni; unum sextarium redditus ybernagii in decima de Liconci; decimas de Villa Episcopi et de Villa in Podio,
et de Villa Lupi; unum sextarium redditus quem Adam de Badilleriis,
in decima sua de Villa Episcopi, dedit; decimam de Binais quam pater
Gaufridi de Binais dedit; decimam furni et pressorii Hugonis de Cloia,
quam ipse Hugo dedit; unum sextarium redditus in molendino de Chavanz, apud Feritatem, quem Hugo Oliveri dedit; ad Sancti Remigii
unum modium redditus quem Hugo Camerarius dedit in dicto molendino de Chavanz, ad festum sancti Iohannis Baptiste sicut redditus veniet per menses recipiendum; unum sextarium redditus quem Erau-
dus Malaterra dedit in terram suam de Hahia ad Sancti Remigii, et
XII denarios census in vineis Stephani Guehon et Marie, que fuit uxor
Raginaldi Tesscelini in clauso de Rouseren, uterque debet videlicet : quatuor sextarios unam et eminam annone de redditu ad Toriellum in terra
Odonis Brunel, quos ipse O. dedit ad Sancti Remigii; nundinas elemosine quas ego et G. Castriduni vicecomes, dedimus in festo Magdalene
cum salvo conductu euntium ad nundinas et redeuntium ad tales consuetudines ad quales ego et ille tenemus nundinas Castriduni in Nativitate beate Marie ; sex libras redditus quas Elemosina capit in redditibus comitis de Bello Monte ad Castridunum quas ipse dedit, et tenet

de vicecomite Castriduni; burgensem apud Carnotum semper Elemosine servientem, ab exactione et tallia et omnibus consuetudinibus quitum et liberum, Domum Elemosine apud Carnotum; molendinos de Vovreto, qui sunt toti immunes Elemosine, ita quod Elemosina proinde reddit annuatim quatuor modios redditus Bernaldo de Bulou, piscatura boccarum et bracarum in portis molendinorum tota est propria Elemosine; aquam Villereti; pacem inter Abbatiam et Elemosinam Castriduni de decima vinearum quam Elemosina debebat Abbatie, pro qua reddet ei de cetero annuatim sexaginta et decem solidos dunensium, et decima quicumque loca vinearum possideat in perpetuum, erit Elemosine, et sunt loca vincarum hec : in Freitval tria arpenta; ad Mouflat, tria arpenta; ad Huelinam, duo arpenta et dimidium; ad Terras Dulces, quatuor arpenta; juxta vineas Hugonis Quadrigarii, tres quateria; vinea de Frontenio unum arpentum; utraque domus licite sine conditione alterius sub censivis alterius ad invicem juxta summam census utriusque poterit adquirere et tenere quod adquisierit, salvo jure census. Sciendum est autem quod decima de Binais, de qua supra locuti fuimus, est minuta decima. Preterea res universas ipsi Domui in perpetuum tenendas concessi, quas, Deo volente, processu temporis in feodo meo juste poterit adquirere. Quod ut in perpetuum stabile maneat ac firmum litteris commendavi, et sigilli mei impressione confirmavi. Actum Aureliani, apud Sanctum Evurtium, anno gratie millesimo CC°. secundo. Datum per manum Theobaldi cancellarii mei, mense maii.

LXXVI.

Privilegium Romanum (1).

10 juillet 1203 (2).

Innocentius (3), episcopus servus servorum Dei, dilectis filiis B. (4) priori et fratribus hospitalis infirmorum Castriduni salutem et apostolicam benedictionem. Solet annuere Sedes Apostolica piis votis et honestis petentium precibus favorem benevolam impertiri : ea propter, dilecti in Domino filii, vestris justis postulationibus grato concurrentes assensu, personas vestras et hospitale infirmorum Castriduni cum omnibus bonis que in presentiarum rationabiliter possidet, aut in futurum justis modis postulante Domino, poterit adipisci, sub Beati Petri et nostra protectione suscipimus, et presentis scripti patrocinio communivimus. Libertates

(1) Copies du XVII° siècle, A. 10, n° 3, et A. 17, n° 4; du XVIII°, A. 8, n° 258.
(2) Dans un manuscrit du siècle dernier qui est à la bibliothèque de Châteaudun, l'abbé Courgibet assigne à cette bulle la date de 1210. L'an 6 du pontificat d'Innocent III ne laisse aucun doute, c'est bien l'année du 8 janvier 1203 au 7 janvier 1204. j
(3) Innocent III, pape (1198-1216).
(4) Barthélemy, maître de l'Aumône (1199-1204).

quoque et immunitates antiquas et rationabiles consuetudines vobis e hospitali memorato concessas, et actenus observatas, ratas habemus et eas perpetuis temporibus illibatas permanere sancimus. Nulli ergo omnino hominum liceat hanc paginam nostre protectionis et concessionis infringere, vel ei ausu temerario contraire. Si quis autem hoc attentare presumpserit, indignationem omnipotentis Dei et beatorum Petri et Pauli apostolorum ejus, se noverit incursurum. Datum Ferentini, sexto idus julii, Pontificatus nostri anno sexto.

LXXVII.

De duobus sextariis grani apud Vovretum (1).

1203.

Ego Katerina (2), Blesis et Clarimontis comitessa, notum facio omnibus tam futuris quam presentibus, quod Gervasius Guinheline, pro amore Dei et remedio anime sue, et parentum et antecessorum suorum, dedit Domui Elemosine Castriduni, duos sextarios annone de redditu annuatim capiendos in parte redditus sui quem ipse Gervasius capit in molendinis de Vovreto. Hoc donum voluit et concessit Bernardus de Bullou, de quo dictus Gervasius dictum tenebat redditum. Ego vero, ad petitionem tam [Bernardi] quam Gervasii p[ro domino meo Ludovico Hier[osolime profecto, hoc donum ipse [concessi et] garantandum manucepi. Quod ut in perpetuum stabile sit ac firmum, litteris commendavi et sigillo meo confirmavi. Testes fuerunt : Goherius de Lennereio, Petrus de Villerbeton, Robertus de Mesio, Guillelmus de Mohervilla, Odo Becchart, Raginaldus Paganus. Actum Castriduni anno gratie millesimo ducentesimo tertio.

LXXVIII.

De decimis apud Villam Episcopi (3).

1204.

G. Bonevallis (4), M. Beate Marie Magdalene Castridunensis (5) ab-

(1) Original, A. 75. (Cette pièce, retrouvée après la rédaction de l'inventaire des archives par L. Mertet, ne figure pas dans cet inventaire. La même remarque s'applique à toutes les pièces de la série A, depuis le n° 66.)

(2) Catherine, femme du comte Louis.

(3) Copies du XIII°, A. 3, n° 126; du XIV°, A. 6, n° 25; du XVII°, A. 7, n° 77; du XVIII° A. 8, n° 19.

(4) Girard, abbé de Saint-Florentin de Bonneval, figure dans des chartes de 1202 à 1212. Gall. christ., t. VIII.

(5) Mauritius, abbé de Sainte-Marie-Madeleine de Châteaudun (1202-1212). Gall. christ., t. VIII.

bates, et V. prior Chamarcii universis presentes litteras inspecturis salutem ab eo qui salvat sperantes in se. Universitati vestre volumus ignotescat, quod cum inter Gaufridum de Porcheronvilla, clericum, et Nicholaum Lanier, laicum, super quibusdam decimis apud Villam Episcopi in Dunense Archidiaconatu constitutis coram nobis, a domino Papa (1) super hoc judicibus delegatis, contentio verteretur, cum etiam juxta formam mandati apostolici, partibus convocatis et auditis, hinc inde propositis diu inter eos litigatum fuisset : tandem dictus Nicholaus, ad eos reversus, sciens decimas illas a se in anime sue periculum detineri; habito sano et salubri prudentum virorum consilio, in prefatis decimis se nichil omnino juris habere recognoscens, decimas illas in manu nostra dimisit penitus et quitavit. Nos vero, ordine judiciario procedentes, prefatum Gaufridum, clericum, sicut justum erat, dictis decimis investivimus, qui, volens ut deinceps in perpetuum talium perceptionem fructuum gauderet mater ecclesia, dictas decimas in manus nostras resignans, bona animi intemptione et devotione nos rogavit, ut dictas decimas sancte Domui Elemosine Castriduni ad sustentationem pauperum infirmorum ibidem jacentium conferremus. Nos autem deliberatione habita dicti Gaufridi, clerici, devotionem et sancte dicte Domus karitatem multifariam attendentes, auctoritate apostolica qua fungabamur in hac parte, dictam Domum dictis decimis investivimus et easdem dicte Domui et ejusdem habitatoribus concessimus, libere et quiete in perpetuum possidendas. Quod factum ut in perpetuum stabile firmumque perseveret et nullius perversitate infringi quoquomodo valeat, aut mutari, presentem paginam conscribi fecimus, et sigillorum nostrorum munimine roborari. Actum Castriduni, anno Incarnationis Dominice, millesimo ducentesimo quarto.

LXXIX.

De pace inter nos et Abbatem Pontis Levis composita (2).

1204?

S., Pontileviensium (3) fratrum non satis dignus minister, et eorum fratrum conventus, omnibus litteras istas legentibus et audientibus, salutem. Noverit universitas quod B. (4) magister Elemosine de Castroduno et ejusdem domus capitulum fecerunt nobiscum hanc commuta-

---

(1) Innocent III, pape (1198-1216).
(2) Copies du XIII° siècle, A. 3, n° 42, et A. 6, n° 11.
(3) Seincellus, abbé de Pontlevoy (1199-1208). Gall. christ., t. VIII.
(4) Bartholomeus, maître de l'Aumône (1199-1204), d'après les chartes; Guillaume, son successeur, est cité en 1205.

tionem. Nos siquidem XX denarii censuales quos nobis debebant pro tensura de Rupe Forti fuit que Guillermi Dolloie et XII denarii pro vinea de Peschechat dimisimus et quitavimus eis in perpetuum. Ipsi autem, dederunt nobis similiter in perpetuum II solidos censuales cum omni justitia et consuetudine quos habebant in vineis que fuerunt Gaufridi de Rupibus in vico de Esscures, et VIII denarium, quos habebant in quadam terra Hervei de Bourvilla, de elemosina Odonis de Tievilla. Totum hunc censum prenominatum semper contra omnes calumpnias tueri et garantire nobis tenebuntur. Quod si non potuerint, alium equivalentem nobis assignabunt. Ut autem hoc ratum maneat et firmum, sigilli nostri munimine confirmavimus.

LXXX.

De pace inter nos et Abbatia Sancti Launomari (1).

28 avril 1205.

E. Dei gratia Sancti Launomari Blesensis Abbas (2) totiusque ejusdem loci conventus, omnibus ad quos presentes littere pervenerint, salutem in Domino. Universitati vestre notum fieri volumus, quod pro quatuor solidis quos Domus Elemosinarie Castriduni debebat nobis pro quadam terra sua de Helieria, et pro contentione quorumdam fossatorum que in terra nostra de Monborri eos injuste fecisse asserebamus. Guillermus tunc jamdicte Domus Elemosine minister, totiusque ejusdem domus conventus excambiaverunt nobis unum arpentum de pratis suis quem apud Fontem Marie libere et quiete possidebant, et nobis quiete et pacifice perpetuo possidendum concesserunt Nos vero, prenominatos quatuor solidos census et prefatam fossatorum contentionem, predicte Domui Elemosinarie quittavimus et perpetuo possidenda concessimus. Quod ut ratum et inconcussum permaneat, litteris commendavimus et sigillorum nostrorum testimonio confirmavimus. Actum anno gratie M°. CC°. quinto, quarto die kal. maii.

(1) Copies du XIII° siècle, A. 3, n° 37, et A. 6, n° 33; du XVIII°, A. 8, n° 62.
(2) Ernalde ou Ernault, abbé de Saint-Laumer (1198-1205). Gall. christ., t. VIII.

LXXXI.

De quodam prato apud Vovretum (1).

1206?

Ego Ada divina dignatione Beati Aviti (2) humilis minister, totusque nostre ecclesie conventus, notum facimus presentem paginam inspecturis, quod libere et quiete vendidimus Elemosinariis Castriduni, precio viginti et unius libris Andegavensis monete, prata que apud Vovretum de dono Guillermi clerici habebamus, et manucepimus garendare, concedente predicto Guillermo et plegio garandationis. Plegiis etiam : Stephano de Proenvilla, Sevino Secibert, Raginaldo Biausdrapiaus, Martino Fabro, Galterio de Carnoto. Testibus his : Bartholomeo elemosinario, Guillelmo de Fonte, Godefrido de Danceio, Ivignello fratre Sancti Aviti et capellano, Renulpho Pagamenario, Gervasio et Garnerio clericis Elemosine, Thomas Rabel, Hugone Bonel, Gaufrido Maudoit, Gaufrido de Porcheronvilla. Quod ut ratum habeatur, sigilli nostri munimine fecimus roborari.

LXXXII.

De dimidio modio yhernagii et dimidio modio avene apud Primamvillam (3).

1206?

Notum sit tam futuris quam presentibus, quod ego Matheus Roetel, receptus in fraternitatem pauperum Castriduni Elemosine et cohabitationem habens cum illis, dedi eis in perpetuum, dimidium modium yhernagii et dimidium modium avene in terra mea de Primevilla, quam eram tenens. Cum inde recessi, quem videlicet modium reddent, quicumque tenebunt terram predictam. Hoc voluerunt et concesserunt quinque filie mee, Maria, Erenburgis, Varenna, Matildis, Tediosa; Enouse (sic) et filii Marie, Ernaudus, Stephanus; Hamericus filius Erenburgis. Testes sunt hii : Ebrardus presbyter de Marboe, Matheus presbyter de Marboe, Giraldus Roetel nepos meus, Raginaldus de Fonte, Gradulphus frater ejus, Raginaldus filius Gradulphi et alii plurimi. Si quis hoc donum aufferre voluerit, anathema sit. Amen.

(1) Copies du xiii° siècle, A. 3, n° 110, et A. 6, n° 20; du xviii°, A. 8, n° 113.
(2) Ada, abbesse de Saint-Avit (1206). Gall. christ., t. VIII.
(3) Copies du xiii° siècle, A. 3, n° 61, et A. 6, n° 7; du xviii°, A. 8, n°ˢ 78 et 261.

LXXXIII.

De quadam terra apud Villam Episcopi (1).

Mars 1206 (v. st.).

Ego Raginaldus (2), Dei gratia Carnotensis episcopus, notum facio universis tam futuris quam presentibus, quod Philipa quondam uxor Richardi Harenc, militis, in extreme egritudinis lecto posita, recte apud se deliberans et de tribus filiabus suis, Philipa, Haoisa et Petronilla ad cultum et Dei servicium faciendum in ordinem sanctimonialium consecrandis proinde, et attente sollicita, nolens eas nudas et vacuas ad prefatum ordinem transmigrare, habito consilio cum Richardo domino suo et Petronilla matre sua, predictis filiabus suis contulit in elemosinam terram quamdam cum rebus omnibus ad eam pertinentibus, quam prefatus dominus suus et ipsa possidebant apud Villevesque ad eamdem Philipam jure patrimonii pertinentes : ita precipiens gagiariis suis ab ea constitutis, videlicet : Richardo domino suo et Guillermo presbytero ecclesie de Nuefviz et Ade Harenc, ut terra prefata, cuilibet abbatie, ubi dicte filie sue habitum monialium receperent, cum eisdem filiabus suis in elemosinam conferetur, si abbatia illa terram recipere voluisset. Si autem hoc non vellet, venderetur terra, et pecunia inde habita prenotate abbatie cum filiabus, in elemosinam donaretur. Dicti autem gagiarii, prefate Philipe jam defuncte mandatum adimplere cupientes quod aliter non potuerunt facere, terram sepedictam cum rebus ad eamdem spectantibus vendiderunt fratribus domus elemosinarie Castridunensis, pro sexaginta et quinque libris dunensium, et preterea uno annuali pro anima defuncte Philipe a fratribus domus elemosinarie supradicte celebrando, et denarios predictos abbatie Sancti Aviti Castridunensis cum tribus predictis puellis, in elemosinam contulerunt. Richardus autem dictus, data fide, firmavit, quod ipse quamdiu vixerit bona fide, dictam venditionem Domui Elemosinarie predicte garantabit, et quod eam ab omnibus heredibus suis prout singuli ad plenam et perfectam etatem exercuerint, dicte Fratribus Elemosine quitari faciet et concedi. Id ipsum data fide firmaverunt : Adam Harenc, Odo de Montpancier, Herveus Rufus et Goherius et Gaufridus primoginiti filii ipsius Hervei Ruffi. Hanc etiam venditionem voluit et approbavit, et Domui Elemosinarie prefate concessit Adam de Bardilleriis, de cujus feodo terra illa

---

(1) Copies du XIIIe siècle, A. 3, n° 125; du XVIIe, A. 7, n° 62; du XVIIIe, A. 8, n° 124.
(2) Renaud (de Mouçon), fils de Renaud II, comte de Bar, et d'Agnès, fille de Thibaut le Grand, comte de Champagne. Il occupa l'évêché de Chartres de 1183 à 1217 et mourut le 6 des ides de décembre 1217.

erat, qui et terre ipsius feodum ipsi Elemosine quitavit et in perpetuam elemosinam concessit et dedit, et dictam venditionem, data fide, ipsi Domui Elemosinarie garantire manucepit. Ego autem, ad preces utriusque partis, pactionem et rem omnem supradictam ipsi Domui Elemosinarie garantire manucepi. Quod ut stabile semper sit ac firmum, litteris commendavi et sigilli mei impressione confirmavi. Actum anno gratie M°. CC° VI°., mense martio.

LXXXIV.

De stallis ecclesie Beate Marie Magdalene Castriduni (1).

1209.

Noverint universi tam presentes quam futuri, quod Ludovicus Cambellanus, pro amore Dei et remedio anime sue, et patris et matris sue, et antecessorum suorum, laudantibus et concedentibus Isabella uxore sua, filiabus suis Ermesendi et Isabella, dedit et in perpetuam concessit elemosinam, Deo et Pauperibus domus elemosinarie Castriduni, duas stallos ad ceram, quos habebat ad Castrumdunum, quorum alter situs est infra ecclesiam Beate Marie Magdalene de Castroduno, alter vero in foro Castriduni. Insuper ipse pie recordationis affectu, in ecclesia ejusdem Domus Elemosinarie, in ea parte ecclesie, ubi, antequam sepulture tradantur, defunctorum corpora requiescunt, altare quoddam de suo proprio fundavit et construxit, ubi pro anima ipsius et patris, et matris sue, et antecessorum suorum, et pro animabus omnium fidelium defunctorum a domus ejusdem sacerdotibus et ministris divina celebrentur officia. Fratres autem domus, pie et salubri ejus intentioni grato concurrentes affetu, missarum, orationum et beneficiorum omnium, que in eadem domo tam a pauperibus in lectis jacentibus quam a sacerdotibus, fratribus, confratribus et ministris cotidie fiunt, et fient in perpetuum ipsum participem et fratrem unanimiter concesserunt vel constituerunt, erga memoratum Ludovicum promissione tali sese fideliter astringentes, et super hoc ipsum investientes, quod ejusdem domus capellani ob ipsius anime et animarum patris et matris sue et antecessorum suorum rememorationem et remedium singulis septimanis, semel in die lune, semel in die mercurii et semel in sexta feria, ad altare predictum divina officia pro defunctis fidelibus de cetero celebrabunt. Si autem, fratres Elemosine, quod absit, promissionem istam modo debito non adinplerent, et requisiti ab heredibus vel amicis Ludovici predicti, emendare forte non vellent, heredes vel amici prefati dictum sessirent redditum donec fratres elemosine predictam, prout

(1) Copies du XIIIᵉ siècle, A. 3, n° 62; du XVIIIᵉ, A. 8, n° 79.

tenentur facere, exequerentur iterum promissionem. Quod ut stabile semper sit et firmum, tam ipsi Ludovico quam fratribus Elemosine placuit, presens factum litteris communibus tradi, et litteras cyrographi caractere presignatas sigillo Domus Elemosine subsignari. Actum anno gratie M°CC°. nono.

LXXXV.

De viginti solidis in banno quadragesime (1).

Octobre 1209.

Ego Gaufridus (2), vicecomes Castriduni, notum facio omnibus tam futuris quam presentibus, quod Iohanna bone memorie mater mea, in extreme egritudinis sue lecto posita, ob ipsius honestum et salubre desiderium a me complendum, ore proprio sub fidei nomine me deosculans, affectu devotissimo me rogavit, ut ego, pro amore Dei et salute anime sue, pauperibus infirmis sancte Domus Elemosinarie de Castriduno viginti solidos redditus annui comferrem, in usus pauperum infirmorum in lectis jacentium expendendos. Ego autem, ipsius pie petitioni satisfacere volens, eidem sancte domui viginti solidos redditus annui dono, et eos in banno meo de privicarnio quod ego habeo ad Castridunum capiendos, et per manum illius qui redditum banni ejusdem recipiet, remota dilatione et omni inpedimento, sive illud bannum in manu mea tenebo, sive alius quislibet quocumque modo in manu sua teneat, annuatim reddendos assigno laudantibus hoc donum et concedentibus Adelicia uxore mea et Gaufrido filio meo et filiabus meis Isabella, Adelicia, Iohanna et Agnete. Quod ut in perpetuum stabile sit ac firmum, litteris commendo et sigilli mei impressione confirmo. Actum Castriduni, anno gratie millesimo ducentesimo nono, mense octobris.

(*Sceau de Geoffroy.*)

LXXXVI.

Robertus de Mesio, miles, dedit quicquid habebat in molendino Estorvel de Borseio (3).

Novembre 1209.

Ego, Robertus de Mesio, notum facio omnibus tam futuris quam presentibus, quod ego, pro amore Dei et remedio anime mee, et ani-

---

(1) Original, A. 70. — Copies du xviie siècle, A. 7, n° 9; du xviiie, A. 8, n° 172.
(2) Geoffroy IV, vicomte de Châteaudun (1194-1215).
(3) Copies du xiiie siècle, A. 6, n° 48; du xviiie, A. 8, n° 275.

marum parentum et antecessorum meorum, laudantibus et concedentibus Petronilla uxore mea, et nepotibus meis Willelmo de Monhervilla et Roberto de Mamberolis, donavi et in perpetuam elemosinam concessi Deo et pauperibus sancte Domus Elemosinarie Castriduni, quicquid ego habebam in molendino Estorvel de Borseio, eidem sancte domui, quiete et pacifice, perpetuo possidendum. Donavi preterea eidem domui quatuor denarios censuales, quos in prato de Flotel, sepedicte domui a Guillermo de Choe, fratre ejusdem domus, in elemosinam collato, annis singulis capiebam. Universitas autem domus tam fratrum quam pauperum infirmorum, me in fratrem sue domus, et omnium beneficiorum que in eadem fiunt et fient de cetero, participem suscepit unanimiter et socium, et post obitum etiam meum, die obitus mei, celebrabit anniversarium. Quod totum ut in perpetuum stabile sit ac firmum, litteris commendavi et sigilli mei presenti munimine confirmavi. Actum anno gratie M°. CC°. nono, mense novembri.

LXXXVII.

De duodecim denariis census super domum Arnulphi Oson apud Castridunum (1).

Décembre 1209.

Ego Gaufridus (2), Castriduni vicecomes, notum facio omnibus tam futuris quam presentibus, quod Robertus Villici, pro amore Dei et pro anime sue et anime Mathei Villici fratris sui defuncti, et animarum parentum et antecessorum suorum remedio, donavit, laudante et concedente Dionisia uxore sua, et in perpetuam concessit elemosinam, Deo et pauperibus sancte Domus Elemosinarie Castriduni, duodecim denarios census, quos annuatim capiebat, sitos in domo Arnulphi Oson, que est apud Castridunum, in Panceria; et omnem burdesagium ejusdem censive dicte domui elemosinarie, libere, quiete et pacifice, perpetuo possidenda. Ego autem, de cujus feodo prefatus Robertus rem totam predictam tenebat, ad ejusdem Roberti petitionem et preces predictam donationem, salvo jure meo, volui approbavi et concessi, et sepedicte domui elemosinarie garantire manucepi. Ut autem hoc in perpetuum stabile sit ac firmum, litteris commendavi et sigilli mei impressione confirmavi. Actum Castriduni, anno incarnationis Dominice M°. CC°. nono, mense decembris.

(1) Original, B. 88. — Copies du xiii° siècle, A. 3, n° 21; du xvii°, A. 12, n° 2; du xviii°, A. 8, n° 50.
(2) Geoffroy V, vicomte de Châteaudun (1194-1215).

LXXXVIII.

De viginti solidis in tensamento Bonevallis (1).

Juin 1210.

Ego Milo (2), comes Barri super Secanam, notum facio omnibus tam presentibus quam futuris, quod Ego, pro remedio Ebrardi (3) avi mei, et anime mee, et patris et matris mee, et omnium antecessorum meorum, laude et assensu Helixandis uxoris mee, et Galcheri filii mei, dedi et in perpetuum concessi domui elemosinarie Castriduni viginti solidos dunenses, quos nummos in avena mea de Bonavalle, per manum prepositi mei singulis annis, die festo Sancti Martini hiemalis apud Bonamvallem capiendos assignavi. Elemosina autem dicta michi concessit diem anniversarii mei et Ebrardi avi mei in perpetuum celebrare. Ut autem istud donum meum firmum et ratum semper in posterum permaneret, presentes feci litteras sigilli mei munimine roborari. Actum est hoc, anno Domini M°. CC°. X°., mense junio.

(*Sceau de Miles.*)

LXXXIX.

De quibusdam domibus apud Castridunum (4).

7 août 1210.

Ego Katarina (5) Blesis et Clarimontis comitissa, notum facio omnibus tam futuris quam presentibus, quod Robertus de Mesio, fidelis meus, abrenuncians seculo, zelo Dei ductus, se pauperibus infirmis sancte domus elemosinarie Castriduni in fratrem reddidit et concessit. Et secum eisdem pauperibus herbergagium domorum suarum de Castriduno eidem domui elemosine contiguum, laudantibus et concedentibus Guillermo de Mohervilla, nepote suo, et Roberto de Manberolis, nepote Guillermi, in perpetuam elemosinam assignavit et dedit. Et me sicut dominam suam, rogavit humiliter quatinus pro amore Dei herbergagium illud, quod est de feodo meo, eidem sancte domui ad

(1) Original A. 87. — Copies du XIII° siècle, A. 5, n° 15 ; du XVII°, A. 7, n° 31 ; du XVIII°, A. 8, n° 177.
(2) Miles III, comte de Bar-sur-Seine et vicomte de Chartres.
(3) Ebrard ou Evrard IV, seigneur du Puiset, mentionné dans une charte de 1179 (cart. de Notre-Dame de Chartres, t. I, p. 202 ; cart. de Saint-Père de Chartres, t. II, p. 412.)
(4) Original A. 76. — Copies du XIII° siècle, A. 3, n° 116 ; du XVIII°, A. 8, n°s 117 e 204.
(5) Catherine, femme de Louis, comte de Blois, mort en 1205 devant Andrinople. Elle avait apporté par son mariage le comté de Clermont à son mari.

usus pauperum concederem possidere. Ego autem, pietatis intuitu et pro salute anime comitis Ludovici karissimi domini mei memorie felicis, et mee, ad petitionem ipsius Roberti jam dicti, donum illud ab ipso sana consideratione factum domui jam dicte, super domibus pretaxatis, que de meo sunt feodo, approbavi, volui et concessi, et garantizandum et tenendum firmiter manucepi. Quod ut stabile sit et firmum, litteris commendavi, et sigilli mei munimine confirmavi. Datum per manum Terrici cancellarii mei, anno incarnati Verbi, M°. CC°. decimo, VII° die mensis augusti.

XC.

De venditione census (1).

Mai 1211.

Ego Gaufridus Normant, notum facio omnibus tam futuris quam presentibus, quod Gaufridus quondam nepos Hugonis Bigoti de *Sainte Face*, vendidit fratribus domus elemosine Castriduni censum omnem et quicquid ipse tenebat de meo feodo, quod ex caduco predicti Hugonis avunculi sui jam defuncti, ad ipsum devenerat, eisdem fratribus elemosine habere quiete et pacifice perpetuo possidendum, salva tamen et excepta ab hac venditione quinta parte census ejusdem predicti, quam eadem domus elemosine ex donatione et legato prefati Hugonis, quondam fratris ejusdem elemosine et ex supradicti Gaufridi et mea concessione jam tenebat, eidem domui quiete et pacifice perpetuo possidenda, quicquid in futurum de predicta venditione continget. Ego autem, ad petitionem et preces ejusdem Gaufridi, venditionem istam volui concessi, et tam eamdem venditionem quam donum predictum a prefate Hugone domui elemosine collatum, eidem domui elemosine garantire, sicut dominus, manucepi. Preterea, Ego, pro amore Dei et pro salute anime mee, et parentum, et antecessorum meorum, laudantibus et concedentibus Isabella uxore mea, et filio meo Gaufrido, et filiabus meis Petronilla, Iohanna, Margarita et Iaquelina, feodum meum integraliter de quo sepedictus Gaufridus erat homo meus, et omnes ejusdem feodi redibitiones et proventus ad me pertinentes, sepedicte domui elemosine donavi et in perpetuam elemosinam pacifice possidere statui et concessi, et sine redibitione aliqua pro eodem feodo alicui, aliquo tempore exibenda, eidem domui garantire manucepi. Ut autem totum hoc in perpetuum stabile sit ac firmum, litteris commendavi et sigilli mei presenti munimine confirmavi. Actum anno incarnationis Dominice, M°. CC°. XI°., mense maii.

(1) Copies du XIII° siècle, A. 6, n° 3 ; du XVIII°, A. 8, n° 259.

XCI.

Compromissio (1).

1er juillet 1211.

Henricus, Carnotensis archidiaconus, omnibus Xristi fidelibus presentes litteras inspecturis, in auctore salutis, salutem. Noverint universi presentis pagine noticiam habituri, quod cum coram nobis, judice ordinario, litigaretur inter Iohannem Aois ex una parte, et Guillermum Medicum ex altera, super eo quod dictus Iohannes, a memorato Guillermo VII libras Carnotensis monete exigebat, quas ei debebant defuncti Robertus Guinefroi et Odelina uxor ejus, ea videlicet ratione quod idem Guillermus, eorum pueros et hereditatem tanquam puerorum tutor manutebat. Cum idem Guillermus inficiaretur penitus, defunctos Robertum Guinefroi et Odelinam ejus uxorem, eidem illud debere debitum. Tamdem in Nos et Iohannem Agnensem militem, compromiserunt corporaliter, huic fide prestita, quod ipsi gratum et ratum haberent quicquid super causa que inter ipsos vertebatur, faceremus. Nos vero, recepto a Iohanne Aois super illo debito sacramento, injunximus memorato Guillermo, ut ipse, singulis annis in festo Omnium Sanctorum. in solutionem dicti debiti, tres mistilii minas solveret sepedicto Iohanne, vel ejus mandato, quicquid de illo contigeret donec eidem supradicto debito fuerit satisfactus. Hoc autem idem Guillermus fideliter facere, fide prestita, creantavit, tali siquidem facta conditione, quod si uxor ejusdem Guillermi, memoratum R. Guinefroi et Odeline filia, sine herede decederit, ipse a solutione trium mistilii minarum remanebit absolutus, sed eas qui prefatorum R, et O. hereditabunt possidebunt, eidem Iohanni vel ejus mandato usque ad consummationem dicti debiti solvere tenebuntur. Quod ut memoriter et firmiter habeatur, presens scriptum, ad petitionem partium, notari fecimus et sigilli nostri munimine roborari. Datum anno Domini. M°. CC°. XI°. mense julio, die veneris post festum apostolorum Petri et Pauli.

(1) Copie du xiiie siècle, A. 3, n° 115.

XCII.

De duobus sextariis frumenti super terram de Francalineria, et uno sextario super terram de Frachenis (1).

Octobre 1211.

Ego Gaufridus de Frachenis miles, notum facio omnibus tam futuris quam presentibus, quod Ego, Claricia matre mea et Jakelina uxore mea, Herveo filio meo primogenito, laudantibus, concedentibus et approbantibus, pro anime mee antecessorumque meorum remedio, in puram et perpetuam elemosinam dedi et irrevocabiliter concessi Deo et Pauperibus domus elemosine de Castriduno, Magistro et Fratribus in eadem domo manentibus, duo sextaria frumenti annui redditus, videlicet : quoddam sextarium super terram meam de Francalineria, et aliud sextarium super totam terram meam de Frachenis, singulis annuis reddenda per manus eorumdem qui dictas terras de cetero possidebunt. Quod ut ratum et firmum in perpetuum permaneat, prefatis Magistro et Fratribus, presentes dedi litteras sigilli mei munimine roboratas. Actum anno Domini M°. CC°. undecimo, mense octobris.

XCIII.

De platea Fremillon in castello Castriduni (2).

Janvier 1212 (v. st.).

Universis presentes litteras inspecturis, Mauricius Beate Marie Magdalene Castriduni, dictus abbas totumque ejusdem loci capitulum, salutem in Domino. Noverit universitas vestra quod Nos, medietatem platee cujusdam, quam, in Castello Castriduni sitam, nos ex dono et elemosina defuncti Fremillon, cum Adelicia relicta ipsius Fremillon herebamus communem, eidem Adelicie et Giraldo armigero marito ejus vendidimus pro quinquaginta solidos dunenses, et concessimus eisdem eorumque successoribus universis, absque reclamatione nostra, plateam eamdem quiete et pacifice perpetuo possidendam. Quod ut stabile sit ac firmum, presentes litteras super hoc annotari fecimus et sigilli nostri capituli caractere roborari. Actum anno gratie M°. CC°. duodecimo, mense januarii.

(1) Copie du xiv° siècle, A. 7, n° 151 et 152. — Vidimus du 10 juin 1434, B. 411. — Copie du xviii°, A. 8, n° 228.
(2) Copie du xiii° siècle, A. 3, n° 135.

XCIV.

De decimis de Guillart (1).

Mai 1212.

Universis presentes litteras inspecturis, tam futuris quam presentibus, Thomas, Dunensis archidiaconus, cum dilectione salutem universitati vestre. Per presentes litteras innotescat, quod Theobaldus de Guillart, miles, in nostra [presentia] constitutus, pro amore Dei et remedio anime sue et anime Gaufridi filii sui jam defuncti, et Fulcherii fratris sui, et parentum et antecessorum suorum, dedit et in perpetuam assignavit elemosinam Deo et Pauperibus infirmis sancte domus Elemosine Castriduni, decimas terrarum suarum omnium ad territorium de Guillart pertinentium, et super eodem dono, Guillermum de Gaudo dicte domus elemosine procuratorem, in nostra presentia investivit. Domus autem ejusdem fratres tres sextarios bladi quos eadem domus in terra predicta de Guillart de dono Fulcherii, fratris predicti Theobaldi, de redditu annuo capiebat, pro dono dictarum decimarum libere percipiendo tam dicto Theobaldo quam ipsius heredibus dictam terram de Guillart de cetero possessuris, in perpetuum quitaverunt. Testes sunt hii : Stephanus, decanus Perticensis; Dionisius, procurator decanatus Castriduni; Milo Coifarius; Gaufridus Catus; Robertus de Bona Valle; Raginaldus, presbyter Guillonville; Iohannes, major de Guillonvilla; Odo de Primevilla; Gaufridus de Porcheronvilla et alii plures. Ut autem hoc in nostra factum presentia in perpetuum stabile duret ac firmum, nos ad sepedicti Theobaldi de Guillart petitionem et preces, presentes ex inde litteras annotari fecimus et sigilli nostri caractere roborari. Actum Castriduni publice, in claustro abbatie Beate Marie Magdalene, anno Verbi incarnati M°. CC°. duodecimo, mense maii.

XCV.

De decima de Guillart (2).

Mai 1212.

Universis presentes litteras inspecturis, Guillelmus de Gaudo, domus elemosinarie Castriduni minister humilis, totusque ejusdem domus conventus, salutem et orationum munus. Noverit universitas vestra

---

(1) Copies du XIII° siècle, A. 3, n° 33; du XVIII°, A. 8, n° 60.
(2) Copie du XIII° siècle, A. 4, n° 6.

quod Theobaldus, miles de Guillart, pro amore Dei et remedio anime sue et Fulcherii fratris sui et Gaufridi filii sui et parentum et antecessorum suorum, dedit et in perpetuam assignavit elemosinam Deo et Pauperibus infirmis domus nostre decimam omnium fructuum totius terre sue de Guillart et super eodem dono domum nostram ad altare Beati Nicholai, patronis nostri, ipsum donum in persona propria ipse offerens, investivit. Nos autem piam et salubrem ejusdem Theobaldi voluntatem circa profectum ipsius anime attendentes, ipsum Theobaldum in collegium et fraternitatem domus nostre suscipientes, eumdem participem et fratrem bonorum omnium domus nostre tam temporalium quam spiritualium constituimus, tantam portionem beneficiorum omnium que in eadem domo facta fuerunt ab ejusdem domus initio, et fiunt cotidie et fient de cetero, ipsius anime et Gaufridi sui filii et parentum suorum quantam nobis ipsis expocimus, plenarie concedentes. Insuper eidem Theobaldo de communi fratrum nostrorum assensu concessimus quod, quandocunque eidem placuerit, ad domum nostram sicut frater ejusdem domus accedat, et sese eidem domui ad serviendum pauperes reddens, tam cohabitationem quam participationem bonorum domus, remota omni occasione, percipiat. Preterea post perceptionem fructuum presentis anni de decima terre prefate ipsius Theobaldi de Guillart, quam decimam domus nostre per manum suam integraliter colliget et asportabit ubique voluerit sepedicto Theobaldo eamdem decimam tradidimus ad modiationem dimidii modii ybernagii pro eadem decima, quamdiu ipsam decimam eidem tenere et nostro nomine colligere placuerit, domui nostre annuis singulis persolvendam. Preterea tres sextarios bladi quos domus nostra in predicta terra Theobaldi, de dono Fulcherii fratris sui, annuatim de redditu capiebat tam Theobaldo quam heredibus suis et omnibus eamdem terram de cetero possessuris in perpetuum quitavit. Preterea quando eidem Theobaldo in fratrem domus nostre collegium venire et habitare placuerit, arpentum unum de vineis nostris in competenti loco situm eidem Theobaldo trademus propriis sumptibus suis excolendum, unde vinum in doliis domus nostre repositum ad usus suos percipiat, in expensam vini in eadem domo nostra exinde faciendam. Ut autem hoc stabile sit ac firmum, litteris presentibus commendavimus et presentis sigilli domus nostre munimine confirmavimus. Actum Castriduni anno gratie M°. CC°. duodecimo, mense maii.

XCVI.

De una emina bladi redditus in molendino de Bretinhi (1).

Juillet 1212.

Ego Odo Brunelli, dominus de Logron, notum facio omnibus tam futuris quam presentibus, quod Radulphus molendinarius de Bretinhi pro amore Dei et pro salute anime sue et animarum parentum et antecessorum suorum dedit in puram et perpetuam elemosinam assignavit Deo et pauperibus infirmis domus Elemosinarie Castriduni unam eminam bladi redditus annui capiendam in uno modio redditus bladi quem ipse habet in molendino de Bretinhi in festo sancti Remigii de redditu ejusdem molendini. Ego autem, ad cujus feodum dictus pertinent redditus et ipsum molendinum prefatum, idipsum ad petitionem et preces ejusdem Radulphi predicti, volui, concessi et dicte domui Elemosine garantire manucepi. Et ut hoc in perpetuum stabile sit ac firmum litteris commendavi et sigilli mei munimine roboravi. Actum Castriduni anno gratie M°. CC°. duodecimo, mense julii.

XCVII.

De duobus modiis annone in molendino de Varenna (2).

Juillet 1212.

Ego, Odo Burelli, Curie Alani dominus, facio notum omnibus tam futuris quam presentibus, quod ego, pro amore Dei et remedio anime mee et parentum et antecessorum meorum, duos modios annone redditus annui, quos Odo de Cormereio pauperibus infirmis domus Elemosinarie Castriduni in perpetuam contulit elemosinam, in molendino de Varenna, qui de meo est feodo, annuatim in octabis Natalis Domini, quicumque prefatum molendinum tenuerit, quiete, libere et pacifice in perpetuo possidere concessi ; et eamdem elemosinam prefatis pauperibus garantire manucepi. Quod ut in perpetuum stabile sit ac firmum, litteris meis commendavi et sigilli mei presenti munimine confirmavi. Actum Blesis, anno incarnationis Dominice M°. CC°. duodecimo, mense julii.

(1) Original B. 365. — Copies du xiiie siècle, A. 6, n° 37 ; du xviiie, A. 8, n° 269.
(2) Copies du xiiie siècle, A. 3, n° 141, et A. 6, n° 16 ; du xviie, A. 7, n°s 137 et 143 ; du xviiie, A. 8, n°s 137 et 224.

XCVIII.

De compositione platearum inter Abbatiam et Elemosinam sitarum (1).

Juillet 1212.

Universis presentes litteras inspecturis, tam futuris quam presentibus, Mauricius, Beate Marie Magdalene Castriduni dictus abbas, totiusque ejusdem loci conventus in Domino salutem. Noverit universitas vestra contentionem quam inter nos ex una parte, et Guillermum de Gaudo, procuratorem domus elemosine Castriduni, ejusdemque domus fratres ex parte altera vertebatur, super cimeterio et plateis, que sunt inter abbatiam nostram et domum Elemosine, in quibus fratres domus Elemosine in die nundinarum quas habent apud Castrumdunum in festo beate Marie Magdalene stalla ponebant ad opus nundinarum, nobis id ipsum sine nostre voluntatis assensu posse fieri contradicentibus, ita pacificatam fuisse : Quod fratres domus Elemosine, solvendo nobis annuatim quinque solidos dunensium in assumptione beate Marie cum bono assensu nostro ad omnimodos usus predictarum nundinarum suarum habebunt usum dictorum cimiterii et platearum omnium que sunt extra portas nostrarum ecclesie et abbatie. Ita tamen, quod in plateis que sunt inter abbatiam nostram et domum Elemosine, non licebit quadrigus in die earumdem nundinarum sedere, salva etiam via quadam per quam populus ad nostram gradiatur ecclesiam eadem die. Preterea licebit fratribus elemosine uti censivis suis quas tenent de abbatia nostra sicut voluerint, reddendo census suos abbatie, et vice mutua licebit nobis uti censivis nostris quas tenemus de elemosina, sicut voluerimus, reddendo census suos domui elemosine. Ut autem hoc stabile sit et firmum, presentes litteras annotari fecimus et sigilli capituli nostri munimine roborari. Actum publice in capitulo nostro, anno gratie millesimo ducentesimo duodecimo, mense julii.

XCIX.

De pace inter Nos et Abbatiam Beate Marie Magdalene Castriduni (2).

Juillet 1212.

Universis tam futuris quam presentibus presentes litteras inspecturis, Mauricius Beate Marie Magadelene Castriduni dictus abbas totiusque

---

(1) Copies du xiiie siècle, A. 3, n° 124 ; du xviiie, A. 8, n° 123.
(2) Copie du xiiie siècle, A. 3, n° 58 ; du xviiie, A. 8, n° 18.

loci ejusdem conventus salutem in eo in quo vera salus. Noverit universitas vestra causas quasdam que inter nos, ex una parte, et Guillermum de Gaudo procuratorem domus Elemosinarie Castriduni, et ejusdem domus fratres, ex parte altera, vertebantur, de communi assensu utriusque partis sicut per singula capitula subscribuntur pro bono pacis terminatas fuisse. De stallis cerariorum est ita : quod illis quatuor cerariis, qui tenent stalla cerarie de censiva nostra in nostra ecclesia Beate Marie Magdalene de Castroduno, vel ipsorum mandato licebit vendere autem vel intra ecclesiam Beati Nicholai seu infra proprissum domus elemosine, in vigilia et in die festivitatis Beati Nicholai singulis annis, nullo autem alio die licebit eis sine assensu abbatis aut prioris nostri ibidem vendere. De altaribus est ita : quod nunquam constituentur plusquam tria altaria in ecclesia Domus Elemosine. De matrimoniis est ita : quod de familia Domus Elemosine in eadem domo elemosine tradentur connubio. Sponsalia erunt canonicorum nostrorum de nostra ecclesia Beate Marie. De servientibus Elemosine est ita : quod servientes Domus Elemosine, mercenarii, in passca tantummodo venient ad nostram ecclesiam Beate Marie ad confessionem suam et perceptionem eucaristie; hoc autem, nullo alio die aut tempore tenebuntur facere. De omnibus aliis rebus ad jus parochiale pertinentibus nichil amplius ab eisdem servientibus poterimus exigere, non aliquid aliud deinceps erga sepedictam Domum Elemosine seu in quoscumque in eadem domo manentes, pro jure parochiali poterimus amplius de cetero reclamare. De Trunchetis est ita : quod propria terra Domus Elemosine que sita est ultra noam que protenditur a foramine Forraier, usque ad Planchas vadi Tonnellariorum a medio filo ejusdem noe versus Choam, et omnes minute decime de omnibus manentibus et mansuris in eadem parte terre ejusdem, exceptis minutis decimis de propriis animalibus Domus Elemosine cedunt in parochiam Choe. Decima vero messium ejusdem terre remanet quita Domui Elemosine dando pro eadem decima canonicis Choe singulis annis tres minas ybernagii et tres minas avene, de bladis ejusdem terre sine pejoratione aliqua ad mensuram cum qua mensuratur decima Choe. Et apud eamdem terram requirent et habebunt redditum canonici Choe. De tota terra autem alia, minutas decimas et decimas messium ejusdem terre et omne jus parochiale tam nos quam canonici Choe quitamus et in perpetuum concedimus sepedicte Domui Elemosine. Ut autem presens factum nostrum in perpetuum stabilitate gaudeat inconcussa, presentes litteras super hoc annotari fecimus et sigilli capituli nostri caractere roborari. Actum publice in capitulo nostro, anno incarnationis Dominice, M°. CC°. duodecimo, mense julii.

C.

De decimis quod Goherius de Laneriaco donavit apud Villam Episcopi (1).

Janvier 1213 (v. st.).

Ego Goherius de Lennere, notum facio omnibus tam futuris quam presentibus, quod Hugo de Mathueriis, miles, laudantibus et concedentibus, uxore sua Ermesendi, et filiis suis, Theobaldo et Girardo, et filiabus suis, Hodeburgi et ejus marito Roberto, Matildi et ejus marito Gaufrido, omnes decimas quas habebat apud Villevesquez, vendidit magistro et fratribus Domus Elemosinarie Castriduni, pro triginta libris dunensium, eidem Domui Elemosine, libere, quiete et pacifice, perpetuo possidendas, ab omni servicio et obnoxietate omnimoda liberas penitus et immunes, manucapiens et fide data confirmans venditionem dicte Domui Elemosine garantire indempnem. Ego autem, de quo dictus Hugo prefatas tenebat decimas, ad petitionem et preces sepedicti Hugonis, hominis mei, dictam venditionem volui, approbavi et concessi, et sepedicte Domui Elemosine garantire manucepi. Quod in perpetuum stabile duret ac firmum, litteris presentibus commendavi et sigilli mei munimine confirmavi. Actum anno Domini M°. CC°. decimo tertio, mense januarii.

CI.

De terra apud Molariam (2).

Février 1213 (v. st.).

Ego Theobaldus de Dangeolo, notum facio omnibus tam futuris quam presentibus, quod Symon Garrel de Bonavalle et Hersendis uxor ejus, pro amore Dei et remedio animarum suarum et parentum et antecessorum suorum, in puram et perpetuam elemosinam contulerunt Deo et pauperibus infirmis sancte Domus Elemosinarie Castriduni, quicquid ipsi emptione sua comparaverant apud Molariam a Gauterio de Loevilla, terram scilicet et nemus, quicquid videlicet apud Molariam dictus Gauterius integraliter possidebat. Ego autem ad cujus feodum dictum tenementum omne pertinebat, ad petitionem et preces supradicti Gau-

(1) Copies du XIII° siècle, A. 6, n° 14 ; du XVII°, A. 7, n° 67 ; du XVIII°, A. 8, n° 193 et B. 680, n° 1.
(2) Original B, 648, n° 1. — Copies du XIII° siècle, A. 3, n° 130, et A. 6, n° 39 ; du XVII°, A. 7, n° 149.

terii de Loevilla, hominis mei, laudantibus et concedentibus filiis meis Bernardo et Theobaldo, id ipsum volui, concessi et dicte Domui Elemosinarie garantire manucepi. Ita tamen quod dicta Domus Elemosinaria pro tenemento predicto michi et heredibus meis, singulis annis, duos solidos dunenses censuales tantummodo, remota omni alia consuetudine et redibitione omnimoda, in festo Sancti Remigii persolvet. Quod ut in perpetuum stabile duret ac firmum, litteris meis commendavi et sigilli mei presentis munimine confirmavi. Actum anno gratie millesimo ducentesimo tertio decimo, mense februarii.

CII.

De censivis apud Cloiam (1).

Juin 1213.

Ego Amauricus de Trou, notum facio omnibus tam futuris quam presentibus, quod Hugo major de Logron pro amore Dei et anime sue et animarum patris sui et matris sue et antecessorum suorum remedio dedit et in puram, liberam et perpetuam concessit elemosinam Deo et pauperibus infirmis sancte Domus Elemosine Castriduni, duos denarios consuales sitos in domo Amdree Tropinel que est apud Cloiam in quinquello ejusdem ville sita, cum proventibus omnibus ejusdem census, et burdesagio ad eamdem censivam pertinente, sicut eadem censiva domus illius ab onere et communitate alterius censive domus ejusdem divisa est, annuatim apud Castrumdunum in festo beati Nicholai, eidem Domui Elemosine persolvendos. Hoc donum voluerunt et concesserunt Matildis uxor dicti Hugonis majoris et Agnes eorum filia. Id ipsum voluerunt et concesserunt Robertus Villici et Dionisia uxor sua, de quorum feodo dictus Hugo dictam tenebat censivam. Hoc ipsum voluit et concessit Adam de Cloia, miles, ad cujus feodum dicta pertinebat censiva. Ego autem, ad cujus feodum dicta iterum pertinebat censiva, ad petitionem et preces dictorum Ade de Cloia, hominis mei, et Roberti Villici et ipsius prefati Hugonis majoris, id ipsum volui et concessi et garantire manucepi. Et ut hoc in perpetuum stabile duret ac firmum, litteris commendavi et sigilli mei munimine confirmavi. Actum anno gratie M°. CC°. III°. decimo, mense junii.

(1) Copies du XIII° siècle, A. 3, n° 136, et A. 6, n° 22; du XVIII°, A. 8, n°ˢ 132 et 265.

CIII.

De censibus apud Cloiam (1).

Décembre 1213.

Ego Amauricus de Trou, notum facio omnibus tam futuris quam presentibus, quod ego, pro amore Dei et remedio anime mee et animarum patris mei et matris mee et antecessorum meorum, pro duobus solidis redditus annui quos bone memorie Hugo pater meus, quondam dederat in perpetuam elemosinam pauperibus infirmis sancte Domus Elemosinarie Castriduni et eos assignaverat in censibus suis de Cloia annis singulis capiendos, ego, donum patris mei cupiens ampliare, dicte Domui Elemosinarie duos solidos et unum denarium census de eisdem censibus de Cloia, in esscambium perpetuum assignavi; de quibus Hugo Girout de Cloia tredecim denarios dunensium de censu quos michi debebat de terra quadam sita inter Cloiam et Montigniacum, et Guillermus Hugou quatuor denarios de terra que est in varanna inter Cloiam et Montigniacum, et magister Hugo de Cloia quatuor denarios de terra que est in eodem loco; Petrus de Varenna quatuor denarios de terra que est in eodem loco eidem prefate domui elemosine reddent annuatim in natali Beati Nicholai. Ne autem hoc donum patris mei et meum postero malicia inmutari valeat, aut infirmari, presentes litteras meas super hoc annotari feci et sigilli mei presenti munimine roborari. Actum apud Cloiam, anno gratie millesimo ducentesimo tertio decimo, mense decembris.

CIV.

De Molaria (2).

Décembre 1213.

Ego Theobaldus de Dangeolo, omnibus ad quos littere iste pervenerint, salutem. Noverit universitas vestra quod Galterius de Loivilla vendidit Simoni Garrel et uxori ejus quadraginta libras quicquid possidebat apud Molariam, scilicet terram et nemus, concedente uxore sua Auburgi, et fratribus suis Guillermo et Iohanne, et sororibus suis, Matildi et Agnete; ita quod predicta Auburgis uxor predicti Galterii quittavit omnino spontanea voluntate quicquid in hac venditione per dotalicium reclamare potuisset; et ego, ad cujus feodum hoc pertinebat, ad pe-

(1) Copies du XIII° siècle, A. 3, n° 108, et A. 6, n° 24; du XVIII°, A. 8, n° 111.
(2) Copies du XIII° siècle, A. 3, n° 158, et A. 6, n° 31; du XVII°, A. 7, n° 148.

titionem utrorumque, scilicet predicti Galterii et predicti Simonis Garrel; hoc eidem Simoni et heredibus suis manucepi in perpetuum garantizare, tali modo quod idem Simon et uxor ejus, et heredes eorum, michi et heredibus meis duos solidos de censu in festo sancti Remigii persolvent annuatim. Preterea concessi quod idem Simon et uxor ejus hoc quod emptum est ab eis in elemosina quovis aliunde donare possint, et ego vel heredes mei in hac venditione nichil amplius preter hos duos solidos prenominatos reclamare poterimus. Quod ut ratum et stabile permaneat, ex concessu filiorum meorum Bernaldi et Theobaldi sigilli mei munimine roboravi. Auctum anno ab incarnatione Domini M°. CC°. tertio decimo mense decembris.

CV.

Privilegium Romanum (1).

10 juin 1213.

Innocentius episcopus (2), servus servorum Dei, dilectis filiis magistro et fratribus domus Dei de Castroduno salutem et apostolicam benedictionem. Cum a nobis petitur quod justum est et honestum, tam vigor equitatis quam ordo exigit rationis, ut id per sollicitudinem officii nostri ad debitum perducatur effectum. Ea propter, dilecti in Domino filii, vestris justis postulationibus grato concurrentes assensu, redditus et possessiones de Jalans et alia bona vestra, sicut ea omnia juste et pacifice possidetis, vobis et per vos prefate vestre domui auctoritate apostolica confirmamus et presentis scripti patrocinio communimus. Nulli ergo omnino hominum liceat hanc paginam nostre confirmationis infringere, vel ei ausu temerario contraire. Si quis autem, hoc attentare presumpserit, indignationem omnipotentis Dei et beatorum Petri et Pauli apostolorum ejus se noverit incursurum. Datum Laterani quarto idus junii, pontificatus nostri anno sexto decimo.

CVI.

De una modiata terre apud Guicheri juxta Autolium et de quadam domo, vel de terra sancti Jacobi de Brueriis (3).

Juillet 1214.

Ego Iohannes de Rubeo Monte, notum facio omnibus tam futuris

(1) Copies du xiiie siècle, A. 3, n° 10; du xviie, A. 10, n° 4; du xviiie, A. 8, n° 9.
(2) Innocent III, pape (1198-1216).
(3) Original B, 177. — Copies du xiiie, A. 3, n° 22; du xviiie, A. 17, n° 1, et A. 8, n° 16.
(Le cartulaire A 3 porte comme titre : *de terra Sancti Jacobi de Brueriis.*

quam presentibus, quod pro amore Dei et remedio anime mee et animarum patris et matris mee et antecessorum meorum, laudante et concedente Agatha uxore mea, donavi et in puram et perpetuam elemosinam assignavi et concessi Deo et pauperibus infirmis sancte Domus Elemosinarie Castriduni domum quamdam ad pauperes ibidem hospitandos et unam modiatam terre in parochia Autolii apud Guicheri sitas, ab omni onere et obnoxietate omnimoda liberas et immunes, dicte Domui Elemosinarie quiete, libere et pacifice in perpetuo possidendas. Quod donum meum ut in perpetuum stabile duret ac firmum, litteris presentibus commendavi et sigilli mei presenti munimine confirmavi. Actum anno incarnationis Dominice millesimo ducentesimo quarto decimo, mense julii.

(*Sigillum Iohannis de Rubeo Monte.*)

CVII.

De duodecim denariis census super domum Guillermi Doblier (1).

Décembre 1214.

Ego Robertus de Bapaumis, miles, notum facio omnibus tam futuris quam presentibus, quod ego pro amore Dei et remedio anime mee, et animarum patris mei et matris mee et antecessorum meorum, laudantibus et concedentibus Elisabeth, uxore mea, et filiis meis Stephano, Henrico, Andrea, Petro et Theobaldo, et filiabus meis Matildi et Sezilia, donavi et in puram et perpetuam elemosinam assignavi et concessi Deo et pauperibus infirmis sancte Domus Elemosinarie Castriduni, duodecim denarios census, cum omni burdesagio et obnoxietate ad eamdem censivam pertinentibus, quos Guillermus Doblier de Castroduno michi debebat partim pro quadam parte domus sue petrine que est apud Castrumdunum in Herlebauderia et partim pro plateis quibusdam ejusdem Guillermi dicte domui sue adherentibus et vicinis. Pro beneficio autem isto dicte domus fratres dies anniversarios obitus patris mei et matris mee, sese in eadem domo celebraturos annuatim in perpetuum fideliter promiserunt. Ego vero donum meum predictum eidem domui elemosine liberum, indempne et pacificum garantire manucepi, et fide prestita, confirmavi, tali etiam modo quod si forte Domus Elemosine seu hosspites in eadem censiva Elemosine manentes per vexationem seu molestationem alicujus cujuscumque pro defectu garandizationis mee penam gravantem aut dampnum incurrerent, ego dicte Domui Elemo-

---

(1) Original B, 58. — Copie du xiii⁰ siècle, A. 3, n° 113, et A. 6, n° 44 ; du xvii⁰, A. 7, n° 35 ; du xviii⁰, A. 8, n°⁰ 115, 180 et 273.

sine plegios·dedi Aubertum de Sancto Sepulchro, Giraldum Cati et Nevelonem de Bossco Ausoudi, milites, et preterea Gaufridum Cati et Gervasium Estrivart, dampnum ipsius Elemosine et hosspitum in integrum restaurandi. Quod ut in perpetuum stabile sit et firmum, litteris presentibus commendavi et sigilli mei munimine confirmavi. Actum anno incarnationis Domini, M°. CC°. quarto decimo, mense decembris.

CVIII.

De decem solidis redditus in theloneo de Curvavilla (1).

Août 1215.

Ego Guarinus de Friseia notum facio omnibus tam futuris quam presentibus, quod ego, pro amore Dei et remedio anime mee et parentum et antecessorum meorum, decem solidos redditus annui, quos Iohannes, frater meus, et ego pauperibus sancte Domus Elemosinarie Castriduni jampridem dedimus, et in theloneo nostro de Curvavilla in eadem villa in festo sancti Remigii per manum illius qui dictum theloneum recipiet annuatim capiendos assignavimus, eidem domui elemosine in termino nominato sine dilatione aliqua reddendos statui. Et ut idem redditus eidem domui reddatur in perpetuum illibatus, donum istud fratris mei et meum litteris presentibus commendavi ac sigilli mei presentis munimine confirmavi. Actum anno gratie millesimo CC°. quinto decimo, mense augusti.

CIX.

De censibus apud Proenvilla, apud Crespainvilla et in Escures (2).

Octobre 1215.

Ego Nivelo Marcelli notum facio omnibus tam futuris quam presentibus, quod Mauricius de Turchepot pro amore Dei et remedio anime sue et patris et matris sue et antecessorum suorum dedit et in puram et perpetuam elemosinam assignavit Deo et pauperibus infirmis sancte Domus Elemosinarie Castriduni duos solidos et octo denarios census, de quibus debet Aaliz de Chantelou octo denarios sitos in terra

---

(1) Original B, 348, n° 1. — Copies du XIIIᵉ siècle, A. 3, n° 107 et A. 6, n° 32; du XVIIᵉ, A. 7, n° 13; du XVIIIᵉ, A. 8, n° 108.
(2) Copies du XIIIᵉ siècle. A. 3, n° 103, et A. 6, n° 1; du XVIIᵉ siècle, A. 7, n° 47, du XVIIIᵉ siècle. A. 8. n° 104.

que est in terra juxta vineis de Proenvilla, et Hugo, medicus de Chamarcio, duodecim denarios sitos in terra que est apud Crespainvillam, et Gilo Ferronus duodecim denarios pro arpento vinee que est in Esscures, annuatim in nativitate Beate Marie dicte domui perpetuo persolvendos. Ego vero, de cujus feodo dictus Mauricius censum tenebat predictum, Amelina de Virgulto, uxore mea, ex cujus parte ego illud ipsum tenebam feodum, id ipsum volente et concedente, ad petitionem et preces sepedicti Mauricii, hominis mei, supradictum donum approbavi, volui et concessi, et dicte Domui Elemosine garantire manucepi. Et ut hoc in perpetuum stabile duret ac firmum, litteris presentibus commendavi et sigilli mei munimine confirmavi. Actum anno incarnationis Dominice M°. CC°. quinto decimo, mense octobris.

CX.

De decimis de Porcheronvilla (1).

Juin 1216.

Raginaldus (2) Dei gratia Carnotensis episcopus, universis ad quos presentes littere pervenerint tam presentibus quam futuris, in Domino salutem. Cum sancta Domus Elemosinaria Castridunensis copiosa pauperum infirmorum ad eam undique confluentium cotidiana multitudine, et erga eosdem pauperes infirmos sollicita et vigili diligentia caritatis omnimode disnocatur et pietatis visceribus habundare : inde est quod nos, elemosinas eisdem pauperibus ad ipsorum sustemptationem in eadem domo perpetuo faciendam a bone memorie fidelibus universis tam viventibus quam defunctis, tam predecessorum nostrorum quam nostro tempore collatas ad eorumdem usus pauperum conservare tenemur, quietas et indempnes. Nos igitur, decimas quas Hugo de Basonvilla, miles, et Maria uxor ejus, de tenementis suis totalibus et territoriis tam de Porcheronvilla quam de villa que dicitur, Feularde tam de bladis quam de rebus omnibus aliis in manu nostra specialiter resignaverunt, laudantibus id ipsum et concedentibus filiis suis Hugone, Gilone, Guidone, Iacobo et Bartholomeo et filia sua Esglentina, quas easdem decimas nos ad predictorum Hugonis et Marie petitionem pauperibus dicte Domus Elemosinarie dedimus et concessimus perpetuo possidendas. Insuper et omnes alias decimas quas eadem domus inpresenti possidet vel in futurum annuente Domino adeptura est, nec non et alios redditus quos eadem Domus Elemosinaria nunc possidet vel in futurum, Deo volente, juste et canonice poterit adipisci, eidem sancte domui

---

(1) Copies du XIII° siècle, A. 3, n° 102 ; du XVII°, A. 17, n° 5 ; du XVIII°, A. 8, n° 10.
(2) Renaud (de Mouçon), évêque de Chartres (1183-1217).

confirmamus. Quod ut in perpetuum stabile sit ac firmum, id ipsum presentibus commendatum litteris, sigilli nostri presentis munimine duximus confirmandum. Actum Carnoti, anno Domini M°. CC°. sexto decimo, mense junii.

CXI.

De quatuor sextariis ybernagii apud Villam Episcopi (1).

Juillet 1216.

Ego, Hugo Biselli, notum facio omnibus tam futuris quam presentibus, quod Garinus de Joi, miles, pro amore Dei et remedio anime sue, et parentum, et antecessorum suorum, laudantibus et concedentibus Elysabeth uxore sua, et Willelmo filio suo, et filiabus suis Aramburgi et Sezilia, donavit et in puram et perpetuam elemosinam concessit Deo et pauperibus infirmis Domus Elemosinarie Castriduni quatuor sextarios ybernagii redditus annui, quos ipse habebat, sitos in terris et hospitibus quibusdam de Villevesque; in terris videlicet et hospiciis domini Ade de Bardilleriis, militis, tres sextarios; in terris et hospiciis defuncti Flaeau unam eminam; et in terris et hospicio ipsius prefate domus elemosine unam eminam, dicte Domui Elemosine annuatim in festo sancti Remigii quiete, libere et pacifice perpetuo capiendos. Ego autem hanc elemosinam dicte Domui Elemosinarie factam ad petitionem et preces dicti Garini de Joi, hominis mei, qui prefatum redditum de meo tenebat feodo, volui approbavi et concessi, et dicte Domui Elemosinarie garantire manucepi. Quod ut in perpetuum stabile sit ac firmum, litteris id ipsum commendavi presentibus, ac sigilli mei impressione confirmavi. Actum anno incarnationis Domini M°. CC°. sexto decimo, mense julii.

CXII.

De quadraginta solidis in stallis bolengariorum apud Aurelianum (2).

Mars 1217 (v. st.).

Philipus (3) Dei gratia Francorum rex. Noverint universi presentes pariter et futuri, quod nos elemosinam illam quam karissimus progenitor noster bone memorie Ludovicus (4) pro remissione peccatorum

---

(1) Copies du xiii° siècle, A. 6, n° 21; du xvii°, A. 7, n° 63; du xviii°, A. 8, n° 190.
(2) Copies du xiii° siècle, A. 3, n° 165; du xviii°, A. 8, n° 14.
(3) Philippe-Auguste (1180-1223).
(4) Louis VII (1137-1180).

suorum et antecessorum suorum animabus fecit, sicut ex ipsius litteris nobis constitit, pauperibus Xristi et hosspitali de Castroduni de quadraginta solidis annuatim habendis in crastino Passche apud Aurelianum in stallis bolengariorum de primo redditis nummis, ratam habemus et eam volumus observari, et sicut predictum est reddi. Quod ut perpetuum robur obtineat presentes litteras sigillo nostro fecimus sigillari. Actum Paciaci, anno Domini M°. CC°. septimo decimo, mense marcii.

CXIII.

De decima apud Pyvarderiam et de pluribus aliis (1).

1217.

Ego Gaufridus de Droi, miles, notum facio omnibus tam futuris quam presentibus, quod ego pro amore Dei et remedio anime et parentum et antecessorum meorum, dedi ac in puram et perpetuam elemosinam concessi Deo et pauperibus infirmis sancte Domus Elemosinarie Castriduni omnem minutam decimam quam habebam apud Pyvarderiam, apud Granchias, apud Gouherderiam, apud Boscum Villici, et preterea duas partes minute decime quas habebam apud Landam, dicte Domui Elemosinarie quiete, libere et pacifice perpetuo possidendas. Hoc donum voluit et concessit uxor mea Matildis et Gaufridus filius meus primogenitus. Ut autem hoc ipsum donum meum pauperibus dictis in perpetuum stabile duret ac firmum, ego presentibus id ipsum litteris commendavi, et sigilli mei presenti munimine confirmavi. Actum anno incarnationis domini nostri Jesu Xristi, M°. CC°. septimo decimo.

CXIV.

De decima apud Pivarderiam et de pluribus aliis (2).

1217.

Ego Iohannes (3), dominus Montigniaci, notum facio omnibus tam futuris quam presentibus, quod Gaufridus de Droi, frater meus, pro amore Dei et remedio anime sue, et parentum et antecessorum nostrorum, laudante et concedente uxore sua Matildi, dedit et in puram ac perpetuam elemosinam concessit Deo et pauperibus infirmis sancte Domus

---

(1) Copies du XIII° siècle, A. 3, n° 23; du XVIII°, A. 8, n° 51.
(2) Copie du XIII° siècle, A. 6, n° 12.
(3) Jean Ier, dit le Roux, seigneur de Montigny-le-Gannelon (1188-1219).

Elemosinarie Castriduni totales minutas decimas suas de Pyvarderia, de Golarderia, de Grangiis, de Bosco Villici, et preterea duas partes minute decime, quas habebat apud Landam, eidem Domui Elemosinarie quiete et pacifice perpetuo possidendas. Ego autem, ad cujus feodum pertinent decime prenotate, ad petitionem ac preces dicti Gaufridi, fratris mei, donum istud volui, approbavi et concessi, et dicte Domui Elemosinarie garantire manucepi. Et ut id ipsum stabile duret ac firmum, litteris presentibus commendavi et sigilli mei presenti munimine confirmavi. Actum anno gratie M°. CC°. septimo decimo.

CXV.

De decima apud Pivarderiam (1).

1217.

Universis presentes litteras tam futuris quam presentibus inspecturis Gaufridus, Dunensis Archidiaconus, in Domino salutem. Noverit universitas vestra, quod Gaufridus de Droi, miles, laudante et concedente uxore sua Matildi, dedit et in puram ac perpetuam elemosinam concessit Deo et pauperibus infirmis sancte Domus Elemosinarie Castriduni, pro amore Dei et salute anime et parentum et antecessorum suorum, omnem minutam decimam quam habebat apud Pivarderiam, apud Grangias, apud Golarderiam, apud Nemus Villici, et preterea medietatem minute decime quam habebat apud Lendam, dicte domui elemosine quiete et pacifice perpetuo possidendas. Nos autem, id ipsum in nostra factum presentia ad petitionem ac preces prefati Gaufridi de Droi [concessimus]. Ut dictum ipsius donum dictis pauperibus in perpetuum stabile duret ac firmum, litteris presentibus commendatum sigilli nostri munimine duximus confirmandum. Actum Castriduni anno gratie M°. CC°. septimo decimo.

CXVI.

De dimidio modio ybernagii in molendino novo de Curia Alani (2).

Mars 1218 (v. st.).

Ego, Odo Borrelli, dominus Cortelani, notum facio omnibus tam futuris quam presentibus, quod amore Dei et anime mee remedio, et an-

---

(1) Copies du XIII° siècle, A. 3, n° 121; du XVIII°, A. 8, n° 120.
(2) Original B, 344. — Copies du XIII° siècle, A. 3, n° 143, et A. 6, n° 17; du XVII°, A. 7, n° 138; du XVIII°, A. 8, n° 139.

tecessorum meorum, laudante et concedente Margarita, uxore mea, et Odone, filio meo, et Iohanna, filia mea, dedi et concessi pauperibus domus elemosinarie Castriduni, in puram atque perpetuam elemosinam, dimidium modium ybernagii in Molendino Novo inter Cortelanum et Fontes, capiendum in eodem molendino per manum illius qui dictum molendinum tenebit, et reddendum in festo sancti Remigii annuatim. Ut autem hoc donum ratum maneret ac firmum, ad majorem confirmationem, sigilli mei munimine roboravi. Actum Castriduni anno Domini M°. CC°. VIII°. X°., mense martii.

CXVII.

De uno milliario allectium et summa olei (1).

Avril 1218.

Ego Theobaldus (2), Blesensis et Clarimontis comes, omnibus notum facio, quod ego, pro remedio anime mee et animarum bone memorie antecessorum meorum, laudante et concedente Clemencia, uxore mea, dedi in perpetuam elemosinam et concessi domui Dei de Castroduno, ad sustentationem pauperum, unum milliarium allectium et unam summam olei, capiendos singulis annis in prima ebdomada quadragesime in prepositura Castriduni. Quod ut ratum sit et firmum, presentes litteras feci conscribi et sigilli mei munimine confirmavi. Actum apud Firmitatem Villenolii, anno gratie M°. CC°. octavo decimo, mense aprilis per manum Terrici, cancellarii mei.

CXVIII.

De decem solidis in pedagio de Novo Castro (3).

Octobre 1218.

Ego Hugo, Novi Castri dominus, omnibus tam futuris quam presentibus notum facio, quod ego, pro amore Dei et remedio anime mee et antecessorum meorum, laudante et concedente Alienor uxore mea cum heredibus meis, donum quoddam quod Gervasius, pater meus, [Domui] Elemosinarie Castriduni dedit et in perpetuam concessit elemosinam, prout in litteris suis continetur, benigniter concedens, confirmavi, videlicet : X solidos Carnotensium reddendos annuatim et in pedagio de Novo

---

(1) Copies du XIII° siècle, A. 3, n° 35, et A. 5, n° 14 ; du XVII°, A. 7, n° 7.
(2) Thibaut VI, comte de Blois, fils de Louis et de Catherine de Clermont.
(3) Original B, 277. — Copies du XIII° siècle, A. 5, n° 17 ; du XVII°, A. 7, n° 11.

Castro per manum illius qui dictum pedagium recipiet, quicumque sit ille, in die festi Sancti Remigii, [remota omni dilatione, a fratribus vel ministris jamdicte domus elemosinarie singulis annis percipiendos. Quod ut ratum permaneat et inconcussum persistat, litteris meis commendans sigilli mei karactere roborando, presens scriptum confirmavi. Actum apud Castrum Novum; datum anno Domini M°. CC°, X°. VIII°., mense octobri.

CXIX.

De decima de Mamberolis (1).

1218.

Ego, Goherius de Mamberolis, miles, notum facio omnibus tam futuris quam presentibus, quod Roscelinus de Mamberolis, bone memorie, frater meus, in sui constitutione testamenti, pro amore Dei et salute anime sue, et parentum, et antecessorum nostrorum, dedit et in puram ac perpetuam elemosinam concessit Deo et Pauperibus infirmis sancte domus elemosinarie Castriduni, quatuor sextarios bladi, redditus annui, et eos in redditu decime sue de Mamberolis annuatim in festo Sancti Remigii, per manum illius qui decimam eamdem tenuerit, sine dilatione capiendos apud Mamberolis, assignavit. Hoc autem karissimi fratris mei donum approbavi, volui et concessi. Et ut in perpetuum dicte domui stabile duret ac firmum, litteris presentibus commendavi, ac sigilli mei munimine confirmavi. Actum anno Domini M°. CC°. octavo decimo.

CXX.

De tribus solidis in censu de Castriduno (2).

1220?

Ego, Gaufridus de Lannere, universis notum facio, quod mater uxoris mee dedit in elemosinam tres solidos Infirmis Pauperibus elemosine domus de Castroduno, et duos solidos Leprosis de Sancto Lazaro, in censu suo quem habet in hoc castro. Ita tamen, quod si in die Sancti Aviti denarii isti non reddentur, ille quisquis fuerit qui censum reddere debuerit secundo die post festum Sancti Aviti predictam elemosinam cum emendatione legis sue reddere compelletur. Quod totum volui et pro-

---

(1) Copies du xiii° siècle, A. 6, n° 9; du xviii° siècle, A. 8, n° 263.
(2) Copies du xiii° siècle, A. 6, n° 6; du xviii°, A. 8, n° 260.

bavi et ut ratum permaneret ob remedium anime mee et parentum meorum, mei sigilli munimine confirmavi. Istis presentibus : Goherio de Lannere, fratre meo; Hugone de Alneto; Luca de Villa Hermoi; Stephano de Boecha; magistro Laurencio.

CXXI.

De trecentis nemoris arpentis de Bellafago ex dono Ursionis domini Fractevallis (1).

Mars 1221.

In nomine Patris et Filii et Spiritus Sancti. Ego Ursio de Mellaio, dominus Fractevallis, omnibus notum facio, quod ego, de voluntate et assensu karissime uxoris mee, Emme, et filii mei Philipi, et filie mee Margarite, pro remedio anime mee et uxoris mee et parentum, et antecessorum meorum, donavi et concessi in perpetuam elemosinam Deo et pauperibus domus elemosinarie Castriduni, trecenta nemoris arpenta cum fundo terre, sita inter magnam viam que tendit a Bellafago versus Fractevallem ex uno latere, et nemus quod dicitur Nemus Borrelli ex altero latere, et in longum sicut protendit se a plano Bellefagi, versus Malabrancheriam et Quercum de Tripode, quantum opus fuerit donec supradictos trecentorum arpentorum numerus perficiatur, ab eisdem tanquam sua propria libere, quiete et pacifice in perpetuum possidenda, et pleno jure habenda, usque ad eo quod si quis in mundo aliquod jus vel usagium in illo nemore habet vel habere se dicat, teneor illud liberare meis propriis sumptibus, et expensis, excepto herbagio monachorum elemosine Cysterciensis ad septem viginti animalia. Donavi etiam et quitavi dictis pauperibus omne jus quod in eodem nemore habebam, et omnimodam justiciam, hoc excepto quod michi retinui, cervum, capreolum, et porcum silvestrem, per me, vel per meos venatores, quotienscumque voluero capiendos, ita tamen quod in dicto nemore infra metas circa illud nemus positas non potero haiam facere, nec quicquid aliud facere in dicti nemoris detrimentum. De venatione autem ibidem capta sic erit : quod si cervus vel cerva, capreus vel caprea, infra metas nemoris capiatur, corium erit pauperum predictorum; et si porcus vel porca ibidem capiatur, quatuor janboni erunt pauperum prefatorum. Si autem frater vel certus nuncius dictorum pauperum ad bestiam capiendam presens fuerit, statim dicta pars pauperum eidem tradetur. Sin autem per meum fidelem nuntium usque ad domum Bellefagi mittetur et tradetur procuratori domus. Preterea Philippus de Pusians, miles, et uxor

(1) Original, B. 706.— Copies du XIIIe siècle, B. 5, n° 7; de 1608, B. 708; copies B. 707, n°s 1 et 2.

et heredes ejus, quicquid in dicto nemore habebant vel habere se dicebant, ad preces meas, Deo et pauperibus predictis dederunt et penitus quitaverunt, data fide, promittentes quod nichil in eodem nemore de cetero reclamabunt. De nemore autem mensurando et metendo, ex assensu et voluntate mea et fratrum predicte domus, erit super dilectum meum Nicholaum de Frescot, canonicum Carnotensem, tali modo quod quicquid idem Nicholaus super hoc fecerit, gratum et ratum habebimus ex utraque parte. Ne autem instigante diabolo per me, quod absit, vel per aliquem heredum aut successorum meorum, pauperes et fratres dicte domus super hoc possent in posterum in aliquo molestari. De his omnibus fideliter et firmiter observandis, fidem prestiti corporalem in manu reverendi patris et domini mei, Galterii, Dei gratia Carnotensis episcopi, promittens sub pena quinquaginta marcarum auri puri ad pondus trecense, quod nullo unquam tempore contra istud donum venirem, et quicquid ab ipso episcopo feodaliter tenebam eidem in contraplegium dedi, rogans ipsum et requirens, ut tanquam et episcopus manucaperet se bona fide contra omnes donum istud dictis pauperibus garantizandum, et ut se suosque successores erga dictos pauperes supra feodum quod ab ipso teneo, plegios constitueret per me, et heredibus, et successoribus meis, quos ad hoc donum firmiter observandum, et bona fide proposse suo defendendum volo esse in perpetuum sub dicta pena obligatos. Statuens insuper ne aliquis super hoc legitans coram aliquo judice, nisi prius solutis dampnis et expensis, et pena supradicta aliquatenus audiatur, quod libenter michi concessit. Ita tamen, quod si ego, vel aliquis heredum aut successorum meorum, contra istud |donum meum venire, aut dictos pauperes vel fratres dicte domus in aliquo molestare presumpserit, sine fidei transgressione possit iste episcopus vel successor ejus, feodum quod ab ipso modo teneo, sesire et in manu sua tenere usque ad plenam dampnorum satisfactionem, et expensarum, et solutionem pene supradicte. Promisi etiam data fide quod ab omnibus quos possem bona fide laudari facerem donum istud, et concedi. Et omnem securitatem de plegiis et de litteris super hoc dono firmiter observando eisdem faciam meliorem quam potero et ubi viderint expedire. Et si in scripto isto, vel in litteris istis, fratribus predictis aliquid videbitur emendendum quod cedat ad commodum dicte domus, ad voluntatem dilecti mei Nicholai prenominati illud sine difficultate qualibet emendabo. Rogavi etiam episcopum ut dictis pauperibus et fratribus dicte domus super hoc daret litteras suas patentes in quibus contineretur se manucapere modo supradicto quod supradicta omnia bona fide faceret observari, et eadem confirmaret. Magister vero et fratres dicte domus liberaliter michi concesserunt se anniversarium karissimi patris mei, Nevelonis de cetero singulis annis celebraturos. Post decessum vero karissime matris mee Adelicie, et meum, et predicte uxoris mee, Emme, annuatim anniversaria nostra celebrabunt, et super hoc dabunt michi suas patentes litteras sigillo suo signatas. Ut autem hec omnia supradicta rata maneant et firma, sigilli mei munimine confirmavi. Actum anno Domini M°. CC°. vicesimo primo, mense martii.

CXXII.

De trecentis nemoris arpentis ex dono Ursionis domini Fractevallis (1).

Mars 1221.

[Reveren] dissimo patri suo ac domino Galterio, Dei gratia Carnotensi episcopo (2). Ursio de Mellaio, dominus Fractevallis, ejusdem miles, salutem et dilectionem. Quia quedam continentur in litteris meis quas vobis transmitto per dilectum meum Nicholaum de Frescot, canonicum Carnotensem, in quibus appendet ad caudam [vel] corrigia, sigillum meum viridi cera impressum, non fuerunt forsitan coram vobis dicta quum apud Carnotum, in domo vestra, in capella beati Martini, donavi Deo et pauperibus elemosine Castriduni in perpetuam elemosinam trecenta nemoris arpenta et ea in manu vestra resignavi, et de ipsis Magistrum dicte domus, nomine pauperum sesivistis. Rogo vos et requiro, tanquam episcopum et dominum meum legium, quatinus omnia que in dictis litteris continentur, dignemini confirmare, et constituatis vos et successores vestros episcopos pro me et heredibus et successoribus meis supra feodum quod a vobis modo teneo plagios et responsales de dampnis et expensis eisdem pauperibus ad plenum resarciendis et de solutione pene que in predictis litteris meis continetur. Si ego, vel aliquis heredum aut successorum meorum, contra istud donum meum venire, vel dictos pauperes vel fratres in aliquo modo super hoc presumpserit molestare, et de omnibus aliisque in predictis litteris continentur a me et heredibus et successoribus meis fideliter et firmiter observandis et super hoc detis vestras patentes litteras pauperibus et fratribus dicte domus sub sigilli vestri munimine roboratas, ne vero in posterum possit dubitari quod ad petitionem et preces meas hoc feceritis, litteras istas patentes, in testimonio vobis transmitto eodem sigillo proculdubio quo fuerunt alie quas per dictum Nicholaum vobis transmitto super hoc eodem negocio sigillatas. Datum anno Domini M°. CC°. XX°. primo, mense martii.

(1) Original, B. 709. — Copies du XIII° siècle, A, 3, n° 146, et A. 5, n° 2; du XVII°, A. 7, n° 160; du XVIII°, A. 8, n° 142, et B. 711, n° 1.
(2) Gauthier, évêque de Chartres (1118-1234).

CXXIII.

Uxor Ursionis domini Fractevallis concessit donum de trecentis nemoris arpentis (1).

Mars 1221.

Universis Xristi fidelibus presentes litteras inspecturis, Nicholaus, Vindocinensis Decanus, in Domino salutem. Noverint universi quod nobilis mulier Emma, uxor nobilis viri Ursionis de Mellaio, domini Fractevallis, in presentia nostra qui vocate fueramus ad hoc specialiter audiendum, laudavit et concessit donum quod dictus maritus suus fecerat Deo et pauperibus elemosine Castridunensis de trecentis arpentis ab eisdem pauperibus et fratribus in perpetuam elemosinam perpetuo possidendis. Et si quid juris ratione dotis vel quolibet alio modo in eodem nemore habebat, illud penitus quitavit fidem prestans corporalem in manu nostra quod in eodem nemore nichil prorsus de cetero reclamabit. Philippus et Margarita dictorum Ursionis et Emme filii, eodem die, coram nobis laudaverunt idipsum et concesserunt (2). In cujus rei testimonium et firmitatem, Nos, tunc temporis vice fungentes archidiaconi et decani, nostras patentes litteras pauperibus et fratribus dicte domus dedimus sigilli nostri munimine roboratas. Actum in castollo Fractevallis, anno Domini M°. CC°. vicesimo primo, mense martii.

CXXIV.

De duobus stallis ad panem vendendum, in foro Castriduni (3).

1221.

Ego Gaufridus (4), vicecomes Castriduni, omnibus notum facio quod Matheus Fromi, burgensis Castriduni, vendidit, pretio quadraginta librarum dunensis monete, magistro et fratribus domus elemosinarie Castriduni, ad usus pauperum ejusdem domus duo stalla ad panem venden-

---

(1) Original, B. 710, n° 1. — Copies du XIII° siècle, A. 6, n° 36; du XVIII°, A. 8, n° 268.
(2) Dans le copie A. 6, n° 36, après le mot *concesserunt*, se trouve intercalé : « Testes sunt : N. de Frecot; Radulphus presbyter; Robertus de Chavernay; Raginaldus de Binais, miles; Adam clericus; Adam de Binais ; Bochart de Fractevalle; Johannes Borse Parisiensis; Odo de Tiivilla; Radulphus Morel; Matheus de Morees; Arnulphus Marron, famulus elemosine, et Gilo presbyter elemosine; Blaudin munerius; Robinus quatretestes; Colinus nutricius puerorum domini Fractevallis. »
(3) Original, A. 67. — Copies du XIII° siècle, A. 5, n° 35; du XVIII°, A. 8, n° 160.
(4) Geoffroy V.

dum sita in foro Castriduni, in censiva Theobaldi Bormant, ab ipsis sub annuo censu viginti et octo denariorum pro omni servitio, de assensu et voluntate ejusdem Theobaldi, in perpetuum quiete et pacifice possidenda, dicto Th. vel ejus heredibus annuatim in festo sancti Valeriani solvendorum. Quia vero idem Theobaldus dictum censum cum alio suo feodo a me tenebat, ad preces et petitiones ipsius, factum istud approbavi et concessi. In cujus rei testimonium presentes litteras prefatis fratribus dicte domus dedi et concessi sigilli mei munimine roboratas. Anno Domini M°. CC°. XX°. primo.

CXXV.

De hominibus de Borjatre pro moutura (1).

Mai 1222.

Fratres capitularii majoris monasterii, et frater H. Dei gratia eorum humilis minister, omnibus presentem paginam inspecturis perpetuam in Domino salutem. Universitati vestre notum fieri volumus quod cum inter nos ex una parte, et fratres domus elemosinarie ex altera, coram abbate et priore Sancte Genovefe, et decano Sancti Marcelli Parisiensis, auctoritate apostolica fuisset diucius litigatum super eo videlicet : quod nos dicebamus quod omnes homines manentes in terra que appellatur elemosinaria sita in feodo de Borjatre, debebant molere ad molendinum nostrum de Mesandum, nec alibi molere poterant, de jure et consuetudine prescripti et approbata; ipsis vero in contrarium allegantibus. Tandem de prudentium virorum consilio, pax fuit confirmata in hunc modum, quod omnes homines mansionem habentes in terra predicta, molent ad molendinum prefatum tali modo quod ab eis major moutura non exigetur, nec capietur quam ab aliis ibidem molentibus. Si vero, aliquis fratrum dicte domus in eadem terra manserit qui religionis habitum habeat, et de proprio ejusdem domus vivat, poterit molere ubicumque voluerit. Hanc autem compositionem volumus et approbamus; et ut in posterum firmius teneatur, eam in presenti scedulo fecimus annotari, et sigillorum nostrorum impressionibus consignari. Actum anno Domini M°. CC°. XX°. secundo, mense maii.

(1) Copies du XIII° siècle, A. 3, n° 108, et A. 6, n° 49; du XVIII°, A. 8, n° 154.

CXXVI.

Hugo de Mellaio et Gaufridus vicedominus Carnotensis concesserunt donum de trecentis nemoris arpentis (1).

Mai 1222.

Notum sit omnibus presentes inspecturis litteris, quod nos, duo fratres Hugo de Mellaio et Gaufridus vicedominus Carnotensis, donationem illam et elemosinam quam karissimus frater noster, et dominus, Ursio de Mellaio, dominus Fractevallis, fecit Deo et pauperibus domus elemosine Castriduni de trecentis nemorum arpentis cum fundo terre, sitis in foresta sua inter magnam viam que tendit a Bellofago versus Fractamvallem ex uno latere, et nemus quod dicitur Nemus Borrelli ex altero latere, et in longum sicut protendit se a plano Bellifagi versus Malambrancheriam et quercum de Tripode, ratam et gratam habemus volumus etiam concedimus bona fide. Et si quid juris in eodem nemore habebamus, illud amore Dei ei ad preces dicti domini, et fratris nostri U. penitus quitamus, et ab heredibus nostris benigne et sine dificultate qualibet quittari faciemus, quotienscumque fuerimus requisiti. Hanc autem elemosinam et quitationem in presentia domini Carnotensis episcopi quotiens fratres domus dicte, vel eorum certus nuncius super hoc nos similiter vel separatim requisierit, confitebimur nos fecisse hoc voluisse et concessisse bona fide, et ne in posterum quitatio ista a nobis ipsis facta nullatenus possit disturbari per nos ipsos, vel per aliquem heredum nostrorum. In testimonium hujus rei presentes dedimus litteras sigillorum nostrorum impressione roboratas. Actum anno Domini M°. CC°. XX°. secundum, mense maii.

CXXVII.

Galterius Carnotensis episcopus confirmavit donum de trecentis nemoris arpentis (2).

Juillet 1222.

Galterius (3), divina permissione Carnotensis episcopus, universis presentes litteras inspecturis, in Domino salutem in salutis auctore. Ad

---

(1) Original, B. 110. — Copies du xiii° siècle, A. 3, n° 148, et A. 5, n° 6; du xvii°, A. 7, n° 162; du xviii°, A. 8, n° 144, et B. 711, n° 6.

(2) Original, A. 86. — Copies du xiii° siècle, A. 3, n° 151, et A. 5, n° 8; du xvii°, A. 7, n° 165; du xviii°, A. 8, n° 147.

(3) Gautier, évêque de Chartres (1217-1234).

universorum notitiam volumus pervenire, quod dilecto et fideli nostro Ursione de Mellaio, domino Fractevallis, coram nobis personaliter constituto, ipsius litteras inspeximus et legimus sigillo sub forma que sequitur sigillatas : in nomine Patris et Filii et Spiritus Sancti. Amen (1).....
Cum igitur memoratus Ursio jamdiu Carnoti in capella nostra in honore beati Martini fabricata, multis et magnis astantibus juris ad hoc audiendum convocatis, Deo et pauperibus supradicte domus elemosinarie Castriduni donum istud et elemosinam fecisset ut supradictum est. Illud in manu nostra resignans et nos ipso presente, rogante et volente, magistrum prefate domus in eodem investissemus, post modum attendentes bonam dicti Ursionis voluntatem erga dictos pauperes perseverantem, ad multiplices et devotas ipsius preces et frequentem instantiam quod ab ipso pie firmum est et ratum habuimus et gratum approbantes id ipsum et confirmantes. Insuper nos et episcopos successores nostros erga prefatos pauperes et fratres dicte domus pro dicto Ursione et heredibus et successoribus suis sub forma in litteris suprascriptis expressa fideijussores constituimus promittentes etiam et manucapientes que omnia supradicta, bona fide sicut superius continentur observabimus, et faciemus firmiter ab omnibus in perpetuum observari. Si quis vero, contra factum istud aliquid attentare presumpserit, si secundo tertiove cummonitus illud voluerit emendare, ex auctoritate Patris et Filii et Spiritus Sancti et nostro ministerio, donec resipuerit, excommunicatus sit et a liminibus sancti Dei ecclesie et xristianorum consortio sequestratur. Ad omnium autem supradictorum majus robur et testimonium, presentes fecimus litteras sigilli nostri munimine consignari. Datum anno Domini M°. CC°. vicesimo secundo, mense julio.

CXXVIII.

Margarita comitissa Blesis concessit donum de trecentis nemoris arpentis (2).

1222.

Ego, Margarita (3), Blesensis comitissa, omnibus notum facio me [ratum] et gratum habere donum quod dilectus consanguineus meus Ursio de Mellaio, dominus Fractevallis, Deo et pauperibus elemosine Castridunensi fecit de trecentis nemorum arpentis in foresta sua apud Fractavallem sitis. In cujus rei testimonium presentes litteras dedi sigilli mei munimine roboratas. Actum anno Domini M°. CC°. XX°. secundo.

---

(1) Voyez charte n° 121.
(2) Original, B. 710, n° 2. — Copies du xiii° siècle, A. 5, n° 5; du xvii°, B. 711, n° 5.
(3) Marguerite, comtesse de Blois, femme de Thibaut VI.

CXXIX.

De uno sextario ybernagii in molendino de Pomeen (1).

Janvier 1223.

Ego, Adam Brunelli, miles, omnibus notum facio quod amore Dei, et anime mee remedio, et antecessorum meorum, dedi et concessi Deo et pauperibus elemosine Castriduni in puram et perpetuam elemosinam unum sextarium hibernagii capiendum singulis annis in molendino meo de Pomeen, in festo sancti Remigii. Ut autem hoc donum meum ratum maneat et inconcussum, eisdem pauperibus meas dedi litteras sigilli mei munimine roboratas. Preterea sciendum est quod habent in eodem molendino aliud sextarium ybernagii redditus de dono Ameline Gobe et sororis sue. Actum anno Domini M°. CC°. vicesimo tertio, mense januarii.

CXXX.

Privilegium Ursionis, domini Fractevallis (2).

1223.

In nomine Patris, et Filii, et Spiritus Sancti, Amen. Ego Ursio de Mellaio, dominus Fractevallis, omnibus notum facio, me divine pietatis intuitu, et pro salute anime mee, animarum antecessorum meorum, et karissime uxoris mee, Emme, nuper defuncte, dedisse et concecisse Deo et pauperibus domus elemosinarie Castriduni et fratribus in eadem domo servientibus, ut in tota mea terra tam in feodis quam censivis meis omnibus ubicumque sint, et alodiis, possint adquirere, quolibet justo titulo quotienscumque voluerint et potuerint et adquisita pacifice perpetuo possidere. Tali tamen modo quod de omnibus que in meis propriis censivis adquisierint, reddent michi et heredibus meis censum duplicem tantum modo singulis annis eodem termino quo simplex census antea reddebatur, salvis vendis meis, si res a fratribus empte ab eisdem vendantur propter ipsius domus utilitatem evidentem. Si vero terras, aquas, prata, nemora, virgulta, vineas vel hujusmodi tenementa in meis feodis adquisierint, pro uno quoque arpento reddent michi aut certo famulo meo et meis similiter heredibus post me, duodecim denarios censuales

---

(1) Copies du XIII° siècle, A. 3, n° 104, et A. 0, n° 30; du XVIII°, A. 8, n° 105.
(2) Copies du XIII° siècle, A. 3, n° 147, et A. 5, n° 1. — Vidimus d'août 1332, A. 41. — Copies du XVII° siècle, A. 7, n° 161; du XVIII°, A. 8, n° 143, et B. 711, n° 2.

singulis annis apud Castridunum, in Burgo meo novo ante furnum, in festo nativitatis beate Marie in septembri persolvendos. Si vera furna, molendina, decimas, terragia, census, oblitas, tensamenta et hujusmodi redditus eosdem adquirere contigerit, si per venditionem adquisierint, ego, vel heredes mei, habebimus pretii quintam partem. Si per donationem, aut per mutationem vel aliquocumque modo per tres viros legitimos de communi consensu electos estimabuntur res adquisite et de summa estimationis inde facte per illos tres, vel per duos ex ipsis, si tertius non consenserit, ego et heredes mei habebimus similiter quintam partem. Ne vero processu temporis hec mea liberalis elemosina oblivioni possit tradi, aut, quod absit, seu per heredes meos vel successores meos aliquatenus immutari, presentes litteras dicte domui dedi sigilli mei munimine roboratas. Actum anno Domini M°. CC°. XX° tertio, mense primo post mortem karissime Emme uxoris mee.

CXXXI.

De Ursione, Domino Fractevallis (1).

1224.

Reverendo domino suo, Galterio (2),... quam vestro usus consilio facere distulistis. Cum igitur secundum consuetudinem terre vestre quilibet possit dare elemosinam feodi sui quintam partem si velit, et donum istud non sit vicesima pars feodi quod a vobis teneo, tamquam dominum meum ligium vos requiro, quatinus illud ratum et gratum habeatis et per vestras patentes litteras confirmetis. Auctum anno Domini M°. CC°. XX°. quarto.

CXXXII.

De Ursione, Domino Fractevallis (3).

1224.

Karissimo domino suo Galterio (4), illustri Blesis comiti et domino de Avennis, Ursio de Mellaio, dominus Fractevallis salutem et paratum ob-

---

(1) Copies du XIII° siècle, A. 3, n° 149, et A. 5, n° 3 ; du XVII°, A. 7, n° 163 ; du XVIII°, A. 8, n° 145, et B. 711, n° 4.

(2) Voyez la note 4 ci-après. Cette requête est, sauf la fin, identique comme texte à celle qui suit.

(3) Copies du XIII° siècle, A. 3, n° 150, et A. 5, n° 4 ; du XVII°, A. 7, n° 165 ; du XVIII, A. 8, n° 146, et B. 711, n° 3.

(4) Gauthier d'Avesnes, époux de la comtesse Marguerite, qui succéda à son neveu Thibault VI en 1218.

sequium. Diu est quod ore proprio et per litteras tanquam dominum meum ligium requisivi quatinus donum quod feci domui elemosinarie Castriduni trecentis nemorum arpentis in mea foresta Fractevallis sitis, ratum habetis et gratum et illud amore mei garantizandum manucapere, et tanquam dominus meus ligius dignaremini confirmare. Quod huc usque visum est plus alieno quam vestro usus consilio, facere distulistis. Adhuc vero per istas patentes litteras vos requiro tanquam dominum meum ligium quatinus divine pietatis intuitu et ad precium mearum instantiam hoc donum meum ratum habeatis et gratum et illud confirmare velitis, et manucapere garantizandum, vestras patentes litteras fratribus dicte domus in testimonium super hoc conferentes. Actum anno Domini M°. CC°. XX° quarto.

CXXXIII.

De dono Caufridis de Rua (1).

1224.

Universis Xristi fidelibus presentem paginam inspecturis, Guillermus, domus elemosine Castriduni minister, cum universitate ejusdem domus totius capituli in Domino salutem et orationem munus. Noverint universi, quod nos, amore Dei et pietatis intuitu, assensu et voluntate totius nostri capituli, recepimus in fratrem Gaufridum de Rua, militem, nostrum karissimum, eidem concedentes tam spiritualium quam temporalium fide osculantes participationem. Denique vero, dictus Gaufridus, Deum habens pro oculis, indigentiam nostrorum pauperum considerans et agnoscens, ob redemptionem anime sue et antecessorum suorum contulit eisdem pauperibus, in perpetuam elemosinam, centum libras ad nemus de Bellofago adquirendum. Contulit etiam dictis pauperibus quamdam vineam sitam in colle Sancti Egidii apud Castrumdunum in censiva monalium Sancti Aviti. Dedit insuper prefatis pauperibus, triginta solidos censuales sitos apud Guerarderiam in parochia de Connant in omni tenemento et tota terra eidem tenemento pertinenti. Preterea sciendum est quod de dictis denariis in die anniversarii prefati Gaufridi erogabuntur in pictantiam dictorum pauperum Domus nostre viginti solidi, et alii decem solidi dabuntur presbiteris et clericis qui intererunt ad ejus anniversarium celebrandum. Nos autem, dicti G. piam attendentes voluntatem, ad instantiam et preces ipsius, eidem statuimus unum de fratribus nostris capellanum perpetuum qui in domo nostra elemosina Castriduni, et non alibi, continuam faciens mansionem, di-

(1) Copies du XIII° siècle, A. 3, n° 56; du XVIII°, A. 3, n° 22 et B. 712.

vina tenebitur celebrare; eidem capellano concedentes prefatam capellam ab eodem Gaufrido nobis collatam, ad vestem illius capellani ex ipsius proventibus perquirendam. Ita tamen, quod ipse capellanus dictam capellam propriis sumptibus excolet et in bono statu conservabit. In hoc autem officio, primus est institutus capellanus, Andreas Scripba, frater noster; quo mortuo, cum consilio amicorum sepedicti Gaufridi, alius substituetur ex nostro capitulo capellanus. Ut autem hoc ratum maneat et inconcussum, presentes litteras super hoc confectas, sigilli nostri munimine fecimus roborari. Actum anno incarnationis Dominice, millesimo ducentesimo vicesimo quarto.

CXXXIV.

De dono Matildis La Rousele (1).

Octobre 1225.

Universis presentes litteras inspecturis, Officialis archidiaconi Dunensis, salutem in Domino. Noverint universi, quod Matildis la Rousele in mea presentia pro anime sue et antecessorum suorum remedio dedit et irrevocabiliter concessit Deo et pauperibus domus Elemosine de Castroduno, in puram et perpetuam elemosinam medietatem cujusdam platee infra muros Castriduni..... vico in censiva Beati Andree sitam, medietatem videlicet propinquiorem domui Ogeri le Guinphe, pro anniversario suo in ecclesia Beati Nicholai annuatim celebrando, volens et concedens quod si forte contingeret quod heredes sui sive successores sui donum illud in irritum revocarent, quarta pars hereditatis ubicumque sita, ad predictam domum Elemosine [pertineret]. Datum anno Domini M°. CC°. XX°. quinto, mense octobris.

CXXXV.

De uno sextario redditus super Baatarderiam juxta Libovillam (2).

Février 1226.

Ego, Hugo de Boloria, miles, notum facio omnibus tam futuris quam presentibus, quod ego, pro remedio anime mee et antecessorum meorum, laudante et concedente uxore mea Helisente, dedi et in puram ac perpetuam elemosinam assignavi Deo et pauperibus infirmis sancte do-

---

(1) Copie du XIII° siècle, A, 6, n° 54.
(2) Copies du XIII° siècle, A. 3, n° 132; du XVIII°, A. 8, n°s 130 et 257.

mus Elemosine Castriduni, unum sextarium redditus annui super terram totam meam de Baatarderia, annis singulis apud Baatarderiam in festo sancti Remigii libere et pacifice in perpetuum capiendum. Quod ut in perpetuum stabile duret ac firmum, ego litteris id ipsum presentibus commendavi ac sigilli mei presentis munimine roboravi. Actum anno gratie M°. CC°. vicesimo sexto, mense februarii.

CXXXVI.

De sexaginta solidis de forestagio vicecomitis (1).

1226.

Ego Gaufridus (2), vicecomes Castriduni, omnibus tam futuris quam presentibus, notum facio quod pro remedio anime mee et antecessorum meorum, laudante et concedente Clemencia, quondam comitissa Blesensi, uxore mea, in puram et perpetuam elemosinam Deo et pauperibus Elemosine Castriduni sexaginta solidos annui redditus dedi et concessi, et capiendos assignavi in forestagio meo proprio festivitate sancti Amdree apostoli singulis annis. Quod ut ratum et stabile permaneret, litteras meas presentes dedi sigilli mei munimine roboratas. Actum apud Vindocinensi anno gratie M°. CC°. XX°. VI°.

CXXXVII.

De dono Hersendis de Tesval (3).

Mars 1227.

Universis presentes litteras inspecturis, Hersendis de Tesval, salutem in Domino. Noverit universitas vestra, quod ego, pro salute anime mee et Guillermi mariti mei, et heredum meorum, dedi et concessi, domui Dei pauperum de Castroduno, sex solidos et unum denarium in puram elemosinam annuos in quadam domo que fuit Herberti Fulconis ad festum sancti Remigii in dicta domo capiendos. In cujus rei testimonium, prefate domui presentem dedi cartam sigilli mei munimine roboratam. Actum anno gratie M°. CC°. XX°. septimo, mense martii, apud Mortaigne.

(1) Original, A. 18. — Copie du xiii° siècle, A. 3, n° 24. — Vidimus de 1369, A. 83. — Copies du xvii° siècle, A. 7, n° 8; du xviii°, A. 8, n°s 52 et 171.
(2) Geoffroy V.
(3) Copies du xiii° siècle, A. 3, n° 67 ; du xviii°, A. 8, n° 83.

CXXXVIII.

De dono Odonis Borrelli militis de Curia Alani (1).

Novembre 1227.

Ego Odo Burrelli, miles, de Curia Alani, notum facio omnibus ad quos presentes littere pervenerint, quod ego pono in vadio in manu magistri et fratrum domus Dei de Castroduno, molendinum de Varenna in quo dicti magister et fratres dicte domus percipiunt duos modios ybernagii in elemosina. Tali pacto quod ipsi percipient omnes proventus molendini excepta parte Gaufridi Tiher molendinarii, tam pro capitali suo profito ad dictum molendinum resarciendum quam pro defectu redditus elemosine quem in meo tempore sustinuerint, quoadusque quidquid de suo miserint et de defectu duorum transactorum annorum in meo tempore scilicet quatuor modios annone rehabuerint. In cujus rei memoriam et testimonium, presens scriptum sigilli mei munimine volui confirmare. Anno actum Domini M°. CC°. XX°. septimo, mense novembris.

CXXXIX.

De prebenda ecclesie Beati Amdree Castriduni (2).

Septembre 1228.

G. decanus et capitulum ecclesie Beati Amdree de Castroduno, universis tam futuris quam presentibus presentes litteras inspecturis, salutem in Domino. Ad universorum notitiam volumus pervenire quod nos, pie et honeste petitioni magistri et fratrum domus elemosinarie Castriduni grato concurrentis assensu capituli nostri, prefate domui et fratribus ejusdem domus unam concessimus in nostra ecclesia prebendam in perpetuum possidendam. Et illam percipient in decimam de Guillart donec nostre ecclesie prebende, ad certum munerum redigantur. Quo munero firmato et confirmato, dicti fratres cum ecclesie canonicis fructus communiter percipient prebendales. Et tunc dicta decima deveniet in communi ita quod quicumque a modo dicte domus erit magister, ecclesie nostre deserviet loco suo juxta numerum sacerdotum nostrorum, primo tamen ab eo prestito sacramento quod servicium et statuta eccle-

---

(1) Copies du XIII°, A. 3, n° 142; du XVII°, A. 7, n° 139 ; du XVIII°, A. 8, n° 138.
(2) Copie du XIII° siècle, A. 3, n° 113.—Vidimus du XVII°, A. 42.— Copie du XVIII°, A. 8, n° 12.

sie fideliter observabit; et in nostra ecclesia per se vel per alium presbiterum fratrem dicte domus in sua deserviat septimana, tanquam canonicus percipiet portionem, extra vero suam septimanam in eisdem distributionibus nichil percipiet, nisi in eadem ecclesia deserviat per se ipsum. Stallum habebit in choro, sed vocem in capitulo non habebit. Volumus et concedimus quod, quidquid dicta domus elemosinaria in censivis nostris poterit adipissci, habeat et pacifice possideat in futurum, salvo tamen censu nostro, illis quique ad censum nostrum dignoscuntur pertenire. Quod ut ratum et stabile permaneat, presentes litteras sigilli capituli nostri munimine fecimus roborari. Anno Domini M°. CC°. XX°. octavo, mense septembris.

CXL.

Margarita comitissa Blesensis donavit quinquaginta et duas libras in tribus bannis Castriduni (1).

1228.

Ego, Margarita (2), comitissa Blesensis, omnibus presentes litteras inspecturis salutem. Noverit universitas vestra, quod ego, pro remedio anime mee et parentum meorum concessi et irrevocabiliter donavi Domui Elemosinarie Castriduni, quinquaginta et duas libras dunensis monete annui redditus in perpetuum percipiendas in tribus bannis meis Castridunensibus. Scilicet : in banno Passce decem libras, in banno Pentecoste decem libras, in banno Natalis Domini duodecim libras, et in tensamento et redditus que habeo super burgum Chamarcii viginti libras in festo Omnium Sanctorum. De quibus viginti solidi unaquaque septimana in pitanciis pauperum ejusdem domus expendentur; scilicet : die Lune, die Mercurii, die Veneris, die sabbati. Si autem, quoquo casu concrugente, non possit prefatus redditus in locis presignatis vel plene vel omnino inveniri, volo et precise precipio quod in residuis redditibus meis, omnino perficiatur, Castriduni; ita quod memorati redditus prefati pauperes singulis annis in nullo patientur defectum. Volens item indempnitati ipsorum et paci prebemus providere, precipio quod si prefati redditus requirentibus non reddentur, ballivus vel quilibet alius per cujus hoc contigerit defectum, vel ipse dominus, si requisitum redditum non fuerit, quinquaginta solidos pro pena solvet per ma-

(1) Original, A. 19. — Copies du XIII⁰ siècle, A. 3, n° 154, et A. 5, n° 11; du XVII⁰, A. 7, n° 4; du XVIII⁰, A. 8, n° 76.

(2) A la mort du comte Louis, ses deux tantes Isabelle et Marguerite, filles du comte Thibaut V le Bon, se partagèrent sa succession. Isabelle, veuve de Sulpice III d'Amboise, devint comtesse de Chartres. Marguerite, femme de Gautier d'Avesnes, prit possession du comté de Blois, dont le Dunois faisait partie. (Voyez L. Merlet, Inventaire des archives hospitalières de Châteaudun, introduction, p. x.)

num procuratoris domus supradicte pauperibus solvendos. Hanc autem donationem meam nisi forsitan inspiratione divina in majorem eis quibus donavi utilitatem mutaneio habeo et ab hominibus haberi volo per ultima voluntate de prefato quoque redditu ex integro quantumcumque de jure poteri ad opus dictorum pauperum me desessivi et de cetero tempore dicte domus constituo et confiteor ipsam me possidere (1). Volo etiam, quod si littere alique de donatione redditu prefate domui nomine meo singulariter date ante istas invente fuerint ex hac die nulle sint et in irritum revocentur, quod si forte, maritus meus, vir nobilis, Galterius, comes Blesensis, hanc donationem meam confirmare voluerit, volo nichilominus et precise precipio ut quicumque et quantumcumque de jure poterit, hec donatio perpetuam obtineat firmitatem. Volo etiam et precise precipio ut quicumque procurator exstiterit supradicte domus in initio sue procuratorie et alii officiales et ministri dicte domus, fratres etiam et sorores juramento se astringant quod predictos redditus in alios usus quam in pitanciis pauperum non convertent, et aliquatenus nisi jurare voluerint prefati redditus per manus illorum non expendentur sed per manum alicujus fidelis viri, ad hoc idem per episcopum Carnotensem quicumque pro tempore fuerint deputati. Concessit autem libere michi et pietatis intuitu capitulum dicte domus, quod post obitum meum singulis annis meum facient anniversarium et expresse nomen meum in vita mea in memento pro vivis, et post obitum in memento fidelibus. Diebus etiam singulis quibus pauperes pitanciam de redditu prenotato percipient, dicet unusquisque pauperum, tam in vita mea quam post mortem, quinquies *Ave Maria* et quinquies *Pater noster*. Quod ut ratum et firmum maneat inperpetuum, presentes litteras sigilli mei munimine confirmavi. Actum anno incarnationis Domini M°. CC°. XX°. octavo.

CXLI.

De quinque solidis redditus in censibus de Moreheria (2).

Février 1229.

Garinus Morehier, miles, universis presentes litteras inspecturis, salutem in vero salutari. Noverint universi quod cum Garinus Morehier avus meus et Robertus Morehier pater meus, pro salute et remedio animarum suarum, dedissent ad vitam suam pauperibus domus Elemosinarie de Castriduno quinque solidos annui redditus, ego, bonis eorum

---

(1) Une erreur a du être commise dans la première copie et reproduite dans les suivantes. Nous reproduisons cette phrase telle qu'elle est, bien qu'elle nous paraisse inintelligible.
(2) Original, B. 178. — Copie du xiii° siècle, A. 3, n° 105. — Vidimus de 1366, A. 85. — Copies du xvii° siècle, A. 7, n° 33 ; du xviii°, A. 8, n°s 106 et 178.

succedens tanquam heres, factum istud considerans esse pium et favorabilem, sequi volens horum vestigia et doctrinam dicte, domui Elemosinarie quinque solidos annui redditus non solummodo ad vitam meam sed in perpetuum contuli et concessi, in censibus meis de Moreheria annuatim percipiendos et die dominica proxima post festum Omnium Sanctorum dicte domui persolvendos. Hanc autem donationem et elemosinam nobilis domina Katherina, uxor mea, et heredes mei, laudaverunt et etiam spontanei concesserunt. Quod ut ratum et stabile permaneat in futurum, presentes litteras donum meum et elemosinam confirmantes sigilli mei munimine roboravi. Actum anno Domini M°. CC°. XX°. nono, mense februario.

CXLII.

De duobus denariis super domum Martini Quadrigarii in valle Sancti Aniani (1)

Mars 1229.

Ego Johannes Boguerel, miles, omnibus presentes litteras inspecturis, notum facio quod Gaufridus de Arroto, in presentia constitutus, prece et voluntate mea, et assensu et voluntate uxoris sue, Johanne, filio suo primogenito, et aliis filiis suis fide media concedentibus, dedit in puram elemosinam et concessit Martino Quadrigario et heredibus suis duos denarios quos dictus Gaufridus habebat de censu in domo dicti Martini. Ita, quod dictus Martinus dicto Gaufrido quatuordecim solidos dunensium et sex denarios jam solutos, et ego Johannes Boguerel, miles, et Hodeburgis, uxor mea, de cujus feodo denarii movent, et filii mei, et voluntate dicti G. hanc elemosinam sepedicto Martino manucepimus garantizandam. Et ut ratum et stabile permaneat, ad petitiones sepedicti Gaufridi de Arroto, litteras dedi sepedicto Martino sigilli mei munimine roboratas. Datum anno Domini M°. CC°. XX°. IX°., mense martio.

CXLIII.

De nundinis in festo Beati Nicholai (2).

Juillet 1229.

Ego Gaufridus, vicecomes Castriduni (3), notum facio tam presentibus quam futuris, quod laudante et concedente Clemencia, uxore mea,

---

(1) Copie du xiii° siècle, A. 3, n° 112.
(2) Original, A. 27. — Copies du xiii° siècle, A. 3, n° 157, et A. 5, n° 33; du xviii°, A. 8, n° 26.
(3) Geoffroy V.

quondam comitissa Blesensis, donavi pro remedio animarum nostrarum et antecessorum nostrorum domui elemosinarie Castriduni; nundinas unius diei apud Castrumdunum, cum salvo conductu mercatorum euntium ad nundinas et redeuntium, jus capiendum et faciendum singulis annis in perpetuum in die festi beati Nicholai hyemalis. Assignavi etiam dictas nundinas habendas ad easdem consuetudines ad quas elemosinarii dicte domus possident nundinas ex donatione patris mei felicis memorie in festo beate Marie Magdalene salvis omnibus justiciis meis, excepta justicia consuetudinum nundinarum : ita ut elemosinarii prefati nundinas in propria manu sine venditione inde facte et sine alterius omni participatione semper teneant. Si enim aliquomodo contingeret quod dicti elemosinarii aliquem secum constituerent nundinarum, donum meum rediret in irrutum et nundine ulterius non durarent. Quod ut ratum et stabile permaneat, presentes litteras sigilli mei munimine roboravi. Datum apud Montem Duplicem, anno Domini M°. CC°. XX°. nono, mense julii.

CXLIV.

De domibus in foro Castriduni sitis (1).

Juillet 1229.

Goherius decanus Castriduni, universis presentes litteras inspecturis, salutem in Domino. Noverit universitas vestra, quod Mauricius de Turchepot, in nostra presentia constitutus, quidquid juris habebat in duabus domibus sitis in foro Castriduni, scilicet censum et festagium et ea que ad censum pertinent, vendidit magistro et fratribus domus elemosine de Castroduno pro undecim libris dunensium jam solutis. Hanc autem venditionem voluerunt et spontanee concesserunt, Ysabella, uxor dicti Mauricii, et Robertus de Ruchevilla, frater dicte Ysabelle, de cujus feodo esse dinosscitur censiva nominata. Predicti vero Mauricius et Ysabella, uxor ejus, in manu nostra fidem corporalem dederunt, quod in dicta censiva nichil de cetero reclamabunt, non dictos magistrum et fratres super hoc molestabunt aut facient molestari, sed omne jus suum quod in dictis domibus percipere consueverunt, sepedictis magistro et fratribus quitantes penitus, eisdem concesserunt in perpetuum pacifice possidendum. Nos vero, ad petitionem ac preces predictorum Mauricii, Ysabelle et Roberti, in cujus rei testimonium et munimen, predictis magistro et fratribus presentes litteras concessimus sigilli nostri munimine confirmatas. Actum anno Domini M°. CC°. XXIX., mense julio.

(1) Copies du XIII° siècle, A. 3, n°s 68 et 74; du XVII°, A. 12, n° 3; du XVIII°, A. 8, n° 84.

CXLV.

De redditu in parvo molendino de Paupere Sacco juxta Cherreium (1).

Mars 1230.

Ego Clemencia (2), quondam Blesensis comitissa, notum facio omnibus tam futuris quam presentibus, quod ego, pro amore Dei et remedio animee mee et anime patris mei et parentum et antecessorum meorum, sexdecim sextarios bladi et unam minam redditus annui quos ego habebam, sitos in parvo molendino de Paupere Sacco juxta Cherreium, a Johanne Regis et Johanne Cementario emptione mea propria jamdiucius comparatos, et quidquid in eodem molendino expectabam, habendum pauperibus infirmis sancte domus elemosinarie Castriduni contuli in elemosinam, eisdem pauperibus quiete, libere et pacifice possidendos. Quod ut in perpetuum stabile sit et firmum, magistro et fratribus dicte domus presentes dedi litteras sigilli mei presentis munimine confirmatas. Actum anno Domini M°. CC°. XXX°., mense martio.

CXLVI.

De redditu in molendino de Paupere Sacco juxta Cherreium (3).

Mars 1230.

Ego Gaufridus vicecomes Castriduni, notum facio omnibus tam futuris quam presentibus, quod Clemencia quondam Blesensis comitissa, uxor mea, pro amore Dei et remedio anime sue, et anime patris sui, et parentum, et antecessorum suorum, sexdecim sextarios et unam minam bladi redditus annui quos ipsa habebat sitos in molendino de Paupere Sacco, juxta Cherreium, a Johanne Regis et Johanne Cementario emptione sua propria comparatos et quidquid in eodem molendino dicta Clemencia expectabat habendum, pauperibus infirmis sancte domus elemosinarie Castriduni contulit in elemosinam, eisdem pauperibus quiete, libere at pacifice perpetuo possidendos. Ego vero hanc donationem et elemosinam ab ipsa Clemencia uxore mea factam, laudavi, volui et concessi. Quod ut in perpetuum stabile sit et firmum, ad piam et honestam petitionem dicte Clemencie, uxoris mee, pro salute anime mee, et anime

---

(1) Original, B. 275, n° 1. — Copies du XIII° siècle, A. 3, n° 122, et A. 5, n° 16; du XVIII A. 8, n° 122.
(2) Clémence, femme de Geoffroy V, vicomte de Châteaudun.
(3) Original, B. 275, n° 2. — Copie du XIII° siècle, A. 5, n° 15.

patris mei, et parentum, et antecessorum meorum, id ipsum presentibus litteris commendavi et sigilli mei munimine confirmavi. Actum anno gratie M°. CC°. XXX°., mense martio.

CXLVII.

De quinque solidis quos Maria dedit apud Curvam Villam (1).

Avril 1230.

Ego Maria, humilis domina Curveville, notum facio universis presentem paginam inspecturis, quod ego, de assensu et voluntate nobilis viri Ivonis de Veteri Ponte, militis, filii mei, pro anime mee et dicti Ivonis, et Roberti de Veteri Ponte quondam mariti mei, remedio et aliorum antecessorum meorum similiter, dedi in puram elemosinam et perpetuam domui Dei elemosine de Castroduno, quinque solidos Carnotensium in prepositura Curveville sitos, elemosinali jure annis singulis in festo sancti Remigii percipiendos : tali tamen conditione, quod meum et filii mei Ivonis de Veteri Ponte, militis, anniversarium et antecessorum nostrorum similiter, in dicta domo celebrabitur annuatim. Ut autem talis elemosina nequeat de cetero mutilari, ego et Ivo de Veteri Ponte, miles, filius meus, presens scriptum sigillorum nostrorum munimibus dignum duximus roborare. Actum anno gratie M°. CC°. XXX°., mense aprilis.

CXLVIII.

Gaufridus de Frechenes dedit unum sextarium frumenti super terram suam de Franquelinaria (2).

Août 1230.

Ego, Gaufridus de Frechenes, miles, notum facio universis presentes litteras inspecturis, quod ego, pro salute anime mee et antecessorum meorum, de consensu et voluntate uxoris mee Jaqueline, et Hervei, filii mei primogeniti, et omnium heredum meorum, contuli et elemosinavi domui elemosinarie Castriduni, unum sextarium frumenti ad mensuram Vindocinensem super terra mea de Franquelinaria singulis annis, fratribus vel nuntiis dicte elemosine persolvendum in festo sancti Remigii, per manum cujuslibet possidentis dictam terram. In cujus rei testimonium et munimen presentes litteras sigilli mei munimine roboravi. Datum anno Domini M°. CC°. tricesimo, mense augusto.

(1) Copies du XIII° siècle, A. 3, n° 167; du XVII°, A. 7, n° 14; du XVIII°, A. 8, n° 110.
(2) Copies du XIII° siècle, A. 6, n° 53 ; du XVII°, A. 7; n° 158; du XVIII°, A. 8, n° 229.

CXLIX.

Gaufridus de Machereinvilla debet quinque solidos super terram de Sivriaco (1).

Septembre 1230.

Ego, Gaufridus de Machereinvilla, miles, notum facio universis presentes litteras inspecturis, quod ego et uxor mea et successores nostri, tenemur reddere magistro et fratribus domus elemosinarie de Castriduno, in festo Nativitatis Beate Virginis apud Castridunum, quinque solidos annui redditus in terra mea de Sivriaco percipiendos. Quos quinque solidos supradictos, domina mea, Katerina de Montencon, pro remedio anime sue et parentum suorum et pro anniversario suo in predicta domo elemosine annuatim perpetuo celebrando, predicte domui et in puram et perpetuam elemosinam contulit et concessit. Quod ut firmum et stabile sit in perpetuum, ad instanciam et preces magistri et fratrum dicte domus, presentes eisdem contuli litteras sigilli mei munimine roboratas. Actum anno Domini M°. CC°. XXX°., mense septembri.

CL.

De decima de Ororio Le Bruil (2).

Décembre 1230.

Ego, Theobaldus de Mathueriis, notum facio omnibus tam futuris quam presentibus, quod Stephanus de Porcheronvilla, consanguineus meus, pro amore Dei et remedio anime sue et patris sui et matris sue et antecessorum suorum, jampridem dedit in perpetuam elemosinam et concessit Deo et pauperibus infirmis sancte domus elemosine Castriduni, totam decimam totius terre sue de Ororio Le Bruill, ad meum feodum pertinentem. Ego autem, de cujus feodo dictus Stephanus, dictam enet terram, ad ejusdem Stephani, hominis mei, petitionem et preces, dictam elemosinam volui, ac dicte domui elemosine perpetuo possidendam libere et quiete concessi. Dicte autem domus magister et fratres, ad preces meas, michi caritative ac liberaliter concesserunt, fideliter promittentes quod ipsi in eadem domo elemosine diem obitus patris mei Hugonis de Mathueriis anniversarium et diem obitus mei post deces-

---

(1) Copies du xiii° siècle, A. 6, n° 40; du xviii°, A. 8, n° 271.
(2) Copies du xiii° siècle, A. 3, n° 43, et A. 6. n° 43; de 1522, A. 13, n° 3; du xviii° siècle, A. 8, n° 65.

sum meum annuatim perpetuo celebrabunt. Quod ut in perpetuum stabile sit ac firmum, ego id ipsum litteris presentibus commendavi ac sigilli mei presentis munimine roboravi. Actum anno Domini M°. CC°. XXX°., mense decembri.

CLI.

De pratis juxta molendinos Hervei (1).

1230?

Notum fieri volumus tam futuris quam presentibus, quod Herveus de Bordis cum tertia parte pratorum que habebat apud molendinum Hervei, concedente fratre suo Ogerio qui pro hac concessione XL solidos habuit, elemosine Castriduni se ipsum fratrem dedit. Alteram autem tertiam partem a Pichonno de Ancisis, predicta elemosina C. solidis emit. Ad ultimum vero Johannes de Bordis, de cujus feodo sunt prata predicta, reliquam tertiam partem pratorum quam ipse tenebat, eidem elemosine pro XII libris vendidit, et quieta et feodaliter omnia predicta illa elemosine concessit, hac conditione, quod nec ipse nec ipsius heredes aliquid in predictis pratis reclamabunt amplius, et nullum servitium pro ipsis exigent, nisi tamen tres solidos quos pro servitio equi elemosina in Nativitate sancte Marie in ipsa domo elemosine, et non alibi, predicto Johanni, vel heredibus suis requirentibus, singulis annis donabit. Hoc concessit Xristiana, uxor Johannis, et Odo, et Robertus, et Johannes, ipsorum filii, et Harenburgis, eorumdem filia. Presentibus et in testimonium adductis et convocatis : Gauterio Lovel, Raginaldo de Capello, Hugone de Becherello, et Arenburgi, ipsius filia. Actum et confirmatum Feritati, in presentia Pagani de Feritate, de cujus feodum illud tenet Johannes de Bordis, qui hoc voluit et concessit; presentibus et concedentibus Hugone, Petro, Olivero, filiis suis, Andoisa, Dogna et Emmelina, filiabus ejusdem, et pro concessione XXX solidos habuit. Hoc quoque concessit : Petrus Mala Terra, frater predicti Pagani. Si Johannes, vel heredes sui servitium quod ipse debet Pagane, vel heredibus suis, pro feodo non reddiderint, Paganus vel heredes sui, tantummodo tres solidos quos elemosina reddit Johanni vel heredibus suis reddet, quousque Johannes vel heredes sui pro servitio Pagane vel heredibus suis non satisfecerint et postquam Johannes vel heredes sui satisfecerint de servitio elemosine tres solidos quos debet, reddet Johanni vel heredibus suis. Hujus rei testes sunt : Bonus Homo de Charquehu; Erardus, presbyter Sancti Martini de Firmitate; Stephanus de Villerbalai; Odo Nosardus;

---

(1) Copies du xiii° siècle, A. 3, n° 64; du xviii°, A. 8. n° 81.

Landricus Lamerus; Stephanus Poncinus; Gauterius Hericanus; Fulcoius Vacca; Herveus de Felgeriis; Robertus Ventu.

CLII.

Richardus Harenc dedit duodecim denarios et unum fascem vini pro vinea in Valle Sancti Aniani (1).

Janvier 1231.

Ego, Richardus Harenc, miles, notum facio omnibus tam presentibus quam futuris, quod pater meus, Richardus Harenc, bone memorie, pro amore Dei et remedio anime sue, et pro anima matris mee Philipe, cum assensu et voluntate mea, dedit et in perpetuam elemosinam concessit Deo et pauperibus infirmis domus elemosinarie Castriduni, duodecim denarios censuales et unum fasscem vini quos dicta domus elemosinaria debebat eidem pro vinea que quondam Bernardi Torci de Ponte in Valle Sancti Aniani sita, cum plateis eidem vinee adherentibus annuatim et quatuor denarios pro quadam vinea de Botain, et preterea tres solidos et quinque denarios censuales pro pratis ejusdem elemosine juxta Lidum sitis. Pro hoc autem beneficio, dicta domus elemosina dies obitus patris mei et matris mee anniversarios et mei ipsius post obitum meum diem anniversarium in perpetuum promisit celebrare. Ut autem donum predictum dictis pauperibus stabile sit semper et firmum, ego litteris id ipsum presentibus tradidi, ac sigilli mei presenti munimine roboravi. Actum anno Domini M°. CC°. XXX°. primo, mense januarii.

CLIII.

De uno sextario ybernagii apud La Reenvillam (2).

Mars 1231.

Universis presentes litteras inspecturis, Hubertus Caprioli, miles, salutem in Domino. Noverit universitas vestra, quod ego, de assensu et voluntate Mathee, uxoris mee, et heredum meorum, dedi et concessi in elemosinam perpetuam elemosinarie Beati Nicholai de Castroduno, unum sextarium frumenti annui redditus in maritagio dicte Mathee, uxoris mee, apud la Reenville ad festum sancti Remigii annuatim persolvendum pro anniversario meo et Mathee, uxoris mee, et patris et matris dicte Mathee in dicta elemosinaria annuatim memoriter cele-

---

(1) Copies du xiii° siècle, A. 3, n° 106, et A. 6, n° 41 ; du xviii°, A. 8, n°ˢ 107 et 272.
(2) Copies du xiii° siècle, A. 3, n° 9, et A. 6, n° 8 ; du xviii°, A. 8, n°ˢ 38 et 262.

brando. Et ut hec donatio firma sit et stabilis, ego, H. Caprioli, dicte elemosinarie presentes dedi litteras sigilli mei munimine roboratas. Actum anno Domini M°. CC°. XXX°. I°., mense martii.

CLIV.

De uno modio ybernagii redditus in molendino de Envau apud Feritatem Villenolii (1).

Septembre 1231.

Universis presentes litteras inspecturis, G. Decanus Castriduni, salutem in Domino. Noveritis quod nobilis mulier Hildeardis, uxor Odonis Brunel, militis, coram nobis constituta, contulit in puram et perpetuam elemosinam consanguinee Beatrici, uxori Hugonis Ride, et ejusdem Beatricis heredibus, unum modium hibernagii, annui redditus in molendino Envau apud Feritatem Villenolii, in crastino Nativitatis Domini scilicet dimidium modium, et in prima dominica quadragesime alium dimidium modium, annis singulis capiendum. Voluit etiam ut quicumque dictum molendinum tenebit, nisi prefatum modium in terminis persolverit prenotatis ad penam quinque solidorum teneatur dictis Beatrici et ejus heredibus singulis septimanis solvendorum donec eisdem de dicto modio sit plenius satisfactum. Voluit etiam ut quicumque dictum teneat molendinum, ad dictum modium, sicut superius expressum est, reddendum, fide corporali prestita teneatur. Addidit etiam ut si dictum molendinum contingerit reedificari vel reparari, vel in eodem molendino aliqua costamenta poni, quod dicta Beatrix vel heredes ejus in dictis reedificatione, reparatione et aliis molendini costamentis quibuslibet nichil mittere teneantur, nichilominus percipientes modium supradictum. Preterea contulit dictis Beatrici et heredibus ejus, in puram et perpetuam elemosinam sexdecim denarios censuales, quos super eumdem molendinum habebat annuatim, in festo sancti Remigii persolvendos. Hanc siquidem elemosinam voluit, concessit et approbavit, Garinus de Gisili, miles, consanguineus et eres dicte Hildeardis, de cujus feodo movebant omnia supradicta, et fidei corporis interpositione firmavit. Quod ut ratum et stabile permaneret, ad petitionem dicte Hildeardis, presentes litteras dedi sigilli mei munimine roboratas. Datum anno Domini millesimo CC°. tricesimo primo, mense septembris.

(1) Original, B. 392, n° 1. — Copie du xvii° siècle, A. 7, n° 25.

CLV.

De deffuntina sentencia (1).

1232.

In nomine Patris, et Filii, et Spiritus Sancti, amen. Cum Stephanus de Loriz peteret in jure coram Goherio, Castriduni decano, centum solidos parisienses et quadraginta solidos turonenses a magistro et fratribus domus elemosinarie Castriduni, ea ratione quia dictam pecuniam accommodaverat Robino le Cherel defuncto, cujus defuncti bona habebant dicti magister et fratres ut dicebat. Dicti magister et fratres dictum Stephanum accommodasse dictam peccuniam dicto Robino negaverunt. Jure igitur coram dicto decano super hoc legitime contestato jurato de calumpnia, testibus productis coram dicto decano, et diligenter examinatis contestationibus publicatis, dicta causa ad terminandum ad nos remissa de consensu partium supradictarum. Nos, auctis judicii diligenter inspectis et plenius intellectis, dictum magistrum et fratres ab impetitione dicti Stephani per difinitivam sententiam absolvimus. Actum anno Domini millesimo ducentesimo tricesimo secundo, die lune post festum beati Barnabei Apostoli.

CLVI.

Littere Galterii de Frescoto de viginti solidis redditus (2).

Mai 1233.

Ego, Galterius de Frescoto, canonicus Carnotensis, omnibus tam presentibus quam futuris presentes litteras inspecturis, notum facio quod nobilis domina Beatrix de Monte Canini, karissima matertera mea, bono zelo et proborum virorum consilio ducta, de consensu et voluntate karissimi avunculi mei, Nicholai de Frescoto, canonici Carnotensis, fratris ejusdem Beatricis, donavit, contulit et concessit domui Dei de Castriduno pro anniversario bone memorie defuncti Hugonis de Feritate, militis, quondam mariti sui, decem solidos, et pro suo et suorum antecessorum anniversario, singulis annis in dicta domo Dei celebrando, alios decem solidos dunensium, annui et perpetui redditus reddendos annuatim infra festum beati Remigii, quos etiam assignavit in terra sua de Monte Canini ad meum feodum pertinente. Et hanc donationem et concessio-

---

(1) Copies du XIII° siècle, A. 3, n°ˢ 19 et 34 ; du XVIII°, A. 8, n° 48.
(2) Copies du XIII° siècle, A. 3, n° 172, et A. 6, n° 2 ; du XVIII°, A. 8, n° 157.

nem, ego jam dictus, Galterius, de cujus feodo movet dicta terra in qua dicta pecunia assignatur, volui, laudavi et approbavi; et ne possit per me metipsum vel aliquem successorum meorum istud irritari vel retractari, ad petitionem dicte Domine Beatricis prenominate, domui Dei de Castriduno, has patentes litteras sigillo meo sigillatas, donavi, in hujus rei testimonium et munimen. Datum anno M°. CC°. XX°. tertio, mense maio.

CLVII.

De uno sextario ybernagii super terram de Guillonvilla (1).

Juin 1234.

Goherius, Castriduni decanus, universis presentes litteras inspecturis, salutem in Domino. Noverint universi quod Agnes, relicta Reginaldi de Villanneio, coram nobis in jure constituta, unum sextarium ybernagii redditus annui quem defunctus Raginaldus, quondam maritus suus, eadem Agnete volente et concedente, pro remedio anime sue contulit in elemosinam Deo et pauperibus elemosinarie Castriduni, situm super totalem terram suam de Guillonvilla annuatim in festo sancti Remigii, fide media promisit sese de cetero in prefato termino dicte domui redditurum, Gosberto, marito dicte Agnetis, presente coram nobis et id ipse volente et concedente. Quod ut ratum et firmum permaneat, nos, ad petitionem dicte Agnetis, dictis pauperibus presentes litteras dedimus sigilli nostri munimine roboratas. Actum anno Domini millesimo ducentesimo tricesimo quarto, mense junii.

CLVIII.

De venditione terrarum et hebergagio apud Ororium Le Bruil (2).

Juillet 1234.

Goherius, decanus Castriduni, universis presentes litteras inspecturis, salutem in Domino. Noverint universi quod Johana, uxor Giraldi Buchete, et Hermesendis, uxor Garini Buchete, filii dicti Giraldi Buchete, in nostra presentia constitute, venditionem terrarum et hebergagii sitorum apud Ororium Lebruil quam dicti Giraldus et Garinus fecerunt magistro et fratribus elemosinarie Castriduni, quitaverunt et concesserunt dictis magistro et fratribus quiete et pacifice perpetuo possidendum. Insu-

---

(1) Copies du xiii° siècle, A. 3, n° 5; du xviii, A. 8, n° 34.
(2) Copies du xiii° siècle, A. 3, n° 134; du xviii°, A. 8, n° 131.

per doctalicium quod ipse habebant in rebus ipsis predictis ex dictorum suorum donatione maritorum, sepedictis magistro et fratribus, voluntate spontanea, quitaverunt penitus et concesserunt, fide corporali prestita, confirmantes quod ipse in rebus predictis non occasione doctalicii, non alio modo, non per se aut per alium aliquid de cetero reclamabunt nec facient reclamari. Quod ut ratum et firmum permaneat, nos, ad petitionem dictarum Johanne et Hermesendis, dictis magistro et fratribus presentes litteras dedimus sigilli munimine roboratas. Datum anno Domini M°. CC°. tricesimo quarto, mense julii.

CLIX.

De campo terre qui vocatur Campus Megot (2).

Juillet 1234.

Ego, Guillermus de Housson, miles, notum facio omnibus tam presentibus quam futuris, quod Robinus de Villata et uxor ejus, Ysabellis, pro amore Dei et remedio animarum suarum, et parentum, et antecessorum suorum, laudantibus et concedentibus Gaufrido de Gueherbaut et Ysabella, relicta Jocelini de Gueherbaut, campum terre qui vocatus Campus Megot situm apud Genessvillam, contulerunt Deo et pauperibus infirmis domus elemosine Castriduni in perpetuam elemosinam, quitum et liberum ab omni redibentia, dicte domui pacifice perpetuum possidendum. Pro isto tamen beneficio, dicti Robinus et ejus uxor, Ysabellis, de karitate domus elemosine sex libras et quinque solidos turonensium perceperunt. Ad quorum instantiam et preces, videlicet: supradicti Robini de Villata et ejus uxoris, Ysabellis, et Gaufridi de Gueherbault et Ysabelle, relicte Jocelini de Gueherbault, dictum donum dicte domui, tanquam dominus feodi, teneor garantire. Quod ut ratum sit et firmum, ego, dictus Guilliermus de Housson, miles, id ipsum volui et concessi, et ad petitionem omnium supradictorum, dictis pauperibus dicte domus, presentes litteras dedi sigilli mei munimine roboratas. Anno Domini auctum M°. CC°. XXX°. IIII°., mense julii.

1) Copies du XIII° siècle, A. 3, n° 50; du XVIII°, A. 8, n° 71.

CLX.

De minutis decimis de Porcheronvilla (1).

17 novembre 1234.

Universis presentes litteras inspecturis, Goherius, decanus Castriduni, salutem in Domino. Noveritis quod constituti coram nobis Johannes Gossu de Porcheronvilla, Raginaldus Rouel, Guillermus Mauricii, Hilarius de Pertes et Garnerius de Ruchevilla, recognoverunt se debere domui elemosine Castriduni, duas partes decimarum porcorum, vitulorum, pullorum et aliarum decimarum omnium minutarum de Porcheronvilla et easdem decimas dicte domui reddere gagiaverunt, et dicta domus dictos homines super dictis duabus partibus tenetur conservare indempnes. In cujus rei testimonium, nos, ad dictorum petitionem hominum, presentes litteras dicte domui dedimus sigillatas. Datum anno Domini M°. CC°. tricesimo quarto, mense novembris, sexta decima die ejusdem mensis.

CLXI.

De minutis decimis de Oratorio Brolii (2).

22 novembre 1234.

Cum Bernardus presbyter et persona ecclesie de Oratorio Brolii diceret et proponeret coram nobis in jure contra magistrum et fratres domus elemosinarie de Castroduno omnes minutas decimas ejusdem ville que vocatur Porcheronvilla ad ecclesiam suam pertinere, pro eo quod dicta villa sita est infra fines parochie, dictus magister a contrarie pro se et pro fratribus dicte domus respondit quod ipsi fuerant ab antiquo et adhuc erant in possessione recipiendi duas partes omnium minutarum decimarum in predicta villa de Porcheronvilla. Quod recognovit verum esse predictus presbyter, sed dicebat quod parochiani dicte ville antea nunquam solverant decimam purcellorum, vitulorum et pullorum, et ideo dicebat quod dicti magister et fratres in hujus modi decima que de novo petebatur a predictis parochianis et que nunquam antea soluta fuerat, nichil recipere debebant, sed ipse solus eam totam habere debebat. Nos autem, audita confessione dicti presbyteri, diffinitive diximus quod dicti magister et fratres percipere debebant in predicta villa de Porche-

---

(1) Copies du XIII° siècle, A. 3, n° 156; du XVII°, A. 7, n° 88; du XVIII°, A. 8, n° 149;
(2) Copies du XIII° siècle, A. 3, n° 173; du XVII°, A. 7, n° 80; du XVIII°, A. 8, n° 158.

ronvilla duas partes minutarum decimarum tam antiquarum quam de novo coram nobis petitarum. Cui sententie, dictus presbyter, sine contradictione qualibet acquievit, et voluit quod nos, super hoc dictis magistro et fratribus nostras litteras traderemus. Actum anno Domini M°. CC°. XXX°. quarto, die mercurii in vigilia sancti Clementis.

CLXII.

De quadam vinea quam emimus de Petro de Toriel et Isabella uxore sua (1).

Décembre 1234.

Universis tam presentibus quam futuris presentes litteras inspecturis, Goherius, Castriduni decanus, salutem in Domino. Noverint universi quod Ysabella, uxor Petri de Toriel, in nostra presentia constituta, dotalicium quod ipsa habebat ex donatione dicti Petri, mariti sui, in vinea quadam sita in censiva domus elemosinarie Castriduni, quam idem Petrus, ex assensu dicte Ysabelle, magistro et fratribus dicte elemosinarie vendiderat, volente et concedente eodem Petro, predictis magistro et fratribus, libera et spontanea voluntate, quitavit, fide corporali in manu nostra prestita, confirmans, quod ipsa de cetero in prefata vinea nichil unquam prefati occasione dotalicii reclamabit. Ad cujus Ysabelle petitionem, nos, in hujus rei testimonium et munimen, sepedictis magistro et fratribus litteras nostras dedimus sigilli nostri munimine roboratas. Datum anno Domini M°. CC°. XXX°. quarto, mense decembris.

CLXIII.

De novem sexteriatis terre apud Ororium Le Bruil (2).

1234.

Ego, Theobaldus de Mathueriis notum facio omnibus tam presentibus quam futuris, quod Garinus Buchette et Giraldus pater ejus terras quasdam quas habebant sitas apud Ororium Le Bruil, de feodo meo, videlicet novem sexteriatas et amplius, ut ipsi asserebant, laudantibus et concedentibus uxoribus suis, Johanna et Hermesendi, vendiderunt magistro et fratribus domus elemosinarie de Castriduno pro quinquaginta libris dunensium eisdem a prefatis magistro et fratribus jam persolutis, liberas et quittas ab omni servicio et onere et redibitione omni moda, [a dictis]

---

(1) Original, B. 110. — Copies du xiii° siècle, A. 3, n° 111; du xviii°, A. 8, n° 114.
(2) Original, B. 514.

magistro et fratribus perpetuo possidendas. Hanc si quidem venditionem dictis magistro et fratribus garantandam Garinus et Gir[aldus] et eorum uxores fide prestita firmaverunt. Ego vero de cujus feodo dicti Giraldus et Garinus terras tenebant prefatas, ad petitionem et preces ipsorum Giraldi et Garini dictam venditionem volui, approbavi et concessi, et dictis magistro et fratribus seculare jus, tanquam dominus, prefata libertate garantire et eosdem indempnes super hoc conservare fide media manucepi. Ita etiam quod si pro defectu garanditationis mee dicti magister et fratres dampnum aliquod incurrerent vel etiam de terris predictis portionem aliquam deperderent ego dam[pnum] eorum eisdem teneor in integrum resortire et secundum valorem terre quam deperderent tantum terre de mea terra propria de eadem villa in equivalenti loco restituere et assignare quiete, libere et pacifice perpetuo possidendum. Quod ut in perpetuum sit stabile semper et firmum, ego dictis magistro et fratribus super hoc presentes litteras dedi sigilli mei munimine roboratas. Actum anno Domini M°. CC°. XXX°. quarto.

CLXIV.

De quadam vinea in censiva nostra sita (1).

1234.

Universis presentes litteras inspecturis, Goherius Castriduni decanus, salutem in Domino. Noverint universi quod Maria filia Palmerii, in nostra presentia constituta, dotalicium quod ipsa habebat ex donatione Goherii Coriam, quondam mariti sui, in vinea quadam sita in censiva domus elemosinarie Castriduni, quam idem Goherius vendiderat magistro et fratribus dicte domus, eisdem libera et spontanea voluntate quitavit in perpetuum, fide data in manu nostra, confirmans quod ipsa in prefata vinea nichil unquam de cetero reclamabit. In cujus rei testimonium et munimen, nos, ad petitionem dicte Marie, dictis magistro et fratribus, presentes litteras dedimus sigilli nostri munimine roboratas. Datum anno Domini M°. CC°. XXX°. quarto.

(1) Copies du XIII° siècle, A. 3, n° 163; du XVIII°, A. 8, n° 153.

CLXV.

De xx solidos quos Nevelo de Chantemelle dedit fratribus super terram suam (1).

1234.

G. presbyter sancti Jacobi de Bonavalle, gerens vices decanatus Dunensis de Pertico, omnibus presentes litteras inspecturis, salutem in Domino. Noverint universi quod Nevelo de Chantemelle, coram nobis in jure constitutus, die jovis proxima ante Ascensionem Domini, gagiavit magistro et fratribus elemosine Castriduni viginti solidos annui redditus, quos defunctus Johannes de Colmainvilla dedit in elemosinam elemosine Castriduni, sitos super terram suam quam dictus Nevelo possidet, reddendos in festo sancti Remigii dictis fratribus vel eorum mandato. Datum anno Domini millesimo ducentesimo tricesimo quarto.

CLXVI.

De dono Herberti dicti Molendinarii (2).

Mai 1235.

Goherius Castriduni decanus, universis presentes litteras inspecturis, salutem in Domino. Noverint universi quod Herbertus, dictus Molendinarius, in nostra presentia constitutus, obligavit se magistro et fratribus domus elemosinarie Castriduni, tali modo quod concessit et voluit, quod quocumque vel ubicumque ipsum contingeret decedere, quod omnia sua bona mobilia quecumque haberet, ad dictam domum elemosine devenirent : fide data promittens quod in hodium vel detrimentum dicte domus bona sua, dummodo vixerit, nullatenus annihilabit, nec de dictis mobilibus aliud in prejudicium domus facere poterit testamentum. In cujus rei testimonium et munimen, ad petitionem dicti Herberti, dictis magistro et fratribus dedimus presentes litteras sigilli nostri munimine roboratas. Datum anno Domini M°. CC°. XXX°. quarto, mense maii.

---

(1) Original, A. 73. — Copies du xiii° siècle, A. 3, n° 8; du xviii°, A. 8, n° 37.
(2) Copies du xiii° siècle, A. 3, n° 12; du xviii°, A. 8, n° 41.

CLXVII.

De Moleria (1).

Mai 1235.

Gaufridus, archidiaconus Dunensis, universis presentes litteras inspecturis, salutem in Domino. Noveritis quod magister et fratres domus elemosine de Castroduno, domum suam de Moleria cum pertinentiis ejusdem domus, excepto nemore, tradiderunt Juliane, relicte Simonis Carrelli, et concesserunt eidem Juliane dictam domum cum proventibus terrarum ad eamdem domum pertinentium, vita comite, possidendam. Dicta vero domus, post dicte obitum Juliane, cum omnibus mobilibus que tunc in eadem domo inventa fuerint et etiam tam in bestiis quam in fructibus terrarum ad eamdem domum pertinentium quocumque tempore dictam Julianam obire contigerit ad dictam domum elemosine quieta et libera revertetur. Mobilia vero dicte domus de Moleria videlicet in bestiis qui tempore obitus Juliane erunt in eadem domo et dictis magistro et fratribus domus elemosine ibidem debent remanere et ad minus decem librarum pretium in bestiis ibidem inventum non fuerit, fide tenetur Guido de Ebleeville, miles, maritus dicte Juliane. Plegii sunt etiam et per fidem, Adam de Burroi, quondam presbyter ecclesie de Moulaien, et Philipus de Avenis, frater dicte Juliane. Et si aliquem ex dictis plegiis obire contigerit, sepedicta Juliana loco defuncti plegium alium substituet competentem. In cujus rei testimonium et munimen, nos, ad preces partium, litteras super presentes annotari fecimus et sigilli nostri presenti munimine roborari. Actum anno Domini M°. CC°. XXX°. quinto, mense maio.

CLXVIII.

De quadraginta solidis in tonneleio de Carnoto (2).

Mai 1235.

Ego Ysabella, comitissa Carnotensis, universis presentes litteras inspecturis notum facio, quod ego, amore Dei et remedio anime mee antecessorum et successorum meorum, dedi et in puram et perpetuam elemosinam habere concessi, infirmis elemosine Castriduni quadraginta solidos carnotensis monete pro pitancia in die anniversarii mei in dicta

---

(1) Copies du XIII° siècle, A. 3, n° 59; du XVIII°, A. 8, n° 77.
(2) Copies du XVII° siècle, A. 7, n° 15; du XVIII°, A. 8, n° 174.

domo quolibet anno celebrati, in tonleio meo de Carnoto in festo Omnium Sanctorum, per manum recipientis proventus dicti tonleii singulis annis percipiendos. Et volo quod administratores dicti loci unum pauperem de extra domum in die anniversarii mei secum pascant. Volo etiam et precipio quod si ille qui proventus dicti tonleii recipiet in dicto termino dictis infirmis vel eorumdem certo mandato ab ipsis commode requisitus dictos nummos non redderet, singulis diebus post elapsum terminum usque ad octo dies tres solidos pro pena eisdem reddere teneretur. Quod ut ratum et firmum permaneat, presentes litteras sigilli mei munimine roboravi. Actum anno Domini M°. CC°. XXX°. quinto, mense maii.

CLXIX.

De terris de Libovilla (1).

Juin 1235.

Universis presentes litteras inspecturis, Goherius, Castriduni decanus, salutem in Domino. Noverint universi quod Theobaldus de Prati, et Agnes ejus uxor, in nostra presentia constituti, vendiderunt unam peciam terre apud Libovillam sitam, tres minas seminis continentem, magistro et fratribus domus elemosinarie Castriduni, pro quatuor libris dunensium jam solutis, et promiserunt fide media, quod dictos magistrum et fratres indampnes super hoc observarent. Obligaverunt insuper se Johannes Poncet, Herbertus Callier, Johannes Pandorue, Guillermus Pariseau, pro predictis, erga dictos magistrum et fratres pro dicta venditione, promittentes fide media, quod si magister et fratres aliqua dampna per calumpniam alicujus super hoc paterentur, ea dampna eisdem tenerentur resarcire. Istam insuper venditionem concesserunt Stephanus, nepos dicti Theobaldi; Michael, filius ejus, sub fidei sui religione, promittentes quod contra venditionem predictam non irent nec sepedictos magistrum et fratres vel eorum successores aliquatenus de cetero molestarent nec procurarent molestari. In cujus rei testimonium et munimen, ad petitionem dictorum, presentes litteras dictis magistro et fratribus dedimus sigilli nostri munimine roboratas. Datum anno Domini M°. CC°. XXX°. quinto, mense junio.

(1) Copies du XVII° siècle, A. 7, n° 125; du XVIII°, A. 8, n° 218.

CLXX.

De uno sextario bladi apud Ysiacum (1).

Août 1235.

G. archidiaconus Dunensis, omnibus presentes litteras inspecturis, salutem in Domino. Notum sit omnibus tam presentibus quam futuris, quod Gaufridus de Villa in Blado, presbyter, pro amore Dei, et remedio anime sue, et anime patris sui, et parentum, et antecessorum suorum, unum sextarium bladi redditus annui, in terra sua de Ysiaco, pauperibus infirmis sancte domus elemosinarie Castriduni contulit in elemosinam, ab eisdem pauperibus quiete, libere et pacifice perpetuo possidendum. Quod ut in perpetuum stabile sit ac firmum, ad petitionem dicti G. presbiteri, presentibus meis litteris commendavi et sigilli mei presenti munimine roboravi. Auctum apud Castrumdunum, anno Domini M°. CC°. XXX°. quinto, mense augusti.

CLXXI.

De duodecim denariis census apud Moleriam (2).

Août 1235.

Ego Gaufridus de Merrevilla, miles, notum facio tam futuris quam presentibus, quod contemptio erat inter magistrum et fratres domus elemosinarie Castriduni, ex una parte, et Gaufridum Bouguerel, ex altera, de duodecim denariis census quos dicti magister et fratres reclamabant habere super quamdam domum cum quamdam plateam apud Marboi jure censuali. Tandem consilio bonorum virorum, pro pace utriusque partis et remedio anime mee, contuli infirmis pauperibus ejusdem domus duodecim denarios censuales in escambium pro duodecim denariis supradictis eisdem pauperibus in festo sancti Remigii super quamdam masuram Aucheri de Goheri, carnificis, quiete, libere et pacifice in perpetuum apud Moleriam annuatim capiendos, quicumque de cetero dictam masuram possideat; nec non et venditiones et gantos quando eamdem masuram vendi continget. Et insuper ego, G. miles, ad cujus feodum dictus census pertinet, istam donationem ad

---

(1) Copies du XIII° siècle, A, 3, n°ˢ 47 et 144; du XVII°, A. 7, n° 103; du XVIII°, A. 8, n°ˢ 68 et 140.

(2) Original, B. 52. — Copies du XIII° siècle, A. 3, n° 55, et A. 6, n° 45; du XVIII°, A. 8 n° 274.

tisüs et consuetudines dunensis patrie, tanquam dominus, manucepi garantizandam. Quod ut in perpetuum stabile sit et firmum, presentibus meis litteris commendavi et sigilli mei presenti munimine roboravi. Datum anno Domini M.CC.XXX. quinto, mense augusti.

CLXXII.

De uno sextario bladi apud Cetum (1).

Décembre 1235.

Universis presentes litteras inspecturis, Goherius, Castriduni decanus, salutem in Domino. Noverint universi quod [Hugo] de Ceto, miles, in nostra presentia constitutus, donavit in perpetuam elemosinam pauperibus domus elemosine Castriduni, unum sextarium bladi pro anniversario suo faciendo, percipiendum singulis annis in manerio suo apud Cetum, ita quod ille qui dictum manerium possidebit, dictum sextarium, dictis pauperibus in festo sancti Remigii reddere teneatur. In cujus rei testimonium, presentes litteras ad petitionem dicti Hugonis, dictis pauperibus dedimus sigilli nostri munimine roboratas. Datum anno Domini M.CC.XXX. quinto, mense decembri.

CLXXIII.

De quinquaginta et duabus libris redditus in bannis Castriduni (2).

Décembre 1235.

Ego, Hugo de Castellione, Sancti Pauli et Blesensis comes, et ego, Maria, Sancti Pauli et Blesensis comitissa, uxor sua, omnibus presentes litteras inspecturis, salutem in Domino. Noveritis quod Margarita, bone memorie, nobilis mulier, karissima domina nostra, Blesensis quondam comitissa, cujus ego Maria fui filia, in puram et perpetuam elemosinam dedit domui elemosinarie Castriduni, quinquaginta duas libras monete dunensis annui redditus in perpetuum percipiendas in tribus bannis quos habebat apud Castrumdunum. Scilicet : in banno Passce, decem libras; in banno Pentecostis, decem libras ; in banno Natalis Domini, duodecim libras; et in tensamento et in redditu quem habebat super burgum Chamarcii, viginti libras in festo Omnium Sanctorum. Volens siquidem dicta Margarita, indempnitati pauperum dicte domus et paci

---

(1) Copies du xiii° siècle, A. 3, n° 53; du xviii°, A. 8, n° 74.
(2) Original, A. 69. — Copies du xiii° siècle, A. 3, n° 54, et A. 5, n° 10; du xvii°, A. 7, n° 5; du xviii°, A. 8, n° 75.

plenius providere, precepit quod si prefati redditus requirentibus statutis terminis non reddantur, Ballivus, vel quilibet alius pro cujus hoc contigerit defectum, ut ipse dominus si requisitus reddi non fuerit, quinquaginta solidos pro pena solvat, per manum procuratoris dicte domus, pauperibus ejusdem loci dividendos. Hanc autem donationem concedimus, volumus, approbamus et sigillorum nostrorum testimonio confirmavimus. Datum anno Domini millesimo ducentesimo tricesimo quinto, mense decembris.

(*Scel d'Hugues; scel et contre scel de Marie; scel et contre scel de la maison-Dieu.*)

CLXXIV.

De venditione platee apud Castridunum (1).

Janvier 1236.

Omnibus presentes litteras inspecturis, Goherius decanus Castriduni, salutem in Domino. Nov[erint universi] quod Bernaldus le Mintier et Amelina uxor ejus et Trechelina relicta defuncti Radulphi, in nostra presentia constituti, vendiderunt magistro et fratribus elemosine Castriduni... cujusdam platee in tribus censivis; scilicet : Beate Marie Magdalene [conventus, Gaufridi de La]neriaco militis, et Gaufridi de Aroto armigeri, infra muros Castriduni [pro pretio..... so]lidis dunensibus jam solutis, et quartam partem in puram et perpetuam elemosinam [dederunt] magistro et fratribus libere, pacifice et quiete, in perpetuum possidendam. Fide prestita [in manu nostra] quod in dicta platea per se, sive per alium nichil de cetero reclamabunt. [Immo contra omnes] ad usum et consuetudines dunensis patrie garantizabunt. Renunciantes dicte mulieres omni juri dotis aut quicquid juris dotalicii in dicta platea habebant vel habere poterant sepedictis magistro et fratribus..... fide media quitaverunt et in perpetuum concesserunt. In cujus rei testimonium et munimen, ad petitionem utriusque partis, prefatis magistro et fratribus nostras dedimus litteras sigilli nostri munimine [roboratas]. Datum anno Domini millesimo ducentesimo tricesimo sexto, mense januarii.

(1) Original, B. 31. (Cette pièce est lacérée et en très-mauvais état.)

CLXXV.

De uno sextario ybernagii super terram de Guillonvilla (1).

Septembre 1236.

Officialis archidiaconi Dunensis, omnibus presentes litteras inspecturis, salutem in Domino. Noverint universi quod Jobertus de Cloia, miles, in jure coram nobis constitutus, gagiavit magistro et fratribus domus Dei de Castroduno unum sextarium ybernagii infra noctes eisdem magistro et fratribus persolvendum. Quem dictum sextarium defunctus Reginaldus de Villanneio contulerit in elemosinam pauperibus elemosine Castriduni, prout confessus fuit dictus Jobertus, annuatim capiendum in festo sancti Remigii super totalem terram suam de Guillonvilla, quam terram dictus Jobertus modo tenet tanquam heres. Datum anno Domini M°. CC°. XXX°. sexto, die veneris proxima post festum Beati Mathei.

CLXXVI.

De redditibus bladum, anno Domini M°.CC°.XXX°. sexto (2).

1236.

De Lanneriaco II sextarios bladi de Matheo de Ulmo.

De Rougenoil I modium pro Fulcone de Chantemelle, milite.

De Primavilla super Marboi V sextarios tam ybernagii quam avene, pro Gaufrido de Planchevilla.

De Villevoison VI sextarios ybernagii et VI sextarios avene, pro Goherio Rufo, milite.

De Porcheronvilla I sextarium ybernagii pro relicta defuncti Petri Foucaut.

De eadem villa, pro defuncta Havis quandam uxore Guillelmi Pichon II sextarios ybernagii.

De Villa-in-Blado, pro nostra terra I modium ybernagii et VI sextarios ordei et VI sextarios avene.

De Hugone de Laneriaco, milite, V minas ybernagii.

De Tusca Briderii, I sextarium pro defuncto Odone de Mes.

De Liconci, pro nostra decima XVI sextarios ybernagii et XVI sextarios avene.

---

(1) Copies du XIII° siècle, A. 3, n°⁸ 16 et 30 ; du XVIII°, A. 8, n°⁸ 45 et 58.
(2) Copie du XIII° siècle, A. 3, n° 68 quater.

De decima de Luz ɪ sextarium.

De Terra Nigra, ɪ sextarium pro defuncto Odone Herloin.

De Lachese, ɪɪ sextarios ybernagii pro Stephano de Casa.

De Choignes Lenoveles, x sextarios ybernagii et vɪɪ avene pro nostra decima de terra defuncti Pinardi.

De Valle Ryoli, ɪɪ sextarios ybernagii.

Iterum de Porcheronvilla, pro defucta Odelina ɪɪ sextarios.

De decima de Vovroi, ɪɪ sextarios ybernagii de dono Petri de Frigida Terra, militis.

De Manberolis, ɪɪɪɪ sextarios ybernagii pro defuncto Rosscelino, milite.

Iterum de Villevoison, pro sororibus Goherii Rufi vɪ sextarios avene et vɪɪ sextarios ybernagii.

De Morrainevilla, vɪɪɪ sextarios ybernagii et ɪ minam pisorum.

De Villa Lupi, ɪ sextarium quem Stephanus Bere dedit super terram suam.

De Laraivilla, ɪ sextarium frumenti pro defuncto Huberto Chevrel.

De Ursonvilla, ɪ modium ybernagii pro defuncto Pucelina de Rupe.

De Logron, ɪɪ sextarios ybernagii et ɪɪ sextarios avene.

De Ulmo, juxta La Broce, v sextarios ybernagii et v avene.

De Cresspaivilla, pro nostra decima, ɪɪɪ sextarios ybernagii et ɪɪɪ avene.

Iterum de Morainevilla, ɪɪ sextarios ybernagii et vɪɪɪ sextarios avene.

De Columbario, ɪ minam ybernagii pro defuncto Johanne de Guillonvilla.

De Villetrono, de terra Johannis de Malo Nido, ɪ sextarium ybernagii, pro defuncta Maria de Sivry.

De |Labroise, pro nostra decima, v minas ybernagii et ɪɪɪ avene de dono Thome Rabel.

Iterum de Primavilla, pro Raginaldo de Fonte, milite, v minas ybernagii et v avene.

De decima Nivoville, pro Garino Chevreau, milite, ɪɪ sextarios ybernagii.

De Toriau ɪx minas ybernagii pro Gaufrido Bruneau, milite.

De Poileto in Pertico, v minas ybernagii pro Benedicto dicte. . . defunctus Angebaldus de Galart et Petronille ejus uxoris.

De Sexteragio Castriduni, ɪɪɪ sextarios ybernagii et ɪɪɪ bosellos.

De decima de Chantemelle, vɪ sextarios et plenam minam ybernagii et totidem de avena.

De Laurencio de Ulmo-Sicco, ɪɪɪ sextarios ybernagii et ɪɪɪ sextarios avene, pro nostra decima.

De molendino Varenne, ɪɪ modios ybernagii, pro defuncto Odone de Cormeroi, milite.

De Molendino-Novo inter Fontes et Curiam Alani, dimidium modium bladi, pro Odone Borelli, milite.

De molendino de Chavan, juxta Feritatem, xiii sextarios ybernagii de dono Hugonis Chanbellani et Hugonis Oliveri.

De villa Amdree, v minas ybernagii et totidem de avena.

Iterum de Prima-Villa, v sextarios ybernagii et totidem de avena.

De Petro Herloin, i sextarium ybernagii super terram suam de Jalanz.

De molendino Villicarii, viii sextarios ybernagii et vi s. una vice plus, una vice minus pro Decima.

De Haton molendino, unum modium ybernagii de dono Roberti de Manberolis, milite.

De Corbicheto, iii sextarios ybernagii et iii de avena.

De molendino Lidi, i sextarium ybernagii de dono Hugonis, magistri de Chamarcio.

De Chanceles vel de Esteauvilla, ii sextarios ybernagii.

De Casa, ii sextarios ybernagii.

De Foresta, i sextarium ybernagii pro Thoma Frenbaut.

De Petro de Frigida-Terra, i sextarium pro defuncto Bartholomeo frerale.

De Villebeton, iiii sextarios bladi de avene.

De Olaivilla, i sextarium ybernagii super decimam quam emerunt de Adam de Bardilleriis, milite, de dono ipsius.

De Favellis, i sextarium ybernagii de dono Roberti Moncel.

De molendino de Povresac, xvii sextarios ybernagii juxta Feritatem de dono Clemencie comitisse Castriduni.

De Lineriis, decimam.

De Esteauvilla, ii sextarios ybernagii de dono defuncti Gaufridi de Esteauvilla.

De Haia Mala-Terra, i sextarium ybernagii.

De terra de La Franquelineria, i sextarium ybernagii ad minam Vindocinensem de dono Gaufridi de Franchesnes.

De molendino de Cholet de Lende, ii sextarios ybernagii ad minam Blesensem, Paganus dedit.

De Selomes, i minam Vindocinensem, Brito de Selomes dedit.

De Campo Gasterio (?) unam minam, Gaufridus Cherat dedit.

De Villenblainh, decimam de terra Johannis Molendinarii.

De Monsinevilla, decimam terre defuncte Bigote.

De Donamanu, i modium ybernagii.

De Boriartre, i modium pro nostra terra.

De Heaumont Fontaine, terram nostram.

De Rengi, i sextarium ybernagii.

De Philippo Jubilatore de Arroto, unum sextarium ybernagii.

De Gaufrido de Fraichannes, ii sextarios ybernagii pro terra sua.

De Villica de Conniis, unam minam ybernagii.

De molendino de Britigni, i minam.

De Fougeriis, iii sextarios ybernagii.

De molendino de Montemain, unam minam.

De Villousier, ii sextarios ybernagii de dono Roberti Villici.

De Ysi, juxta Eboram, i sextarium de dono defuncti Gaufridi de Rengi quondam presbyteri de Villa in Blado.

De Bordetieria apud Aurelianum, unam minam super domum et teneuram ab Adelois.

De Guillart, ii modios tam ybernagii quam avene, et decimam de arpentis.

De Praheles (?) unam minam frumenti super terram Johannis Borroiche.

De La Ronche juxta Dangeolum, unam minam ybernagii.

De Monte Rehardi, ii sextarios ybernagii.

De Bullevilla, iiii sextarios tam ybernagii quam avene de Guillelmo de Bullevilla, milite.

De Ororio Doain, unum sextarium ybernagii de dono defuncte Heremburgis uxoris quondam defuncti Andree de Paroi super terram.

De Romilliaco super Engrain i sextarium ybernagii.

CLXXVII.

De domo de Montigniaco (1).

1236.

G. gerens vices decanatus Dunensis in Perticho, omnibus presentes litteras inspecturis, salutem in Domino. Noveritis quod Jolain Sarrazin, coram nobis constitutus, quitavit procuratori domus elemosinarie Castriduni, quamdam domum apud Montigniacum, in censiva Hugonis de Montigniaco, militis (2), sitam. Quam dictam domum defunctus Galterius Laisie de Montigniaco, contulit in puram elemosinam pauperibus domus elemosinarie supradicte, ita quod dictus Jolain haberet costamenta, rationabilia, apparentia et prebenda, que in supradicta domo misit. Datum anno Domini M°. CC°. XXX°. sexto, die jovis ante synodum.

(1) Copies du xiii° siècle, A. 3, n° 145; du xviii°, A. 8, n° 141.
(2) Hugues III de Montigny, fils de Jean, comte de Vendôme, et de Matilde. Il était seigneur de Montigny en 1227; il l'était encore en 1237. (Voyez Cart. de Marmoutier pour le Dunois, par E. Mabille, p. 44 de l'introduction.)

CLXXVIII.

De quadam domo cum quadam rupella subtur turri Castriduni sitis (1).

Janvier 1237.

Universis presentes litteras inspecturis, Officialis archidiaconi Dunensis, salutem in Domino. Noveritis, quod Reginaldus Lecort, coram nobis constitutus, dedit et in puram et perpetuam elemosinam concessit, magistro et fratribus domus elemosine Castriduni medietatem cujusdam domus cum medietate cujusdam rupelle ad eamdam domum pertinente, in parochia sancti Medardi, ante domum Boutille, in censiva relicte defuncti Gaufridi de Jonavilla, militis, sitarum. Et Agatha, filia dicti Raginaldi, alias duas partes dictarum domus et rupelle apud Castrumdunum sitarum similiter dedit supradictis magistro et fratribus in puram elemosinam, fide prestita in manu nostra corporali a sepedictis Raginaldo et Agatha quod in dictis domo et rupella nichil de cetero reclamarent. Pro dicta vero elemosina quam fecit dicta Agatha dictis magistro et fratribus, dederunt supradicti magister et fratres eidem Agathe de elemosina dicte domus elemosinarie usque ad quatuor libras dunensium de non reclamando aliquid in domo et rupella superius nominatis. In cujus rei testimonium et munimen, ad petitionem dictorum Raginaldi et Agathe, dictis magistro et fratribus, presentes dedimus litteras sigilli nostri munimine roboratas. Datum anno Domini M°. CC°. XXX°. VII°, mense januarii.

CLXXIX.

De pace inter nos et Petrum de Capella, clericum (2).

Janvier 1237.

Omnibus Christi fidelibus presentes litteras inspecturis, N. archidiaconus Dunensis, salutem in Domino. Noverint universi, quod cum contentio esset inter Petrum de Capella, clericum, ex una parte, et Gaufridum de Capella, Ernaudum Fauperium et Amiotum de Aurelianis, burgenses de Castroduno, executores testamenti defuncti Theobaldi de Foro, ex altera, super eo videlicet, quod idem Petrus petebat a dictis executoribus medietatem cujusdam domus in qua manebat, tempore

---

(1) Copies du xiii° siècle, A. 3, n° 77; du xviii°, A. 8, n° 89.
(2) Copies du xiii° siècle, A. 3, n° 60; dv xviii°, A. 8, n° 254.

quo decessit dictus defunctus, sitam juxta domum Giraldi Chalart, et medietatem cujusdam ruppis sitam in cuneo sancti Andree, et unum arpentum vinee sitam in Vico qui dicitur de Escures, et viginti quatuor modios vini quos idem Theobaldus predicto Petro debebat pro duodecim annis jam transactis, videlicet pro quolibet anno duos modios. Et hec omnia peteret ex donatione dicti defuncti sibi facta ab eodem. Peteret etiam idem clericus a predictis executoribus quadraginta et quinque libras ex una parte, et quadraginta libras ex altera. Ex causa mutui. Tandem dicti Petrus et executores, coram nobis constituti in viros venerabiles Rogerium, officialem nostrum Dunensem, et Gaufridum, gerentem vices decani Dunensis in Pertico, fide prestita corporali in manu nostra, compromiserunt tali modo, quod quidquid dicti arbitri super omnibus petitis et contentionibus dicerent vel ordinarent, ipsi firmiter fideliterque observarent. Dicti siquidem arbitri deliberatione habita et prudentium virorum consilio habito, suum in hunc modum coram nobis arbitrium protulerunt. Videlicet, quod idem Petrus, quamdiu vixerit, medietatem domus et rupis petitarum et arpentum vinee, quod fuit dicti Theobaldi, quod etiam situm est in predicto Vico de Escures, tenebit el pacifice possidebit. Prenominati siquidem Petrus et executores voluerunt et concesserunt coram nobis et in hoc specialiter concenserunt quod medietas domus, medietas rupis et totum integrum arpentum vinee predictum, post decessum ipsius Petri ad elemosinam de Castroduno et fratres ibidem commorantes tanquam sua, predicti Theobaldi et ejus Petri animabus et eorum anniversariis annuatim temporibus oportunis a predictis fratribus celebrandis devenirent. Insuper, dicti executores, per dictum dictorum arbitrorum tenebuntur solvere triginta libras ad faciendam aliquam emptionem quam idem Petrus, quamdiu vixerit, sicut res predictas tenebit et pacifice possidebit; Post decessum vero dicti Petri, predicta emptio ad predictam elemosinam et fratres pacifice tamquam sua revertetur cum aliis rebus superius notatis. Tenentur etiam dicti executores, per fidem suam, sic ad presens habent illam pecuniam vel quum primo illam habere poterunt, apud aliquem¦ bonum virum deponere de communi assensu partium et nostro electum, vel apud duos bonos viros qui dictam emptionem facient, quorum idem Petrus unum eligit et alterum executores memorati, et nos ponemus tertium si illi duo ad emptionem faciendam non poterint concordare, qui dictam pecuniam penes se conservabunt quousque competentem emptionem circa Castrumdunum cum consilio nostro poterunt invenire. Et de his omnibus supradictis faciendis, observandis et complendis, prout superius in singulis articulis continetur, dictus Petrus subposuit se juridictioni nostre, renuncians omni exceptioni et privilegio coherenti rei vel persone. In cujus rei testimonium et munimen ad petitionem partium predictarum presentes litteras sigilli nostri munimine duximus roborari. Actum anno gratie M°.CC°.XXX°. septimo, mense januario.

CLXXX.

De terra et domibus de Truncheto (1).

Janvier 1237.

Universis presentes litteras inspecturis, officialis archidiaconi Dunensis, salutem in Domino. Noveritis, quod Richaudis, relicta defuncti Odonis Joslain, Matheus et Johannes dicti Richaudis filii, in nostra presentia constituti, vendiderunt magistro et fratribus domus elemosinarie Castriduni, totam terram suam et domos de Truncheto, precio septem librarum dunensium sibi jam solutarum : in manu nostra, fide corporali prestita, promittentes quod in dicta terra et domibus per se, sive per alium nichil de cetero reclamabunt, immo contra omnes ad usus et consuetudines dunensis patrie dictam terram et domos dictis magistro et fratribus pro posse suo garantizabunt. Dicta vero Richaudis, quidquid in dicta terra et domibus ratione dotis, sive dotalicii, vel alio quoquo modo habebat vel habere poterat, dictis magistro et fratribus spontanee fide media quitavit penitus et dimisit. In cujus rei testimonium et munimen, ad petitionem dictorum Richaudis, Mathei et Johannes, ejusdem filiorum, dictis magistro et fratribus, presentes dedimus litteras sigilli nostri munimine roboratas. Datum anno Domini millesimo ducentesimo tricesimo septimo, mense januarii, apud Castrumdunum.

CLXXXI.

De dimidio arpento vinee in censiva monachorum Sancti Martini de Camarcio (2).

Février 1237.

Universis presentes litteras inspecturis, /officialis archidiaconi Dunensis, salutem in Domino. Noveritis, quod Garinus Quadrigarius, in nostra presentia constitutus, dedit et in puram et perpetuam elemosinam concessit magistro et fratribus domus elemosinarie Castriduni, dimidium arpentum vinee que fuit quondam Gisleberti Culpele et ejus uxoris, in censiva monialium Sancti Martini de Camarcio situm ; ita tamen quod dictus Garinus dictum dimidium arpentum vinee, quamdiu

---

(1) Copies du XIII° siècle, A. 3, n° 7 ; du XVIII°, A. 8, n° 36.
(2) Copies du XIII° siècle, A. 3, n° 11 ; du XVIII°, A. 8, n° 40.

vixerit, pacifice possidebit, ad dictos magistrum et fratres post ipsius decessum libere, quiete et pacifice redditurum. In cujus rei testimonium et munimen, ad petitionem dicti Garini, supradictis magistro et fratribus presentes dedimus litteras sigilli nostri munimine roboratas. Datum anno Domini M°.CC°. tricesimo septimo, mense februarii.

CLXXXII.

De tribus chameris, juxta portam Herichon, apud Bonamvallem (1).

1er mars 1237.

Universis presentes litteras inspecturis, officialis archidiaconi Dunensis, salutem in Domino. Noverint universi, quod magister Thomas Chevalier et Hersendis, uxor ejus, in nostra presentia constituti, dederunt et in perpetuam elemosinam concesserunt magistro et fratribus domus elemosinarie Castriduni, tres chameras, in censiva Petri de Frigida Terra, juxta portam Herichon, extra muros, super fossata, apud Bonamvallem sitas. Ita tamen, quod dicti Thomas et Hersendis, dictas tres chameras quamdiu vixerint pacifice possidebunt, post utriusque decessum duorum supradictorum ad sepedictos magistrum et fratres quiete, libere et pacifice reddituras. In cujus rei testimonium et munimen, ad petitionem supradictorum Thome et Hersendis, magistro et fratribus superius nominatis, presentes dedimus litteras sigilli nostri munimine roboratas. Actum anno Domini M°. CC°. XXX°. VII°. prima die martii, apud Bonam Vallem.

CLXXXIII.

De quatuor sextariis tam bladi quam avene apud Gohervillam (2).

1er mars 1237.

Ego, Guillermus de Bulainvilla, miles, notum facio omnibus tam futuris quam presentibus, quod ego, et heredes mei tenemur reddere in perpetuum magistro et fratribus domus elemosinarie Castriduni, quatuor sextaria redditus annui tam ybernagii quam avene, in crastino sancti Remigii, ad minam Castriduni, annuatim apud Castrumdunum pro quadam terra septem minas seminis capiente, apud Gohervillam, in feodo nobilis viri Ursionis, Fractevallis domini, sita. Quam terram defunctus Gaufridus, pater meus, contulerat in elemosinam dictis magistro

---

(1) Copies du XIIIe siècle, A. 3, n° 17; du XVIIIe, A. 8, n° 46.
(2) Copies du XIIIe siècle, A. 3, n° 2, et A. 6, n° 42; du XVIIIe, A. 8, n° 31.

et fratribus. Et dicti magister et fratres supradictam terram michi et meis heredibus in perpetuum quitaverunt. In cujus rei testimonium et munimen, supradictis magistro et fratribus, presentes dedi litteras sigilli mei munimine roboratas, Erenburge, uxore mea, rogante, volente et concedente. Actum anno Domini millesimo ducentesimo tricesimo septimo, prima die martis apud Bonam Vallem.

CLXXXIV.

De terra apud Gohervillam (1).

Mars 1237.

Universis presentes litteras inspecturis, officialis archidiaconi Dunensis, salutem in Domino. Noverint universi, quod contemptio verteretur inter magistrum et fratres domus elemosinarie Castriduni ex una parte, et Guillermum de Bullainvilla, militem, et Erenburgem, ejus uxorem, ex altera, supra quodam terra, septem minas seminis capiente, apud Gohervillam, in feodo nobilis viri Ursionis, Fractevallis Domini, sita. Tandem de bonorum virorum consilio, ita pacificatam fuit inter dictas partes, quod dicti magister et fratres dictis Guillermo et Erenburgi, ejus uxori, et eorum heredibus, supradictam terram in perpetuum quitaverunt. Ita tamen, quod supradicti Guillermus et Erenburgis, ejus uxor, et eorum heredes, sepedictis magistro et fratribus quatuor sextaria redditus annui, tam ybernagii quam avene, ad minam Castriduni, in crastino sancti Remigii apud Castrumdunum pro dicta terra reddere tenebuntur annuatim. De ista conventione firmiter et inviolabiliter observanda, dicta Erenburgis in manu nostra suam fidem prestitit corporalem. In cujus rei testimonium et munimen, ad petitionem supradictorum Guillermi et Erenburgis, uxoris ejus, magistro et fratribus superius nominatis, presentes dedimus litteras sigilli nostri munimine roboratas. Actum anno Domini millesimo ducentesimo tricesimo septimo, prima die lune martii, apud Bonamvallem.

CLXXXV.

De duodecim denariis super quadam domo in Teneria Castriduni (2).

Avril 1237.

Universis presentes litteras inspecturis, officialis archidiaconi Dunensis, salutem in Domino. Noveritis quod Hermeniardis la Davode,

---

(1) Copies du XIII° siècle, A. 3, n° 1; du XVIII°, A. 8, n° 30.
(2) Copies du XIII° siècle, A. 3, n° 127; du XVIII°, A. 8, n° 125.

coram nobis constituta, dedit et in perpetuam elemosinam concessit, pauperibus infirmis sancte domus elemosine Castriduni, duodecim denarios annui redditus super domum suam in Teneria Castriduni, juxta domum defuncti Iohannis Borriane, in censiva prioris Sancti Sepulchri Castriduni sitam, dictis pauperibus annuatim in crastino Natalis Domini capiendos et reddendos, ab eodem qui dictam domum de cetero possidebit. In cujus rei testimonium et munimen, ad petitionem dicte Hermeniardis, dictis pauperibus presentes dedimus litteras sigilli nostri munimine roboratas. Datum anno Domini M°.CC°.XXX°. septimo, mense aprilis.

CLXXXVI.

De quatuordecim denariis census de Codroio (1).

Avril 1237.

Ego, Guillermus dictus Male Nutritus, miles, notum facio omnibus tam futuris quam presentibus, quod ego vendidi et etiam concessi quatuordecim denarios censuales apud Codroi et Codroiau, in feodo Lucie, quondam uxoris Herrici Brunelli, militis, sitos, pauperibus infirmis sancte domus elemosine Castriduni, pro quinquaginta solidis dunensibus jam solutis dictis pauperibus; videlicet : ad festum apostolorum Petri et Pauli octo denarios, et ad festum sancti Hylarii annuatim sex denarios apud Castrumdunum, in dictorum pauperum mansione reddendos. Promisi etiam, fide data, quod ab omnibus quos possem bona fide facerem venditionem istam concedi infra festum sancti Johannis Baptiste proxime venturum, et de ista venditione firmiter tenenda, constituit se plegium Mauricius Facier. Et de omnibus firmiter tenendis, presentes litteras dictis pauperibus dedi, sigilli mei munimine roboratas. Datum anno Domini M°. CC°. XXX°. septimo, mense aprilis.

CLXXXVII.

De prato de Joi (2).

Juin 1237.

Universis presentes litteras inspecturis, Magister Galterius de Fresscoto, canonicus Carnotensis, salutem in Domino. Noveritis quod ego,

---

(1) Copies du XIII° siècle, A. 3, n° 117, et A. 6, n° 23 ; du XVII°, A. 7, n° 39 ; du XVIII°, A. 8, n° 118.
(2) Copies du XIII° siècle, A. 3, n° 128 ; du XVIII°, A. 8, n° 126.

quoddam pratum meum, quod habebam, situm juxta Marboi, magistro et fratribus elemosine Castriduni concessi, quamdiu vixero possidendum; ita quod post obitum meum, predictum pratum ad successores meos sine contradictione revertetur. Predicti vero magister et fratres quoddam pratum, quod habebant, situm juxta Molendina Nova, et quamdam vineam, quam apud Carnotum habebant, ut dicebant, sitam apud Sanctum Cauraunum Carnotensem, que tenuit bone memorie Gaufridus, quondam Dunensis archidiaconus, michi possidendam, quamdiu vixero, concesserunt. Ita tamen quod post obitum meum, apud dictos fratres pacifice revertentur. Datum anno Domini M°. CC°. XXX°. septimo, mense junio.

CLXXXVIII.

De terra apud Libovillam (1).

Juillet 1237.

Universis presentes litteras inspecturis, Nicholaus, archidiaconus Dunensis, salutem in Domino. Noverint universi quod Maria de Bolaire domina, quondam uxor Guillermi de Bolaire, militis, in mea presentia constituta, recognovit se in puram et perpetuam elemosinam dedisse, dum esset vidua, Ludovico de Saint Messent servienti suo bene merito, totam terram suam tam cultam quam incultam, circa novem modios seminis capientem, ad ipsam Mariam jure hereditario pertinentem, quam juxta Libovillam habebat, et de Gaufrido Gode, milite, in feodo cum pluribus aliis tenebat. Actum anno Domini millesimo ducentesimo tricesimo septimo, mense julio.

CLXXXIX.

De novem modiis seminis terre apud Libovillam (2).

Juillet 1237.

Universis presentes litteras inspecturis, Nicholaus, archidiaconus Dunensis, salutem in Domino. Noverint universi, quod in presentia nostra constituti, Ludovicus Sancti Maxentii et Margarita, uxor sua, totam terram suam tam cultam quam incultam, circa novem modios seminis capientem, quam juxta Libovillam habebant, et de Nicholao de Valennis et de Maria, uxore sua, tenebant, sub annuo censu quinque

---

(1) Copies du xiii° siècle, A. 3, n° 3; du xvii°, A. 7, n° 126; du xviii°, A. 8. n° 32.
(2) Copies du xiii° siècle, A. 4, n° 7; du xvii°, A. 7, n° 127; du xviii°, A. 8, n° 219.

solidorum dunensium, vendiderunt magistro et fratribus, Deo et pauperibus in domo Dei de Castriduno servientibus, pretio centum librarum turonensium sibi coram nobis solutarum. Promiserunt etiam dicti Ludovicus et Margarita, uxor ejus, quod de predicta terra, vel de pretio ejus, vel de aliquo occasione dicte venditionis, dictos magistrum et fratres et pauperes dicte domus, per se, vel per alios, nullatenus de cetero molestabunt nec permittent molestari. Immo dictam terram, dictis magistro et fratribus et pauperibus dicte domus ad usus et consuetudines Dunensis patrie garantizabunt. Renunciantes quantum ad hoc, omni legis et canonis auxilio et exceptioni non numerate pecunie; et ad hoc omnia predicta fideliter et firmiter observanda, dicti Ludovicus et Margarita erga dicte domus magistrum et fratres et pauperes, fide corporali in manu nostra prestita voluntate spontanea, se astrinxerunt. Dicta vero Margarita, uxor ejusdem Ludovici, quidquid juris ratione dotis, sive dotalicii, vel alio quoquomodo habebat vel habere poterat in dicta terra, quitavit et dictam venditionem concessit per dicte fidei sacramentum et ad augmentum munitionis et securitatis. De dicta venditione et de omnibus predictis articulis inviolabiliter observandis, dederunt dicti Ludovicus et Margarita ejus uxor, plegios, videlicet : Guillermum de Sancti Quintini; Hugonem Paganum, militem; Henricum de Arroto, Colinum Moschet, Colinum de Valennis, armigeros, per fidem corporis astrictos erga dictos magistrum et fratres et pauperes dicte domus Dei. Preterea Nicholaus de Valennis a quo dicti Ludovicus et Margarita tenebant dictam terram sub annuo censu superius nominato, et Maria, uxor dicti Nicholai, de cujus hereditate movebant dicta terra et census, et Guillermus, dicte Marie primogenitus, hanc venditionem voluerunt, laudaverunt et concesserunt, et dictos quinque solidos censuales, quos in dicta terra capiebant, pro amore Dei et remedio animarum suarum et antecessorum suorum, dictis magistro et fratribus dicte domus Dei et pauperibus in puram et perpetuam elemosinam contulerunt, et vendas de dicta venditione sibi debitas eisdem quitaverunt fiduciantes predicti Nicholaus, Maria et Guillermus, in manu nostra, quod in dicta terra vel in censu supradicto nichil amodo reclamabunt. Item Gaufridus Gode, miles, in nostra presentia constitutus, ad cujus feodum pertinebant tam terra quam census supradicti venditionem dicte terre, et donationem dicti census, voluit, laudavit et concessit. Ita tamen quod dicti magister et fratres dicte domus Dei, eidem Gaufrido et ejusdem heredibus, pro dicta terra quinque solidos dunenses censuales apud Castrumdunum in Nativitate Beate Marie reddere tenebuntur annuatim, et dictum censum, dicti magister et fratres quando debebunt secundum usus et consuetudines Dunensis patrie, dicto Gaufrido, et ejus heredibus duplicabunt. Nec ab eis, occasione dicte terre, aliquod aliud servitium, sive reddibitionem poterit dictus Gaufridus exigere, sed et dictam terram permittet eis ad predictum servitium, sive reddibentiam tenere pacifice et in perpetuum possidere, et de dicta terra poterunt dicti magister et fratres facere suam simpliciter et de plano voluntatem. In cujus rei testimonium et munimen, ad petitionem dictorum Ludovici et Margarite uxoris sue, et Nicholai de Valennis, et Marie, uxoris sue, et Guillermi, ejusdem Marie filii, et etiam Gaufridi Gode, militis, dictis magistro et fratribus presentes dedimus litteras sigilli nostri munimine roboratas. Actum anno Domini M°,CC°,XXX° septimo, mense julio.

CXC.

De decima de Liconci (1

Septembre 1237.

Universis presentes litteras inspecturis, officialis archidiaconi Dunensis, salutem in Domino. Noveritis quod prior de Limoiron, in nostra presentia constitutus, recognovit se nichil juris habere, nec tractu, nec alia ratione, in tertia parte cujusdam decime, quam decimam magister et fratres Domus Elemosinarie Castriduni et dictus prior habent apud Liconci. Datum anno Domini millesimo ducentesimo tricesimo septimo, mense septembris, apud Bonam Vallem.

CXCI.

[De pace inter comitem Blesensis et vicecomitem Castriduni (2).

Septembre 1237.

Ego, Hugo de Castellione, comes Sancti Pauli et Blesis (3), omnibus presentes litteras inspecturis, notum facio, quod cum contentio esset inter me ex una parte, et nobilem virum Vicecomitem Castriduni ex altera, super eo quod ego dicebam penam mille marcarum esse commissam pro eo quod domus que combuste fuerunt, non fuerant reedificate ab ipso vicecomite vel a mandato ejus prout convenerat inter nos; et super eo quod dicebam quod ipse vicecomes exactiones indebitas et injurias irrogabat et irrogaverat hominibus de dotalicio Clementie, ejusdem vicecomitis uxoris, uxoris quondam Th. comitis

---

(1) Copies du XIII° siècle, A. 3, n°s 18 et 32; du XVIII° siècle, A. 8, n° 47.
(2) Copie du XIII° siècle, A. 3, n° 71.
(3) Les chartes indiquent le plus souvent la forme *Blesis* au lieu de *Blesensis;* nous avons cru devoir respecter le texte.

Blesis contra instrumenta et libertates ipsorum hominum : tamdem mediantibus bonis viris compromissimus fide corporali prestita jude et hinc in Gaufridum de Channoie et Raginaldum de Orrovilla, milites, et Dominum Stephanum de Sancorre, tercium; ita quod si duo premissi arbitri milites inter se discordarent, illud quod dictus Stephanus cum altero eorum super premissis ordinaret, a partibus sub pena mille marcarum inviolabiliter observaretur, que pena debet solvi a parte que ab arbitrio resilierit alteri parti volenti arbitrium observare. Dictus vero Stephanus, de consensu meo et ipsius vicecomitis et voluntate dictorum arbitrorum militum, ita in primis arbitrando ordinavit quod vicecomes ad petitionem ipsius Stephani et pro amore meo predictis hominibus et hominibus suis remisit omnem rancorem et omnes occasiones quas adversus prediclos homines usque ad presentem diem habuit. Promisit etiam dictus vicecomes ad petitionem ipsius Stephani et pro amore meo, quod si quos de premissis burgensibus traxerat in omni auctoritate apostolica, quod ipsos in bona pace dimittebat et quod ipsos quitabat a predictis clamoribus, et quod mandaret judicibus quod ipsos ab excommunicationibus quibus pro ipso excommunicati erant, absolverent. De debitis vero et exactionibus indebitis de quibus homines de dotalicio conquerebantur per dictum Stephanum, de voluntate mea et vicecomitis ita fuit ordinatum, quod predicti duo arbitri milites inquirerent bona fide de predictis debitis et exactionibus indebitis, et si inveniant per legitimam requisitionem factam, quod dictus vicecomes debeat aliquid predictis hominibus vel ratione mutui quod eidem fecerint, vel ratione indebite extorsionis quam eis fecerit, ad terminos quos predicti milites statuent, predictis hominibus reddet. Et si predicti duo arbitri inveniant quod ipse a predictis hominibus aliquid habuerit, vel ratione donationis quam eis fecerint, vel ratione legis patrie, ipse quitus et in pace remanebit. Insuper dictus Stephanus arbitrando de voluntate mea et dicti vicecomitis ordinabit quod foresta de Blemart remanebit michi aducendum et expletendum sicut dominium meum, salvis redditibus et homagiis et mansionariis que ipse vicecomes in dicta foresta habet ratione castellarie Castri Raginaldi, et salvis defensis ejusdem foreste prout in cartis ab antecessoribus super confectis continetur. Insuper de voluntate mea et dicti vicecomitis dictus Stephanus arbitrando ordinavit quod ipse vicecomes in dicta foresta habebit viginti quinque carrucatas terre propinquiores et adjacentes Castro Raginaldi. Ordinavit etiam dictus Stephanus de voluntate mea et dicti vicecomitis quod ego habebo forestariam de Blemart per totam forestam que remanet mir hi, ita quod in terra foreste viginti quinque carrucatarum que vicecomiti remanet, ego nullam forestariam habebo. Ordinavit etiam dictus Stephanus de voluntate mea et dicti vicecomitis arbitrando quod omnes hahie et tote remanebunt vicecomiti sepedicto in pace, et ipse vicecomes bona fide utetur dictis hahiis sicut debetur uti rebus dotalibus. Dictus vicecomes predictas viginti quinque carrucatas dabit ad exartandum jure hereditario, si ei placuerit, perpetuo sub annuo redditu qui ei debet reddi, ita tamen quod si ego inveniam alium qui meliorem offerat conditionem antequam exartentur, et ipse terram habebit et redditus vicecomitis erunt, et conventiones reddituum de terra quas vicecomes cum exartatoribus habebit. Ego ratas faciam et ratas habebo, et hec omnia post decessum Clemencie uxoris ejusdem vicecomitis ad me et heredes meos debent redire. Omnia vero premissa debeo facere laudari ab uxore mea et dictus vicecomes ab uxore sua, et debeo tradere litteras patentes uxoris mee dicto vicecomiti, et ipse vicecomes litteras uxoris sue patentes michi de premissis conventionibus observandis et tenendis. Ipse vero vicecomes et uxor sua rogabunt venerabilem patrem suum archiepiscopum Turonensem, ut ipse tradet michi litteras suas testimoniales de premissis conventionibus observandis et tenendis. Ego autem ratione istius compositionis quitam penam mille marcarum quam petebant a vicecomite et fideijussores ejus qui de predicta pena mille marcarum erga me erant obligati et omnes actiones et discordias occasiones quas usque ad presentem diem contra dictum vicecomitem habui, eidem remisi, et ipsum super premissis omnibus quitavi. Et ut hoc factum ratum in perpetuum habeatur, sigillum meum presentibus litteris duxi apponendum. Actum Vicenis de consensu partium, anno Domini M°CC°XXX° septimo, mense septembri.

CXCII.

De duobus solidis redditus super domum in foro Castriduni (1).

Novembre 1237.

Universis presentes litteras inspecturis, officialis archidiaconi Dunensis, salutem in Domino. Noveritis quod David de Ursonvilla, et Maria, uxor sua, in nostra presentia constituti, dederunt et in perpetuam elemosinam concesserunt magistro et fratribus Domus Elemosine Castriduni, duos solidos dunensium annui redditus super domum suam in foro Castriduni, in dominio nobilis viri Ursonis domini Fractevallis, militis, et in censiva Giraldi Catonis, militis, sitam, dictis magistro et fratribus annuatim in festo sancti Remigii reddendos ab eodem qui dictam domum de cetero possidebit. Quitavit etiam dicta Maria, uxor dicti David in manu nostra fiducians quidquid jure dotis, sive dotalicii, in dictis duobus solidis habebat vel habere poterat, dictis magistr , et

(1) Copies du XIII° siècle, A. 3, n° 63; du XVIII°, A. 8, n° 80.

fratribus sepedictis. In cujus rei testimonium et munimen, ad petitionem dictorum David et Marie, ejus uxoris, dictis magistro et fratribus presentes dedimus litteras sigilli nostri munimine roboratas. Datum anno Domini M°.CC°.XXX°.VII° mense novembris.

CXCIII.

De duobus sextariis bladi in terra de Estauvilla (1).

Novembre 1237.

Universis presentes litteras inspecturis, officialis archidiaconi Dunensis, salutem in Domino. Noveritis quod cum verteretur contentio inter magistrum et fratres Domus Elemosinarie de Castroduno ex una parte, et Stephanum de Estauvilla ex altera, super hoc quod dicti magister et fratres petebant a dicto Stephano duos sextarios bladi annui redditus quos Gaufridus de Estauvilla, nunc defunctus, quondam pater dicti Stephani, predictis magistro et fratribus in tota terra sua assignaverat annuatim eisdem persolvendos. Tandem ad bonorum virorum consilio, lis que mota fuerat inter eos sopita est in hunc modum; videlicet : quod dictus Stephanus, in nostra presentia constitutus, recognovit se credere quod dictus Gaufridus, pater suus, predictos duos sextarios bladi in elemosinam perpetuam in tota terra sua predictis magistro et fratribus assignaret, et quia ipsa possidebat medietatem terre quam pater suus quondam possidebat, unum sextarium bladi promisit se redditurum predictis magistro et fratribus annuatim ab eisdem singulis omnis in crastino beati Remigii in granchia dicti Stephani apud Estauvillam percipiendum. In cujus rei testimonium et munimen, ad petitionem dicti Stephani, predictis magistro et fratribus presentes litteras dedimus sigilli nostri munimine roboratas. Actum anno Domini 1237, mense novembris.

CXCIV.

De censu in platea defuncti Le Mintier juxta magnum vicum infra muros Castriduni (2).

1ᵉʳ décembre 1237.

Universis presentes litteras inspecturis, officialis archidiaconi Dunensis, salutem in Domino. Noveritis quod Odo de Laneriaco, miles, in

---

(1) Copie du xviii° siècle, A. 8, n° 256.
(2) Copies du xiii° siècle, A. 3, n° 13 ; du xvii°, A. 12, n° 1 ; du xviii°, A. 8, n° 42.

nostra presentia constitutus, dedit et in puram et perpetuam elemosinam concessit magistro et fratribus Domus Elemosinarie Castriduni, quinque poitevinas dunenses de annuo censu in platea defuncti Radulphi le Mintier, juxta magnum vicum infra muros Castriduni sita, dictis magistro et fratribus annuatim in festo sancti Aviti estivallis apud Castrumdunum reddendas ab eodem qui dictam plateam de cetero possidebit. In cujus rei testimonium et munimen, ad petitionem dicti Odonis, dictis magistro et fratribus presentes dedimus litteras sigilli nostri munimine roboratas. Datum anno Domini M° ducentesimo tricesimo septimo, die martis prima die decembris.

CXCV.

De redditu pro terra de Mallonvilla (1).

Décembre 1237.

Die jovis proxima post festum beati Nicholai yemalis, in jure coram nobis constitutus Castriduno, Gaufridus Callart de Mallonvilla, prepositus de Feritate Villenolii, gagiavit magistro et fratribus Domus Elemosinarie Castriduni tres solidos annui census et unum sextarium ybernagii redditus annui pro terra sua de Mallonvilla, dictis magistro et fratribus infra noctes persolvendos. Actum anno Domini millesimo ducentesimo tricesimo septimo, die jovis predicta.

CXCVI.

De dimidio modio vini in decimatione de Feritate Villenolii (2).

Décembre 1237.

Universis presentes litteras inspecturis, Nicholaus, archidiaconus Dunensis, salutem in Domino. Noverint universi, quod die sabbati proxima post festum beati Nicholai yemalis, in jure coram nobis constitutus, Hugo de Friseia, clericus, recognovit se debere magistro et fratribus Domus Elemosinarie Castriduni, dimidium modium vini redditus annui in decimatione sua de Feritate Villenolii annuatim capiendum. Datum anno Domini millesimo ducentesimo tricesimo septimo, mense decembri.

---

(1) Copies du XIII° siècle, A. 3, n° 6; du XVIII°, A. 8, n° 35.
(2) Copies du XIII° siècle, A. 3, n° 4; du XVIII°, A. 8, n° 33.

CXCVII.

De quindecim solidis super lignagium de Pontibus (1).

Décembre 1237.

Universis presentes litteras inspecturis, officialis archidiaconi Dunensis, salutem in Domino. Noverint universi quod Adelicia, relicta defuncti Roberti de Sancto Leobino, quondam armigeri, et Philipus eorumdem filius, in nostra presentia constituti, dederunt et in puram et perpetuam elemosinam concesserunt magistro et fratribus, Deo et pauperibus Domus Elemosinarie Castriduni servientibus, quindecim solidos dunensis monete annui redditus in redditu suo lignagii de Pontibus, ab eodem qui dictum redditum de cetero possidebit, dictis magistro et fratribus annuatim in crastino resurrectionis Domini persolvendos : fiduciantes in manu nostra quod in dictis quindecim solidis nichil de cetero reclamabunt. Immo sepedictis magistro et fratribus dictos quindecim solidos pro posse suo garantizabunt. In cujus rei testimonium et munimen, ad petitionem Adelicie et Philipi supradictorum, magistro et fratribus superius nominatis, presentes dedimus litteras sigilli nostri munimine roboratas. Datum anno Domini M°CC° tricesimo septimo, mense decembri.

CXCVIII.

De quindecim solidis super lignagium de Pontibus (2).

Décembre 1237.

Ego Nevelo de la Guirche, miles, notum facio omnibus tam futuris quam presentibus, quod ego, pro amore Dei et remedio anime mee, quindecim solidos dunensis monete redditus annui quos Adelicia, relicta defuncti Roberti, quondam armigeri, soror mea, et Philipus de Sancto Leobino eorumdem filius, magistro et fratribus Domus Elemosine Castriduni in puram et perpetuam elemosinam contulerunt in redditu suo lignagii de Pontibus, quod de meo est feodo, annuatim in crastino resurrectionis Domini, ab eodem qui predictum redditum de cetero possidebit, persolvendos, quiete, libere et pacifice in perpetuo

(1) Original, B. 560. — Copies du xiii° siècle, A. 3, n°s 10 et 85; du xvii°, A. 7, n° 20; du xvi ii°, A. 8, n° 39.
(2) Vidimus de 1364. A. 84. — Copies du xiii° siècle, A. 3, n° 92, et A. 6, n° 51; du xvii°, A. 7, n° 19; du xviii°, A. 8, n° 96.

possidere concessi. Et eamdem elemosinam prefatis magistro et fratribus bona fide et fideliter, quantum ad me pertinet, in perpetuum garantire manucepi. Quod ut in perpetuum stabile et firmum, litteris meis commendavi, et sigilli mei presenti munimine confirmavi. Actum apud Castrumdunum, anno Domini M°CC° tricesimo septimo, mense decembri.

CXCIX.

1237 (1).

Hec sunt nomina illorum qui debent redditus bladi et avene Sancte Domus in die dominica ante festum beati Remigii annuatim apud Megaudin : Theobaldus de Leronevilla (?) III sextarios ; Hebertus Chaon VI sextarios; Jocelinus IIII sextarios; Johannes Rex VI sextarios; Girardus de Nemore V sextarios ; Guillelmus de Nemore V sextarios et plenam minam; uxor Roberti Huelart (?) V sextarios et plenam minam; Agnes Touchart VI sextarios ; Aalix de Nemore Choucher IIII sextarios ; Adelina de La Haonniere (?) V minas; Gillotus de Megaudin IIII sextarios ; Guillelmus de Craances (?) V sextarios ; Hurel de Colle VII minas ; Johannes de Colle VII sextarios et plenam minam et dimidiam ; Guillelmus Yeveloing (?) IIII sextarios et plenam minam ; Martinus de Megaudin III minas bladi et unum sextarium avene; Odo de Prepositura IIII sextarios et plenam minam.

CC.

De conventione inter nos et conventum Cisterciensis Elemosine, ordinis Cisterciensis facta (2).

Mars 1238.

Abbas et conventus Elemosine Cistersiensis, Cistersiensis ordinis, omnibus presentes litteras inspecturis, salutem in Domino. Noveritis quod cum magister et fratres Domus Elemosine de Castroduno nobis concesserint, quod habeamus et tenemus in perpetuum, quasdam possessiones apud Telloi sitas, solventes eisdem magistro et fratribus duos solidos dunensium annuatim censuales. Nos non inmemores hujus modi gratie quam nobis supra premissis concesserunt, concessimus et volumus quod dicti magister et fratres in nostris censivis adquirent quoquomodo poterunt prout sibi melius viderint expedire possessiones aliquas

---

(1) Copie du XIII° siècle, A. 3, n° 68 ter.
(2) Copies du XIII° siècle, A. 3, n° 76, et A. 6, n° 47 ; du XVIII°, A. 8, n° 20.

tam ratione emptionis, donationis, quam alio quocumque titulo, solvendo nobis similiter annuatim duos solidos dunensium censuales. Actum anno Domini M°.CC°.XXX°. octavo, mense martis.

CCI.

De conventione inter nos et relictam Poolini Doloie (1).

Mars 1238.

Universis presentes litteras inspecturis, officialis archidiaconi Dunensis, salutem in Domino. Noverint universi quod cum contentio moveretur inter magistrum et fratres Domus Elemosine de Castroduno ex una parte, et Odelinam, relictam Poolini Deloie ex altera, coram nobis super hoc quod dicti magister et fratres dicebant dictum Poolinum et Odelinam donasse eis per donationem inter vivos omnia bona sua mobilia et immobilia et post ea supplicasse eosdem Poolinum et Odelinam eisdem fratribus ut eos reciperent in fratres dicte domus, quorum supplicatione audita et recepta a fratribus ipsos Poolinum et Odelinam in fratres suos dicte domus receperunt; quod dicta Odelina de plano denegabat. Tandem de bonorum virorum consilio, ita pacificatum est inter ipsos fratres et Odelinam coram nobis : ita quod dicti magister et fratres dicte contentioni et petitioni renunciantes, dictam Odelinam liberam esse concesserunt et voluerunt quod ipsa tam de se, quam de rebus suis, suam posset facere plenarie voluntatem. Dicta vero Odelina pro remedio anime sue et Poolini, quondam mariti sui, et pro bono pacis, dictis magistro et fratribus tredecim libras dunensium donavit et persolvit. Donavit etiam eisdem tria quarteria vinee moventis ex parte ipsius de Blachia Via in censiva dicte elemosine sita, tali modo quod dictam vineam dicta Odelina tenebit et possidebit et percipiet fructus quamdiu ipsa vixerit : ita quod post obitum ipsius Odeline, dicta vinea quita ad dictam Domum Elemosine libere et integre remanebit. Si vero contigerit Stephanum, filium dicte Odeline, vel ejus heredes, venire post mortem ipsius Odeline contra donationem predictam, dicti fratres haberent... ad domum quam ipsa habet apud Portam Carnotensem, in censiva prioratus Sancti Martini de Chamarcio, usque ad valorem viginti librarum dunensium. Et in his omnibus consensit dicta Odelina, fide data, et quantum ad hoc observandum ipsa honeravit predictum filium suum et domum ante dictam usque ad summam prenotatam. Quod ut ratum et stabile in perpetuum permaneat, nos, ad petitionem dictorum fratrum elemosine presentes litteras sigilli nostri munimine fecimus roborari. Actum anno Domini M°. CC°. XXX°. octavo, mense martio.

(1) Copies du XIII° siècle, A. 3, n° 79; du XVIII°, A. 8, n° 91.

CCII.

De dono Guillermi de Garois (1).

Mai 1238.

Universis presentes litteras inspecturis, officialis archidiaconi Dunensis, salutem in Domino. Noverint universi quod Guillermus de Garois dedit et in puram et perpetuam elemosinam concessit, in extrema voluntate sua, pauperibus Domus Elemosine Castriduni, unum quarterium vinee apud Billard, in censiva Radulphi, militis, apud Sanctum Johannem de Chatena situm, post obitum uxoris dicti Guillermi, dictis pauperibus quiete et pacifice rediturum. Dedit insuper dictus Guillermus dictis pauperibus, quadraginta solidos dunensium, videlicet: ad terminum bladi primo venturum viginti solidos, anno revoluto ad terminum bladi reliquos viginti solidos, eisdem dictis pauperibus persolvendos. Recognovit etiam sepedictus Guillermus, quod debebat, ex capitali debito, pauperibus superius nominatis, viginti solidos dunensium. Datum anno Domini M°. CC°. XXX°. octavo, mense maio.

CCIII.

De duobus sextariis bladi in molendino Danvau apud Feritatem (2).

Juin 1238.

Universis presentes litteras inspecturis, officialis archidiaconi Dunensis, salutem in Domino. Noverint universi quod Beatrix, uxor Hugonis Ride, ex assensu et voluntate dicti Hugonis, mariti sui, dedit in puram et perpetuam elemosinam concessit pauperibus Domus Elemosine Castriduni, duos sextarios bladi redditus annui in uno modio bladi quem percipiebat jure hereditario redditus annui in molendino quod dicitur Danvau apud Feritatem, in feodo vicecomitis Castriduni sito, videlicet : ad natale Domini, dimidium modium, et ad carniprivium dimidium modium, dictis pauperibus annuatim, in dictis terminis ab eodem qui dictum molendinum de cetero possidebit, post obitum dicte Beatricis persolvendos. In cujus rei testimonium et munimen, ad petitionem dictorum Hugonis et Beatricis, dictis pauperibus, presentes dedimus litteras sigilli nostri munimine roboratas. Actum anno Domini M°. CC°. XXX°. octavo, mense junio.

(1) Copies du xiii° siècle, A. 3, n° 29; du xviii°, A. 8, n° 57.
(2) Original, B. 392, n° 2. — Copies du xiii° siècle, A. 3, n° 28; du xvii°, A. 7, n° 26; du xviii°, A. 8, n° 56.

CCIV.

De dimidio arpento vinee quod dedit Guillermus Hervois (1).

Juin 1238.

Universis presentes litteras inspecturis, officialis archidiaconi Dunensis, salutem in Domino. Noverint universi quod Guillermus Hervois, in nostra presentia constitutus, pro anime sue et antecessorum suorum redemptione, dedit et in puram perpetuam elemosinam concessit infirmis pauperibus Domus Elemosine Castriduni et fratribus ibidem servientibus, medietatem cujusdam dimidii arpenti vinee in Caro Campo, in censiva Lamberti dicti Decani sitam, et totam partem omnium mobilium suorum post ipsius tamen obitum, ad dictos pauperes et fratres quiete, libere et pacifice et integre reddituros, volens et concedens quod de rebus supradictis, videlicet : de vinea et mobilibus quocumque ipsum mori coegerit in detrimentum dicte Domus Elemosine, aliud testamentum minime poterit ordinare. In cujus rei testimonium et munimen, ad petitionem dicti Guillermi, pauperibus et fratribus superius nominatis, presentes dedimus litteras sigilli nostri munimine roboratas. Actum apud Castrumdunum, anno Domini M°. CC°. XXX°. octavo, mense junio.

CCV.

De uno sextario super terram de Ysi (2).

Juillet 1238.

Universis presentes litteras inspecturis, officialis archidiaconi Dunensis, salutem in Domino. Noveritis quod die veneris proxima post festum beate Marie Magdalene, in jure coram nobis Castriduno constitutus, Robertus de Larmere, miles, recognovit se debere pauperibus infirmis Domus Elemosinarie de Castroduno, unum sextarium bladi redditus annui in terra sua de Ysi juxta evoram annuatim capiendum. Pro quo sextario, dictus Robertus gagiavit dictis pauperibus tres minas bladi infra festum sancti Remigii proxime venturum persolvendos; videlicet de anno tractato unam minam, de presente unum sextarium. In cujus rei testimonium et munimen, ad petitionem dicti Roberti, dictis pauperibus presentes dedimus litteras sigilli nostri munimine roboratas. Da-

---

(1) Original, A. 74. — Copies du xiii° siècle, A. 3, n°s 27 et 83, et A. 6, n° 52; du xviii°, A. 8, n° 55.
(2) Copie du xiii° siècle, A. 3, n° 66.

tum anno Domini M°. CC°. XXX°. octavo, apud Castrumdunum, mense
julii.

CCVI.

De duobus solidis apud Pessumvillam (1).

Juillet 1238.

Universis presentes litteras inspecturis, officialis archidiaconi Dunensis, salutem in Domino. Noverint universi quod Ligardis, relicta defuncti Roberti dicti Monachi de Esspesumvilla, dum esset vidua, dedit et in puram et perpetuam elemosinam concessit infirmis pauperibus Domus Elemosinarie Castriduni, duos solidos dunensium annui redditus super domum et masuram quas dictus Robertus, dum viveret frater dicte Domus Elemosinarie, et dicta Ligardis emerant a Guillermo de Esspesumvilla clerico, dicto Quadrigario, propria emptione sua in censiva Gaufridi de Sancto Amando, militis, apud Pessumvillam sitas, dictis pauperibus per manum illius qui dictam domum et masuram de cetero possidebit, apud Contermont, in circoncisione Domini annuatim reddendos. In cujus rei testimonium et munimen, ad petitionem dicte Ligardis, supradictis pauperibus presentes dedimus litteras sigilli nostri munimine roboratas. Actum anno Domini M°. CC°. XXX°. octavo, die jovis in festo beate Marie Magdalene, apud Castrumdunum, mense julii.

CCVII.

Arbitrium prolatum a Leberto decano et magistro Gaufrido de Bulli, de discordia inter nos et Hubertum de Possonvilla, super consuetudinibus de Villagalli (2).

Novembre 1238.

L. decanus Aurelianensis, universis presentes litteras inspecturis, salutem in Domino. Noverint universi quod cum verteretur contentio inter capitulum Aurelianense et homines de Villagalli ex una parte et Hubertum de Espesonvilla ex altera, super eo quod dictus Hubertus dicebat quod retractus aque communis de Villagalli erat communis sibi et capitulo, sicut aqua; et super eo quod dictus H. dicebat quod dicti homines de Villagalli debebant panes rogationum in domum suam propriam portare; et super eo quod dictus H. volebat justiciare dictos homines in domo sua propria, cum dicta domus esset de villa, ut dicebat; et etiam

---

(1) Copies du XIII° siècle, A. 3. n° 65; du XVIII°, A. 8, n° 82.
(2) Cette pièce est tirée des archives départementales du Loiret, ancienne cote B^v.

super eo quod dictus H. dicebat quod possessores masurarum honera et redditus masurarum assignatos super masuras dicto H. pro rata eorum que possidebant de masuris solvere tenebantur; et super eo etiam quod dictus H. dicebat quod cum arpenta juncta essent masuris, ipsi homines arpenta sua augmentaverant ut honera campipartis evitarent, unde petebat dictus H. dicta arpenta et omnia alia arpenta eiusdem ville, que legittimam arpentorum mensuram excedebant, mensurari : que omnia dictum capitulum et dicti homines facere recusabant. Dictum vero capitulum et dicti homines ex adverso dicebant, quod quedam semita debebat esse juxta propriam domum dicti H., quam dictus H. obturaverat; unde petebant dictam clausuram semite removeri. Tandem habito bonorum virorum consilio super dictis contentionibus, et super omnibus aliis, compromissum fuit in magistrum Gaufridum de Bulli concanonicum nostrum et Willelmum de Espesonvilla clericum, in hunc modum : quod si dicti arbitri super dictis contentionibus vel super aliqua earumdam concordare nequirent, nos tercium advocarent, et quicquid super premissis de quibus dicti arbitri discordarent, cum altero illorum et etiam solus disponeremus, vel ecciam sententiaremus, predicte partes fideliter observarent. Istam vero compromissionem dictum capitulum et dicti homines, sub pena viginti librarum; et dictus Hubertus per fidem, et sub eadem pena, promiserunt fideliter observare. Cum dicti arbitri in arbitrio processissent et super duobus articulis tantum concordassent, super aliis nos tercium advocarunt. Postea, die lune post festum sancti Dionysii in capitulo Aurelianensi partibus assignata, et partibus presentibus coram dictis arbitris et postulantibus dictas contentiones per diffinitivam sententiam a dictis arbitris terminari; cum dictus magister G. de Bulli et dictus Willelmus de Espesonvilla in hoc concordassent quod clausura semite removeretur, ita quod dicti homines per dictam semitam possint libere proficisci; et in hoc quod masurarum possessores masurarum honera sequerentur; et super hiis dicta die diffinitivam sententiam protulissent, nos, super aliis articulis in quibus dicti arbitri discordabant diffinitive sententiavimus in hunc modum : videlicet quod arpenta retractui aque conjuncta mensurabuntur et residuum quod erit ex parte aque ultra mensuram legittimam capitulo et Huberto quitum et liberum permanebit; similiter alia arpenta mensurabuntur et ad mensuram legittimam reducentur; Hubertus vero dictos homines de Villagalli, in sua domo, cum sit de villa, justiciabit de pertinentibus ad suam justiciam, videlicet de consuetudinibus suis, et ibi in propriam domum suam panes rogacionum dicti homines adportabunt; dicti vero homines masuras suas aque contiguas usque ad aquam prosequentur et acrescet eis aque retractus quamdiu non erit ibi aqua; et capitulum et Hubertus aquam prosequentur quantum latius se extendet. Nos vero in hujus rei fidem et testimonium presentes litteras sigilli nostri munimine fecimus roborari. Actum anno Domini M°. CC°. XXX°. VIII°, mense novembri.

CCVIII.

De sex denariis de censu apud Porcheronvillam (1).

Novembre 1238.

Ego, Raginaldus de Fonte, miles, notum facio omnibus tam presentibus quam futuris, quod ego, laudantibus et concedentibus Guilliermo filio meo, et Adelicia, filia mea, magistro et fratribus Domus Elemosinarie de Castroduno, sex denarios quos habebam censuales apud Porcheronvillam, super terram que fuit quondam defuncti Gaufridi de Porcheronvilla, presbyteri, vendidi pro pretio septem librarum et dimidie dunensium jam michi solutarum; videlicet super centum solidis quos recepi in pecunia numerata et super quinquaginta solidis pro decem sextariis tam bladi quam avene eisdem magistro et fratribus, a me debitis de redditu, quinque sextariorum tam bladi quam avene, quos idem magister et fratres percipiunt annuatim apud Primam Villam in mea granchia, quos quinque sextarios in crastino nativitatis beate Marie, predictis magistro et fratribus annuatim de cetero reddere creantavi. Dedi insuper in elemosinam dictis magistro et fratribus et concessi, laudantibus et concedentibus Guilliermo et Adelicia supradictis, quod idem magister et fratres possent acquirire quolibet justo titulo et emere, tam in meo feodo, quam in mea censiva, et heredum meorum possessionibus quibuscumque, ita tamen, quod de hoc quod adquirent ipsi magister et fratres et ement, ab aliquo vel ab aliquibus michi et meis heredibus vendas prima vice persolvent. Et si data fuerit eis in elemosinam aliqua possessio in meo feodo, vel in censiva mea, vel heredum meorum, nullas ab eisdem magistro et fratribus, ego et heredes mei vendas ex hoc poterimus extorquere vel petere ab eisdem. Concessi et eisdem in elemosinam et dedi, dictis Guilliermo et Adelicia concedentibus, quod de hoc quod ipsi adquirent in meo feodo, vel heredum meorum, tam ratione emptionis, quam donationis, vel alterius justi tituli, michi et meis heredibus pro quolibet sextario terre semente unum denarium in festo sancti Remigii annui census persolvent. Et de hoc quod adquirent dicti magister et fratres in censiva mea, vel heredum meorum, ratione emptionis, permutationis, donationis, vel alterius cujuscumque tituli justi, dicti magister et fratres michi et heredibus meis censum tantum reddere tenebuntur prout michi et meis heredibus

---

(1) Original, B. 520. — Copies du xiii° siècle, A. 3, n° 69; du xvii°, A. 7, n° 93; du xviii°, A. 8, n° 85.

possidentes reddebant vel amodo reddebunt, non illud quod adquirent dicti magister et fratres ex quibuscumque titulis, supradictis ego et heredes mei poterimus eos cogere 'ad vendendum vel aliquam alienationem faciendum. Promisimus et ego, et heredes mei, dictam venditionem sive donationem eisdem magistro et fratribus ad usus et consuetudines Dunensis patrie garandire, et quod contra per nos sive per alios in posterum non veniremus. Et si quando de venditione justi pretii deerat, istud ego et heredes mei dictis magistro et fratribus in elemosinam dedimus et concessimus. Hec omnia prout sunt expressa et concessa, ego et heredes mei, fide prestita corporali, promisimus tenenda et firmiter observanda. In cujus rei testimonium et munimen, sepedictis Guilliermo et Adelicia volentibus et concedentibus, magistro et fratribus superius nominatis, istas presentes dedi litteras sigilli mei munimine roboratas. Auctum anno Domini M°.CC°.XXX°. octavo, mense novembris.

CCIX.

De uno sextario bladi super terram de Ororio Decani (1).

Décembre 1238.

Universis presentes litteras inspecturis, officialis archidiaconi Dunensis, salutem in Domino. Noveritis quod Herenburgis, relicta defuncti Andree de Paroi, in nostra presentia constituta, dedit et in perpetuam elemosinam concessit pauperibus Domus Elemosinarie de Castroduno, unum sextarium bladi redditus annui super terram suam de Ororio Decani, in feodo Hugonis de Cloia, armigeri, sitam, per manum illius qui dictam terram de cetero possidebit, dictis pauperibus in festo sancti Remigii annuatim persolvendum. In cujus rei testimonium et munimen, ad petitionem dicte relicte, dictis pauperibus presentes dedimus litteras sigilli nostri munimine roboratas. Auctum anno Domini M°.CC°.XXX°. octavo, mense decembris.

CCX.

De quadam rupe in Cuneo Asinorum, in censiva Prioris de Chamarcio (2).

Février 1239.

Universis presentes litteras inspecturis, R. gerens vices decanatus Castriduni, salutem in Domino. Noveritis quod Guillermus Turiau, et

---

(1) Copies du xiii° siècle, A. 3, n° 70 ; du xviii°, A. 8, n° 86.
(2) Copies du xiii° siècle, A. 3, n° 96 ; du xviii°, A. 8, n° 100.

Ascelina, uxor ejus, in jure coram nobis constituti, recognoverunt quod magister et fratres Domus Elemosinarie Castriduni, jamdiu est sibi vendiderunt quamdam rupem in Cuneo Asinorum, in censiva prioris de Chamarcio sitam, pro sex libris dunensium jam solutis, tali vero conditione interposita, quod medietas dicte rupis post decessum utriusque Guillermi et Asceline ad dictam Domum Elemosinarie devoluetur. Dicti etiam Guillermus et Ascelina medietatem alterius medietatis, dictis magistro et fratribus dederunt et in puram et perpetuam elemosinam concesserunt, ita tamen, quod ille amborum qui supravixerit istam partem tota vita quiete et pacifice possidebit. De quarta medietate remanente, dicta Ascelina in presenti et in futuro suam poterit facere plenarie voluntatem. In cujus rei testimonium et munimen, ad petitionem supradictorum G. et A. dictis magistro et fratribus presentes dedimus litteras sigillo nostro sigillatas. Datum anno Domini M°.CC°. tricesimo nono, mense februario.

CCXI.

De quoddam herbergamento apud Villam Episcopi (1).

Mars 1239.

Universis presentes litteras inspecturis, officialis archidiaconi Dunensis, salutem in Domino. Noverint universi quod Adam de Bardilleriis, miles, et Philippa ejus uxor, in nostra presentia constituti, recognoverunt se vendidisse ad usus et consuetudines Dunenses, magistro et fratribus Domus Elemosinarie Castriduni, quoddam herbergamentum suum cum pertinentiis et appendiciis suis situm apud villam que dicitur Villa Episcopi, juxta domum magistri et fratrum ibidem sitam, pro pretio quinquaginta librariis turonensium, de quibus ipsi Adam et Philippa, ejus uxor, coram nobis gratum suum recognoverunt se habuisse a predictis magistro et fratribus in pecunia numerata. Promittentes fide interposita et sub pena sexaginta librarum dunensium, scilicet : dicti Adam et Philippa ejus uxor, de voluntate ejusdem Philippe et assensu ejus mariti, videlicet ipsa Philippa quod neque jure dotalicii vel alio jure, et ipse A. aliquo jure in dicto herbergamento et pertinentiis seu etiam appendiciis nichil juris de cetero reclamarent; nec ipsos magistrum et fratres, vel eorumdem successores vel etiam detinentes illud ab eisdem magistro et fratribus supradictis rebus venditis, in posterum per se, vel per alios molestarent. Immo dictum herbergamentum cum pertinentiis et appendiciis eisdem ma-

(1) Copies du xvii° siècle, A. 7, n° 61 ; du xviii°; A. 8, n° 189.

gistro et fratribus et suis successoribus ad predictos usus et consuetudines bona fide contra omnes garandirent. Guillotus siquidem, eorumdem Ade et Philippe filius primogenitus, et Henricus clericus, Robinus, Adam, Johannes, Alicia et Katherina dictorum Ade patris et Philippe ejus uxor liberi, venditionem istam voluerunt, concesserunt et approbaverunt et etiam laudaverunt. Promittentes, fide interponita sub pena superius nominata, scilicet : Adam de Onenvilla et Alicia ejus uxor, de voluntate et assensu ipsius Ade ejus mariti, et omnes alii liberi superius nominati, quod contra venditionem istam de cetero per se, vel per alias personas non venirent, nec in predicto herbergamento et pertinentiis seu etiam appendiciis, aliquod juris in posterum reclamarent, nec etiam super predictis ipsos magistrum et fratres, vel eorum successores, vel alios detentores causam vel occasionem habentes a magistro et fratribus aliquatenus molestarent. Immo predicta ad predictos usus et consuetudines dunensium dictis emptoribus et suis successoribus contra omnes garandirent. Et pro hac venditione perficienda et habenda quiete et pacifice in posterum possidenda et tenenda a magistro et fratribus et eorum successoribus, ipsi magister et fratres septem libras dunensium quas dicti Adam et Philippa ejus uxor eisdem ex causa mutui debebant, et septem solidos annui redditus quos magister et fratres percipiebant et percipere consueverant apud Jumeaus, et duos sextarios bladi tensamenti quos similiter percipiebant ipsi magister et fratres super domum dictorum A. et Ph. sitam apud dictam villam juxta columbarium, sepedictis Ade et Philippe ejus uxor, et eorum liberis remiserunt, et ipsos A. et Ph. et eorum liberos de predictis penitus quitaverunt pacifice et quiete de cetero tam duos sextarios tensamenti quam septem solidos annuos a dictis Adam et Philippa ejus uxor, et eorumdem liberi, jure hereditario possidendos. Preterea, inter predictos A. et Ph. ejus uxor, ex una parte, et magistrum et fratres ex altera, occasione dicte venditionis super duabus ouchiis terre sitis inter domum venditam et domum aliam que est sita prope columbarium quem possident adhuc dicti Adam et Philippa et eorum liberi, talis commutatio intercessit, videlicet : quod magister et fratres in perpetuum ouchiam que vicinior est vel propinquior domui vendite et dicti A. et Ph. ejus uxor, et eorum liberi aliam ouchiam qui similiter vicinior et propinquior est domui dictorum Ade et Ph. possidebunt et tenebunt. Prenominati siquidem Adam et Ph. ejus uxor, et eorum liberi promiserunt scilicet quilibet, sub religione fidei sue jam prestite, et sub pena superius apposita, quod a dominis feodalibus seu censualibus venditionem istam et commutationes factas a partibus prout facte sunt, quotienscumque ipsi domini feodales seu censuales ad etatem legitimam pervenirent, concedi facerent et laudari ita quod ipsi domini super hiis que dicti magister [et fratres] possident et detinent, nichil in posterum reclamarent. Insuper additum fuit inter dictas partes huic venditioni et commutationi quum Gaufridus, Philippus et Alicia, filii dictorum Ade patris et Ph. minores ad etatem legitimam venirent, quod predictas venditionem et commutationem concederent et laudarent et quod quidquid juris haberent vel habere possent in eisdem rebus venditis et commutatis dictis magistro et fratribus quitarent pacifice et quiete possidendis, et ad hoc faciendis dicti Philippa et ejus omnes predicti liberi, fide data sub predicta pena obligaverunt erga magistrum et fratres antedictos, nichilominus obligantes quantum ad hoc omnia bona sua presentia et futura. Et si contingeret quod domini feodales vel censuales, quando ad etatem legitimam pervenirent, nollent res supradictas concedere et laudare pro ut superius est expressum, voluerunt et concesserunt dicte partes et ad hoc specialiter se obligaverunt coram nobis, quod dicta Philippa et eorum liberi pro pena sexaginta libras ex una parte et quinquaginta et septem libras et septem solidos annui redditus et duos sextarios bladi pro tensamento et ouchiam terre quam prius possidebant dicti magister et fratres, eisdem magistro et fratribus vel eorum successoribus integre et sine diminutione aliqua restituere tenebuntur. De omnibus istis conventionibus supradictis, pro ut in singulis articulis continetur, firmiter fideliter et inviolabiliter observandis et sub predicta pena sexaginta librarum dunensium constituerunt se plegios erga predictos magistrum et fratres, videlicet : Robertus de Chaverneyo, Gaufridus de Morenvilla Marcherenvilla, Goherius de Tallepie, Hugo de Talleple, Reginaldus de Moresvilla, Hugo de Peseriz, Girardus de Peseriz, Johannes de Gaudonvilla, Philippus de Roulliez, Rogerius Bignon, milites, Guillermus de Chantemelle, armiger, quibus in solidis (*sic*) qui dicti plegii supposuerunt se quantum ad hoc juriditioni nostre : renunciantes omni exceptioni et privilegio coherenti (*sic*) vel persone, fide corporali prestita in manu nostra ab eisdem. In cujus rei memoriam et testimonium, ad petitionem dictarum partium et liberorum scilicet illorum qui fidem dederunt et fidejussorum supradictorum, presentes litteras fecimus conscribi et sigilli nostri munimine roborari. Actum apud Bonamvallem anno Domini M°. ducentesimo tricesimo nono, mense martio.

CCXII.

De quinque solidis super furnum Boelli apud Carnotum (1).

.Mars 1239.

Ego, Raginaldus de Oyrevilla, miles, notum facio omnibus tam futuris quam presentibus, quod ego, pro amore Dei, et remedio anime mee, et

---

(1) Copies du xiii° siècle. A. 3, n° 72, et A. 6, n° 46; du xviii°, A. 8, n° 87.

parentum, et antecessorum meorum, quinque solidos carnotenses redditus annui quos Letgardis, bone memorie, quondam uxor defuncti Goherii de Laneriaco, militis, pauperibus infirmis Domus Elemosinarie Castriduni in perpetuam contulit elemosinam in furno Buelli, apud Carnotum, annuatim infra octavos Omnium Sanctorum, quicumque prefatum furnum tenuerit, quiete, libere et pacifice, in perpetuum possidendos concessi, et eamdem elemosinam prefatis pauperibus garandire manucepi. Quod ut in perpetuum stabile maneret ac firmum, litteris meis commendavi et sigilli mei munimine presenti confirmavi. Actum apud Castrumdunum, anno Domini M°.CC°.XXX°. nono, mense martio.

CCXIII.

De decima de Villa Episcopi a Guillermo Callart propria emptione comparata (1).

8 avril 1239.

Officialis archidiaconi Dunensis, universis presentes litteras inspecturis, salutem in Domino. Noveritis quod Guillermus Collart et Martha, uxor ejus, in nostra presentia constituti, dederunt et in puram et perpetuam elemosinam concesserunt magistro et fratribus Domus Elemosine Castriduni quidquid habebant in decima de Villa Episcopi et sexdecim denarios censuales quos habebant apud Villam in Blado, dictis magistro et fratribus in perpetuum quiete et libere possidendos : ita tamen quod dictus Guillermus dictos sexdecim denarios censuales quamdiu vixerit percipiet; post ipsius Guillermi obitum, ad dictam domum pro elemosina quiete et pacifice, eodem termino quo dictus Guillermus percipiebat, reddituros. Dicta vero Martha quidquid in dictis decima et denariis habebat vel habere poterat, ratione dotis sive dotalicii, vel alio quoquo modo, fide prestita in manu nostra a dicta Martha de non reclamando, dictis magistro et fratribus quitavit penitus et dimisit. Dicti vero magister et fratres per hujusmodi elemosine concessionem dederunt sexaginta solidos dunenses de pictansia dicte domus elemosinarie Marthe superius nominate. In cujus testimonium et munimen, ad petitionem dictorum Guillermi et Marthe, dictis magistro et fratribus presentes dedimus litteras sigilli nostri munimine roboratas. Actum apud Castrumdunum anno Domini M°.CC°.XXX°. nono, die veneris, octava die mensis aprilis.

(1) Copies du XIII° siècle, A. 3, n° 75; du XVII°, A. 7, n° 68; du XVIII°, A. 8, n°s 88 et 191.

CCXIV.

De octo sextariis, tam bladi quam avene, ex dono Gaufridi de Favellis (1).

Avril 1239.

Ego, Giraldus de Carnoto, miles, notum facio omnibus tam futuris quam presentibus, quod ego, pro remedio anime mee et antecessorum meorum, octo sextaria tam bladi quam avene que Gaufridus de Favellis, armiger, vendidit pro precio quindecim librarum turonensium jam sibi solutarum, magistro et fratribus Domus Elemosine de Castroduno, eisdem magistro et fratribus annuatim in festo sancti Remigii a Juliana, relicta defuncti de Laneriaco, quondam militis, nunc defuncti, apud Castrumdunum suis propriis sumptibus persolvenda, sepedictis magistro et fratribus, garantire manucepi. Solvendo michi et meis heredibus sex denarios dunensium censuales a dictis magistro et fratribus in eodem festo Remigii apud Castrumdunum, ubi census mei fuerint soluti persolvendos, et nisi dicta Juliana vel sui heredes dicta octo sextaria dictis magistro et fratribus annuatim in dicto termino persolverent, ego vel heredes mei, bona fide, tanquam dominus feodi, teneremur garandire. In cujus testimonium et munimen, ad petitionem dictarum partium, presentes litteras sigilli mei munimine confirmavi. Actum apud Castrumdunum, anno Domini M°. CC°. tricesimo nono, mense aprilis.

CCXV.

u dam vinea apud Libovillam (2).

Mai 1239.

Universis presentes litteras inspecturis, Officialis archidiaconi Dunensis, salutem in Domino. Noveritis quod Odo Poret, et Beatrix, ejus uxor, coram nobis constituti, Johanne, nepote Odonis, volente et concedente, recognoverunt se vendidisse pro precio centum et quinque solidis dunensibus, de quibus tenuerunt se pro pagatis coram nobis, magistro et fratribus domus elemosine de Castroduno, unum quarterium vinee, in censiva dicte domus elemosine apud Libovillam situm. Promittentes, fide prestita corporali in manu nostra a predictis Odone et Beatrice, quod in dicto quarterio, per se vel per alios nichil de cetero reclamarent. Immo contra omnes, ad consuetudines dunensis patrie, dictum quarte-

---

(1) Copies du XIIIe siècle, A. 3, n° 90, et A. 6, n° 50.
(2) Copies du XIIIe siècle, A. 3, n° 78 ; du XVIIe, A. 7, n° 128 : du XVIIIe, A. 8, n° 90.

rium dictis magistro et fratribus pro posse suo garandizabunt. Dicta vero Beatrix, fide prestita corporali, de non reclamando quidquid juris ratione dotis, sive dotalicii, vel alio quoquomodo in dicto quarterio habebat vel habere poterat, dictis magistro et fratribus penitus quitavit et dimisit. In cujus rei testimonium et munimen, ad petitionem dictarum partium, istas presentes dedimus litteras sigilli nostri munimine roboratas. Datum anno Domini M° CC° XXX° nono, mense maio.

CCXVI.

Iterum de octo sextariis tam ybernagii quam avene apud Valerias super Coniam (1).

Mai 1239.

Universis presentes litteras inspecturis, Officialis archidiaconi Dunensis, salutem in Domino. Noverint universi quod cum Juliana, relicta defuncti Gaufridi de Laneriaco, quondam militis, teneretur reddere singulis annis octo sextaria tam ybernagii quam avene de annuo redditu sito in terra dicte domine de Valeriis, in feodo Giraldi de Carnoto, militis, Gaufrido de Favellis pro decima dicte terre sic admodiata a tempore cujus non exstat memoria, sicut coram nobis confessi sunt, dictus Gaufridus et dicta domina, dictum redditum bladi et avene vendidit dictus Gaufridus, magistro et fratribus domus elemosinarie de Castroduno, precio quindecim libris turonensibus jam solutis eidem coram nobis et eamdem venditionem concessit et voluit Radulfus de Bouferi, miles, et tam dictus miles quam dictus Gaufridus, fide corporali prestita in manu nostra, dictam venditionem se firmiter tenere et inviolabiliter observare erga dictos magistrum et fratres se astrinxerunt. Dicta etiam Juliana, coram nobis constituta, voluit expresse et concessit ad petitionem dicti Gaufridi, se teneri solvere et reddere singulis annis in perpetuum, dictam bladi et avene summam dictis magistro et fratribus tempore messium apud Castrumdunum, et dictus Gaufridus eamdem de dicto redditu quitavit Julianam. Quod ut ratum permaneat et stabile in futurum, ad petitionem tam dicti Gaufridi, quam dicte Juliane, presentes litteras dictis magistro et fratribus dedimus et concessimus sigilli nostri munimine roboratas. Actum anno Domini M°. CC°. tricesimo nono, mense maio.

(1) Copies du XIII° siècle, A 8, n° 89; du XVII°, A. 7, n° 156; du XVIII°, A. 8, n° 291.

CCXVII.

De octo sextariis tam bladi quam avene apud Valerias super Coniam (1).

Juin 1239.

Universis presentes litteras inspecturis, Officialis archidiaconi Dunensis, salutem in Domino. Noveritis quod Gaufridus de Favellis, armiger, in nostra presentia constitutus, Radulpho de Bouferi, milite, et Ysabella, ejus uxore, laudantibus et concedentibus, recognovit se vendidisse, pro precio quindecim librarum turonensium jam sibi solutarum, magistro et fratribus domus elemosinarie Castriduni, octo sextaria tam bladi quam avene annui redditus, que sextaria Juliana, relicta defuncti Gaufridi de Laneriaco quondam militis, debebat dicto Gaufrido armigero, apud Castrumdunum tempore messium annuatim persolvenda, pro quadam decima terre dicte Juliane apud Valerias super Conniam sita, a tempore cujus non exstat memoria, sic apreciata prout recognoverunt coram nobis dictus Gaufridus et dicta Juliana, quem videlicet redditum dictus Gaufridus, armiger, a Giraldo de Carnoto milite in feodo tenebat ut dicebat et in litteris dicti Giraldi inspeximus. Promisit insuper dictus Gaufridus, fide prestata corporali in manu nostra, quod in dictis octo sextariis nichil de cetero reclamaret. Immo dictis magistro et fratribus bona fide ad usus et consuetudines dunensis patrie, dictos octo sextarios garantizaret, et si qui etiam juris in sepedictis octo sextariis supradictis Radulphus et Ysabella, uxor ejus, habebant vel habere poterant, illud amore Dei et ob preces dicti Gaufridi penitus quitaverunt et dictis magistro et fratribus, fide prestita corporali in manu nostra, ab eisdem Radulpho et Ysabella de non reclamando, in perpetuum possidere concesserunt. Promittentes quod venditionem istam ab heredibus suis benigne et sine difficultate aliqua coram nobis quitari facient et concedi quotiescumque super hoc fuerint requisiti prout singuli ad plenam et perfectam excreverint etatem. In cujus rei testimonium et munimen, ad petitionem dictorum, fecimus presentes litteras sigilli nostri munimine roborari. Actum anno Domini M°.CC° tricesimo nono, mense junio.

---

(1) Copies du XIII° siècle, A. 3, n° 88 ; du XVII°, A. 7, n° 154 ; du XVIII°, A. 8, n° 94.

CCXVIII.

Iterum de octo sextariis tam ybernagii quam avene apud Valerias super Coniam (1).

Juin 1239.

Ego Radulphus de Bouferi, miles, notum facio omnibus tam futuris quam presentibus, quod ego concedo, laudo et aprobo venditionem quam Gaufridus de Favellis, armiger, fecit magistro et fratribus domus elemosine de Castriduno de octo sextariis tam ybernagii quam avene, pro precio quindecim librarum turonensium, jam sibi solutarum, que sextaria Juliana, relicta defuncti Gaufridi de Laneriaco, quondam militis, debebat dicto Gaufrido de annuo redditu apud Castrumdunum, a dicta Juliana et suis heredibus tempore messium annuatim persolvendis, pro quadam decima terre dicte Juliane apud Valeriam super Coniam sitam, a tempore cujus non exstat memoria sic apreciata, quem videlicet redditum dictus Gaufridus a Giraldo de Carnoto, milite, in feodo tenebat, et si quidquid juris in eodem redditu habebam vel habere poteram, illud, amore Dei, et ob preces dicti Gaufridi, Ysabella, uxore mea, Philipo, filio meo, et Johanna, filia mea, laudantibus et concedentibus, penitus quito a dictis magistro et fratribus, fide prestita corporali in manu dicti magistri a me ipso, de non reclamando in perpetuum possidere concedo. Promittens quod venditionem istam ab heredibus meis benigne et sine difficultate aliqua coram judice ordinario quitari faciam et concedi quotiescumque super hoc fuero requisitus, prout singuli ad plenam et perpetuam excreverint etatem. In cujus rei testimonium et munimen, ad petitionem dicti Gaufridi, dictis magistro et fratribus presentes dedi litteras sigilli mei munimine roboratas. Actum anno Domini M°.CC°.XXX°. nono, mense junio.

CCXIX.

De quatuordecim denariis censualibus apud Libovillam (2).

Juillet 1239.

Universis presentes litteras inspecturis, Officialis archidiaconi Dunensis, salutem in Domino. Noveritis quod Raginaldus de Fonte, miles, in nostra presentia constitutus, dedit et in puram et perpetuam elemo-

---

(1) Copies du XIII° siècle, A. 3, n° 87; du XVII°, A. 7, n° 155; du XVIII°, A. 8, n° 93.
(2) Copies du XIII° siècle, A. 3, n° 91; du XVII°, A. 7, n° 129; du XVIII°, A. 8, n° 95, et B. 278.

sinam concessit magistro et fratribus domus elemosine de Castroduno, quatuordecim denarios censuales quos Gaufridus Chapeacol de Libovilla debebat eidem Raginaldo pro quadam terra apud Libovillam sita. Dedit etiam dictus Raginaldus quidquid in dictis quatuordecim denariis habebat vel habere poterat ratione feodi, sive dominii, vel alio quoquomodo, et quidquid ad dictum censum pertinet, dictis magistro et fratribus in perpetuum habendum et pacifice percipiendum. In cujus rei testimonium et munimen, ad petitionem sepedicti R. militis, supradictis magistro et fratribus presentes dedimus litteras sigilli nostri munimine roboratas. Actum apud Castrumdunum, anno Domini M°. CC°. trigesimo nono, mense julio.

CCXX.

De pace composita inter Dominum Montigniaci et Hugonem de Cloia (1).

Septembre 1239.

Ego Gaufridus, vicecomes Castriduni, omnibus presentes litteras inspecturis, notum facio quod cum contentio verteretur inter virum nobilem Hugonem Montigniaci dominum, ex una parte, et Hugonem de Cloia, armigerum, ex altera, super hoc quod dictus dominus Montigniaci dicebat se habere justitiam sanguinis, latronis et duelli, in domaigne quod dictus Hugo de Cloia tenebat in feodo a predicto domino Montigniaci apud Bomevillam in domaigne dicto, Hugone de Cloia hoc negante. Tandem de bonorum virorum consilio fuit inter dictas partes compositum in hunc modum, quod dictus Hugo de Cloia quitavit et concessit dicto domino Montigniaci et heredibus suis in perpetuum predictam justitiam in dicto domaigne, salva justitia simplici Hugoni de Cloia et heredibus suis in domaigne superius nominato, ita tamen quod dictus Dominus Montigniaci garennam in dicto domaigne nullatenus habebit. Dictus vero Montigniaci dominus quitavit dicto Hugoni de Cloia et heredibus suis in perpetuum stagium quod debebat ei apud Montigniacum pro quindecim diebus garde apud Montigniacum faciende. In cujus rei testimonium et munimen presentes litteras sigilli mei munimine roboravi. Datum anno Domini M°. CC°. XXX°. nono, mense septembris.

(1) Copie du xiii° siècle, A. 3, n° 80.

CCXXI.

De quadam domo in Burgo Comitis, apud Castridunum (1).

Janvier 1240.

Universis presentes litteras inspecturis, Officialis archidiaconi Dunensis, salutem in Domino. Noveritis quod Guillermus Lecordier et Gilleta, uxor ejus, in presentia nostra constituti, dederunt et irrevocabiliter concesserunt in puram et perpetuam elemosinam magistro et fratribus domus elemosine Castriduni et fratribus etiam et pauperibus in eadem domo commorantibus, quamdam suam domum in burgo comitis, apud Castrumdunum sitam. Ita tamen quod dicti Guillermus et Gilleta, dictam domum quamdiu vixerint, pacifice possidebunt. Post vero ipsorum obitum ad dictam domum elemosinarie quiete et integre revertetur. Promiserunt insuper dicti Guillermus et Gilleta, fide prestita corporali in manu nostra, quod de dicta domo in detrimentum dicte domus elemosine aliud minime facerent de cetero testamentum. In cujus rei testimonium et munimen, ad petitionem sepedictorum Guillermi et Gillete, ejusdem uxoris, dictis magistro et fratribus, presentes dedimus litteras sigilli nostri munimine roboratas. Actum anno Domini M°. CC°. quadragesimo, mense januarii.

CCXXII.

De quadam plancha orti juxta Lidum (2).

Juin 1240.

Universis presentes litteras inspecturis, Officialis archidiaconi Dunensis, salutem in Domino. Noveritis quod Galterius de Ruella, et Cara uxor sua, in nostra presentia constituti, dederunt et in puram et perpetuam elemosinam concesserunt magistro et fratribus domus elemosine Castridunensis, quamdam plancham orti juxta Lidum in censiva Prioris Sancti Sepulcri de Castroduno, prope plancham Petri Prime sitam. In cujus rei testimonium et munimen, ad petitionem dictorum Galterii et ejus uxoris, dictis magistro et fratribus, presentes dedimus litteras sigilli nostri munimine roboratas. Actum anno Domini M°. CC°. quadragesimo, mense junio.

(1) Copies du XIII° siècle, A. 3, n° 86; du XVIII°, A. 8, n° 92.
(2) Copies du XIII° siècle, A. 3; n° 84; du XVIII°, A. 8, n° 253.

CCXXIII.

De quinque pictevinis dunensibus super plateam apud Castridunum (1).

Juin 1240.

Universis presentes litteras inspecturis, magister Thomas, gerens vices decanatus Bonevallensis, salutem in Domino. Noveritis quod Gaufridus de Arroto, armiger, in nostra presentia constitutus, dedit et in puram et perpetuam elemosinam concessit magistro et fratribus domus elemosine Castriduni quinque pictevinas dunenses censuales super platea defuncti Radulphi le Mintier juxta Magnum Vicum, infra muros Castriduni sita, easdem magistro et fratribus assignatas annuatim capiendas. In cujus rei testimonium et munimen ad petitionem dicti armigeri, dictis magistro et fratribus presentes dedimus litteras sigillo nostro sigillatas. Datum anno Domini M°.CC°. quadragesimo, mense junio.

CCXXIV.

Item de eodem (2).

Juillet 1240.

Universis presentes litteras inspecturis, G. gerens vices [decanatus] Dunensis in Pertico, salutem in Domino. Noveritis quod Odo de Aroto, armiger, coram nobis constitutus, pro remedio anime sue, voluit et concessit donationem quinque pictevinarum in annui census super plateam defuncti Radulphi le Mintier sitarum. Quam donationem Gaufridus de Arroto, armiger, frater dicti Odonis, fecerat elemosine Castriduni, et tanquam dominus feodi manucepit garandire. Datum anno Domini M°. CC°. XL°. mense julio.

CCXXV.

De Libovilla (3).

Août 1240.

Universis presentes litteras inspecturis, Officialis archidiaconatus Dunensis, salutem in Domino. Noveritis quod cum magister et fratres

---

(1) Copies du XIII° siècle, A. 3, n° 98; du XVIII°, A. 8, n° 101.
(2) Copies du XIII° siècle, A. 3, n° 97; du XVII°, A. 7, n° 46.
(3) Copie du XVII° siècle, A. 7, n° 130.

domus Dei de Castroduno peterent a Nicholao, quondam filio defuncti Odonis Nafreit de Libovilla, centum solidos dunenses ea ratione quod possidebat hereditagium defuncti Andree de Libovilla, in censiva dictorum magistri et fratrum situm, super quod dicti centum solidi debebantur eisdem magistro et fratribus ut dicebant ex debito dicti Andree nunc defuncti, compositum in hunc modum coram nobis inter ipsos magistrum et fratres et dictum Nicholaum per finale compositum : quod dictus Nicholaus recognovit se debere sepedictis magistro et fratribus sexaginta et septem solidos dunenses de quibus septem solidis tenuerunt se pro pagatis dicti magister et fratres coram nobis, de reliquis vero sexaginta solidis tenetur dictus Nicholaus solvere dictis magistro et fratribus annuatim in festo sancti Remigii decem solidos, donec dictum debitum fuerit plenarie persolutum. Dedit coram nobis dictus Nicholaus in contraplegium de supradicto debito in dictis terminis persolvendo, duas partes dicti hereditagii quas ante dicto Nicholao quitaverunt coram nobis dicti magister et fratres pro dicta conventione in perpetuum possidendas. Et dictus Nicholaus reliquam tertiam partem dicti hereditagii eisdem magistro et fratribus similiter quitavit in perpetuum penitus ac dimisit. In cujus rei testimonium et munimen, ad petitionem dicti Nicholai, dictis magistro et fratribus presentes dedimus litteras sigilli nostri munimine roboratas. Actum anno Domini M°. CC°. quadragesimo, mense augusti.

CCXXVI.

De duobus modiis ybernagii in molendino de Varenna, et de dimidio modio in molendino Novo, inter Fontes et Curiam Alani (1).

Septembre 1240.

Universis presentes litteras inspecturis, G. gerens vices decanatus Dunensis in Pertico, salutem in Domino. Noveritis quod cum magister et fratres domus Dei de Castroduno peterent in jure coram nobis a Gaufrido Galteri sex modios ybernagii de tempore preterito pro redditu quem ipsi habent annuatim, videlicet, in molendino de Varenna duos modios, et in molendino Novo, inter Fontes et Curiam Alani, sito, dimidium modium, de quibus sex modiis dictus Gaufridus constituit se principalem debitorem ad mandatum et instantiam defuncti Odonis Bourrelli, militis, quondam domini Curie Alani, erga dictos magistrum et fratres de voluntate supradictorum Gaufridi, magistri et fratrum, pro dicto Odone ; et dicti magister et fratres traxissent in curiam dictum Gaufridum Galteri coram judice ordinario et ab eodem coram quo super hoc conveniebatur...

(1) Copie du XVII° siècle, A. 7, n° 140.

fuisset dedisset que eisdem dictus Gaufridus plegios de dicto blado reddendo, videlicet: Robertum de Ville, Petrum Sergant, Hugonem Daudibon, Teurricum de Corbichet, et etiam dicti magister et fratres traxissent in curiam dictos plegios coram nobis, die jovis in vigilia beati Mathei apostoli. Eodem die comparuit coram nobis Odo Borrelli, armiger, modo Curie Alani dominus, offerens se deffensorem esse plegiorum supradictorum. Et tunc eodem die bonorum virorum consilio mediante, compositum fuerit inter ipsos magistrum et fratres ex una parte, et dictum deffensorem ex altera, coram nobis in hunc modum quod dictus armiger qui dicebat se esse deffensorem dictorum plegiorum recognovit se debere dictis magistro et fratribus tam pro se quam pro defuncto Odone, quondam patre suo, quatuordecim modios ybernagii tam pro tempore preterito quam pro duobus annis seriatim profuturis, Promittens, fide prestita corporali in manu nostra, quod de dictis quatuordecim modiis solveret sepedictis magistro et fratribus quatuor modios ybernagii infra nathalis Domini proxime venturam, et infra duos annos sequentes, videlicet: a natale Domini, anno revoluto, quinque modios et in secundo anno, similiter revoluto, ad natale Domini quinque modios, donec debitum dictis magistro et fratribus fuerit plenarie persolutum, pro ut dictum est. De istis autem conventionibus firmiter et fideliter observandis, dedit dictus armiger plegios dictis magistro et fratribus, videlicet: Johannem Putoys, Petrum Sergant, Hugonem Daudibon, Hugonem Tuimen, qui se astrinxerunt erga dictos magistrum et fratres per fidem in manu nostra prestitam corporalem. Actum anno Domini M°. CC°. quadragesimo, die jovis supradicta, mense septembris.

CCXXVII.

De Broisia prope Castridunum (1).

Novembre 1240.

Universis presentes litteras inspecturis, Officialis archidiaconi Dunensis, salutem in Domino. Noveritis quod Stephanus de Bona Valle in nostra presentia constitutus, recognovit se donasse magistro et fratribus domus elemosine Castriduni, quartam partem quoddam sextarii terre quem habebat juxta Broisiam prope Castrodunum pro reconpensatione decime ejusdem terre site in decima dictorum magistri et fratrum. Timens decimam dicte terre eisdem a se per antecessoribus suis fuisse redditam minus bene, et ejusdem terre residuum sepedictis magistro et fratribus vendidisse precio quadraginta septem librarum dunensium

(1) Original, B. 103.

de quibus coram nobis se tenuit pro pagato, et promisit idem Stephanus, quod si minus quam octo sextarios essent in dicta terra tantum eisdem magistro et fratribus dimitteret de dicto precio quantum esse minus octo sextarios in dicta terra notum esset. Hanc autem donationem et venditionem voluerunt et concesserunt tam dictus Stephanus quam uxor sua Matildis et Nicholaus et Robertus, fratres ejusdem Stephani, et ad usus et consuetudines Castriduni se servare et defendere fide corporali prestita in manu nostra, dictis magistro et fratribus promiserunt. Et quidquid juris predicta Matildis uxor dicti Stephani in dicta terra habebat ratione dotalicii vel alia, predictis magistro et fratribus spontanea et libenter in perpetuum quitavit. In cujus rei testimonium et munimen, ad petitionem omnium supradictorum istas presentes litteras dictis magistro et fratribus sigillo nostro dedimus roboratas. Datum anno Domini M . CC°. quadragesimo, mense novembri.

CCXXVIII.

De quadam domo in Bretonnia Castriduni (1).

Novembre 1240.

Universis presentes litteras inspecturis, Officialis archidiaconi Dunensis, salutem in Domino. Noveritis quod Robertus de Marois et Libergis, uxor ejus, in nostra presentia constituti, dederunt et in puram et perpetuam elemosinam concesserunt, magistro et fratribus domus elemosine Castriduni, quamdam domum cum quamdam plateam, in censiva Guillelmi de Villa Armoi, armigeri, in Bretonnia Castriduni sitas. Que domus nuncupatur domus defuncti Willelmi le Lemier, quam domum, dicti Robertus et Libergis, uxor ejus, emerant a dictis magistro et fratribus, precio quatuor librarum dunensium jam solutarum. Ita tamen, quod supradicti Robertus et Libergis, uxor ejus, dictam domum cum dictam plateam quamdiu vixerint, quiete, libere et pacifice possidebunt. Post videlicet ipsorum duorum obitum sine reclamatione eorumdem heredum ad dictam domum elemosinariam quiete et integre redituram. In cujus rei testimonium et munimen, ad petitionem sepedictorum Roberti et Libergis, ejus uxoris, dictis magistro et fratribus, presentes dedimus litteras sigilli nostri munimine roboratas. Datum anno Domini M°. CC°. XL°., mense novembris.

(1) Copies du xiii° siècle, A. 3, n° 95; du xviii°, A. 8, n° 99

CCXXXIX.

De dono Johannis dicti Saradin et Ysabelle uxoris ejus (1).

Décembre 1240.

Universis presentes litteras inspecturis, Officialis archidiaconi Dunensis, salutem in Domino. Noveritis quod Iohannes dictus Saradin [et Ysabella, ejus uxor, in nostra presentia constituti, dederunt et in puram et perpetuam elemosinam concesserunt magistro et fratribus domus elemosine Castriduni et pauperibus in eadem domo jacentibus omnia bona sua mobilia et immobilia ubicumque inveniri potuerint, post tamen ipsorum duorum obitum, ad dictos magistrum et fratres et pauperes quiete libere et pacifice possidenda, salvo jure alterius, ita tamen quod de dictis bonis mobilibus et immobilibus in detrimentum dicte domus elemosine, dicti Iohannes et Ysabella aliud legatum de cetero minime potuerint ordinare. De hoc firmiter et fideliter observando, sepedicti Iohannes et Ysabella fidem in manu nostra dederunt corporalem. In cujus rei testimonium et munimen, ad petitionem Iohannis et Ysabelle dictis magistro et fratribus presentes litteras dedimus et sigilli nostri munimine roboratas. Datum anno Domini M°. CC°. XL°., mense decembris.

CCXXX.

De duobus sextariis ybernagii super terram de Laneriaco (2).

Décembre 1240.

Universis presentes litteras inspecturis, Officialis archidiaconi Dunensis, salutem in Domino. Noveritis quod cum contentio moveretur in jure coram nobis, Castriduno, inter magistrum et fratres domus Dei de Castroduno ex una parte, et Stephanum de Alneio, militem, ex altera, super duobus sextariis ybernagii quos petebant dicti magister et fratres de annuo redditu a dicto Stephano, milite, super terram suam de Laneriaco annuatim capiendos. Die jovis proxima ante nativitatem Domini, in jure coram me constitutus, dictus miles recognovit dictos magistrum et fratres dictos duos sextarios per duodecim annos jam elapsos annuatim percepisse. Volens et concedens quod supradicti magister et fratres dictos duos sextarios, pro remedio anime sue et antecessorum suorum,

---

(1) Copies du XIII° siècle, A. 3, n° 93; du XVIII°, A. 8, n° 97.
(2) Copies du XIII° siècle, A. 3, n° 94 : du XVIII°, A. 8, n°⁸ 98 et 252.

in puram et perpetuam elemosinam annuatim de cetero perciperent ac pacifice possiderent. Sepedicti vero magister et fratres unam missam de Sancto Spiritu pro supradicto milite, quamdiu vixerit, post ipsius vero obitum alteram missam pro fidelibus promiserunt se annuatim celebraturos. In cujus rei testimonium et munimen, ad petitionem dicti militis, dictis magistro et fratribus presentes dedimus litteras sigilli nostri munimine roboratas. Datum anno Domini M°. CC°. XL°., die jovis predicta, mense decembris.

CCXXXI.

Table pascale (1).

1240?

Qum cutus lune currit per I, post nonas aprilis dominica prima passca. Qum currit per II, post octo kalendarum aprilis prima dominica passca. Qum currit per III, post idus aprilis dominica prima passca. Qum currit per IIII, post quarto nonas aprilis prima dominica passca. Qum currit per V, post undecimo kalendas aprilis prima dominica passca. Qum currit per VI, post quarto idus aprilis prima dominica passca. Qum currit per VII, post tertio kalendas aprilis prima dominica passca. Qum currit per VIII°, post XIIII kalendas maii prima dominica passca. Qum currit per IX, post VII° idus aprilis prima dominica passca. Qum currit par X, post VI° kal. aprilis prima dominica. Qum currit per XI, post XVII° kal. maii prima dominica passca. Qum currit per XII°, post II nonas aprilis prima dominica passca. Qum currit per XIII, post IX° kal. aprilis prima dominica passca. Qum currit per XIIII°, post II° idus aprilis prima dominica passca. Qum currit per XV°, post kal. aprilis prima dominica passca. Qum currit per XVI, post XII° kal. aprilis prima dominica passca. Qum currit per XVII°, post V° idus aprilis prima dominica passca. Qum currit per XVIII°, post quarto kal. aprilis prima dominica passca. Qum currit per XIX, post XV° kal. maii prima dominica passca.

CCXXXII.

De quadam platea in Falperia Castriduni (2).

1240?

Ego, Maria de Escoublanc, notum facio omnibus ad quos presentes littere pervenerint, quod ego, de assensu et mandato Gaufridi de Arroto,

(1) Copie du XIII° siècle, A. 3. n° 73.
(2) Original lacéré, A. 114.

mariti mei, vendidi et concessi Stephano, dicto Culstellio, clerico, quamdam plateam in qua solebat esse pressorium meum, mo[ventem] ex hereditagio meo, sitam in Falperia Castriduni juxta plateam Michaelis Scugheri, quitam et liberam ab omni festagio et ab omnibus redditionibus, exceptis quatuor denariis censualibus a dicto Stephano vel ejus heredibus seu successoribus, michi vel meis heredibus singulis annis [persolvendis], a dicto Stephano et ejus heredibus seu successoribus quiete tenendam et pacifice in perpetuum possidendam pro centum..... [solidis jam] solutis in pecunia numerata a dicto Stephano. Renuntians circa hoc omni exceptioni non numerate et nec [solute pecunie. Promittens per fidem] meam, me contra dictam venditionem de cetero non venturam ratione hereditagii seu qualibet alia ratione [et omni exceptioni de jure vel facto. Preterea] de voluntate dicti Gaufridi, mariti mei dictam venditionem contra omnes ad usus et consuetudines dunensis patrie [manucepi garan]dire. In cujus rei testimonium et munimen, ego, de mandato dicti Gaufridi, mariti mei, dicto Stephano d[icto Culstellio pro plegio] non tantummodo personam meam sed personas heredum meorum volui obligare. Datum anno Domini M°. CC°......

CCXXXIII.

De dimidio arpento vinee in clauso de la Beate Ouri (1).

Mars 1241.

Universis presentes litteras inspecturis, Gaufridus gerens vices decanatus Dunensis in Pertico, salutem in Domino. Noveritis quod Nevelo de Chantemelle, armiger, coram nobis constitutus, concessit Gaufrido Berengier dimidium arpentum vinee in clauso de la Beate Ouri in sua censiva situm, eidem Gaufrido quiete et libere nomine elemosine Castriduni, quamdiu vixerit, possidendum, solvendo dicto Neveloni, vel suis heredibus novem denarios censuales in festo sancti Remigii annuatim. Et...... si forte contigerit pro censu non soluto. Pro qua vinea insuper dictus Gaufridus tenetur solvere confraternitati elemosine Castriduni duos modios vini singulis annis. Post vero decessum dicti Gaufridi, dicta vinea exponetur venditioni si dicto Neveloni placuerit vel suis heredibus, cujus precium confratres dicte confraternitatis percipient et habebunt ad utilitatem dicte domus elemosine ponendum magistro et fratribus sepedicte elemosine laudantibus et concedentibus. Istam vero conventionem promisit supradictus armiger se servaturum bona fide prout dictum est, si etiam dictam vineam in partem Hugonis, fratris

(1) Original, B. 111.

sui, devenire contigerit. In cujus rei testimonium, ad petitionem dicti Nevelonis, dicto Gaufrido presentes dedimus litteras sigilli nostri munimine roboratas. Datum anno Domini M°. CC°. quadragesimo primo, mense martio.

CCXXXIV.

De quadam vinea que dicitur La Guimardière (1).

Février 1242.

Universis presentes litteras inspecturis, Prior Sancti Sepulchri de Castroduno, salutem in Domino. Noveritis quod Guillermus magister, et fratres domus elemosine Castriduni, vendiderunt et concesserunt precio octo librarum dunensium jam solutarum, Michaeli dicto Manggale, et ejus uxori, quamdam vineam que dicitur la Guimardiere, partim in nostra censiva et partim in censiva Stephani de Ponte, militis, sitam, eisdem Michaeli et ejus uxori, quamdiu vixerint, quiete, libere et pacifice possidendam. Post vero dictorum Michaeli et ejus uxoris obitum, ad dictam domum elemosinariam sine contradictione aliqua redituram; ita tamen, quod sepedicti magister et fratres dictam vineam ad usus et consuetudines dunensis patrie, si nobis placuerit venditi[oni] tenebuntur. In cujus rei testimonium et munimen, ad petitionem dictorum Michaelis et ejus uxoris, dictis magistro et fratribus, presentes dedimus litteras sigilli munimine roboratas. Datum anno Domini M°.CC°.XL°. II, mense februario.

CCXXXV.

De duodecim denariis censualibus super osseam apud Duresi (2).

Mars 1242.

Universis presentes litteras inspecturis, D. Dunensis archidiaconus, salutem in Domino. Noveritis quod Stephanus de Ponte, miles, coram nobis constitutus, recognovit se dedisse et in perpetuam elemosinam concecisse magistro et fratribus domus elemosinarie de Castroduno et pauperibus in eadem domo jacentibus, duodecim denarios censuales super quamdam osseam que fuit quondam defuncti Pagani de Golleto, apud Duresi sitam, eisdem magistro et fratribus et pauperibus ab eodem qui dictam osseam de cetero possidebit, annuatim persolvendos.

(1) Copies du XIII° siècle, A. 3, n° 99; du XVIII°, A. 8, n° 102.
(2) Copie du XVIII° siècle, A. 8, n° 255.

In cujus rei testimonium et munimen, ad petitionem dicti militis, dictis magistro et fratribus et pauperibus, presentes dedimus litteras sigilli nostri munimine roboratas. Actum anno Domini 1242, mense martio,

CCXXXVI.

De Porcheronvilla (1).

1243.

Universis presentes litteras inspecturis, Officialis archidiaconi Dunensis, salutem in Domino. Noveritis quod Robertus dictus Pichon, in nostra presentia constitutus, recognovit se dedisse magistro et fratribus domus elemosinarie Castriduni in puram et perpetuam elemosinam, quartam partem omnium rerum suarum quas apud Porcheronvillam tam in terris, quam in domibus, in alodio Comitis et in censivis Templariorum Buxerie Castriduni, Monachorum de Tyron, Guillermi de Fonte, armigeri, habebat vel habere poterat, dictis magistro et fratribus in perpetuum possidendam, tali conventione apposita quod Guarinus dictus Quadrigarius super dictam elemosinam et usus dictarum rerum fructuum, quamdiu vixerit, percipiet et habebit. Dictum fuit etiam quod si aliquis esset qui diceret se esse rectorem, vel custodem, vel etiam magistrum, sive priorem ejusdem domus elemosine, dictum Guarinum pro dictis fructibus dictarum rerum in aliquo molestare presumpserit, dictam donationem in irritum revocetur. Hanc donationem voluit et concessit Matildis, uxor dicti Roberti, promittens, fide media, quod in illa donatione, ratione dotis, sive dotalicii, vel alio quoquomodo, nichil de cetero reclamabit. In cujus rei testimonium et munimen, ad petitionem dictorum Roberti et Matildis, dictis magistro et fratribus, presentes dedimus litteras sigilli nostri sigillatas. Datum anno Domini M°. ducentesimo quadragesimo tertio.

CCXXXVII.

De Porcheronvilla (2).

1243.

Universis presentes litteras inspecturis, Officialis archidiaconi Dunensis, salutem in Domino. Noveritis quod Robertus dictus Pichon, et Matil-

---

(1) Copies du xvii⁰ siècle, A. 7, n° 83; d xviii⁰, A. 8, n° 199.
(2) Copies du xvii⁰ siècle, A. 7, n° 84; du xviii⁰, A. 8, n° 200.

dis, ejus uxor, in nostra presentia constituti, recognoverunt se vendidisse precio octodecim librarum dunensium de quibus tenuerunt se pro pagatis coram nobis in pecunia numerata magistro et fratribus domus elemosine Castriduni quicquid habebant vel habere poterant apud Porcheronvillam, tam in terris, quam in domibus, in allodiis Comitis in censiva Monachorum de Tyron, sive Templariorum Buxerie Castriduni et Guillermi de Fonte, armigeri, situm, dictis magistro et fratribus quiete libere et pacifice in perpetuum possidendum. Promittentes fide corporali in manu nostra prestita, quod in supradictis rebus per se, vel per alios, nichil de cetero reclamarent. Immo sepedictis magistro et fratribus contra omnes ad usus et consuetudines dunensis patrie omnia supradicta garandirent. Dicta vero Matildis quicquid ratione dotis, sive dotalicii, vel alio quoquomodo in supradictis rebus habebat vel habere poterat fide media quitavit penitus et dimisit, tali conditione apposita, quod Guarinus dictus Quadrigarius, sunt dicte domus elemosine usum fructuum in supradictis rebus, quamdiu vixerit, quiete et libere sine conditione magistri vel fratrum dicte domus elemosine, percipiet et habebit, cujus consilio et acquisitione omnia supradicta fuerunt acquisita. Dictum fuit etiam, quod si aliquis esset in mundo, quod absit, quid esset vel diceretur se esse rectorem vel custodem vel magistrum sive priorem dicte domus elemosine dictum Guarinum pro fructibus supradictorum in aliquo molestare presumpserit, magister et fratres dicte domus elemosine dictis Roberto et ejus uxori, vel eorumdem heredibus pro pena decem librarum turonensium solvere tenebuntur, et dicto Guarino supradictas octodecim libras. De omnibus istis conventionibus firmiter et fideliter observandis, sepedicti Robertus et ejus uxor fidem corporalem in manu nostra prestiterunt. In cujus rei testimonium et munimen, ad petitionem dictorum Roberti et Matildis, dictis magistro et fratribus presentes dedimus litteras sigilli nostri munimine roboratas. Datum anno Domini M°. CC°. XL°. tertio.

CCXXXVIII.

De dono Herberti de Guerchia super lignagium de Pontibus (1).

Mars 1244.

Ego, Herbertus de Guerchia, miles, notum facio omnibus tam futuris quam presentibus, quod ego, laudantibus et concedentibus Matildi, uxore mea, Nevelone, filio meo primogenito, et aliis filiis meis, Herberto et Petro, et filiabus meis Herenburgi, Stephana et Heloysa, et meis

---

(1) Copie du xvii° siècle, A. 7, n° 17.

generis Guillelmo Gonas, Bernardo de Confons et Radulpho de Ridereit, tres solidos dunenses annui redditus quos habebam in meo redditu lignagii de Pontibus et de domina Fractevallis tenebam in feodo, amore Dei et pietatis intuitu, pro anime mee antecessorumque meorum remedio, dedi et in puram et perpetuam elemosinam concessi magistro et fratribus, Deo et pauperibus in domo elemosinaria de Castriduno servientibus. Vendidi etiam, approbantibus et concedentibus omnibus supradictis, magistro et fratribus dicte domus elemosinarie, precio centum solidorum dunensis monete jam michi solutorum in pecunia numerata, duodecim solidos dunenses annui redditus quos habebam similiter in dicto lignagio de Pontibus, et de dicta domina tenebam in feodo, eisdem magistro et fratribus, per manum ejusdem qui dictum lignagium de cetero recipiet annuatim persolvendos. Promisi etiam fide corporalia prestita, quam in dictis tribus donationis sive in duodecim venditionis solidis per me metipsum sive per interpositas personas nichil de cetero reclamarem nec supradictos magistrum et fratres de precio dictorum duodecim solidorum vel de aliqua occasione dictarum venditionis et donationis molestarem nec de cetero molestari permitterem. Immo sepedictis magistro et fratribus dictos tres donationis et duodecim venditionis solidos contra omnes ad usus et consuetudines dunensis patrie garandirem. Abrenuncians quantum ad hoc omni legis et canonis auxilio et exceptioni non numerate pecunie, et ad hec omnia firmiter et fideliter observanda, ego et Matildis uxor mea, et omnes alii supradicti tam filii quam filie et generi, nos astrinximus, per fidem corporalem prestitam erga magistrum et fratres superius nominatos. Dicta vero Matildis uxor mea, quicquid in dictis tribus donationis sive in duodecim venditionis solidis ratione dotis sive dotalicii, vel alio quoquomodo, habebat vel habere poterat quitavit et dictas donationem venditionemque concessit predicte fidei sacramentum. Insuper ego et Matildis uxor mea, Nevelo, Herbertus, Petrus, Heremburgis, Stephana, Haloys, Guillelmus, Bernardus et Radulphus sepedicti, simul omnes et singuli voluimus et concessimus, quod dicti magister et fratres dictos tres donationis et duodecim venditionis solidos cum reliquis quindecim solidis annui redditus quos idem magister et fratres multo tempore jam transacto habebant in dicto lignagio ex donatione defuncte Aaliz sororis mee, quiete, libere et pacifice, in perpetuum possiderent. Quod ut ratum et stabile sit in perpetuum, ad petitionem omnium supradictorum, sepedictis magistro et fratribus presentes dedi litteras sigilli mei munimine roboratas. Actum anno Domini M°. CC°. quadragesimo quarto, mense marcio.

CCXXXIX

De Libovilla (1).

Décembre 1245.

Universis presentes litteras inspecturis, Officialis archidioconi Dunensis, salutem in Domino. Noveritis quod Nicholaus Nafreit et Hermeniardis, ejus uxor, in nostra presentia constituti, dederunt in escambio magistro et fratribus domus elemosinarie de Castriduno quamdam domum suam cum pertinentiis quam habebant in censiva dictorum magistri et fratrum apud Libovillam sitam, pro quadam platea in cadem censiva, inter dictam domum et domum Herberti dicti Galline sita; promittentes, fide corporali in manu nostra prestita a dictis Nicholao et Hermeniardi quod in dicta domo sive in pertinentiis per se, vel per alios, nichil de cetero reclamarent. Immo dictis magistro et fratribus dictam domum cum pertinentiis ad usus et consuetudines dunensis patrie contra omnes garandizabunt. Pro dicto vero escambio, dicti magister et fratres dederunt supradictis Nicholao et Hermeniardi, ejus uxor, centum solidos dunenses et viginti denarios, de quibus tenuerunt se pro pagatis coram nobis in pecunia numerata. In cujus rei testimonium et munimen, ad petitionem dictorum Nicholai et Hermeniardis, dictis magistro et fratribus presentes dedimus litteras sigilli nostri munimine roboratas. Datum anno Domini M°. CC°. XLV°., mense decembris.

CCXL.

De quinque sextariis tam bladi quam avene in quadam decima apud Rengi (2).

Décembre 1245.

Universis presentes litteras inspecturis, Officialis archidiaconi Dunensis, salutem in Domino. Noveritis quod Stephanus de Pontibus, in nostra presentia constitutus, dedit et irrevocabiliter concessit, pro anime sue et antecessorum suorum remedio, in puram et perpetuam elemosinam magistro et fratribus domus elemosine de Castriduno et pauperibus in eadem domo jacentibus, quinque sextarios tam bladi quam avene annui redditus in quadam decima quam ipse habebat apud Rengi et nemus Sancti Petri in parrochia de Goheri de Dangeolo, et de Nicholao Malparent, armigero, in feodo tenebat singulis annis ab eodem qui dictam deci-

(1) Copies du XVII° siècle, A. 7, n° 131 ; du XVIII°, A. 8, n° 220.
(2) Original, A. 77.

mam de cetero possidebit, eisdem magistro et fratribus et dictis pauperibus persolvendos. Dimisit etiam dictus Stephanus, fide corporali in manu nostra prestita, quod in dictis quinque sextariis per se, sive per alios, nichil de cetero reclamaret. Hanc autem donationem voluit et concessit dictus Nicholaus, et ut dicti magister et fratres et pauperes sepedictos quinque sextarios in manum mortuam quiete, libere et pacifice in perpetuum possiderent. Et Odo Burrel, armiger, de cujus feodo dicto vel secundo loco movebat. In cujus rei testimonium et munimen, ad petitionem omnium supradictorum, dictis magistro et fratribus et pauperibus presentes dedimus litteras sigilli nostri munimine roboratas. Datum anno Domini M°. CC°. XL°. quinto, mense decembri.

CCXLI.

De quadam domo super cuneum Sancti Petri (1).

Mars 1246.

Universis presentes litteras inspecturis, Officialis archidiaconi Dunensis, salutem in Domino. Noveritis quod Guillelmus Blanchecote et Eremburgis, uxor sua, in nostra presentia constituti, dederunt in puram et perpetuam elemosinam magistro et fratribus domus Dei de Castroduno medietatem cujusdam domus super cuneum sancti Petri de Castroduno in censiva Bernardi de Bullo, armigeri, site. Promittentes fide corporali in manu nostra prestita quod in dicta medietate dictis magistro et fratribus donata per se, sive per alios, nichil de cetero reclamarent. Dicta Eremburgis quicquid in dicta medietate ratione dotis, sive dotalicii, vel alio quoquomodo, habebat vel habere poterat per dicte fidei dationem quitavit penitus et dimisit. Hanc donationem voluerunt et concesserunt Johannes et Ysabella eorumdem filii de non reclamando fidem corporalem in manu nostra prestantes. In cujus rei testimonium et munimen, ad petitionem omnium supradictorum, prefatis magistro et fratribus presentes dedimus litteras sigilli mei munimine roboratas. Actum anno Domini M°. CC°. quadragesimo sexto, mense martio.

(1) Original, B. 85.

CCXLII.

De duobus modiis bladi in molendino de Varenna Curie Alani (1).

Mars 1246.

Universis !présentes litteras inspecturis, Officialis Dunensis, salutem in Domino. Noveritis quod cum controversia verteretur inter magistrum et fratres domus Dei de Castroduno ex una parte, et Odonem Burrelli, de Curia Alani ex altera, super quatuor modiis et octo sextariis bladi quos dictus Odo Burrelli debebat dictis magistro et fratribus de tempore preterito ratione cujusdam modiationis duorum modiorum bladi quos habent singulis annis in molendino de Varenna Curie Alani, ex donatione defuncti Odonis Burrelli ut dicitur, quondam patris dicti Odonis, quem molendinum dictus Odo modo tenet et possidet. Tandem habito bonorum virorum consilio et tractatu ad talem pacis concordiam tenuerunt ita: videlicet; quod dictus Odo recognovit se debere dictos quatuor modios et octo sextarios de tempore jam transacto, insuper recognovit se dictam modiationem debere singulis annis dictis magistro et fratribus et se dictum molendinum tenere et possidere. Quos quatuor modios dictus Odo Burelli gagiavit reddendum in hunc modum quod cum duobus modiis quos ipse debet, pro modiatione supradicta solvet dictis magistro et fratribus octo sextarios in anno presenti et aliis singulis annis sequentibus sex sextarios similiter cum predictis duobus modiis quos dictus Odo debet pro modiatione superius assignata, quousque sit eis de predictis quatuor modiis et octo sextariis plenarie satisfactum. Insuper voluit et concessit dictus Burrellus quod pensio dictorum duorum modiorum singulis annis per molendinarium illius molendini solveretur et si contingerit alium molendinarium in predicto molendino subrogari, voluit et concessit dictus Burrellus quod molendinarius subrogatus dictam pensionem solvere teneatur. Et dictus Burrellus coram nobis promisit quod molendinarius coram nobis adduceret qui constituant se principales debitores dictis magistro et fratribus de solvenda singulis annis pensione superius prelibata, quamdiu erunt molendinarii molendini supradicti. Et nos, ad petitionem et preces dicti Odonis Burrelli, prefatis magistro et fratribus presentes dedimus litteras sigilli nostri munimine roboratas. Datum die jovis proxima ante ramos palmarum, anno Domini M°. CC°. XLVI°, mense martio.

(1) Original, B., n° 345. — Copie du xviie siècle, A 7, n° 141.

CCXLIII.

De quodam quarterio vinee apud Libovillam (1).

Mai 1246.

Universis presentes litteras inspecturis, Officialis Dunensis, salutem in Domino. Noveritis quod Cecilia la Pontele, in nostra presentia constituta, recognovit se, jamdiu est, vendidisse magistro et fratribus domus elemosine de Castroduno quoddam quarterium vinee apud Libovillam, in censiva eorumdem situm et duas pecias terre, circa duos sextarios terre semente continentes, apud Perti et Coudreium sitas, eisdem magistro et fratribus quiete, libere et pacifice in perpetuum possidendas, de quorum precio tenuit se pro pagata. Dicta vero Cecilia quicquid in dictis terris et vinea habebat vel habere poterat, ratione dotis, sive dotalicii, vel alio quoquomodo, per fidei dationem quitavit penitus et dimisit. Venditionem istam voluerunt spontanea voluntate et concesserunt filii et filie dicte Cecilie, videlicet : Johannes, Guillermus, Odo et Aremburgis per fidem corporalem super hoc ab eisdem in manu nostra prestitam, et etiam Odelina filia dicte Cecilie, soror dictorum filiorum, et dicte filie, dictam venditionem tactis sacrosanctis quitavit. Promittentes quod in supradictis rebus, per se, sive per alios, et nichil de cetero reclamarent. Immo ad usus et consuetudines dunensis patrie contra omnes garandirent. In cujus testimonium et munimen, ad petitionem supradictorum, dictis magistro et fratribus presentes dedimus litteras sigilli nostri munimine roboratas. Datum anno Domini M°. CC°. XL°. sexto, mense maii.

CCXLIV.

De nemore de Bordis, inter Bordas et Fontem Marie (2).

Juillet 1246.

Universis presentes litteras inspecturis, Officialis archidiaconi Dunensis, in Domino salutem. Noverint universi quod Herveus de Mesio, armiger, in nostra presentia constitutus, asseruit quod Ginardus Daraies tenebat in feodum quoddam nemus a Goherio de Boiers, milite, quod dicitur Nemus de Bordis, inter nemora domus elemosine Castriduni et Guillermi Allutarii et Guillermi Mansel, inter dictas Bordas et Fontem-Marie situm. Asseruit etiam quod idem Goherius tenebat nemus illud a

---

(1) Copies du xvii° siècle, A. 7, n° 132; du xviii°, A. 8, n° 221.
(2) Copie du xvii° siècle, A. 7, n° 114.

Michaele Senglier, et quod etiam dictus Michael tenebat dictum nemus a Herveo de Mesio, quondam milite, patre dicti Hervei armigeri ; asseruit etiam quod supradictus Ginardus Daraies, de assensu et voluntate dicti Goherii quondam militis et Michaelis Senglier, alienaverat et in manu mortua nemus posuerat supradictum. Supradictus vero Herveus armiger, de assensu et voluntate supradicti Hervei, patris sui, quondam militis, de cujus feodo movebat dictum nemus a dicto Ginardo Daraies, sepedictus vero Herveus armiger de assensu et voluntate Haloyse, matris sue, Petri, Johannis militis et Hugonis armigeri fratrum suorum, vendidit et irrevocabiliter concessit totum dictum nemus et quicquid in fundo terre ejusdem nemoris et in eodem nemore habebat vel habere poterat magistro et fratribus domus elemosine de Castroduno pro quinquaginta libris turonensibus, de quibus tenuit se pro pagato coram nobis in peccunia numerata, eisdem magistro et fratribus quiete libere et pacifice in perpetuum possidendum. Promiserunt etiam dicti Haloysa, Petrus et Johannes milites, Hugo armiger, et dictus Herveus, fide corporali in manu nostra ab eisdem prestita, quod in dicto nemore per se, sive per alios, nichil de cetero reclamabunt, nec dictos magistrum et fratres occasione dicte venditionis molestabunt, nec per interpositam personam facient molestari. Immo venditionem istam contra Ginardum Daraies, heredes Goherii de Boiers et Michaelem Senglier, per dicte fidei dationem, tenebuntur garandire et etiam contra omnes. Promiserunt insuper dicti Herveus, Haloysa, Petrus, Johannes et Hugo fide media ad penam quadraginta librarum turonensium quod venditionem istam fratribus et sororibus suis prout singuli ad plenam et perfectam etatem excreverint quitari facient et concedi quantum ad omnia pro ut superius sunt expressa, se et sua mobilia et inmobilia et heredes suos per supradictam fidei dationem obligantes. In cujus testimonium et munimen ad petitionem dictorum Hervei, Haloyse, Petri, Johannis et Hugonis, sepedictis magistro et fratribus presentes dedimus litteras sigilli nostri munimine roboratas. Datum anno Domini M°. CC°. quadragesimo sexto, mense julii.

CCXLV.

De nemore de Bordis, inter Bordas et Fontem Marie (1).

Juillet 1246.

Universis presentes litteras inspecturis, Petrus de Mesio, miles, salutem in Domino. Noverint universi quod Herveus, armiger, frater meus,

---

(1) Copies du XVII° siècle, A. 7, n° 112; du XVIII°, A. 8, n° 21.

de assensu et voluntate Haloyse, matris nostre, Johannis, militis, Hugonis et Guillermi, armigerorum, fratrum nostrorum vendidit et irrevocabiliter concessit totum nemus quod emerat a Ginardo Daraies, quod dicitur Nemus de Bordis, inter nemora Domus Elemosine de Castroduno et Guillelmi Alluctarii et Guillermi Mancel; inter dictas Bordas et Fontem Marie situm, et quidquid in fundo terre ejusdem nemoris et in eodem nemore habebat vel habere poterat, magistro et fratribus domus elemosine de Castroduno pro quinquaginta libris turonensibus eidem Herveo plenarie jam solutis a jamdictis magistro et fratribus quiete libere et pacifice in perpetuum possidendum. Ego vero, ad cujus feodum dictum nemus dignoscitur pertinere et etiam jamdicti Haloysa, Johannes miles, Hugo et dictus Herveus et Guillermus armigeri, fide corporali prestita, dictum nemus jamdictis magistro et fratribus contra dictum Ginardum Daraies et heredes Gohery de Boyer et Michaelem Sanglier manucepimus garandire et etiam contra omnes. Promisimus etiam, fide media, ego Petrus, et dicti Herveus, Haloysa, Johannes, Hugo et Guillermus ad penam quadraginta librarum turonensium, quod venditionem istam dictis magistro et fratribus, a fratribus et sororibus nostris quittari et concedi prout singuli ad plenam et perfectam etatem excreverint, faciemus, ad hec omnia que sunt expressa superius observanda, nos et nostra mobilia et immobilia et heredes nostros per supradictam fideidationem obligantes. In cujus rei testimonium et munimen, ad petitionem Hervei, Haloyse, Johannis, Hugonis et Guillermi, sepedictis magistro et fratribus, ego Petrus, presentes dedi litteras sigilli mei munimine roboratas. Actum anno Domini M°. CC°. XL°. sexto, mense julii.

CCXLVI.

De quinta parte nemoris de Bordis (1).

Juillet 1246.

Ego, Petrus de Mesio, miles notum facio omnibus tam futuris quam presentibus, quod Herveus, armiger, frater meus, in puram et perpetuam elemosinam pro anime Hervei de Mesio, quondam militis, patris nostri, antecessorumque nostrorum remedio, jam diu est, dedit et irrevocabiliter concessit magistro et fratribus domus elemosinarie de Castriduno quintam partem cujusdam nemoris inter Bordas et Fontem Marie sitam, quod emit a Ginardo Daraies, eisdem magistro et fratribus quiete, libere et pacifice, in perpetuum possidendam. Ego autem, ad cujus dictum feodum nemoris pertinere dignoscitur, hanc donationem volui,

(1) Copie du XVII° siècle, A. 7, n° 115.

concessi et approbavi, et sigilli mei munimine confirmavi. Katarina matre mea, Haloysa, Johanne milite, dictis Herveo, Hugone et Guilliermo, fratribus meis, volentibus et requirentibus confirmavi. Actum anno Domini millesimo CC°. quadragesimo sexto, mense julii.

CCXLVII.

De lignagio de Pontibus (1).

Août 1246.

Universis presentes litteras inspecturis, Officialis archidiaconi Dunensis, salutem in Domino. Noveritis quod Herbertus de Guerchia, miles, in nostra presentia constitutus, laudantibus et concedentibus Matildi uxore sua, Herberto et Petro eorumdem heredibus, tres solidos dunenses, annui redditus quos habebat in suo redditu lignagii de Pontibus, et de domina Fractevallis tenebat in feodo, amore Dei et pietatis intuitu, pro anime sue antecessorumque suorum remedio, dedit, et in puram et perpetuam elemosinam concessit magistro et fratribus, Deo et pauperibus in domo elemosinaria de Castriduno servientibus. Recognovit etiam dictus Herbertus, coram nobis approbantibus et concedentibus dictis Matildi, Herberto et Petro, se vendidisse magistro et fratribus dicte domus elemosinarie precio centum solidorum dunensis monete, de quibus tenuit se pro pagato coram nobis in pecunia numerata xii solidos annui redditus quos habebat similiter in dicto lignagio de Pontibus et de dicta Domina tenebat in feodo, eisdem magistro et fratribus per manum ejusdem qui dictum lignagium de cetero recipiet, annuatim persolvendos. Promisit etiam supradictus Herbertus, fide corporali in manu nostra ab eodem prestita, quod in dictis tribus donationis, sive in duodecim venditionis solidis per se, sive per alios, nichil de cetero reclamaret nec supradictos magistrum et fratres de precio eorum vel de aliqua occasione dictarum venditionis et donationis molestaret, nec de cetero molestari permitteret. Immo sepedictis magistro et fratribus dictos tres donationis et duodecim venditionis solidos contra omnes ad usus et consuetudines dunensis patrie garandiret. Abrenuncians quantum ad hoc omni legis et canonis auxilio et exceptioni non numerate pecunie, et ad hec omnia firmiter et fideliter observanda, sepedicti Herbertus, Matildis uxor sua, Herbertus et Petrus eorumdem filii, se astrinxerunt fide media erga magistrum et fratres superius nominatos. Dicta vero Matildis, uxor dicti Herberti, quidquid in dictis tribus donationis sive in duodecim venditionis solidis, ratione dotis, sive dotalicii, vel alio quoquomodo habebat

---

(1) Original, B. 561. — Copie du xvii° siècle, A. 7, n° 18.

vel habere poterat quitavit et dictas donationem venditionemque concessit predicte fidei sacramentum. Insuper Herbertus et Matildis uxor sua, Herbertus et Petrus sepedicti, simul omnes et singuli concesserunt quod dicti magister et fratres'dictos tres donationis et duodecim venditionis solidos cum reliquis quindecim solidis annui redditus quos idem magister et fratres multo tempore jam transacto habebant in dicto lignagio prout recognoverunt coram nobis, ex donatione defuncte Aaliz, sororis dicti Herberti, quiete, libere et pacifice, in perpetuum possiderent. In cujus rei testimonium et munimen ad petitionem omnium supradictorum, sepedictis magistro et fratribus, presentes dedimus litteras sigilli nostri munimine roboratas. Actum anno Domini millesimo CC°. quadragesimo sexto, mense augusto.

CCXLVIII.

De Villa in Blado (1).

Octobre 1246.

Universis presentes litteras inspecturis, Officialis archidiaconi Dunensis, salutem in Domino. Noveritis quod Johannes dictus Bos, de Villa in Blado, et Benedicta uxor sua, et Hersendis relicta Martini Molendinarii, mater dicte Benedicte, in nostra presentia constituti, vendiderunt precio duodecim librarum dunensium, de quibus tenuerunt se pro pagatis coram nobis in pecunia numerata, Radulpho dicto Vetule et Ysabelle uxori sue, domum suam et totam terram circa quinque minas terre semente continentem, quos ipsi habebant apud Villam in Blado et Villorset in censiva domus elemosine de Castriduno sitas, eisdem Radulpho et Ysabelle et eorumdem heredibus quiete libere et pacifice in perpetuum possidendas. Promittentes, fide corporali in manu nostra prestita, quod in dictis terra et domo, per se, sive per alios, nichil de cetero reclamarent. Immo dictis Radulpho et ejus uxori et eorumdem heredibus dictas terram et domum contra omnes ad consuetudines dunensis patrie garandire tenebuntur. Dicta vero Hersendis quicquid in supradictis terra et domo ratione dotis, sive dotalicii, seu emptionis, vel alio quoquomodo habebat vel habere poterat predicte fidei dationem quitavit penitus et dimisit. In cujus rei testimonium et munimen, ad petitionem omnium supradictorum Johannes, Benedicto uxor ejus et Hersendis, sepedictis Radulpho et Ysabelle ejus uxori, presentes dedimus litteras sigilli nostri munimine roboratas. Datum anno Domini millesimo ducentesimo quadragesimo sexto, mense octobris.

(1) Copies du xvii° siècle, A. 7, n° 104; du xviii°, A 8, n° 292.

CCXLIX.

De quatuor solidis censualibus in parrochia de Mane (1).

Juin 1247.

Universis presentes litteras inspecturis, Officialis dunensis, salutem in Domino. Noveritis quod Rogerius Boitiere et Johannes, filius ejus, in nostra presentia constituti, recognoverunt se debere magistro et fratribus domus Dei de Castroduno, quatuor solidos censuales pro quatuor arpentis terre sitis in parrochia de Mane, fide corporali ab eisdem in manu nostra prestita, promittentes quod reddent dictos quatuor solidos in festo sancti Dionysii singulis annis reddendos dictis magistro et fratribus superius nominatis et quantum ad hoc censum........ renunciantes. In cujus rei testimonium et munimen, ad petitionem dictorum Rogeri et Johannis, predictis magistro et fratribus presentes litteras dedimus sigilli nostri munimine roboratas. Actum anno Domini 1247, mense junio.

CCL.

De Villa Episcopi (2).

Décembre 1247.

Omnibus presentes litteras inspecturis, Officialis archidiaconi Dunensis, salutem in Domino. Noverint universi, quod Stephanus Caillart, in nostra presentia constitutus, recognovit se excambiasse cum magistro et fratribus domus Dei de Castroduno, medietatem cujusdam decime quam tenebat et possidebat in simul cum Guillermo, Bartholomeo, fratribus suis, et cum Maria la Caillarde; quam medietatem idem Stephanus solus tenebat apud Villam Episcopi, et medietatem octo solidorum annui census quos habebat apud Villam in Blado, que omnia sita sunt in feodo Theobaldi de Mathueriis, ut dicebant, pro quadam vinea quam habebant dicti magister et fratres apud Saullievre in censiva Abbatie Sancti Aviti, qua vinea fuit defuncti Gaufridi de Porcheronvilla ut dicitur. Recognovit etiam idem Stephanus se dedisse eisdem magistro et fratribus decem libras dunenses jam solutas pro doliis et cupis que tenebat et habebat idem Stephanus a dictis magistro et fratribus, ita quod dicti magister et fratres anniversarium dicti Stephani post decessum suum,

---

(1) Copie du xviii° siècle, A. 8, n° 230.
(2) Copies du xvii° siècle, A. 7, n° 69; du xviii°, A. 8, n° 195.

pro dicto excambio, annuatim celebrabunt. Dictus vero Theobaldus de Mathueriis, dominus feodi dictarum decimarum et census, istud excambium voluit et concessit coram nobis eisdem magistro et fratribus in perpetuum possidendum, et fidem dedit quod contra dictum excambium de cetero non veniret. Immo dictis magistro et fratribus quitavit quicquid juris habebat in dictis decima et censu cum pertinentiis suis, et totum feodum quod tenebat idem Stephanus ab ipso Theobaldo, dictis magistro et fratribus quitavit et voluit quod dictum feodum in manu nostra redigatur. Voluit etiam idem Theobaldus quod reliquam medietatem census et decime teneant et possideant tamquam domini feodales dicti magister et fratres sine aliqua redibitione eidem Theobaldo facienda. Quitavit etiam Johanna, uxor dicti Stephani, quicquid juris in supradictis rebus habebat vel habere poterat, ratione dotalicii, seu qualibet alia ratione, per fidem suam et promisit quod contra istud excambium de cetero non veniret. Actum anno Domini M°. CC°. quadragesimo septimo, mense decembris.

CCLI.

De XII denariis pro terra de Pochechat (1).

Mars 1248.

Ego Petrus de Boart, miles, notum facio omnibus tam futuris quam presentibus, quod ego, pro amore Dei, anime mee antecessorum meorumque remedio, dedi et in puram et perpetuam eleemosinam concessi magistro et fratribus domus Dei de Castroduno, pauperibusque in eadem domo jacentibus, duodecim denarios censuales quos michi debebant pro terra sua de Pochechat, eisdem magistro et fratribus et pauperibus quiete, libere et pacifice, in perpetuum possidendos et hereditarie habendos, cum omni jure ad dictum censum pertinente. Quod ut ratum et firmum sit in perpetuum, dictis magistro et fratribus et pauperibus, presentes dedi litteras sigilli mei munimine roboratas. Actum anno Domini millesimo CC°. XL°. octavo, mense martio.

(1) Copies du xvii° siècle, A. 7, n° 42 ; du xviii°, A. 8, n° 186.

CCLII.

De redditibus in molendino de Varenna et in Molendino Novo, inter Fontes et Curiam Alani (1).

Avril 1248.

Ego, Odo Borrelli, miles, Curie Alani dominus, notum facio omnibus tam futuris quam presentibus, quod ego teneor erga magistrum et fratres domus elemosine de Castroduno super decem modiis et dimidio bladi quos eisdem debeo de tempore preterito et de finali composito inter me et ipsos inito et finito pro quadam annua pensione redditus duorum modiorum bladi quos ipsi habent, singulis annis, in meo molendino de Varenna, et dimidii modii bladi annui redditus quod ipsi habent in Molendino Novo inter Fontes et Curiam Alani sito. Quos decem modios et dimidium bladi promisi, per fidem meam, eisdem solvere infra sex annos continue venturos, videlicet quolibet anno quoddam modium et novem sextaria vel quolibet mense secundum genus nummi dictorum decem modiorum et dimidii per manum illius qui dictum molendinum Varenne per dictos sex annos tenuerit, qui etiam tenebitur per fidem corporalem erga dictos magistrum et fratres de dicto debito in prefixis terminis persolvendo, quotienscumque mutabitur, donec dictum debitum sepedictis magistro et fratribus fuerit plenarie persolutum. Si vero dictum molendinum Varenne demoliri sive frangi contingerit, dicti magister et fratres in refectione sive reparatione dicti molendini nichil ponere tenebuntur nichilominus dictos decem modios et dimidium capientes salvis eisdem magistro et fratribus omnibus aliis pensionibus sive redibitionibus quas ipsi debent percipere singulis annis futuris temporibus in molendinis supradictis et omnibus aliis litteris super donatione dictorum reddituum confectis et ab antecessoribus meis sigillatis in suo robore valituris. Quod ut ratum sit et firmum, sepedictis magistro et fratribus presentes dedi litteras sigilli mei munimine roboratas. Actum anno Domini M°. CC°. XL°. octavo, mense aprilis.

(1) Copie du xviie siècle, A. 7, n° 142.

CCLIII.

De censu super domum in Magno Vico infra muros Castriduni (1).

Juin 1248.

Universis presentes litteras inspecturis, Goherius, decanus Castriduni, salutem in Domino. Noveritis quod Gaufridus de Arroto, armiger, in nostra presentia constitutus, dedit et irrevocabiliter concessit magistro et fratribus domus Dei de Castroduno et pauperibus in eadem domo jacentibus, pro anniversario suo in ecclesia ejusdem domus singulis annis celebrando, omnem censum suum quem habebat super domum Martini de Marboeto, in Magno Vico juxta furnum Bernardi de Bulloto, infra muros Castriduni sitam, que domus fuit quondam defuncti Gaufridi le Seintier, dictis magistro et fratribus et pauperibus quiete, libere et pacifice, in perpetuum possidendum. In cujus rei testimonium et munimen, ad petitionem dicti armigeri, supradictis magistro et fratribus et pauperibus presentes dedimus litteras sigilli nostri munimine roboratas. Actum anno Domini M°. CC°. XL°. octavo, mense junio.

CCLIV.

De septemdecim solidis censualibus partim circa Sanctum Albinum juxta Castridunum et partim apud Jalanz (2).

Mars 1249.

Ego Gaufridus dictus Lanier, miles, notum facio universis tam presentibus quam futuris, quod ego vendidi et irrevocabiliter concessi magistro et fratribus domus Dei de Castroduno, septemdecim solidos dunenses censuales, cum omni jure et dominio redeverenciis seu proventibus ad dictum censum spectantibus, pro viginti libris dunensis monete, jam michi solutis, quos dictos septemdecim solidos habebam annui redditus, sitos partim circa Sanctum Albinum juxta Castrumdunum, et partim apud Jalanz in feodo quod, inquam, feodum ego Gaufridus confiteor et assero me tenere a comite Castriduni, sive aliquo alio dominio mediante dictis magistro et fratribus de cetero persolvendos in nativitate Beate Marie Virginis; videlicet : a Guillermo Bodian, sex denarios ; a Philippo Bigot, sex denarios ; a Roberto Legin-

---

(1) Copies du xvii⁰ siècle, A. 7, n⁰ˢ 43 et 44 ; du xviii⁰, A. 8, n⁰ 187.
(2) Original, B. 412. — Copies du xvii⁰ siècle, A. 7, n° 23 ; du xviii⁰, A. 8, n⁰ 176.

plier, tres denarios; a Saverico, octo denarios; a Johanne de Ulmo Sicco, sex denarios; a Johanna uxore Philippi le Lonbart, sex denarios; a Giloto Folebrum, quatuor denarios et obolum; ab Odelina Lavielle, quatuor denarios et obolum; ab Agnete Quadragaria quatuor denarios; a Radulpho Gallinario, sex denarios; a Raginaldo de Sancto Avito, quatuordecim denarios; a Jocelino de Sancto Avito, quatuordecim denarios; a Monachis de Josaphas, quindecim denarios; a Heberto Heuquemoi, tres denarios. De quo etiam censu predicto, magister et fratres tenebantur michi ante dicti census venditionem singulis annis in dicto festo solvere octo solidos et tres denarios. Quam venditionem census superius prelibati, ego Gaufridus, miles, confiteor me tenui et manucepi sub religione fidei mee corporaliter prestite dictis magistro et fratribus contra omnes garandire usque ad dictum comitem dicti census, ut dictum est, principalem sine medio dictum censualem. De qua garantizatione in posterum facienda dictis magistro et fratribus ut promisi superius, ego Gaufridus superius prelibatus, personam meam nec non terram meam ubicunque sitam et heredes meos quosconque ad quos terra mea qualiconque modo deveniat prefatis magistro et fratribus penitus obligavi. Venditionem autem census superius nominati voluerunt, concesserunt et etiam approbaverunt et quicquid juris habebant in dicto censu spontanei quitaverunt Lucia, uxor mea; Hugo Lanier, miles, filius meus primogenitus, et Ysabella, uxor dicti Hugonis; Girardus et Odo filii mei; Odo de Mauvais, gener meus et Johanna ejus uxor, filia mea; sub religione fidei sue corporaliter prestite dictis magistro et fratribus. Promittentes Lucia, uxor mea, spontanea et de mandato meo; Hugo Lanier, miles, filius meus primogenitus et Ysabella uxor dicti Hugonis, de mandato ipsius Hugonis; Girardus et Odo, filii mei; Odo de Mauvais, gener meus, et Johanna ejus uxor, filia mea, de mandato ipsius Odonis; quod contra dictam venditionem jure dotalicii seu jure hereditario vel jure alio per se vel per alios de cetero non venirent. Immo dictam venditionem dictis magistro et fratribus et omnibus in dicto censu ab ipsis emptoribus vel causam habentibus pro posse suo fideliter garandirent. Preterea ego Gaufridus, dictus Lanier, confiteor me promisisse dictis magistro et fratribus quod si in posterum in hac littera viderent seu perciperent aliquid quod non esset eis sufficiens et utile vel quod vellent in melius commutare, ego quotiensconque ab eisdem super hoc fuero requisitus, eisdem magistro et fratribus istas presentes litteras cum renovatione sigilli mei et sigilli Hugonis, filii mei, faciam renovari et venditionem predictam minoribus meis heredibus cum ad etatem puberem devenerint concedi faciam et insuper omnibus aliis meis consanguineis usque ad cognatos remotos a linea germana prout exigit consuetudo patrie generalis, in signum cujus venditionis facte et dicte garandizationis faciende a me et a Hugone predicto filio meo, milite, et ab aliis superius nominatis et in cujus rei roboris firmitatem ego Gaufridus Lanier, miles, et predictus Hugo Lanier, miles, filius meus, quilibet sigillum suum ad preces dictorum magistri et fratrum, et quia promiserimus istis, presentibus litteris dignum duximus apponendum. Actum anno Domini M°. ducentesimo quadragesimo nono, mense martio.

CCLV.

De quinque solidis redditus apud Fontem Marie (1).

Décembre 1249.

Universis presentes litteras inspecturis, G. decanus Castriduni, salutem in Domino. Noveritis quod Emeniardis la Rate, relicta defuncti Mathei le Rat, in nostra presentia constituta, dedit et in puram et perpetuam elemosinam concessit magistro et fratribus domus Dei de Castroduno, et pauperibus in eadem domo jacentibus, quinque solidos dunensis monete annui redditus super omnibus possessionibus suis quecumque sint sitis apud Fontem Marie, a predictis magistro et fratribus sive pauperibus singulis annis precipiendos per manum illius qui proventus dictarum possessionum habebit et percipiet seu sit hereditarius vel colonus. In cujus rei testimonium et munimen, ad petitionem supradicte Emeniardis, predictis magistro et fratribus sive pauperibus, presentes dedimus litteras sigilli nostri munimine roboratas. Datum anno Domini M°. CC°. XL°. nono, mense decembris.

CCLVI.

De quatuor libris dunensibus in molendino Villici (2).

1249.

Constitutus in jure coram nobis, Castriduno, die sabbati post *Oculi mei*, Radulphus de Bofery, miles, recognovit se debere magistro et fratribus domus elemosinarie Castriduni, quatuor libras dunenses finali compoto inter dictum Radulphum ex una parte, et magistrum et fratres predicte domus ex altera habito, tam pro redditu quem habent dicti magister et fratres in molendino dicto Molendino Villici, et tam pro tribus solidis quos ipsi habent de redditu suo super prata dicti

(1) Copies du xvii° siècle, A. 7, n° 116; du xviii°, A. 8, n° 214.
(2) Copie du xvii° siècle, A. 7, n° 54.

militis, sita juxta dictum molendinum quam de tribus honeribus vini que dicti magister et fratres habent sita super vineas suas, que fuerunt defuncti Gaufridi de Favellis, quondam militis, quas quatuor libras predictas dictus Radulphus gagiavit dicto magistro, nomine ipsius et fratrum suorum infra festum sancti Remigii proximo venturum persolvendas. Datum die sabbati post dominicam qua cantatur *Oculi mei*, anno Domini M°. CC°. XL°. nono.

CCLVII.

De tribus solidis et uno denario census apud Castridunum (1).

Mars 1250.

Universis presentes litteras inspecturis, Officialis archidiaconi Dunensis, salutem in Domino. Noverint universi, quod in nostra presentia constitutus, Gaufridus de Arroto, armiger, dedit et irrevocabiliter concessit in puram et perpetuam elemosinam pro remedio anime sue et antecessorum suorum magistro et fratribus domus Dei de Castroduno, tres solidos et unum denarium censuales quos habebat infra muros castelli Castriduni, juxta Magnum Vicum, in feodo comitis, cum omni jure et dominio redibentiis seu proventibus ad dictum censum spectantibus ab eisdem magistro et fratribus quiete, libere et pacifice, singulis annis percipiendos. Preterea dictus Gaufridus confessus fuit, coram nobis, se promisisse dictam donationem dictis magistro et fratribus contra omnes garandire fideliter. In cujus rei testimonium et munimen, nos ad petitionem dicti Gaufridi, dictis magistro et fratribus dedimus presentes litteras sigilli nostri munimine roboratas. Actum anno Domini M°. CC°. quinquagesimo, mense martio.

CCLVIII.

De tribus solidis et uno denario censualibus apud Castridunum (2).

Mars 1250.

Ego, Gaufridus de Arroto, armiger, notum omnibus facio ad quos presentes littere pervenerint, quod ego dedi et irrevocabiliter concessi in puram et perpetuam elemosinam pro remedio anime mee et antecessorum meorum, magistro et fratribus domus Dei de Castroduno, tres solidos et unum denarium censuales, quos habebam infra muros castelli

---

(1) Copie du XVIIe siècle, A. 7, n° 45.
(2) Copies du XVIIe siècle, A 7, n° 41 ; du XVIIIe, A. 8, n° 185.

Castriduni juxta Magnum Vicum, in feodo comitis, cum omni jure et dominio redibentiis seu proventibus ad dictum censum spectantibus ab eisdem magistro et fratribus quiete, libere et pacifice, in perpetuum singulis annis percipiendos. Preterea, Ego Gaufridus, promisi me dictam donationem dictis magistro et fratribus contra omnes fideliter garandire. Quod ut ratum et stabile permaneat, ego Gaufridus, istas presentes litteras dictis magistro et fratribus dedi sigillo meo sigillatas. Datum anno Domini M°. CC°. quinquagesimo, mense martio.

CCLIX.

De Porcheronvilla (1).

Mai 1250.

Universis presentes litteras inspecturis, Officialis Dunensis, salutem in Domino. Noveritis quod cum contentio verteretur inter Agnetem la Pichonesse ex una parte, et magistrum et fratres domus Dei de Castroduno ex altera, super hoc quod dicta Agnes petebat a dictis magistro et fratribus circa duos modios terre semente site apud Porcheronvillam in diversis partibus in allodiis comitis Castriduni. Que terra ad ipsam Agnetem pertinebat, ut dicebat dicta Agnes, ex successione Haoysis, matris sue, ratione etiam cujus terre pluries in causam traxerat dicta Agnes dictos magistrum et fratres coram monachis abbatie de Tyrono, coram fratribus militie templi de Castroduno, at etiam coram ipsis magistro et fratribus, de qua terra superius predicta dicti magister et fratres diu fuerant in possessione et erant ratione elemosine dictis magistro et fratribus facte a defuncto Gaufrido de Porcheronvilla, quondam magistro et fratre dicte domus, ut dicebant dicti magister et fratres. Tandem, dicta Agnes in nostra presentia constituta, saniori freta consilio, et ad hoc per preces bonorum virorum inducta, spontanea, non coacta, dedit, quitavit et in perpetuum concessit dictis magistro et fratribus quicquid juris habebat, si quod habebat vel habere poterat ratione proximitatis in genere seu quacumque alia ratione in tota terra superius prelibata dictis magistro et fratribus quiete et pacifice in posterum possidendum. Et dictis magistro et fratribus se abstrinxit dicta Agnes, per fidem suam propriam in manu nostra corporaliter prestitam, quod contra predictas donationem quitationem seu concessionem si essent alique per se seu per alium de cetero non veniret. Promittens, per dicte fidei dationem, quod dictas donationem, quitationem seu concessionem per se vel per alium nullatenus de cetero revocaret. In cujus rei testi-

---

(1) Copies du xvii° siècle, A 7, n° 82; du xviii°, A 8 n° 198.

monium et munimen, ad petitiones dicte Agnetis, predictis magistro et fratribus presentes dedimus litteras sigilli nostri munimine roboratas. Datum anno Domini M°. ducentesimo quinquagesimo, mense mayo.

CCLX.

De dono Simonis de Laneriaco (1).

Janvier 1251.

Omnibus presentes litteras inspecturis, archidiaconus Dunensis, Dunensi in Pertico, salutem in Domino. Noverint universi quod, in nostra presentia constitutus, Simon de Laneriaco, miles, dedit et in puram et perpetuam elemosinam concessit pro remedio anime sue et antecessorum suorum, magistro et fratribus domus Dei de Castroduno et pauperibus in eadem domo jacentibus, septem denarios et unum obolum censuales annui redditus, infra muros castri Castriduni sitos. Videlicet : super plateam defuncti Joannis Voguerel quatuor denarios, et super domum et plateam defuncti Martini de Marboeto quinque pictavinas, et super domum defuncti Roffel quinque pictavinas, et super domum et plateam Gaudefridi Nardi, unum denarium, et omne jus quod habebat vel habere poterat in dicto censu, promittens, per fidem suam corporalem in manu nostra prestitam, quod in dicto censu, per se vel per alium nichil de cetero reclamabit, immo contra omnes, ad usus et consuetudines dunensis patrie garandizabit. Et ut hoc in perpetuum firmum et stabile permaneat, nos, ad petitionem dicti S., predictis magistro et fratribus et dictis pauperibus presentes dedimus litteras sigilli nostri munimine raboratas. Actum anno Domini 1251, mense januario.

CCLXI.

De terris de Curia Hermondi (2).

Novembre 1251.

Universis presentes litteras inspecturis, Guillermus de Espesonvilla, canonicus Beati Martini Turonensis, salutem. Noverint universi quod ego concedo venditionem terrarum de Cortermont cum pertinenciis ad dictas terras, quam venditionem fecit Adam de Espesunvilla, nepos meus, magistro et fratribus domus elemosine Castriduni, promittens

---

(1) Copie du xvi:ie siècle, A. 8, n° 231.
(2) Copie du xviie siècle, A. 7, n° 74.

per fidem meam, quod contra dictam venditionem per me vel per alium non veniam in futurum, neque in dicta venditione aliquid causa hereditatis sive juris hereditarii vel alio de cetero reclamabo. In cujus rei testimonium et munimen, dictis magistro et fratribus, presentes dedi litteras sigillo meo munimine roboratas. Actum coram talibus, scilicet : Johanne de Cristolio, clerico ; Johanne de Fonteneto, clerico et fratre elemosine Castriduni ; Johanne dicto Bauderon, armigero meo : Ebrardo de Brolio et Durando, famulo meo layco ; et Matheo dicto la Meille puero. Actum anno Domini M°. CC°. quinquagesimo primo, mense novembris.

CCLXII.

De terris de Curia Hermondi (1).

Décembre 1251.

Universis presentes litteras inspecturis, M. miseratione divina episcopus Carnotensis (2), salutem in Domino. Noveritis quod in nostra presentia constitutus, Adam de Espesunvilla, armiger, vendidit et nomine venditionis concessit magistro et fratribus domus Dei de Castroduno, pro precio centum et duodecim librarum dunensis monete, de quibus dictus Adam tenuit se coram nobis pro pagato in pecunia numerata, omne illud quod habebat vel habere poterat in toto territorio de Corthermont, tam in terris et dominio quam rebus aliis a dictis magistro et fratribus in perpetuum possidendum et se in manu nostra desesivit de omnibus supradictis. Et nos, ad requisitionem ipsius, Odonem, magistrum dicte domus pro se et fratribus ejusdem domus investivimus de eisdem. Promisit autem dictus Adam per fidem suam in manu nostra corporaliter prestitam, quod in dicto territorio, sive in proventibus dicti territorii, per se vel per alios nichil de cetero reclamabit ratione dominii vel aliquo alio jure non faciet ab aliquibus reclamari. Immo dictum territorium sive proventus ad dominium dicti territorii predictis magistro et fratribus defendere, et garandizabit bona fide ad usus et consuetudines dunensis patrie contra omnes. Hanc autem venditionem voluit, coram nobis laudavit et concessit Stephanus de Espesunvilla, armiger, frater dicti Ade, de cujus feodo supradicta territorium dominium et alia movebant prout confessus fuit coram nobis tanquam dominus feodalis ; promittens, fide sua in manu nostra prestita corporali, quod contra venditionem istam per se vel per alios non veniet in futurum. Immo dictam venditionem prefatis magistro et fratribus

(1) Original. B. 534, n° 3. — Copies du xvii° siècle, A. 7, n° 72 ; du xviii°, A. 8, n° 196.
(2) Mathieu (des Champs), évêque de Chartres (1240-1259).

garantizabit tanquam dominus feodi contra omnes. Hubertus vero de Espesunvilla, miles, avunculus dicti Ade, supradictam venditionem voluit, laudavit et concessit coram nobis, promittens, per fidem suam in manu nostra prestitam, quod contra dictam venditionem per se vel per alium venire de cetero nullatenus attemptabit. Quod ut ratum et stabile permaneat, ad petitionem supradictarum partium, sigillum nostrum duximus presentibus litteris apponendum. Datum anno Domini M°. CC°. quinquagesimo primo, mense decembris.

CCLXIII.

De Curia Hermundi (1).

1251.

Universis presentes litteras inspecturis Officialis archidiaconi Dunensis, salutem in Domino. Noverint universi, quod in nostra presentia constitutus Adam de Espesonvilla, armiger, vendidit et concessit magistro et fratribus domus Dei de Castriduno precio centum et duodecim librarum dunensis monete, de quibus tenuit se, dictus Adam, coram nobis pro pagato in pecunia numerata, quicquid habebat vel habere poterat in toto territorio de curia Hermundi, promittens, fide corporali in manu nostra prestita, quod in dicto territorio vel in proventibus dicti territorii nichil de cetero per se vel per alios reclamabit. Hanc autem venditionem voluerunt et concesserunt ac laudaverunt Hubertus de Espesonvilla, miles, avunculus dicti Ade, et Stephanus de Espesonvilla, armiger, frater dicti Ade, de cujus feodo movebat quicquid dictus Adam habebat in dicto territorio, fidem corporalem in manu nostra prestantes, quod in dicto territorio sive in proventibus dicti territorii, nichil de cetero reclamabunt. Promisit etiam dictus Adam, quod venditionem istam ab heredibus defuncti Archambaudi de Espesonvilla, quondam militis, et a Jacobo de Gres, et Margarita uxore dicti Jacobi, et Petronilla de Espesonvilla, sororibus dicti Adam, venditionem istam faciet concedi. Voluerunt autem et concesserunt prefati Hubertus, Adam et Stephanus, quod ipsi personaliter accedent coram reverendo patre episcopo Carnotensi et quod ipsi facient et concedent istas litteras confectas super venditionem predictarum rerum cum sigillo episcopi sigillari.

(1) Original, B. 534, n° 1. — Copies du xvii° siècle, A. 7, n° 75; du xviii°, B. 534, n° 4.

CCLXIV.

De Villa in Blado (1).

Janvier 1252.

Universis presentes litteras inspecturis, Officialis archidiaconi Dunensis, salutem in Domino. Noverint universi, quod Petrus Martesche et Helois, uxor ejus, in nostra presentia constituti, vendiderunt et concesserunt Roberto clerico canonico Sancti Andree de Castroduno et Matheo fratri suo, filiis defuncti Radulphi Vetule, quamdam ouchiam terre apud Villam in Blado, inter domum dicti defuncti et domum Petri Rigau et Haois la Baillete, in censiva relicte Guarnerii de Langeio, quondam militis, sitam, pro precio centum solidorum dunensium de quibus tenuerunt se pro pagatis dicti Petrus et Helois uxor ejus, coram nobis in pecunia numerata, eisdem Roberto et Matheo et eorumdem heredibus quiete libere et pacifice in perpetuum possidendam. Dicti vero Petrus et Helois, uxor ejus, promiserunt fide corporali in manu nostra ab eisdem prestita, quod in dicta ouchia sive masura per se sive per alios nichil de cetero reclamabunt. Immo contra omnes ad usus et consuetudines dunensis patrie dictam ouchiam sive masuram supradictis Matheo et Roberto per dicte fidei interpositionem de cetero garandire tenebuntur. Dicta etiam Helois quicquid in dicta ouchia sive masura habebat vel habere poterat ratione dotis, sive dotalicii, vel alio quoquomodo, supradictis Roberto et Matheo, fide corporali ab eadem in manu nostra prestita, quitavit penitus et dimisit. Venditionem autem istam voluerunt et concesserunt Matildis, uxor Odonis le Hideus, filia dictorum Petri et Helois, Nicholaus Martesche, Petrus Rigon et Juliana uxor ejus et Haois la Baillete, fratres dicti Petri, promittentes fide media quod in supradictis rebus nichil de cetero reclamarent. In cujus rei testimonium et munimen, nos, ad petitionem omnium supradictorum, sepedictis Roberto et Matheo presentes dedimus litteras sigilli nostri munimine roboratas. Datum anno Domini M°. CC°. quinquagesimo secundo, mense januario.

(1) Copie du XVII° siècle, A. 7, n° 105.

CCLXV.

De Curia Hermondi (1).

Septembre 1252.

Universis presentes litteras inspecturis, Officialis archidiaconi Dunensis, salutem in Domino. Noveritis quod in nostra presentia constitutus, Adam de Espesunvilla, armiger, recognovit se vendidisse magistro et fratribus domus Dei de Castriduno omnes terras cum pertinentiis quas habebat sitas apud Cortermont et quicquid juris in eisdem terris et pertinentiis habere poterat pro centum et duodecim libris et decem solidis dunensibus eidem jam solutis, fide media in manu nostra corporaliter prestita, dictis magistro et fratribus. Promittens quod contra dictam venditionem per se seu per alium non veniet in futurum, nec dictos magistrum et fratres seu alios in dictis rebus ab ipsis magistro et fratribus causam habentibus in posterum molestabit nec faciet aliquatenus molestari. Immo eisdem dictam venditionem, sub dicta fide, dictas terras et earum pertinentias pro posse suo contra omnes tenebitur garantire. Venditionem quarum terrarum predictarum et pertinentium Margarita, Petronilla, sorores dicti Ade, Guillelmus, Petrus, Johanna, Isabella, liberi defuncti Archenbaudi de Espesunvilla, quondam militis, consanguinei dicti Ade, voluerunt et concesserunt et ratam habuerunt, et sub religione fidei sue in manu nostra a qualibet dictarum personarum corporaliter prestite, promiserunt quod contra venditionem predictarum terrarum et pertinentium ratione hereditatis seu retractationis vel aliquo alio jure per se seu per alios non venient in futurum. Immo dictas terras et pertinentias dictis magistro et fratribus dimittent de cetero pacifice possidere. In cujus rei testimonium et munimen, nos, ad petitionem tam dicti Ade quam dictarum personarum Margarite, Petronille, Guillelmi, Petri, Johanne, Isabelle, dictis magistro et fratribus litteras sigillo nostro dedimus sigillatas. Datum anno Domini M°. CC°. quinquagesimo secundo, mense septembri.

(1) Original, B. 534, n° 2. — Copie du x11° siècle, A. 7, n° 73.

CCLXVI.

De domo et terris apud Moleriam (1).

Octobre 1252.

Universis presentes litteras inspecturis, Officialis Dunensis, salutem in Domino. Noveritis quod in nostra presentia constituti, Aubertus de Villa-Vacua, miles, et Juliana uxor ejus, uxor quondam Symonis Garelli, recognoverunt se magistro et fratribus domus Dei de Castroduno penitus et in perpetuum quitavisse domum et terras quas tenebant suas apud Moleriam, dicta Juliana et tenere debebat quamdiu viveret, ex concessione ipsius Juliane sibi facta a dictis magistro et fratribus. Quitaverunt etiam dictis magistro et fratribus dicti Aubertus et Juliana omnia mobilia que habebant in domo et terris si quid habebant et quicquid juris habebant seu habere poterant in dictis domo et terris et aliis pertinentiis dicte domui adjacentibus. De qua quitatione firmiter observanda et de reclamatione in dictis rebus in posterum nullatenus facienda, dicti Aubertus et Juliana, fidem suam in manu nostra prestiterunt quilibet corporalem. Pro qua quitatione dicti magister et fratres promiserunt reddere annuatim infra festum sancti Remigii, dictis Auberto et Juliane, quamdiu ipsa Juliana viveret, ipsorum magistri et fratrum suis propriis sumptibus apud Bonam Vallem unum modium bladi et semimodium avene. Quitaverunt etiam dicti magister et fratres dictis Auberto et Juliane statum in quo debebant ponere dictam domum et valorem mobilium que post mortem dicte Juliane debebant in domo superius dicta remanere. In cujus rei testimonium et munimen, nos, ad petitionem dictorum magistri et fratrum, Auberti et Juliane, presentibus litteris sigillum nostrum duximus apponendum. Datum anno Domini M°. CC°. quinquagesimo secundo, mense octobris.

CCLXVII.

De domo cum platea apud Castridunum (2).

Novembre 1252.

Universis presentes litteras inspecturis, Officialis Dunensis, salutem in Domino. Noveritis quod in nostra presentia constitutus, Gaufridus Chofin, carpentarius, recognovit se escambiasse et nomine escambia-

(1) Copies du xviie siècle, A. 7, n° 150; du xviiie, A. 8, n° 227.
(2) Original, B. 44.

tionis dedisse magistro et fratribus domus Dei de Castriduno totam plateam suam quam habebat in eorum censiva sitam, prope domum defuncti Johannis Coustellarii, ante domum Johannis Barbitensoris, dictorum etiam magistri et fratrum platee adherentem, pro quadam lomo cum platea ipsorum magistri et fratrum, que fuit Matildis Lavenniere, sita in Valle Sancti Aniani, in censiva abbatis et conventus Beate Marie Magdalene de Castriduno, et pro quadraginta solidis dunensibus, de qua pecunia dictus Gaufridus coram nobis se tenuit pro pagato dictis magistro et fratribus. Promittens sub religione fidei sue in manu nostra corporaliter prestita, quod contra dictam escambiationem seu donationem per se seu per alios non veniet in futurum. Immo dictam plateam dictis magistro et fratribus [et causam habentibus] ab ipsis in dicta platea [promisit] secundum usum et consuetudinem dunensis patrie fideliter garantire. Et dicti magister et fratres eidem Gaufrido dictam domum cum platea garantire modo superius dicto promiserunt. In cujus rei testimonium et munimen, nos, ad petitionem dictarum partium presentibus litteris sigillum nostrum dignum duximus apponendum. Datum anno Domini M°. CC°. quinquagesimo secundo, mense novembri.

CCLXVIII.

De centum solidis annui census super domum Johannis Custellarii (1).

Décembre 1252.

Omnibus presentes litteras inspecturis, Officialis archidiaconi Dunensis, salutem in Domino. Noverint universi quod in nostra presentia constituti, magister et fratres domus Dei de Castriduno recognoverunt se contulisse et concessisse quamdam domum lapideam nuper a dictis magistro et fratribus edificatam cum ejus pertinentiis, adherentem domui defuncti Johannis Custellarii, et duas cameras ligneas quas iidem habebant inter dictam domum dicti Johannis defuncti et domum monachorum elemosine Cisterciensis, in censiva abbatis et conventus Beate Marie Magdalene sitas, Emeline relicte dicti Johannis et eorumdem liberis et heredibus seu successoribus eorum habendas et in perpetuum quiete et pacifice possidendas pro centum solidis dunensibus annui census dictis magistro et fratribus singulis annis a dicta Emelina et liberis aut heredibus seu successoribus eorum tam pro dicta domo lapidea et ejus pertinentiis quam pro omni censu quem debebant dicta Emelina et ejus liberi pro omni habergamento suo cum virgulto ad dictum habergamentum pertinenti, sito juxta virgultum defuncti Symonis de Pratellis et

---

(1) Original, B. 45, n° 1. — Copies du xviie siècle, A. 7, r° 21 ; du xviiie, A. 8, n° 175.

platheas que fuerunt defuncti Guillermi Touchefeu nomine census tantummodo persolvendis. In his terminis subnotatis solvet in quolibet festo Beate Marie Magdalene quinquaginta solidos et in quolibet festo purificationis Beate Marie Virginis quinquaginta solidos. Quem censum tenentur reddere predicti Emelina et liberi et eorum heredes seu successores prout superius est expressum. Concesserunt autem dicti Emelina et ejus liberi quod si ipsi vel aliquis ipsorum aut heredes seu successores eorum cessarent in solutione dicti census in dictis terminis vel in aliquo dictorum terminorum quod dicti magister et fratres vel eorum mandatum posse capere in dicta domo lapidea seu in toto eorumdem habergamento dictis magistro et fratribus censuali, secundum quod dictarum censivarum in dunense patria capere consueverunt in censivis suis pro censu non soluto et etiam pro emendis in dunense patria consuetis. Promiserunt etiam dicti magister et fratres fidem suam in manu nostra prestitam dictas domos lapideas et ligneas cum pertinentiis tam predictis magistro et fratribus quam abbati et conventui Beate Marie Magdalene censuales dicte Emeline et ejus liberis ac heredibus seu successoribus eorum contra omnes ad usus et consuetudines dunensis patrie garantire. Item voluerunt dicti magister et fratres quod dicta Emelina et ejus liberi ac heredes seu successores eorum omnes predictas domos cum omnibus pertinentiis possint vendere liberas et immunes tanquam domos sitas in feodo Godeschalli, pignori obligare, in partes dividere, conferre et alienare, salvis tamen dictis magistro et fratribus dictis centum solidis annui census et omni jure ad censum pertinenti, et hoc salvo quod in manu mortua poni non poterunt res predicte. Quas omnes et singulas predictas pactiones predicti Emelina, Stephanus clericus et canonicus Beati Andree de Castriduno, Johannes et Michaelis liberi predicte Emeline, promiserunt fide media in manu nostra corporaliter prestita in posterum firmiter et fideliter observare. In cujus rei testimonium, nos ad petitionem supradictorum Emeline, Stephani, Johannis et Michaelis, magistro et fratribus presentes dedimus litteras sigilli nostri munimine roboratas. Datum anno Domini millesimo ducentesimo quinquagesimo secundo, mense decembri.

CCLXIX.

De XII denariis census apud Escharbot (1).

Mars 1253.

Universis presentes litteras inspecturis, Officialis archidiaconi Dunensis, salutem in Domino. Noveritis quod in nostra presentia constitutus,

---

(1) Copies du XVII° siècle, A. 7, n° 37; du XVIII°, A. 8, n° 182.

Gaufridus dictus le Forestier, de Burgo Garini, recognovit se in perpetuum vendidisse magistro et fratribus elemosine Castriduni, duodecim denarios censuales suos proprios ex hereditagio suo apud villam que dicitur Escharbot, super terram quam tenet filia defuncti Auberti de Escharbot, et omne jus ad dictum censum pertinens pro duodecim solidis dunensibus eidem Gaufrido jam solutis, et fide media, in manu nostra corporaliter prestita, promisit dictus Gaufridus quod contra venditionem per se seu per alium non veniet in futurum. Immo tenetur sub dicte fidei religione dictam venditionem dictis magistro et fratribus ad usus et consuetudines dunensis patrie contra omnes in posterum firmiter garandire. Promisit insuper quod, si dicti magister et fratres vexarentur...... seu alio modo super dicta venditione, quod ipse teneretur eosdem defendere et deliberare super predictis et indampnes reddere. Alioquin et ipse teneretur eisdem reddere viginti solidos dunensium pro pena commissa ad quam penam ipse obligavit se et sua coram nobis nec non et successores suos quantum ad predicta. In cujus rei testimonium et munimen, et ne dicta pagina possit in posterum violari, nos, ad petitionem dicti Gaufridi, predictis magistro et fratribus presentes dedimus litteras sigilli nostri munimine roboratas. Actum anno Domini millesimo ducentesimo quinquagesimo tertio, mense marcio.

CCLXX.

De tribus solidis et quatuor denariis census in Pelliperia Castriduni (1).

Janvier 1254.

Omnibus presentes litteras inspecturis, Officialis archidiaconi Dunensis, salutem in Domino. Noverint universi quod, in nostra presentia contituti, Teobaldus, presbyter de Villa in Podio, decanus Dunensis in Pertico, Stephanus de Mesio et Joannes, Sancti Petri de Feritate Villenolii presbyteri, executores testamenti defuncti Philippi de Moysiaco, quondam presbyteri, confessi sunt nobis fidem faciendo ab eis coram nobis prestito juramento, quod dictus defunctus Stephanus, in sua ultima voluntate positus, dedit et in puram et perpetuam elemosinam contulit et concessit magistro et fratribus Elemosinarie Castriduni et pauperibus dicte domus, tres solidos et quatuor denarios censuales quos habebat annui redditus in Pelliperia Castriduni, quem censum predictum dicti executores coram nobis concesserunt dictis magistro et fratribus, nomine dicti defuncti, tenendum et in perpetuum in posterum possidendum. In cujus rei testimonium et munimen, nos presentes

---

1) Copie du xviiie siècle, A. 8, n° 432.

litteras cum impressione sigilli nostri dignum duximus roborare. Datum anno Domini 1254, mense januario.

CCLXXI.

De decima, antalagio ecclesie, et terra de Ligneriis (1).

Février 1254.

Omnibus presentes litteras inspecturis, Officialis Dunensis, salutem in Domino. Noveritis quod in nostra presentia constitutus, Guillermus de Villehermoi, miles, recognovit se vendidisse et nomine venditionis in perpetuum concecisse (*sic*) magistro et fratribus elemosine Castriduni, totam decimam suam de Ligneriis et antalagium suum ecclesie dicte ville et totam terram quam habebat in dicta villa, vel in pertinentiis dicte ville, circa tria sextaria terre semente continentem, et quicquid juris habebat seu habere poterat in predictis decimis grossis et minutis, antalagio et terris, seu rebus aliis, si que sint in dicta parrochia sita pro triginta et quatuor libris turonensium, de qua pecunie summa idem miles recognovit coram nobis sibi fuisse plenarie satisfactum in pecunia numerata, promittens idem Guillermus, fide media in manu nostra corporaliter prestita, quod contra dictam venditionem ratione hereditagii seu quolibet jure alio, per se vel per alium, non veniet aliquatenus in futurum. Immo promisit idem miles dictam venditionem dictis magistro et fratribus et aliis in dictis rebus a dictis magistro et fratribus causam habentibus, contra omnes fideliter et firmiter ad usus et consuetudines dunensis patrie garandire. De qua garandizatione in posterum facienda, dictus miles obligavit se et bona sua nec non et heredes suos seu successores quoscumque, et quia Johanna uxor sua in predictis rebus suum dotalicium poterat reclamare, dicta Johanna dictam venditionem predictorum voluit et concessit et fidem suam spontanea, non coacta, et de mandato dicti Guillermi, mariti sui, in manu nostra dedit, quod in predictis rebus ratione dotalicii vel aliqua alia ratione nichil de cetero reclamabit. Immo dictum dotalicium quod habere poterat in predictis, dictis magistro et fratribus voluntarie quitavit et penitus resignavit. Hanc etiam venditionem voluerunt concesserunt et approbaverunt Stephanus, Guillermus, Agnes et Agatha, liberi dicti militis et dicte Johanne, et fide media promiserunt quod contra dictam venditionem per se seu per alios non venient in futurum. Promisit etiam dictus miles quod faciet quod si isti sui heredes ibi nominati non essent puberes et etiam quod alii sint inpuberes, concedent dictam

(1) Copies du XVIIe siècle, A. 7, n° 145; du XVIIIe, A. 8, n° 226.

venditionem quando puberes efficientur et quod dabunt fidem suam de non reclamando aliquid in predictis. In cujus rei testimonium et munimen, nos, ad petitionem dictorum militis et Johanne et eorumdem liberorum, predictis magistro et fratribus istas presentes litteras dedimus sigilli nostri munimine roboratas. Datum anno Domini M°. CC°. quinquagesimo quarto, mense februario.

CCLXXII.

De eisdem (1).

Février 1254.

Omnibus presentes litteras inspecturis, Officialis Dunensis, salutem in Domino. Noveritis quod, in nostra presentia constitutus, Thomas de Insula presbyter et persona ecclesie de Ligneriis voluit et concessit, ratam habuit venditionem quam Guillermus de Villehermoy, miles, fecit magistro et fratribus Domus Elemosinarie Castriduni de decimis grossis et minutis, antalagio et terris que dictus miles habebat sitos in dicta parrochia de Ligneriis, quam venditionem predictarum dictis magistro et fratribus factam a dicto milite, dictus Thomas promisit nullatenus revocare nec in posterum aliquatenus contraire. Immo omne jus quod idem Thomas habebat seu habere poterat in predictis, nomine ecclesie sue, dictis magistro et fratribus quitavit et penitus resignavit. Promisit insuper idem Thomas dictis magistro et fratribus quod ipse concederet coram domino episcopo Carnotense quod ipsi magister et fratres haberent liberas dicti episcopi super emptione predictorum et quod etiam si traderentur ei littere scripte, quod eas eisdem magistro et fratribus afferret sigillatas sigillo domini episcopi. De quibus predictis omnibus et singulis quittatione, resignatione, seu aliis pactionibus firmiter observandis, dictus Thomas supposuit se juridictioni nostre, ubicumque se transferret, ad omnia et singula supradicta observanda. Datum anno Domini M°. CC°. quinquagesimo quarto, die sabbati ante cineres.

CCLXXIII.

De oschia terre apud Villam in Blado (2).

Mai 1254.

Universis presentes litteras inspecturis, Officialis archidiaconi Dunensis, salutem in Domino. Noveritis, quod in nostra presentia consti-

(1) Copie du XVII° siècle, A. 7, n° 146.
(2) Copie du XVII° siècle, A. 7, n° 100.

tuti, Petrus Rigon et Juliana, ejus uxor, recognoverunt se vendidisse et nomine venditionis in perpetuum concecisse Roberto de Villa in Blado, clerico et canonico beati Andree de Castroduno, quamdam oschiam terre quam habebant sitam apud Villam in Blado, inter oschiam Johannis de Ponte, militis, et inter oschiam que fuit quondam Reginaldi, dicti Chant Tourteau, a posteriori parte domorum defuncti Radulphi, dicti la Vielle, et Haoisis la Baillete, in censiva relicte defuncti Guarneri de Langeio, quondam militis, pro precio quinquaginta et sex solidis dunensibus, de qua pecunia dicti venditores se tenuerunt coram nobis plenarie pro pagatis; fide media in manu nostra ab ipsis corporaliter prestita, promittentes quod contra dictam venditionem per se seu per alios ratione hereditagii, dotalicii, retractationis, seu jure alio, aliquomodo non venirent in futurum. Immo promiserunt, sub datione predicte fidei, dictam oschiam venditam quitam et liberam ab obliviis et terragio et ab omnibus redeverenciis et coram omni censu cum dictum censum et etiam alias rediverencias dicte oschie susceperit de cetero solvendas ab se ipso et successoribus tenentibus terram suam sitam apud dictum locum, excepta decima dicto clerico et ipsius heredibus seu successoribus contra omnes fideliter et firmiter in posterum garandire. Hanc autem venditionem pro ut superius est expressum, ratam habuerunt et approbaverunt et etiam concesserunt coram nobis Petrus Martesche, Nicolaus Martesche, Heloisis la Baillete, et hi tres Asceline, Gaufridus et Johannes liberi dictorum Petri et Juliane, quilibet predictorum per fidem suam in manu nostra corporaliter prestitam : promittentes, sub dicte fidei datione, se contra dictam venditionem de cetero nullatenus devenire. Qui omnes predicti ad omnia predicta firmiter observanda se supposuerunt juridictioni nostre ubicumque essent. In cujus rei testimonium, nos, ad petitionem dictorum Petri et Juliane, Petri Martesche, Nicholai Martesche, Heloisis la Baillete, Asceline, Gaufridi, Johannis, dicto Roberto, clerico, presentes dedimus litteras sigilli nostri munimine roboratas. Actum anno Domini M°. CC°. quinquagesimo quarto, mense maio.

CCLXXIV.

De redditu Ecclesie de Castellione (2.)

Juin 1254.

Universis presentes litteras inspecturis, G. archidiaconus Dunensis, in Domino salutem. Cum magister et fratres domus Dei de Castriduno

(1) Original, B. 332, n° 1.

tenerentur in centum libris dunensium tam in ecclesie de Castellione quam persone ejusdem ecclesie, noveritis quod Suphenis, presbyter et persona dicte ecclesie, in presentia nostra constitutus, tenuit se pro pagato a dictis magistro et fratribus de quatuor viginti libris dunensium in pecunia numerata, de quibus Laurentius, quondam persona de Castellione, habuit decem libras et idem Suphenis habuit sexaginta decem libras nomine ecclesie supradicte. Datum anno Domini M°. CC°. L°. quarto, die jovis post nativitatem sancti Johannis Baptiste.

CCLXXV.

De XII denariis census super La Baate Ourri (1).

Août 1254.

Universis presentes litteras inspecturis, Officialis Dunensis, salutem in Domino. Noveritis, quod in nostra presentia constitutus, Johannes de Fossatis, burgensis Castriduni, pro sue anime remedio et pro anniversario suo post decessum suum in domo Dei Castriduni singulis annis faciendo, recognovit se in perpetuam elemosinam contulisse et etiam concessisse Deo et dicte domus pauperibus, post decessum suum, duodecim denarios censuales cum omni jure ad dictum censum pertinenti. Quos dictos duodecim denarios censuales idem Johannes habebat annuatim super terram sitam apud la Baate Ourri vineis adherentem que fuit defuncti Stephani Borduel ut dicitur et modo est Raginaldi Lebreton. Quem censum idem Johannes concessit magistro et fratribus dicte domus de cetero capiendum et cum omni jure ad eum pertinenti sine contradictione aliqua post decessum suum libere explectandum : promittens bona fide dictam donationem in posterum nullatenus revocare. In cujus rei testimonium et munimen, nos, ad petitionem dicti Johannis, dictis magistro et fratribus istas presentes litteras dedimus sigilli nostri munimine roboratas. Datum anno Domini millesimo ducentesimo quinquagesimo quarto, mense augusti.

CCLXXVI.

De sexdecim denariis census super domos apud Castridunum (2).

Septembre 1254.

Universis presentes litteras inspecturis, Officialis archidiaconi Dunensis, salutem in Domino. Noveritis, quod in nostra presentia consti-

(1) Original, B. 112.
(2) Copie du xviii° siècle, A. 8, n° 233.

tutus, Gaufridus Gode de Chambles, miles, recognovit se in puram et perpetuam elemosinam dedisse et irrevocabiliter concessisse magistro et fratribus domus Dei de Castroduno et pauperibus dicte domus, sexdecim denarios censuales cum omni jure et dominio ad dictum censum pertinenti. Quos dictos sexdecim denarios censuales ipse habebat sitos super domos Robini de Villa in Blado, clerici, sitas juxta dictam Elemosinam inter plateam deffuncti Guillermi de Ses et plateam deffuncti Luce de Villermoy. Recognovit insuper dictus Gaufridus, miles, se vendidisse et nomine venditionis irrevocabiliter in perpetuum concessisse magistro et fratribus dicte Elemosine Castriduni, quamdam domum quam habebat sitam Castroduni inter domum deffuncti Gaufridi de Capella et domum deffuncti Sanctionis Lenier, in censiva dicte Elemosine, pro undecim libris dunensium, de qua pecunia se habuit dictus miles coram nobis plenarie pro pagato, fide sua media in manu nostra prestita corporali, quod contra dictas elemosinam et venditionem seu contra aliquam earum per se, vel per alium, de cetero non veniet in futurum. Immo promisit sub dicte fidei datione dictas elemosinam et venditionem dictis magistro et fratribus fideliter et firmiter ad usus et consuetudines dunensis patrie garandire ; de qua garandizatione facienda, dictus miles obligavit se et etiam heredes suos seu successores. Quas etiam elemosinam et venditionem predictus Gauffridus miles, Aubertus clericus, Radulphus, Guillelmus et Colinus armiger, filii et liberi predicti Gauffridi ratas habuerunt et etiam concesserunt, fide media in manu nostra ab ipsis prestita corporaliter, promittentes quod contra dictas elemosinam et venditionem, seu contra aliquam earum, per se, seu per alium, non venient in futurum. Immo sub dicte fidei datione quittaverunt in perpetuum dictis magistro et fratribus quidquid juris habebant, seu habere expectabant, tam in dicto censu, quam in dicta domo, abrenunciantes privilegio et beneficio etatis minoris et omni exceptioni que possit eisdem prodesse et dictis magistro et fratribus obesse. In cujus rei testimonium et munimen, nos, ad petitionem dicti Gauffridi Gode, militis, et dictorum liberorum, dictis magistro et fratribus et pauperibus dicte domus, istas dedimus litteras sigillo nostro sigillatas. Actum anno Domini 1254, mense septembri.

CCLXXVII.

De quadam domo in Castrum Castriduni (1).

Octobre 1254.

Universis presentes litteras inspecturis, Officialis archidiaconi Du-

(1) Original, A. 71.

nensis, salutem in Domino. Noverint universi, quod in nostra presentia constituti, Radulphus dictus le Chapelier, et Odelina, ejus uxor, recognoverunt se mutuo eis sensu unus [quilibet] eorum qui alii supervixerit dedisse et in puram et perpetuam elemosinam concecisse domum suam quam ipsi habent sitam in Castro, in censiva magistri et fratrum domus elemosine de Castroduno, quam domum insimul adquisierunt prout confessi fuerunt coram nobis, preterea tamen quod alter eorum qui supervixerit de dicta domo vel platea suam omnino poterit facere voluntatem. Quam elemosinam supradictam promiserunt predicti Radulphus et Odelina ejus uxor, per fidem suam in manu nostra corporaliter prestitam, de cetero nullathenus revocare; et ne dicte donationi sue aliquod impedimentum incurrat, sed ut plenissimum robur habeat firmitatis et duret in perpetuum, nos, ad petitionem dictorum Radulphi et Odeline ejus uxoris, istis presentibus litteris sigillum nostrum dignum duximus apponendum. Datum anno Domini M°. CC°. qui iquagesimo quarto, mense octobris.

CCLXXVIII.

Admortizagio Petri de Chaorces (1).

Décembre 1254.

Ego Petrus de Chaorces, miles, notum facio universis tam presentibus quam futuris, quod ego, motus pie paupertate nimia pauperum domus Dei de Castriduno et ob anime mee et parentum meorum remedium, magistro et fratribus dicte domus Dei et predictis pauperibus dedi et nomine donationis in puram et perpetuam elemosinam concessi ut ipsi magister et fratres et dicti pauperes omnia et singula quecumque sint que adquisierunt et que poterunt adquirere in posterum, Deo dante, in meis feodis et censivis quibuscumque sitis in Dunense, libere et pacifice teneant et possideant. Ita quod nec ego nec successores mei dictos magistrum et fratres possimus cogere pro dicta acquisita seu acquirenda in meis predictis feodis et censivis extra suam manum ponere. Promisi insuper dictis magistro et fratribus dictam elemosinam nullatenus in posterum revocare, sed eamdem predictam elemosinam eisdem magistro et fratribus in futurum fideliter contra omnes garandire. De qua garanditatione facienda et de aliis supradictis observandis, ego obligo me et heredes meos seu successores quoscumque; et ne dicte donationi mee aliquod impedimentum incurrat, sed ut plenissimam robur habeat firmitatis et duret in perpetuum, ego, dictis magistro et

(1) Original, A. 51.

fratribus et pauperibus istas presentes litteras dedi cum sigillo meo proprio sigillatas. Actum anno Domini M°. CC°. quinquagesimo quarto, mense decembris.

CCLXXIX.

De redditu ecclesie de Castellione (1).

Novembre 1255.

Universis presentes litteras inspecturis, M. de Gallandia, archidiaconus Dunensis in ecclesia Carnotensi, salutem in Domino. Noveritis nos recepisse et habuisse a magistro et fratribus elemosine Castriduni viginti libras dunensium in pecunia numerata, et illa pecunia in qua tenebantur dicti magister et fratres persone ecclesie de Castellione nomine ecclesie sue pro lite mota diu est inter ipsos magistrum fratres et personam predictam de Castellione. De quibus viginti libris predictis tenentur dictos magistrum et fratres deliberare erga personam dicte ecclesie de Castellione, et eidem persone reddere pro eisdem magistro et fratribus dictas viginti libras in pecunia numerata. In cujus rei testimonium, nos, dictis magistro et fratribus dedimus nostras litteras sigillo nostro sigillatas. Datum anno Domini M°. CC°. quinquagesimo quinto, mense novembris.

CCLXXX.

De quodam stallo in Burgo Novo ante furnum (2).

Février 1256.

Omnibus presentes litteras inspecturis, Officialis archidiaconi Dunensis, salutem in Domino. Noveritis, quod in nostra presentia constituti, Jaquelina, relicta defuncti Frageri Chatri, Mattheus, filius dicte relicte, et Maria, soror dicti Mathei, recognoverunt se dedisse et in puram et perpetuam elemosinam concessisse Deo et pauperibus elemosine de Castriduno, quoddam stallum quod habebant situm in Burgo Novo, ante furnum dicti loci, in censiva senescalli de Bosco Rufin, promittentes, dicti relicta, Matheus et Maria, per fidem suam in manu nostra corporaliter prestitam, quod contra dictam donationem seu concessionem non venient in futurum. Immo promiserunt, sub dicte fidei datione, quod in dicto stallo jure hereditagii, dotis, seu dotalicii vel

(1).Original, B. 312, 1.° 2.
(2) Original, A. 72.

quolibet alio jure, nichil de cetero reclamarent nec facient ab aliquo reclamari. In cujus rei testimonium, nos, ad preces et petitionem dictorum relicte, Mathci et Marie, dedimus magistro et fratribus dicte elemosine istas presentes litteras sigilli nostri munimine roboratas. Datum anno Domini M°. CC°. L°. sexto, mense februarii.

CCLXXXI.

De quodam censu in clauso de la Mauratiere juxta cheminum Aurelianensis (1).

Juillet 1256.

Omnibus presentes litteras inspecturis, Officialis archidiaconi Dunensis, salutem in Domino. Noveritis, quod in nostra presentia constitutus, Herbelinus de Abbatia dedit et in perpetuam elemosinam concessit domui elemosinarie de Castriduno quintam partem sex denariorum censualium quos habebat sitos super quamdam peciam vinee sitam juxta cheminum Aurelianensem in clauso de la Mauratiere, promittens per fidem suam in manu nostra corporaliter prestitam, quod dictam elemosinam de cetero nullatenus revocaret. Recognovit insuper idem Herbelinus se vendidisse et nomine venditionis in perpetuum concecisse residuum dictorum sex denariorum censualium cum omni jure et dominio ad dictum censum pertinenti pro decem solidis dunensium, de qua pecunia idem Herbelinus se tenuit coram nobis plenarie pro pagato, fide media in manu nostra corporaliter prestita, promittens quod contra dictam venditionem nec elemosinam per se vel per alium non veniet in futurum. Immo sub dicte fidei datione, promisit dictis magistro et fratribus dictas elemosinam et venditionem ad usus et consuetudines dunensis patrie garandire. Has autem elemosinam et venditionem voluerunt et concesserunt Petronilla uxor sua, Guillelmus Mollart et Agnes uxor dicti Guillelmi, et filia dicti Herbelini. Qui predicti Petronilla, Guillelmus et Agnes promiserunt per fidem suam in manu nostra corporaliter prestitam, quod contra dictas venditionem nec elemosinam jure dotalicii, hereditagii seu quolibet jure alio, per se seu per alium non venient aliquatenus in futurum. In cujus rei testimonium et munimen, nos, ad preces et petitionem dictorum Herbelini, Petronille, Guillelmi et Agnetis, dedimus dictis magistro et fratribus dicte elemosine istas presentes litteras sigilli nostri munimine roboratas. Datum anno Domini millesimo CC°. quinquagesimo sexto, mense julio.

(1) Original, B. 113.

CCLXXXII.

De uno sextario terre apud Villam in Blado (1).

Novembre 1256.

Omnibus presentes litteras inspecturis, Officialis Dunensis, salutem in Domino. Noveritis, quod in nostra presentia constituti, Stephanus Milet, de Villa in Blado, et Matildis ejus uxor, recognoverunt se dedisse et in perpetuam elemosinam concessisse Matheo de Villa in Blado, clerico, quondam filio defuncti Radulphi Vetule, unum sextarium integrum terre semente de quinque sextariis integris terre semente quos dicti Stephanus et Matildis habebant, ex hereditagio dicti Stephani, moventibus sitis apud Villam in Blado in quinque peciis terre, partim in censiva domus elemosinarie de Castroduno, partim in censiva Theobaldi de Matucriis et partim in censiva Marie la Caillarde. Quam elemosinam dicti Stephanus et Matildis promiserunt, per fidem suam in manu nostra corporaliter prestitam, nullatenus revocare. Immo, sub dicte fidei datione, promiserunt dictam elemosinam dicto Matheo et ejus heredibus in perpetuum firmiter contra omnes garandire. Recognoverunt insuper dicti Stephanus et Matildis, se dicto Matheo, dicta quatuor sextaria integra terre semente residua vendidisse et nomine venditionis in perpetuum concessisse pro sexdecim libris turonensium, de qua pecunia dicti Stephanus et Mathildis se tenuerunt, coram nobis, plenarie pro pagatis, fide ipsorum media in manu nostra corporaliter prestita, promittentes quod contra venditionem istam nec etiam elemosinam supradictam, jure hereditagii, dotalicii seu dotis, vel quolibet jure alio, per se seu per alium non venient aliquatenus in futurum. Et promiserunt dicti Stephanus et Matildis, sub dicte fidei datione, se dicto Matheo et ejus heredibus dictam venditionem contra omnes ad usus et consuetudines dunensis patrie garandire. Promiserunt insuper dicti Stephanus et Matildis tam in datione elemosine quam in venditione terre supradicte, dicta quinque sextaria terre semente esse quita et libera ab omni rediverentia, exceptis quatuor solidis pro censu et excepta decima. Promiserunt insuper dicti Stephanus et Matildis, sub dicte fidei datione, quod si quinque sextaria terre semente non invenirentur integre in venditione et elemosina supradictis, quod ipsi Stephanus et Matildis tenerentur perficere; et de perfectione facienda si necesse fuerit et de garandizatione rerum predictarum ut dictum est facienda, obligaverunt dicti Stephanus et Matildis se et bona sua. In cujus rei testimonium et munimen, nos, ad petitionem dictorum Stephani et

---

(1) Copie du xvii⁰ siècle, A. 7, n° 107.

Matildis, dicto Matheo istas presentes litteras dedimus sigilli nostri munimine roboratas. Datum anno Domini M°. CC°. quinquagesimo sexto, mense novembris.

CCLXXXIII.

De terris apud Villam in Blado (1).

Novembre 1256.

Omnibus presentes litteras inspecturis, ego Theobaldus de Matueriis, miles, salutem in Domino. Noveritis quod de quinque sextariis terre semente que Stephanus Milet, de Villa in Blado, et Matildis ejus uxor, habebant ex hereditagio dicti Stephani, moventibus sitis apud Villam in Bladum in quinque peciis terre partim in censiva mea, partim in censiva domus elemosinarie de Castroduno, et partim in censiva Marie la Caillarde, pro indiviso, dicti Stephanus et Matildis in mea presentia constituti, Matheo de Villa in Blado, clerico, filio defuncti Radulphi Vetule, dederunt et in puram et perpetuam elemosinam concesserunt unum sextarium dicte terre semente, promittentes, per fidem suam in manu nostra corporaliter prestitam, quod contra dictam elemosinam jure hereditagii, dotis, sive dotalicii, vel quolibet alio jure, per se vel per alium non venient in futurum. Recognoverunt insuper dicti Stephanus et Matildis dicta quatuor sextaria terre semente residua dicto Matheo vendidisse et nomine venditionis in perpetuum concecisse pro sexdecim libris turonensium, de qua pecunia dicti Stephanus et Matildis se tenuerunt coram nobis plenarie pro pagatis, fide ipsorum media in manu nostra corporaliter prestita, promittentes quod contra dictam venditionem jure hereditagii, dotis, sive dotalicii, vel quolibet alio jure, per se seu per alium, aliquatenus non venient in futurum; et promiserunt dicti Stephanus et Matildis, sub dicte fidei datione, se dicto clerico et ejus heredibus dictas venditionem et elemosinam ad usus et consuetudines dunensis patrie contra omnes garandire. Promiserunt insuper dicti Stephanus et Matildis, tam in datione elemosine quam in venditione dicte terre, dicta quinque sextaria terre semente esse quita et libera ab omni rediverentia, exceptis quatuor solidis pro censu et excepta decima. Promiserunt insuper dicti Stephanus et Matildis, sub dicta fide sua, quod si quinque sextaria terre semente non invenirentur integre in venditione et elemosina supradictis, quod ipsi Stephanus et Matildis tenerentur perficere ; et de perfectione facienda, si necesse fuerit, et de garandizatione terrarum predictarum pro ut dictum est facienda, ipsi Stephanus et Matildis

---

(1) Copie du XVII° siècle, A. 7, n° 108.

obligaverunt se et omnia bona sua. Et quia dicti Stephanus et Matildis de dictis quatuor solidis censualibus de quibus ad me duo solidi censuales pertinent, dictos duos solidos michi vel mandato meo consueverant reddere apud Matuerias, ego Theobaldus, ad preces bonorum [virorum] et amore Dei, concessi dicto Matheo et ipsius heredibus quod ipse Matheus et heredes sui michi et heredibus meis de cetero reddent dictos duos solidos censuales apud Castrumdunum in qualibet nativitate beate Marie Virginis. Volui etiam et concessi quod ego, seu heredes mei, non possumus de cetero dictum Matheum vel heredes suos capere alibi, reddere dictos meos duos solidos censuales quam in dicto loco apud Castrumdunum noviter constituto. In cujus rei testimonium et munimen, ego, ad petitionem dictorum Stephani et Matildis, dicto Matheo dedi litteras sigillo meo proprio sigillatas. Datum anno Domini M°. CC°. quinquagesimo sexto, mense novembris.

CCLXXXIV.

De nemore de Bello Visu inter Bordas et Fontem Marie (1).

Juillet 1257.

Ego Ysambardus de Sancto Deodato, castellanus Castriduni, notum facio universis presentes litteras inspecturis, quod cum verteretur contentio coram me inter Michael Senglier ex una parte, et magistrum et fratres Elemosine Castriduni ex altera, super hoc quod dictus Michael petebat coram me et in jure a dictis magistro, et fratribus, quod ipsi nemus de Bello-Visu, situm inter Bordas et Fontem Marie et fundum terre dicti nemoris quod tenebant et possidebant extra suam manum ponerent, cum dictus Michael, ad cujus feodum dictum nemus sine medio dignoscitur pertinere, non vellet nemus predictum poni in manu mortua vel etiam remanere ; item verteretur contentio coram me inter dictos magistrum et fratres ex una parte, et Petrum de Mesio, militem, ex altera, super hoc quod dicti magister et fratres petebant coram me et jure a dicto Petro quod ipse honus litis pro ipsis magistro et fratribus in se susciperet contra dictum Michaelem, et quod idem Petrus dictum nemus eisdem magistro et fratribus erga dictum Michaelem deffenderet et penitus liberaret, cum idem miles se obligasset ad hoc erga dictos magistrum et fratres per litteras sigillo suo proprio sigillatas, sicut idem miles confessus fuit coram me : tandem de bonorum virorum consilio, ita fuit compositum et pacificatum inter dictos Michaelem Senglier, magistrum et fratres et dictum Petrum ; quod dictus Petrus pro bono pacis dedit et

(1) Copie du xvii° siècle, A. 7, n° 118.

solvit dicto Michaeli decem libras dunensium et dicti magister et fratres similiter pro bono pacis dederunt et solverunt dicto Michaeli centum solidos dunensium, et dictus Michael per fidem suam in manu mea prestitit corporalem [promittens] quod dictos magistrum et fratres super dicto nemore de cetero nullatenus molestabit. Immo eisdem magistro et fratribus in perpetuum quitavit omne jus et dominium quod habebat seu habere poterat in dicto nemore et fundo nemoris, volens et concedens idem Michael, quod ipse, vel ejus heredes, non possint de cetero compellere dictos magistrum et fratres dictum nemus extra suam manum ponere nec etiam molestare. Immo promisit, sub dicta fide sua, idem Michael eisdem magistro et fratribus in posterum dictum nemus sicut dominus feodi garandire. De qua garandizatione facienda, obligavit se et omnia bona sua nec non et heredes suos. In cujus rei testimonium et memoriam, ad preces et petitiones dictorum Michaelis et Petri, dedi dictis magistro et fratribus istas presentes litteras sigilli mei munimine roboratas. Datum anno Domini M°. CC°. quinquagesimo septimo, mense julii.

CCLXXXV.

De terra apud Porcheronvillam (1).

Décembre 1258.

Omnibus presentes litteras inspecturis, Officialis archidiaconi Dunensis, salutem in Domino. Noveritis quod in nostra presentia constituti, Ginotus de Planta et Ascelina ejus uxor, recognoverunt se vendidisse et nomine venditionis in perpetuum concessisse magistro et fratribus Elemosine Castriduni, medietatem totius terre quam dicebant se habere et habebant apud Porcheronvillam, dimidium modium continentem et medietatem partis sue quam habebant in quodam habergamento, in dicto loco sito, que omnia sita sunt in allodiis domini comitis Blesensis, partim in censiva ut dicitur monachorum de Tyrone, et partim ut dicitur in censiva templariorum, pro viginti libris dunensis monete, de qua pecunie summa dicti venditores se tenuerunt coram nobis plenarie pro pagatis in pecunia numerata, fide media in manu nostra corporaliter prestita : promittentes quod contra dictam venditionem jure hereditagii, dotalicii, seu quolibet jure alio, per se seu per alium non venient in futurum. Immo, sub dicte fidei datione, promiserunt dictam venditionem contra omnes ad usus et consuetudines dunensis patrie garandire. Que predicta recognoverunt dicti Ginotus et Ascelina vendi-

---

(1) Copies du XVII° siècle, A. 7, n° 92 ; du XVIII°, A. 8, n° 207.

disse dictis magistro et fratribus quita et libera ex omni honere et redeverentiis, exceptis decima et censu. Hanc autem venditionem voluerunt, ratam habuerunt et concesserunt, magister Lambertus dictus le Comte, clericus, et Agnes la Pichonesse et promiserunt contra de cetero nullatenus devenire, videlicet dicta Agnes per fidem suam in manu nostra prestitam corporalem. In cujus rei testimonium et munimen, nos, ad preces et petitiones dictarum partium, dictis magistro et fratribus dedimus presentes litteras sigilli nostri munimine sigillatas. Datum anno Domini millesimo ducentesimo quinquagesimo octavo, mense decembris.

CCLXXXVI.

De duodecim denariis apud Memilon (1).

Février 1259.

Ego Fulcho de Mesmillon, miles, notum facio omnibus tam presentibus quam futuris, quod ego, pro meo anniversario celebrando in Elemosina Castriduni cum decessero, pauperibus dicte Elemosine et fratribus ibidem commorantibus dedi et in perpetuam elemosinam irrevocabiliter concessi duodecim denarios censuales cum omni jure et dominio ad dictum censum pertinente, quos dicebam me habere et habebam sitos super terram Hamelini de Fossa Aucherii, adherentem vineis de Montrionis, circa duo sextaria terre semente continentem. Quam elemosinam promisi nullatenus de cetero revocare. Immo dictam elemosinam promisi dictis pauperibus et fratribus in posterum garandire et de dicta garandizatione facienda eisdem obligavi heredes meos. In cujus rei testimonium et memoriam, ego dedi dictis pauperibus et fratribus presentes litteras sigilli mei munimine roboratas. Datum anno Domini M°. CC°. quinquagesimo nono, mense februario.

CCLXXXVII.

De domo dicta de Foro (2).

Février 1259.

Ego, Ysembardus de Sancto Deodato, castellanus de Castriduno et de Carnoto, notum facio universis tam presentibus quam futuris quod cum contentio verteretur coram me inter procuratorem et fratres domus

---

(1) Original, B. 114. — Copies du xviie siècle, A. 7, n° 38 : du xviiie, A. 8, n° 183.
(2) Original, B. 16.

Dei de Castriduno ex una parte, et Bernardum Letanneur et Rosetam ejus uxorem ex altera, super hoc quod dicta Roseta dicebat se esse hæredem propinquiorem defuncti Theobaldi de Foro et ideo petebat ratione successionis et propinquitatis in contentione a dictis procuratore et fratribus medietatem cujusdam domus in qua manebat dictus Theobaldus, tempore quo decessit, sitam juxta domum defuncti Gyrardi Goichart, medietatem cujusdam rupis sitam in cuneo beati Andree de Castriduno, et unum arpentum vinee situm in vico qui dicitur Escures, que fuerant predicti Theobaldi; dictis procuratore et fratribus in contrarium dicentibus dictam Rosetam non habere jus petendi predictum ex eo quod dictus defunctus Theobaldus omnia predicta adquisierat et in sua ultima voluntate preceperat defuncto Ernaudo le Faupier, defuncto Gaufrido de Capella et defuncto Amioto de Aureliano, executoribus suis, quod predicta venderent et pro ejus defuncti Theobaldi anima pauperibus erogarent. Qui dicti executores potestate hereditaria a dicto defuncto Theobaldo super hoc bonorum ducti consilio Elemosine Castriduni et fratribus ibidem commorantibus dictas medietates domus et rupis et dictum arpentum vinee in perpetuam elemosinam dederunt et in perpetuum concesserunt. Ad que probanda dicti procurator et fratres produxerunt coram me quamdam litteram sigillo honorabilis viri Nicholai quondam archidiaconi Dunensis sigillatam, et duos testes, videlicet : Guarinum Chufin et Michaelem dictum Menjaille, qua littera inspecta et audita, et testimonio dictorum testium audito, et etiam intellectis rationibus quas dicti procurator et fratres proposuerunt contra dictos Bernardum et Rosetam et dictis partibus termino assignato, de assensu ipsarum partium coram me ad audiendum jus super premissis, ego, cum multis bonis aliis in plenis assisiis pro finale judicio respeximus et adjudicavimus, quod de jure omnia predicta dicte elemosine quita et libera in perpetuum remanerent. Qui dicti procurator et fratres post dictum judicium nostrum dictis Bernardo et Rosete ad preces et petitionem meam et aliorum bonorum, gratiam facientes eisdem dederunt centum solidos monete currentis in Dunensi, et in presenti coram me solverunt. Et dicti Bernardus et Roseta propter gratiam eisdem factam, per fidem suam in manu mea corporaliter prestitam, promiserunt quod super premissis dictos procuratorem et fratres de cetero nullatenus molestabunt nec trahent [in causam]. In cujus rei testimonium et memoriam, ego, ad preces et petitionem dictarum partium presentibus litteris sigillum meum apponere dignum duxi. Actum anno Domini M°. CC°. quinquagesimo nono, mense februarii.

CCLXXXVIII.

De domo in Teneria Castriduni (1).

Juin 1259.

Universis presentes litteras inspecturis, Officialis archidiaconi Dunensis, salutem in Domino. Noveritis quod in nostra presentia constituti, Guillelmus de Orsonvilla et Hysabella ejus uxor, recognoverunt se cepisse a procuratore et a fratribus Elemosine Castriduni, medietatem cujusdam domus que eisdem devenerat ex donatione Theobaldi dicti Nereit, quam habebant dicti procurator et fratres sitam in Teneria Castriduni, inter domum Gaufridi Biote et domum defuncti Arnulphi Belle Jovente, junctam etiam pro individuo alii medietati domus ipsorum Guillelmi et uxoris pro quadam annua pensione, videlicet : pro pensione decem solidorum monete currentis in Dunensi a dictis Guillelmo et uxore et eorum heredibus in perpetuum solvenda in quolibet festo sancti Remigii dictis procuratori et fratribus. Promiserunt, insuper et tenentur dicti Guillelmus et uxor censum et rediverencias dicte medietatis domus annuatim solvere et ipsam suis propriis sumptibus bono statu tenere. Tenentur insuper prout promiserunt dicti Guillelmus et uxor deliberare dictos procuratorem et fratres de paccionibus et debito in quibus tenebantur erga Johannem de Parvo Ponte seu dictum Gode ratione dicte domus. Voluerunt insuper et concesserunt dicti Guillelmus et uxor quod si deficerent in solutione dicte pensionis, qua predicta pensione non soluta, possent assignare et capere in qualibet parte dicte domus. Voluerunt insuper et concesserunt dicti Guillelmus et uxor quod si contigeret quod dicta domus combureretur vel devastaretur casu ex fortuito, post factum incendium seu devastationem, per triennium deficerent dicti Guillelmus et uxor vel eorum heredes in solutione dicte pensionis faciende, quod tam cito elapso dicto triennio possent dicti procurator et fratres de tota platea dicte domus de medietate que fuit ipsorum Guillelmi et uxoris quam de medietate que fuit ipsorum procuratoris et fratrum suam possent in perpetuum plenarie facere voluntatem, sicut de re eorum hereditaria. De his autem omnibus tenendis et firmiter observandis obligaverunt dicti Guillelmus et uxor eo modo quo divisum est superius dictam medietatem domus sue et eorum heredes per fidem suam in manu nostra corporaliter prestitam. In cujus rei testimonium, nos, ad petitionem dictorum Guillelmi et Hysabelle ejus uxoris, dictis procuratori et fratribus nostras presentes

---

(1) Copies du xviie siècle, A. 7, n° 37.

litteras dedimus sigillo nostro sigillatas. Datum anno Domini M°. ducentesimo quinquagesimo nono, mense junio.

CCLXXXIX.

De admodiatione terre de Heaumonfontaine (1).

Novembre 1259.

Universis presentes litteras inspecturis, magister Guillelmus de Noviaco, canonicus Carnotensis, prebendarius apud Blandemvillam, salutem in Domino. Noveritis quod in mea presentia constitutus, Petrus dictus Muriau recognovit se cepisse a procuratore et fratribus domus Dei de Castriduno totam terram eorum quam habent apud Heaumonfontaine in parochia de Blandemvilla usque ad duodecim annos continue venturos ad firmam, ita quod dictam terram colet in dictis duodecim annis seriatim suis propriis sumptibus et fructus suos faciet. Et pro predicta firma quolibet anno dictorum duodecim annorum quicquid contingat dimidium modium bladi ad valorem bladi crescentis in dicta terra ad mensuram Carnoti suis propriis sumptibus in domo dictorum procuratoris et fratrum de Bojastre in octabis cujuslibet festi sancti Remigii, dictis procuratori et fratribus tenebitur reddere et persolvere. Rediverentias vero dicte terre, si que fuit, tenebitur reddere annuatim dictus Petrus nomine dictorum procuratoris et fratrum, non de suo sed de firma dicte terre. Has autem pactiones et promissiones predictas dictis duodecim annis durantibus promisit dictus Petrus per fidem suam in manu nostra corporaliter prestitam firmiter tenere et inviolabiliter observare. De his autem pactionibus tenendis et firmiter observandis dedit dictus Petrus plegios, videlicet : Bernardum clericum, Reginaldum Veillart, Robinum le Desree, Theobaldum le Couturier, Odonem Petit Vilain et Stephanum Rotru. Qui ad petitionem dicti Petri de pactionibus predictis firmiter tenendis se plegios constituerunt quilibet in solidum, et se supposuerunt juridictioni nostre ubicumque essent et se et sua transferrent. In cujus rei testimonium et munimen presentibus litteris sigillum nostrum duximus apponendum. Actum anno Domini M°. CC°. L°. nono, mense novembri.

(*Sceau de Guillaume de Neuvy*).

(1) Original, B. 189.

CCXC.

De terris apud Villam in Blado (1).

Novembre 1259.

Omnibus presentes litteras inspecturis, Officialis archidiaconi Dunensis, salutem in Domino. Noveritis quod in nostra presentia constituti, Robertus de Villa in Blado, clericus, nepos defuncti Odonis quondam magistri Elemosine Castriduni, Burgeta, ejus soror et ejus maritus, in perpetuum quitaverunt quicquid juris habebant et habere poterant in emptionibus terrarum quas Petrus Martesche et Thomas dictus Bos vendiderant apud Villam in Bladum et in aliis emptionibus terrarum factis tam nomine dicti Robini, quam patris et matris ejus, seu defuncti Mathei fratris dicti Robini, tempore magistratus defuncti Odonis, procuratori et fratribus domus Dei de Castriduno. Que emptiones terrarum continent circa quatuordecim sextaria terre semente. Et promiserunt dicti Robinus, Burgeta et ejus maritus, per fidem suam in manu nostra corporaliter prestitam, quod in predictis terris nichil de cetero reclamabunt, nec super predictis terris dictos procuratorem et fratres de cetero nullatenus molestabunt. Dicti vero procurator et fratres, tam pro quitatione predicta quam ex benignitate eorum, dederunt et reddere promiserunt dicto Roberto annuatim quamdiu vixerit ad usum scolasticum quadraginta solidos dunensium in quolibet festo Omnium Sanctorum. Quitaverunt insuper et dederunt dictis procuratori et fratribus dicti Robertus, Burgeta et ejus maritus, quicquid juris habebant et habere poterant in domo de Pertuiset quam tenent et in duobus sextariis terre semente vel circa que acquisierat dictus Odo tempore quo erat magister dicte Elemosine et dictis procuratori et fratribus tenendis et in perpetuum possidendis post decessum dicte Burgete. Hanc autem donationem et quitationem fecerunt et fimaverunt per fidem suam in manu nostra corporaliter prestitam dicti Robertus, Burgeta et ejus maritus. Quitaverunt insuper in perpetuum et dederunt dicti Robertus, Burgeta et ejus maritus dicte Elemosine medietatem aliarum terrarum residuarum quas tenent apud Pertuiset post ejus Burgete decessum si sine herede decesserit, vel si heres ejus, post ejus Burgete decessum, decesserit antequam perveniat ad legitimam etatem ; que medietas terre ad dictam Elemosinam pertinet ex emptione facta a dicto defuncto Odone de defuncta Ysabella quondam sorore sua, que medietas predictarum terrarum fuit predicte Ysabelle.

(1) Copies du xvii° siècle, A. 7, n° 110; du xviii°, A. 8, n° 212.

Contra autem istas quitationes et concessiones pro ut divisa sunt, promiserunt dicti Robertus, Burgeta et ejus maritus in posterum nullatenus contraire. In cujus rei testimonium, nos, ad preces et petitionem dictorum Roberti, Burgete et ejus mariti, dedimus dictis procuratori et fratribus presentes litteras sigilli nostri munimine roboratas. Datum anno Domini M°. CC°. quinquagesimo nono, mense novembris.

CCXCI.

De quadam rupe in cuneo Beati Andree apud Castridunum (1).

Janvier 1260.

Omnibus presentes litteras inspecturis, Officialis archidiaconi Dunensis, salutem in Domino. Noveritis, quod cum Maria uxor Theobaldi de Cruce et procurator et [fratres........] et possident communiter pro indiviso quamdam rupem sitam in cuneo Beati Andree de Castriduno in censiva Comitis Blesensis et quamdam domum sitam.......... in censiva Henrici Lenfant armigeri et Martini Basset clerici; que domus et rupis ad dictos procuratorem et fratres et Mariam devenerant.......... a dictos procuratorem et fratres ex donatione defuncti Theobaldi de Foro et ejus executorum; et alia medietas ad dictam Mariam ex successione [Marie] uxoris dicti Theobaldi de Foro; quorum Theobaldi et Marie ejus uxoris fuerunt res predicte. Dictas domum et rupem partiti fuerunt,.......... Maria in hunc modum : quod dicta Maria cum assensu et voluntate mariti sui dictis procuratori et fratribus medietatem suam dicte r[upis] et per fidem suam in manu nostra corporaliter prestitam spontanea et de mandato et assensu dicti Theobaldi de Cruce mariti sui penitus resigna-[vit. Insuper] dicta Maria et dictus Theobaldus ejus maritus dictis procuratori et fratribus dederunt quindecim libras monete currentis in Dunensi. Quitaverunt [etiam dicta Maria et] Theobaldus ejus maritus eisdem procuratori et fratribus quicquid juris habebant, si quod habebant, vel habere poterant in vasis que sunt in dicta rupe.......... aliis utensilibus. Promittentes per dictam fidem suam quod in predictis rupe et vasis, nichil de cetero reclamarent nec facerent reclamari. Dicti vero procurator et fratres.......... Marie medietatem suam dicte domus in perpetuum quitaverunt in escambium medietatis predicte rupis et dictarum quindecim librarum et promiserunt ad invicem dicti procurator et fratres et Maria cum assensu dicti mariti sui omnia predicta sicut partita sunt sibi ad invicem in posterum [ad usus] et consuetudines Dunensis patrie garandire et sese ad invicem indampnes reddere et

---

(1) Original, A. 130.

servare. In cujus rei testimonium et memoriam, nos ad preces et peti
tionem dictarum partium, sigillum nostrum presentibus litteris
dignum duximus apponendum. Actum anno Domini M°. CC°. sexagesimo, mense januarii.

CCXCII.

De Porcheronvilla (1).

Décembre 1260.

Universis presentes litteras inspecturis, Officialis archidiaconi Dunensis, salutem in Domino. Noveritis quod in nostra presentia constituti,
magister Lambertus Lecomte, clericus; Ginotus de Planta ; Ascelina ejus
uxor; Johannes dictus Sevin et Beatrix, ejus uxor, vendiderunt et nomine
venditionis in perpetuum concesserunt magistro Stephano de Doeto,
canonico Antisiodori et Stephano de Cortermont clerico, fratribus
domus elemosine de Castriduno, omne illud quod habebant vel
habere poterant apud Porcheronvillam vel circa, seu debebant ex
caduco defuncte Agnete la Pichonesse, videlicet : semimodium terre
semente vel circa, et totam partem quam dicta Agnes habebat in
habergamento, domo et grangia, cum pertinentiis sitis apud dictum
locum, in allodiis comitis ut dicitur, et censivis abbatis et conventus
de Tyrono et magistri et fratrum militie templi in Francia, pro
viginti libris monete currentis in Dunensi, de quibus dicti venditores se
coram nobis tenuerunt plenarie pro pagatis in pecunia numerata,
renunciantes in hoc facto omni exceptioni non numerate et non solute
pecunie. Quitaverunt autem predicti venditores omne ejus quod habebant vel habere poterant in dictis rebus venditis, predictis emptoribus et
eorum heredibus et successoribus seu ab ipsis causam habentibus,
predictum jus, dominium, proprietatem et possessionem, que in dictis
rebus habebant in dictos emptores ex nunc penitus transferendo : promittentes dicti venditores, fide in manu nostra prestita corporali, quod contra
dictas venditionem quitationem et concessionem per se vel per alium
non venient in futurum, nec in predictis rebus venditis jure hereditario,
caduci, dotis, dotalicii, vel quolibet jure alio, per se vel per alium aliquid
de cetero petent vel facient peti nec reclamabunt vel facient reclamari,
nec dictos emptores vel eorum heredes seu ab ipsis causam habentes
supradicta emptione molestabunt, nec facient per se vel per alium molestari. Immo omnes res et singulas venditas dictis emptoribus et eorum
heredibus et successoribus seu ab ipsis causam habentibus contra omnes

(1) Copies du xvii° siècle, A. 7, n° 91 ; du xviii°, A. 8, n° 206.

ad usus et consuetudines Dunensis patrie fideliter et firmiter tenebuntur garandire. De qua autem garandizatione in posterum facienda, dicti venditores obligaverunt se et heredes suos et omnia bona sua presentia et futura emptoribus supradictis. In cujus rei testimonium et munimen, nos ad petitionem dictorum magistri Lamberti, Ginoti, Asceline, Johannis et Beatricis, dictis emptoribus presentes dedimus litteras sigilli nostri munimine roboratas. Datum anno Domini M°.CC°.LX°, mense decembris.

CCXCIII.

De quadam obligatione census de Villa in Blado (1).

Mars 1264.

Omnibus presentes litteras inspecturis, Theobaldus de Matueriis, miles, salutem in Domino. Noveritis quod ego obligavi magistro et fratribus domus elemosinarie de Castriduno, omnes census meos quos habeo et possideo ex hereditate mea apud Villam in Blado vel circa, in feodo Rocelini de Memberolis, militis, cum omnibus juribus, proventibus et redibentiis ad dictum censum pertinentibus, reddendos apud Castridunum in dicta Elemosina quolibet anno in festo nativitatis beate Marie Virginis usque ad viginti annos continuos et complendos, pro precio centum solidorum monete currentis in Dunensi michi jam solutorum in pecunia numerata a dictis magistro et fratribus ex causa mutui michi ab eisdem facti : promittens quod contra dictam obligationem durante termino venire nullatenus attemptabo. Immo promisi eisdem dictam obligationem durante termino contra omnes ad usus et consuetudines Dunensis patrie fideliter et firmiter garandire. In cujus rei testimonium ego predictis magistro et fratribus presentes dedi litteras sigillo meo proprio sigillatas, per quas non tantummodo personam meam, sed personas uxoris mee et heredum meorum volui obligare. Datum anno Domini M°. CC°. sexagesimo quarto, mense martio, die veneris post annuntiationem beate Marie Virginis.

CCXCIV.

De Villa in Blado (2).

Mars 1264.

Omnibus presentes litteras inspecturis, Officialis archidiaconi Dunensis, salutem in Domino. Noveritis quod in nostra presentia constitutus et in

(1) Original, B. 690, n° 1. — Copie du xvii° siècle, A. 7, n° 109.
(2) Original, B. 690.

jure, Theobaldus de Mathueriis, miles, vendidit et nomine venditionis in perpetunm concessit magistro et fratribus domus elemosine de Castriduno omnes census suos cum omnibus juribus proventibus et redibentiis ad dictos census pertinentibus, quos habebat et possidebat jure hereditario apud Villam in Blado et circa in feodo Roscelini de Memberolis, militis, pro precio centum solidorum monete currentis in Dunensi, de quibus dictus Theobaldus coram nobis se tenuit planarie pro pagatus in pecunia numerata; renuncians in hoc facto exceptioni non numerate pecunie et non solute. Quitavit autem predictus Theobaldus predictis magistro et fratribus omne jus dominium proprietatem et possessionem que in predictis censibus habebat vel habere poterat seu debebat coram nobis in futurum predicta jus dominium proprietatem et possessionem in dictos emptores ex nunc penitus transferendo, fide media in manu nostra corporaliter prestita, promittens quod contra dictam venditionem per se vel per alium non veniet in futurum, nec in dictis censibus, prout superius dictum est venditis, per se vel per alium ratione hereditagii, caduci, acquiramenti seu qualibet alia ratione, per se vel per alium aliquid de cetero reclamabit. Immo promisit, per dictam fidem suam, dictam venditionem predictis magistro et fratribus contra omnes ad usus et consuetudines Dunensis patrie firmiter et fideliter garandire sub pena decem librarum monete currentis in Dunensi et quantum ad omnia et singula supradicta prout superius fuerit divisa firmiter tenenda et inviolabiliter observanda predictus Theobaldus se et sua et heredes suos universos et singulares predictis magistro et fratribus obligavit specialiter et expresse. In cujus rei testimonium et munimen, nos, ad petitionem dicti Theobaldi, predictis magistro et fratribus, istas presentes litteras dedimus sigilli nostri munimine roboratas. Actum anno Domini M°. CC°. sexagesimo quarto, mense martio.

CCXCV.

De Frigida-Terra (1).

Mai 1264.

Omnibus presentes litteras inspecturis, Officialis archidiaconi Dunensis salutem in Domino. Noveritis quod in nostra presentia constituti et in jure Liiardis primogenita, Agatha et Odelina, filie et heredes defuncti Thome de R[ichevil]la vendiderunt et nomine venditionis in perpetuum concesserunt magistro et fratribus Elemosine Castriduni quamdam peciam terre quam habebant sitam apud Frigidam Terram, in censiva dictorum

(1) Original. B. 674.

magistri et fratrum, tenendam et habendam a dictis magistro et fratribus [et ejus successoribus] in perpetuum possidendam pro precio [sexaginta et quinque] solidorum monete currentis in Dunensi, de quibus predicte Liiardis, Agatha et Odelina, se tenuerunt a dictis magistro et fratribus coram nobis plenarie pro pagatis in pecunia numerata. Renunciantes in hoc facto omni exceptioni non numerate pecunie et non solute, et se de dicta terra desessientes et dictos magistrum et fratres sessientes et sessiri petentes; promittentes etiam quod contra dictam venditionem, per fidem suam in manu nostra corporaliter prestitam, per se vel per alios non venient in futurum nec in predicta pecia terre magistro et fratribus vendita, ut dictum est, aliquid de cetero petent nec peti facient, nec dictos magistrum et fratres super dicta pecia terre jure hereditagii acquiramenti, caduci, seu quolibet alio jure de cetero molestabunt nec facient ab aliquibus molestare. Immo predictam venditionem predictis magistro et fratribus contra omnes ad usus et consuetudines Dunensis patrie tenebuntur garandire. De qua garanditatione in posterum facienda, predictis magistro et fratribus, se, heredes suos, et omnia bona sua presentia et futura obligaverunt specialiter et expresse, et ex habundanti de garanditatione predicta facienda, ut dictum est, constituerunt se fidejussores et principales responsores erga dictos magistrum et fratres Johanna Louvreer relicta Richardi dou Noyer et Odelina Louvreer dicte terre de voluntate et assensu dictorum magistri et fratrum Gaufridus............. comite percipiet et habebit. In cujus rei testimonium et munimen, nos ad petitionem dictarum Liiardis, Agathe et Odeline, predictis magistro et fratribus istas presentes litteras dedimus sigilli nostri munimine roboratas. Datum anno Domini millesimo CC°. LX° quarto, mense mayo.

CCXCVI.

De Villereto (1).

Novembre 1264.

Omnibus presentes litteras inspecturis, Officialis archidiaconi Dunensis, salutem in Domino. Noveritis quod in nostra presentia constituti, et in jure, Guillermus dictus le Frere et Beatrix, ejus uxor, vendiderunt et nomine venditionis in perpetuum concesserunt Johanni de Castro et Alicie ejus uxori, quamdam peciam terre circa duodecim minatas terre semente continentem quam habebant sitam juxta muros Elemosine Castriduni de Villeret, in feodo Colini Bechet, armigeri, tenendam et

(1) Original, B. 184. — Copies du xviie siècle, A. 7, n° 96; du xviiie, A. 8, n° 210.

habendam a dicto Johanne et Alicia ejus uxore quiete et pacifice in perpetuum possidendam pro precio triginta librarum monete currentis in Dunense. De qua pecunie summa dicti venditores se tenuerunt coram nobis a dictis emptoribus plenarie pro pagatis in pecunia numerata; renunciantes in hoc facto omni exceptioni non numerate pecunie et non solute. Quitaverunt autem predicti venditores, predictis emptoribus, predictam peciam terre cum omni jure, proprietate, dominio et possessione, que habebant in predictis vel habere poterant seu expectabant, predicta jus proprietatem dominium et possessionem in dictos emptores ex nunc penitus transferendo et se de dicta terra coram nobis desesierunt et predictos Johannem et Aliciam de dicta terra sesierunt, promittentes, fide media in manu nostra corporaliter prestita, dicti venditores quod contra hujusmodi venditionis per se vel per alios non venient in futurum nec in predicta terra, dictis emptoribus vendita, ut dictum est, jure hereditagii, acquiramenti, caduci, dotis, dotalicii, seu donationis propter nuptias, seu quolibet jure alio per se vel per alios aliquid de cetero reclamabunt nec facient ab aliquibus reclamari. Immo promiserunt dicti venditores, per dictam fidem suam, dictam venditionem coram nobis dictis emptoribus contra omnes firmiter et fideliter garandire. De qua garandizatione dictis emptoribus in posterum facienda, dicti venditores se, heredes suos et omnia bona sua mobilia et inmobilia presentia et futura, eisdem obligaverunt specialiter et expresse; et etiam de dicta garandizatione ut dictum est facienda, dicti Guillermus et Beatrix ejus uxor, predictis emptoribus in contraplegium obligaverunt duodecim minatas terre semente sitas versus Alonnam contiguas et junctas vie que duxit de Alonna ad Coniam in feodo Guillermi de Bullainvilla, dicto Guillermo jure hereditario pertinentes. Predicti vero Johannes et Alicia ejus uxor, predictam peciam terre cum omni jure quod habebant in quadam pecia vinee sita juxta cimiterium Sancti Lazari de Castriduno in censiva prioris Sancti Egidii de Colle et quamdam domum cum censu quam emerunt idem Johannes et Alicia ejus uxor, constante matrimonio inter ipsos, a Gaufrido Gode, milite, et quoddam suppositum cujusdam platee que est magistri et fratrum Elemosine Castriduni, que domus et suppositum site sunt in vico Beate Marie Magdalene de Castriduno juxta cameras dictorum magistri et fratrum in censiva ipsorum. Dederunt et in puram et perpetuam elemosinam concesserunt predictis magistro et fratribus Elemosine Castriduni, retento sibi quamdiu vixerint in predictis rebus ususfructum pro anniversario suo in ecclesia dictorum magistri et fratrum annuatim faciendo. Promittentes dicti Johannes et Alicia ejus uxor, per fidem suam in manu nostra corporaliter prestitam, quod contra hujusmodi donationis et concessionis per se vel per alios non venient in futurum, nec ipsas de cetero revocabunt nec facient ab aliquibus revocari. In cujus rei testimonium et munimen, nos, ad petitiones partium predictarum istas presentes litteras cum impressione sigilli nostri dignum duximus roborare. Datum anno Domini M°. CC°. sexagesimo quarto, mense novembris.

CCXCVII.

De viginti quatuor solidis in molendino Danvau (1).

Mars 1265.

Omnibus presentes litteras inspecturis, Officialis Dunensis salutem in Domino. Noveritis quod in nostra presentia constitutus et in jure, Philipus de Frovilla, armiger, recognovit se debere magistro et fratribus domus Dei de Castriduno viginti quatuor solidos monete currentis in Dunensi annui redditus pro uno modio bladi quod dicti magister et fratres habebant quolibet anno ratione domus sue in molendino Danvau super sexta parte dicti molendini quod ad Robertum de Gesilli armigerum jure hereditagii, ut dicitur, pertinebat. Quos viginti quatuor solidos idem Philipus promisit se reddituros quolibet anno dictis magistro et fratribus in quolibet festo Sancti Remigii; et quantum ad hoc obligavit idem Philipus dictis magistro et fratribus et domui sue predicte, se et heredes suos et omnia bona sua mobilia et inmobilia presentia et futura quecumque sint et ubicumque, et specialiter et expresse dictum molendinum se quantum ad hoc juridictioni curie nostre ubicumque se transferat sine advocatione alterius curie sine fori susponendo. Insuper dictus Philipus recognovit in jure coram nobis quod ipse et heredes sui tenentur et debent tenere dictum molendinum in bono statu de omnibus constamentis sine aliqua reclamatione ab ipso seu heredibus de dictis constamentis dicti molendini quibuscunque dictis magistro et fratribus de cetero faciendis. Renuntians in hoc facto omni exceptioni cujuscunque deceptionis, omni exceptioni, doli, mali et fraudi, omni auxilio juris canonici et civilis, omni usui, consuetudini et statuto, et omni exceptioni sibi conpetenti, vel in posterum conferendi ratione rei persone seu facti et omnibus aliis prorsus exceptionibus et allegationibus que sibi possint prodesse et dictis magistro et fratribus obesse et per quas possit venire contra predictam vel aliquid predictarum. Et nos, audita confessione ipsius Philipi, ipsum Philipum volentem et consentientem, et heredes suos, ad solvendum dictos viginti quatuor solidos quolibet anno in dicto festo, dictis magistro et fratribus et ad omnia predicta in scriptum sentencialiter condampnavimus. In cujus rei testimonium, nos, ad petitionem dicti Philipi presentibus litteris sigillum nostrum dignum

(1) Original, B. 393, n° 1. — Copie du xvii° siècle, A. 7, n° 27.

duximus apponendum. Datum anno Domini M°. CC°. LX°. quinto, mense martii circa finem.

CCXCVIII.

De Porcheronvilla (1).

Juillet 1265.

Universis presentes litteras inspecturis, Officialis Dunensis salutem in Domino. Noveritis quod in nostra presentia constituti et in jure, Johannes de Parisia alutarius et Johanna ejus uxor, quondam filia defuncti Stephani Caillart, recognoverunt se vendidisse et nomine venditionis in perpetuum concecisse magistro et fratribus domus elemosinarie de Castriduno, tres minatas et dimidium terre semente bladi tenendas et habendas quiete et pacifice possidendas et percipiendas in uno modio bladi terre semente quem habent dicti Johannes et Johanna ejus uxor, situm apud Porcheronvillam, in allodiis domini comitis Blesis, insimul et in una pecia ubi voluerunt dicti magister et fratres et sibi melius viderint expedire quotienscumque terre communes eisdem et Johanni quondam filio dicti Stephani, fratris dicte Johanne, uxoris dicti Johannis de Parisia, erunt partite et divise inter ipsos et debent partiri infra nativitatis beati Johannis Baptiste proxime venturam pro duodecim libris turonensium, de quibus dicti Johannes et Johanna se tenuerunt coram nobis plenarie pro pagatis in pecunia numerata. Renunciantes in hoc facto omni exceptioni non numerate pecunie nec solute seu recepte. Quitaverunt etiam dicti Johannes et Johanna ejus uxor, dictis emptoribus eorumque successoribus vel ab ipsis causam habentibus, omne jus dominium proprietatem et possessionem que habebant vel habere poterant seu expectabant in dictis tribus minatis et dimidia terre venditis predicta jus dominium proprietatem et possessionem per traditionem presentis instrumenti, ex nunc penitus transferendo et dictos emptores sesierunt et investierunt et se desesierunt nichil juris in dictis tribus minatis et dimidia terre venditis erga se retinendo ; et pro fructibus et exitibus dicte terre vendite, obligaverunt dicti venditores, dictis emptoribus, omnes fructus et proventus trium minarum et dimidii terre quos habent sitos apud Porcheronvillam in censiva Andree majoris de Orsonvilla, videlicet : dictas tres minatas et dicta dimidia minata in dictis allodiis domini comitis Blesis percipiendis et habendis a dictis emptoribus quolibet anno quousque dicte tres alie numerate sint a dicto modio separate. Promittentes tam dictus Johannes de Parisia quam Johanna

(1) Copies du XVIIe siècle, A. 7, n° 89 ; du XVIIIe, A. 8, n° 204.

ejus uxor, spontanea voluntate, et incoacta, nec vi nec dolo ab hoc inducta, fide in manu nostra prestita corporali, quod contra istam venditionem per se vel per alium non venient in futurum nec etiam de cetero revocabunt. Immo predictas tres minatas et dimidia terre venditas, dictis emptoribus eorumque successoribus vel ab ipsis causam habentibus, ad usus et consuetudines patrie garandizabunt et deffendent contra omnes et ipsos indampnes observabunt nec in dictis tribus minatis et dimidio terre venditis jure hereditagii, caduci, successionis, acquiramenti, acquisitionis, dotis, dotalicii aut quolibet alio jure aliquid reclamabunt nec facient ab aliquibus reclamari. Insuper dicti Johannes et Johanna ejus uxor, recognoverunt in jure coram nobis se vendidisse et nomine venditionis concessisse dictis magistro et fratribus omnes fructus et proventus totius residui terre quam habent apud Porcheronvillam in quocumque dominio sita sit ab augusto proxime venturo usque ad sex annos continuos et complendos, videlicet usque ad valorem sex modiorum per medium bladi et avene tantummodo in dictis sex annis. De quibus sex modiis per medium bladi et avene dicti magister et fratres percipient quolibet anno in quolibet augusto unum modium quousque eisdem supradictis sex modiis per medium bladi et avene integre sit satisfactum, pro sex libris turonensium, de quibus sex libris dicti Johannes et Johanna ejus uxor, coram nobis se tenuerunt plenarie pro pagatis in pecunia numerata. Renunciantes in hoc facto omni exceptioni non numerate pecunie nec solute seu recepte, promittentes, sub prefate fidei datione, quod contra istam venditionem per se seu per alium non venient in futurum nec etiam revocabunt. Immo predictos fructus exitus et proventus dicte terre usque ad valorem dictorum sex modiorum et dictas tres minatas et dimidium eisdem magistro et fratribus in perpetuum garandizabunt contra omnes et deffendent. Pro qua garandizatione facienda de omnibus supradictis, ut supradictum est, dicti venditores obligaverunt se et heredes suos et omnia bona sua mobilia et inmobilia presentia et futura in contraplagium assignaverunt ad usus et consuetudines predictos, renunciantes omni exceptioni cujuscumque deceptionis, omni auxilio juris canonici vel civilis, omni exceptioni sibi competenti vel in posterum competituri ratione rei persone seu facti, omni usui consuetudini et statuto, omni exceptioni doli, mali et fraudi, omni privilegio crucis assumpte et assumende et omnibus prorsus aliis exceptionibus et deffensionibus tam juris quam facti per quas possint venire contra premissa vel aliquid premissorum. Et nos, venditorum auditis confessionnibus ipsorum ad omnia premissa sentencialiter condampnamus. In cujus rei testimonium, nos ad petitionem dictorum Johannis et Johanne presentibus litteris sigillum nostrum dignum duximus apponendum. Datum anno Domini M°. CC°. sexagesimo quinto, mense julii.

CCXCIX.

Vente à l'Aumône par Bourreau de Bardillières de 5 mines de terre sur le chemin qui va de Villevêque à Auvillier, moyennant 20 livres (1).

Octobre 1265.

Gie Bourreau de Bardilleres, chevalier, fais asavoir atous ceus qui verront ces presentes lettres, que je e vendu et par non de vente otraie a touziours mes au mestre et aus freres de laumosne de Cheteaudun une piece de terre contenant environ V minees semense assize ou chemin qui vet de Villevesque à Auvillier entre les terres aus dit mestre et freres pour le pris de XX livres de la monnoie courant en Dunays, des quiex je me tien plenierement pour paie en deniers nombrez et renonce quant a cest fet a toute exception de deniers nombrez et neinie paiez. Je quite au dit mestre et aus freres la propriete, la possession de la dicte terre et la seignorie, par le bail de ces presentes lettres et men dessezi et en sezi les diz mestre et freres et promis par ma foi que james encontre ceste vente et quitance ne vendroie ne ne feroie venir par moy ne par autro neni demanderoie ne ne feroie demander ainsays promis aus dit mestre et freres la dicte piece de terre a garantir contre touz aus us et aus coustumes de Dunays....... comte de Blais et quant a ceste garantie fere fermement et leaument au dit mestre et aus freres je leur en oblige moy et mes hoirs et tous mes biens meubles et non meubles presens et avenir espaciaument et expressement. En tesmoign de la quele choze, je en e done aus diz mestre et freres ces presentes lettres scellees de mon sceau. Ce fu fet lan de lincarnation Notre Seigneur, mil CC. sayssante et cinq ou moys doctouvre.

CCC.

De quinque minatis terre apud Villam Episcopi (2).

Octobre 1265.

Omnibus presentes litteras inspecturis, Officialis archidiaconi Dunensis, salutem in Domino. Noveritis, quod in nostra presentia constitutus, Borrellus de Bardilleriis, miles, vendidit et nomine venditionis in perpetuum concessit magistro et fratribus Elemosine Castriduni quinque minatas terre semense quas habebat sitas super viam que ducit de Villa

(1) Copie du xviie siècle. A. 7, n° 65.
(2) Copie du xviie siècle, A. 7, n° 64. — Traduction du xviiie, A. 8, n° 191.

Episcopi apud Avillier inter terras dictorum magistri et fratrum in feodo Henrici de Bardilleriis, armigeri, tenendas et habendas a dictis emptoribus quiete et pacifice in perpetuum possidendas, pro precio viginti librarum monete currentis in Dunensi, de quibus dictis viginti libris, dictus venditor a dictis emptoribus se tenuit coram nobis plenarius pro pagato in pecunia numerata, renuntians in hoc facto omni exceptioni non numerate pecunie et non solute. Quitavit etiam predictus venditor dictis emptoribus predictas quinque minatas terre semense, cum omni jure proprietatis, dominii et possessionis, que vel quas habebat vel in predictis habere poterat seu expectabat, predicta jus proprietatem dominium et possessionem in dictos emptores per traditionem presentis instrumenti ex nunc penitus transferendo. Promittens, fide media in manu nostra corporaliter prestita, dictus venditor quod contra hujusmodi venditionem per se vel alium non veniet in futurum nec in predictis quinque minatis terre semense dictis emptoribus venditis, ut dictum est, jure hereditagii, acquiramenti, caduci, seu quolibet alio jure, per se vel per alium aliquid de cetero reclamabit nec faciet ab aliquibus reclamari. Immo promisit per dictam fidem suam dictus venditor, predictis emptoribus, dictam venditionem contra omnes ad usus et consuetudines Dunensis patrie firmiter et fideliter garandire. De qua garandizatione in posterum facienda, predictus venditor dictis emptoribus se heredesque suos et omnia bona sua presentia et futura obligavit specialiter et expresse. Hanc autem venditionem voluit et concessit, laudavit et approbavit Johanna uxor dicti militis, promittens coram venerabili viro magistro Theobaldo de Villa in Podio, decano Dunensi, in Pertico a nobis ad hoc specialiter destinato, per fidem suam in manu dicti decani et corporaliter prestitam, quod contra hujusmodi venditionem per se vel per alium non veniet in futurum nec in predictis quinque minatis terre semense dictis emptoribus venditis, ut dictum est, ratione hereditagii, acquiramenti, caduci, dotis, dotalicii, vel donationis propter nuptias, seu qualibet alia ratione, per se vel per alium aliquid de cetero reclamabit nec faciet ab aliquibus reclamari. Immo promisit dicta Johanna, per dictam fidem suam, dictis emptoribus dictam venditionem contra omnes ad usus et consuetudines Dunensis patrie firmiter et fideliter garandire; quantum ad hoc se et heredes suos et omnia bona sua presentia et futura specialiter obligando. Actum anno Domini M°. CC°. LX°. quinto, mense octobris.

CCCI.

De quadraginta solidis ex dono Roberti de Villa in Blado (1).

Novembre 1265.

Universis presentes litteras inspecturis, Officialis Dunensis, salutem in Domino. Noveritis quod cum procurator et fratres domus Dei de Castriduno tenerentur Roberto de Villa in Blado, clerico, in quadraginta solidis monete currentis in Dunensi annui redditus quamdiu viveret idem Robertus pro eo quod id Robertus, Burgeta ejus soror, et ejusdem Burgete maritus eisdem per fidem suam quitaverant quidquid juris habebant in emptoribus terrarum quas Petrus Martescha et dictus Bos vendiderant et in aliis emptoribus terrarum factis tam nomine dicti Roberti quam patris et matris ejusdem Roberti, tempore defuncti Odonis, quondam dicte elemosine magistri, in toto circa quatuordecim sextarios terre semense continentibus, pro ut in quibusdam litteris suis, super hoc confectis, et sigillo ipsorum sigillatis plenius continetur. Dictus siquidem Robertus, coram nobis constitutus, predictos quadraginta solidos annui redditus domino Guarino de Villa Nova, decano Sancti Andree de Castriduno, dedit contulit et concessit percipiendos ab eodem Guarino quoad vixerit singulis annis eisdem terminis et eodem modo quibus predictus Robertus eo percipere consueverat et quicquid jure habebat idem Robertus in eisdem quadraginta solidis quitavit penitus et expresse domino Guarino memorato omne jus dominium possessionem et actionem que et quas habebat in eisdem et habere poterat in eumdem dominium G. penitus transferens et cedens eidem, nichil jure sibi in posterum retinens in eisdem. Ipsi autem procurator et fratres translationes, donationem et cessionem predictas ratas habent et acceptant et promiserunt coram nobis, bona fide, quod ipsi dicto domino G. predictos quadraginta solidos annui redditus reddant quoad vixerit in festo Omnium Sanctorum annis singulis. Promisit etiam coram nobis dictus Robertus, sub religione fidei sue in manu nostra corporaliter prestita, quod a dictis magistro et fratribus de dictis quadraginta solidis quamdiu dictus dominus Guarinus vixerit nichil de cetero petet per se vel per alium nec peti faciet nec in predictis quadraginta solidis per se vel per alium aliquid de cetero reclamabit nec faciet ab aliquibus reclamari. In cujus rei testimonium et munimen, presentibus litteris sigillum nostrum duximus apponendum. Actum anno Domini M°. CC°. sexagesimo quinto, mense novembris.

(1) Copie du XVIIe, A. 7, n° 112.

CCCII.

Accord entre Robert Lecomte et Garnier de Meresville pour une sexétérée de terre au Marchais, à Porcheronville (1).

Juin 1268.

Gie Ysambart de Saint Die, chastelein de Chartres et de Cheteaudun, fais a savoir a tous que comme contens fust devant moy a Cheteaudun entre mestre Lambert Le Comte, clerc, dune part, et Garnier de Mcresvile, escuier, dautre part, sus une sesteree de terre semense assise a Porcheronville ou leu que len apele le Marches, la quele terre le dit Lambert demandoit a avoir du dit Guarnier par cete reson que feu Estienure de Porcheronville, duquel Estienure la fame du dit Guarnier est fille, et eu lavoit rendue au dit Lambert o tous les fruiz tels comme ils devoient estre fez en la dicte terre au temps que celi Estienure mourut et connut le dit Estienure que la dicte terre estoit du patremoine au dit Lambert et qui il lavoit tenue a tort et o touz les fruiz, la quele chose le dit Guarnier nya devant moy et le dit Lambert prova, par bons tesmoins, toute sentencion par devant moy, et par les sermens des ques tesmoins. Les queles choses oies le esgarda par le jugement des homes liges monseigneur le conte en plene assize seant, que le dit mestre Lambert devoit avoir la sezine de la dicte terre toute emblaee et que il avoit bien prove son entencion de la quele terre o touz les fruiz tels comme ils y devoint estre, je le mis en sezine en lasize seant devant touz, comme de son heritage. En tesmoing de ce, je scelle cestes lettres de mon scel. Ce fut fet en lan de lincarnation Nostre Seignor mil et CC LX et vuit, ou moays de juyn, le jeudi devant la feste saint Johan Baptiste.

CCCIII.

Don par Jean de Châtillon, comte de Blois, de 50 sous de rente sur les bans de Chateaudun (2).

1268.

Gie Johan de Chasteillon, cuens de Blois et sires Davesnes faz asavoir a touz ceuls qui verront cestes presentes lettres, que gie pour lamour de Deu et pour le remede demame, de lame a Alis, ma fame, et de mes ancesseurs, de lassentement et de la volente de la dite Alis, ai done et

---

(1) Copies du xviie siècle, A. 7, n° 81.
(2) Copies du xviie siècle, A. 7, n° 3; du xviiie, A. 8, n° 170.

otroie en pure et pardurable aumosne a la meson de Deu de Cheteaudun, cinquante soulz de rente de la monnoie courant a Cheteaudun, pour pitance as malades et pour amander la vie des malades de icele meson a touz jourz mes aprandre chacun an dou mestre et des freres de icele meson, ou de leur certein commendement, dedenz les quinze jour ensiganz apres Pentecoste, par la mein de a largentier de Cheteaudun sus mes bans de Cheteaudun, ou par la mein de celui ou de cels qui pour le tens recevront largent des devant diz bans. En tele meniere que le dis mestre et freres sunt et seront tenus a chanter une messe dou Seint Esperit ou de Nostre Dame chacune semeine tant comme gie vivre, pour moi et pour ma fame et pour mes amis ; et apres mon deces seront tenus li diz mestre et freres a fere sollempnement mon anniversaire et le a Alis, ma fame, et le mes ancesseurs, chacun an a touz jourz mes et a un certein jour et se il avenoit que li diz mestre et freres, ou leur certein commendement, ne fussoient paiez des devant diz cinquante souls de rente au terme de sus nome, gie vuel et comans que chacune semeine apres le dit terme il aient diz souls de paine oultre la dite rente, tant com il seront a paier de la dite rente, pourquoi li diz mestre et freres, ou leur commendement, en aient requis de denz le dit terme celui ou cels qui pour le cens recevront largent des devant diz bans. Et pour toutes les choses desus dites, ensamble et chacune par soi, tenir faire et acomplir, gie lie et oblige perdurablement mes hoirs et mes successeurs ; et en confermement des devant dites choses, gie ai done au devant diz mestre et freres, cestes presentes lettres scellees de mon scel et dou scel a Alis, ma fame ; et li devant diz mestre et freres me donnerent leurs lettres scellees de leur seau, de fere loiaument ce qui est desus devise pour lame de moi, de ma fame, et de mes amis, a vie et a mort. Ce fut en lan de lincarnacion Nostre Seigneur, mil deus cenz et sexante et oct.

CCCIV.

Reconnaissance d'une rente de 20 sous sur la métairie de Rochefort par Colin de Jaglon (1).

Janvier 1269.

Tous ceus qui verront ces presentes lettres Ysambart de Saint Die, chatelein de Chasteaudun, salu en Notre Seignor. Sachent tuit, que establis en droit par devant nous, a Cheteaudun, Colin de Jaglon et Geofroyn de Saint Avi, requeneurent que feu Geofroy de Saint Avi, pere du dit Geofroyn, devoit au mestre et aus freres de laumosne de Cheteaudun,

(1) Copie du xviie siècle, A. 7, n° 51.

vint et cinq sous de rente de cinquante sous de rente que feu Gilebert de Saint Avi leur avoit lessie sur touz ses heritages, don le dit Colin gaia par devant nous et promist lui arendre au ;'dit mestre et aus freres, pour les heritages de cens passe, dis livres IX sous et, oit deniers, dedens la feste de Tous Sains prochene avenir ; et le dit Geofroyn, saissante et quatorze sous et quatre deniers, pour le heritages de cens passe ensement, au terme devant dit, pour les queles sommes de pecune rendre au terme devant dit au dit mestre et aus freres. Le dit Colin et le dit Geofroin leur en obligerent et a nous, eus et leurs hoirs et tous leurs biens meubles et non meubles presens et avenir jusques tant que le dit mestre et les freres, ou leur commandemant, soient touz par paiez de cele debte devant dite. Et en presce, le dit Geofroyn requenut par devant nous, que feu Geofroy de Saint Avi, son père, avoit lessie en son testament au dit mestre et aus freres, vint sous de rente chascun an en pitansse, sur son heritage de Roycefort, don le dit Geofroyn gaia par devant nous et promist lui arendre au dit mestre et aus freres au terme devant dit sept livres pour les heritages de tens passe. Et en tesmoig de ceste chose, nous, a la requeste du dit Colin et Geofroyn, donnames au dit mestre et aus freres, ces presentes lettres scellees de notre seau. Ce fut lan de lincarnacion Notre Seignor, mil CC. saissante et nuef, le vendredi apres la saint Hylaire, en plene asize.

CCCV.

Johannes Caillart, de domo quam nobis dedit (1).

1271 ?

Omnibus presentes litteras inspecturis, Officialis archidiaconi Dunensis, salutem in Domino. [Noverint uni]versi quod magister Johannes Caillart, clericus, in nostra presentia [constitutus, amore Dei et pro remedio] anime sue contulit et concessit in puram ac perpetuam elemo- [sinam magistro et fratribus domus Dei] Castriduni, quamdam domum suam sitam juxta domum defuncti Sa........ et conventus Beate Marie Magdalene de Castriduno ad dictum Iohannem [pertinentem in censiva] magistri et fratrum cum retentis a dicto Johanne quamdiu vixerit [usus et fructus possidendos]. Post vero mortem dicti Johannis, dicti magister et fratres dictam do [mum quiete, libere et pacifice] tenebunt et possidebunt. In cujus rei testimonium et ne hujusmodi don[ationis et concessionis im]pedimentum occurrat, nos, ad petitionem et preces dicti Jo-

(1) Original lacéré, A., n° 159. Cette pièce est antérieure à l'année 1272, puisque en cette année Jean Caillard vend à l'Aumône ce qu'il possède à Fontaine-Marie et est qualifié dans cette vente de *filius magistri Johannis Caillart, clerici defuncti*.

hannis predictam [donationem approbavimus et hanc] paginam impressione sigilli nostri tradidimus sigillatam. Datum [anno Domini M°.CC°..., men] se februarii.

CCCVI.

De dono Philippi dicti Houdebin, de Bordis (1).

Août 1272.

Universis presentes litteras inspecturis, Officialis archidiaconi Dunensis in Dunensi salutem in Domino. Noveritis quod in nostra presentia constitutus et in jure, Philippus dictus Houdebin, de Bordis, recognovit se dedisse, contulisse et concessisse, et etiam ex habundanti dedit, contulit et concessit, coram nobis se et omnia bona sua mobilia et inmobilia presentia et futura quecumque sint et in quocumque dominio, Deo et domui magistri et fratrum domus Dei de Castriduno et dictos magistrum et fratres de predictis bonis cum omni dominio et jure ipsorum bonorum in possessione induxit, volens et concedens in jure coram nobis donationes seu decollationem predictam factam de se et de omnibus bonis suis, ut supradictum est, ratam esse et firmam; et quod de cetero non possit ab ipso vel ab aliis revocari vel aliquatenus impediri, seu etiam perturbari, fide ab ipso Philippo prestita corporali, et quo ad hoc et ad omnia predicta se et omnia bona sua per dictam fidem suam juridictioni nostre supponendum. Quod ut ratum et firmum sit et valeat in perpetuum, nos, ad petitionem dicti Philippi, predictis magistro et fratribus, presentes litteras dedimus sigillo nostro sigillatas. Actum anno Domini millesimo ducentesimo septuagesimo secundo, die martis post festum beati Laurenti, mense augusti.

CCCVII.

Vente par Jean Caillart de tout ce qu'il possédait à Fontaine-Marie (2).

Novembre 1272.

A touz ceus qui verront ces presentes lettres, Jeufroy Pichart, chevalier, chatelein de Cheteaudun, saluz en Notre Seigneur. Sachent tuit que establi en droit par devant nous a Cheteaudun, Johannin jadis fiz feu mestri Johan Caillart requenut que il a vendu et en non de vente otroie a touz jourz mes au mestre et aus freres de laumosne de Cheteaudun,

---

(1) Original, A. 43. — Copies du XVII° siècle, A. 7, n° 121; du XVIII°, A. 8, n° 216.
(2) Copies du XVII° siècle, A. 7, n° 119; du XVIII°, A. 8, n°s 161 et 215.

tout ce que il avet et poveit avoir et atendoit de heritage a Fonteine Marie, soit en terres, en vignes, en boiz, en prez, en coroiz, en noes et en autres choses, en quicunque sensive et en quicunque terrage les devant dictes chozes soient assises, a tenir, a avoir, a poursuir, a touz jourz mes, des diz mestre et freres quites et delivres de toutes redevances, for du cens, exceptees deux sesterees de terre semense qui sunt a terrage, pour le pris de vint et oit livres de la monnoie courant par Dunais, des quex le dit Johannin se tint a ben paie par devant nous en deniers numbrez, et renunssa a ce que il ne puisse pas dire qui nen est euz les deniers et a exception de decevance outre moitie de droit et de meneur aage et a toutes autres exceptions soient de dret ou de fet qui li puisse aidier a venir encontre cest fet et aus diz mestre et freres nuire, et leur a quite aus diz mestre et freres tel droit, tele scignorie, tele propriete, comme il avoit es devant dictes chozes vendues et poait et atendoit a avenir, et sen dessesit par devant nous, et a sa requeste en cesimes les diz mestre et freres. Prometeut, par la foy de son cors donnee en notre mein, que en contre ceste vente des ores en avant ne vendra ne ne fera venir es dictes chozes vendues par droit de heritage, ne daquerement, ne de eschoare, ne par nule reson des hores en avant rien ne reclamera ne ne fera reclamer, ne par lui ne par autres, ceste vente desus dite vost et otroia et loa par devant nous Aaliz de Boieville, mere du dit Johannin, et promist par la foy de son cors donnee en notre mein, que james des hores en avant en contre ne vendra ne ne fera venir, ne par reson de heritage, ne de doerie, ne de don pour noces, ne par nul autre dreit, ne par nule autre reson es devant dictes choses vendues rien ne reclamera ne ne fera reclamer et quecunque droit quele y eust se ele y en avet point ele le quita par devant nous aus diz mestre et freres de la dite aumosne a touz jourz mes. Prometenz par devant nous, tant le dit Johannin, comme la dite Aaliz, sa mere, par leurs foiz de leurs cors donees en notre mein que les desus dites chozes vendues garantiront aus diz mestre et freres encontre touz a touz jourz mes en touz leus et les en garantiront de touz domages. Pour la quele garantie fere, le dit Johannin et Aaliz, sa mere, en obligierent, par devant nous, aus diz mestre et freres, eux et leurs hoirs et touz leurs biens meubles et non meubles presenz et avenir, et sen souzmitrent, quant a ce, par leurs foiz, eux et leurs hoirs et leurs biens a la juridicion de la court monseigneur le conte de Blais, sanz avouer autre court. En tesmoing de la quele choze, a la requeste du dit Johannin et de Aaliz, sa mere, nous avons donnees aus diz mestre et freres ces presentes lettres scellees de notre scel. Ce fu fet lan de lincarnation Notre Seigneur, mil et CC et sexante et douze, ou moys de novembre.

CCCVIII.

De Fonte Marie (1).

Novembre 1272.

Omnibus presentes litteras inspecturis, Officialis dunensis salutem in Domino. Noveritis quod in nostra presentia constitutus et in jure, Johannes dictus Caillart, clericus, quondam filius defuncti magistri Johannes Caillart, vendidit et nomine venditionis in perpetuum concessit magistro et fratribus Elemosine Castriduni, quicquid habebat vel habere poterat seu expectabat apud Fontem Marie, tam in terris, quam in vineis, nemoribus, pratis vel ortis et rebus aliis, in quibuscumque censivis seu terragiis res predicte site sint, a dictis magistro et fratribus tenendum habendum quiete et libere in perpetuum possidendum, exceptis tantum modo duabus sextariis terre semense que sunt ad terragium, pro precio viginti et octo librarum monete currentis in Dunensi ; de qua pecunie summa idem Johannes venditor se tenuit coram nobis plenarie pro pagato in pecunia numerata, renuncians in hoc facto omni exceptioni non numerate, non solute pecunie nec recepte, et omnibus exceptionibus deceptionis ultra medietatem justi pretii et minoris etatis et omnibus aliis exceptionibus sive sit juro, sive sit facti, que sibi posset in hoc facto prodesse a dictis magistro et fratribus obesse. Quitavit autem dictus Johannes venditor, dictis magistro et fratribus, res predictas cum omni jure dominio, proprietate et possessione, que vel quos habebat vel habere poterat predicta jus dominium proprietatem et possessionem in dictos magistrum et fratres per traditionem hujus presentis instrumenti, ex nunc penitus transferendo et nichil sibi jure in dictis rebus retinendo. Promittens dictus Johannes, fide media in manu nostra corporaliter prestita, quod contra venditionem istam, ratione hereditagii, acquiramenti, caduci, seu qualibet alia ratione, per se seu per alium non veniet aliquatenus in futurum, nec dictos magistrum et fratres supradicta venditione predictarum rerum molestabit nec faciet per alios molestari. Hanc autem venditionem voluit, concessit et etiam approbavit Alicia de Barevilla, mater dicti Johannis venditoris, promittens, fide media in manu nostra corporaliter prestita, quod contra venditionem predictam per se seu per alium non veniet aliquatenus in futurum. Immo quicquid jure habebat vel habere poterat in predictis rebus venditis a dicto Johanne, filio suo, ut dictum est, ratione hereditagii, acquiramenti, dotis seu dotalicii, sive donationis propter nuptias, seu qualibet alia ratione, sub predicta fidei sue datione dictis magistro et

(1) Copie du XVIIe siècle, A. 7, n° 122.

fratribus spontanea voluntate sua quitavit penitus et dimisit. Qui predicti Johannes et Alicia, ejus mater, promiserunt coram nobis, sub predicta fidei sue datione, dictis magistro et fratribus, dictam venditionem ad usus et consuetudines Dunensis patrie contra omnes firmiter et fideliter garantire. De qua autem garandizatione dictis magistro et fratribus in posterum facienda, obligaverunt coram nobis dicti Johannes et Alicia se et heredes suos, nec non et omnia bona sua mobilia et inmobilia presentia et futura. In cujus rei testimonium et memoriam, nos, ad petitionem dictorum Johannis et Alicie, ipsius matris, dedimus dictis magistro et fratribus, presentes litteras sigilli nostri munimine roboratas. Actum anno Domini M°. CC°. septuagesimo secundo, mense novembris.

CCCIX.

De Libovilla (1).

Juin 1273.

Universis presentes litteras inspecturis, Officialis Dunensis, salutem in Domino. Noveritis, quod in nostra presentia constituti et in jure, Johannes de Tuscha et Agnes ejus uxor, vendiderunt et nomine venditionis in perpetuum concesserunt magistro et fratribus domus Dei de Castriduno tres minatas terre semense quas ipsi habebant seu habere poterant sitas apud Pertes in parrochia de Castellione juxta terras et in censiva dictorum magistri et fratrum spectantes ad dictam Agnetem ratione hereditagii sui a dictis magistro et fratribus in perpetuum tenendas possidendas et habendas, pro sexaginta et quinque solidis monete currentis in patria. De qua summa pecunie dicti Johannes et Agnes, ejus uxor, se tenuerunt coram nobis plenarie pro pagatis in pecunia numerata, renunciantes in hoc facto omni exceptioni pecunie non numerate, non tradite, non solute. Quitaverunt autem dicti Johannes et Agnes ejus uxor, dictis magistro et fratribus dictam terram venditam, ut dictum est, cum omni jure dominio, possessione et proprietate que et quas ipsi habebant seu habere poterant in dicta terra, predicta jus dominium, possessionem et proprietatem dicte terre in dictos magistrum et fratres per traditionem presentis instrumenti ex nunc totaliter transferendo et nichil jure sibi retinendo. Promittentes predicti Johannes et Agnes ejus uxor, per fidem suam in manu nostra corporaliter prestitam, quod contra hujusmodi venditionis per se vel per alium non venient in futurum nec in predicta terra jure hereditario dotique dotalicio, seu quolibet alio jure nichil de cetero reclamabunt nec facient per alium reclamari.

---

(1) Copies du XVIIe siècle, A. 7, n° 133; du XVIIIe, A. 8, n° 222.

Immo promiserunt predicti Johannes et Agnes ejus uxor, dictam terram dictis magistro et fratribus, successoribus eorum seu ab ipsis causam habentibus contra omnes ad usus et consuetudines Dunensis patrie se fideliter et firmiter garantire. Et de dicta garandizatione in posterum facienda, ipsi Johannes et Agnes, ejus uxor, obligaverunt coram nobis se et omnia bona sua mobilia et inmobilia presentia et futura et heredes suos specialiter et expresse, et se, quantum ad hoc, juriditioni curie nostre totaliter supponendo. In cujus rei testimonium et memoriam, nos, ad petitionem dictorum Johannis et Agnetis ejus uxoris, dictis magistro et fratribus presentes litteras sigillo nostro dedimus sigillatas. Datum anno Domini M°. CC°. septuagesimo tertio, mense junii.

CCCX.

De Villa in Blado (1).

Juillet 1273.

Omnibus presentes litteras inspecturis, Officialis Dunensis, salutem in Domino. Noveritis, quod in nostra presentia constitutus et in jure, Garinus dictus Caillart, clericus, vendidit et nomine venditionis in perpetuum concessit magistro et fratribus domus Dei de Castriduno totum censum quem ipse habebat apud Villam in Blado, tam in domibus quam in terris, quam in aliis rebus, a dictis magistro et fratribus et eorum successoribus in perpetuum tenendum possidendum et habendum, pro sexaginta solidis monete currentis in patria. De qua summa pecunie, dictus Garinus se tenuit coram nobis plenarie pro pagato in pecunia numerata, renuncians in hoc facto omni exceptioni pecunie non numerate, non tradite, non solute. Quitavit autem dictus Garinus dictis magistro et fratribus dictum censum venditum, ut dictum est, cum omni jure possessionis proprietatis et dominii que et quas ipse habebat seu habere poterat in dicto censu, predicta jus proprietatem possessionem et dominium dicti census in dictos magistrum et fratres per traditionem presentis instrumenti ex nunc totaliter transferendo et nichil sibi jure retinendo. Promittens dictus Garinus, per fidem suam in manu nostra corporaliter prestitam, quod contra hujusmodi venditionem per se vel per alium non veniet in futurum nec in predicto censu nichil de cetero reclamabit nec faciet per alium reclamari. Immo promisit per dictam fidem suam dictum censum dictis magistro et fratribus et eorum successoribus contra omnes ad usus et consuetudines Dunensis patrie se fideliter et firmiter garantire. Et de dicta garandizatione in posterum

(1) Copies du XVII° siècle, A. 7, n° 111 ; du XVIII°, A. 8, n° 213.

facienda, ipse Garinus obligavit coram nobis se et omnia bona sua mobilia et inmobilia presentia et futura et heredes suos specialiter et expresse; et se quantum ad hoc juridictioni curie nostre totaliter supponendo. In cujus rei testimonium et perpetuam memoriam, nos, ad petitionem dicti Guarini, dictis magistro et fratribus presentes litteras sigillo nostro dedimus sigillatas. Datum anno Domini M°. CC°. septuagesimo tertio, mense julii.

CCCXI.

Accord entre l'Aumône et le prieuré de Douy pour la censive d'une pièce de terre près Fontaine-Marie (1).

Septembre 1273.

Eie Jofrey Pichart, chevalier, chatelein de Cheteaudun, fais asavoir a tous ceus qui verront ces presentes lettres que comme plet fust meu par devant moy a Cheteaudun entre le prieur de Doe dune part, et le mestre et les freres de laumosne de Cheteaudun de lautre part, sus une piece de terre que le dit prieur disoit et afermet que ele estoit de son censif la quele terre est assize lez Fontene Marie et fut jadis feu Johan Caillart, la quele terre le dit mestre et les freres tienent et poursivent par conquest; et le dit mestre et les freres diseint et affermeint que le cens de la dite terre estoit leur et en leur censive. A la parfin les dites parties se mistrent et bouterent en enqueste du dit contenz par devant moy. Lenqueste fete diligemment par bons tesmoings, jurez et diligemment examinez sus le dit contens et pupliez en court par devant moy et par devant bonnes gens fut, et en droit fut juge et regarde que les diz mestre et freres avoient bien prouvee leur entention que la dicte terre estoit de leur censif. Les queles choses vies et fetes, ge en sezi le mestre et les freres devant diz et que ce soit ferme et estable gen donay aus diz mestre et freres ces presentes lettres scellees de mon scel. Ce fut fet lan de lincarnation Nostre Seignour mil CC. sexante et treze, ou moys de septembres.

CCCXII.

De Porcheronvilla (2).

Décembre 1274.

Universis presentes litteras inspecturis, Officialis Dunensis, salutem in Domino. Noveritis, quod in nostra presentia constituti et in jure, Guil-

---

(1) Copie du xvii° siècle, A. 7, n° 120.
(2) Copies du xvii° siècle, A. 7, n° 85; du xviii°, A. 8, n° 209.

lermus dictus Fromagee et Margarita, ejus uxor, vendiderunt et nomine venditionis in perpetuum concesserunt magistro et fratribus domus Dei de Castriduno quindecim minatas terre semense vel circa et quasdam plateas, quas quindecim minatas et plateas ipsi habebant seu habere poterant, sitas apud Porcheronvillam inter terras dictorum magistri et fratrum ex una parte, et terras Guillermi dicti Guenif ex altera, in censiva nobilis comitis Blesis, spectantes ad dictam Margaritam jure hereditagio, a dictis magistro et fratribus eorumque successoribus seu ab ipsis causam habentibus in perpetuum tenendas possidendas et habendas, pro precio quadraginta et quinque librarum monete currentis in patria. De qua summa pecunie dicti Guillermus et Margarita, ejus uxor, se tenuerunt coram nobis plenarie pro pagatis in pecunia numerata. Renunciantes in hoc facto, omni exceptioni non numerate pecunie non tradite non solute. Quitaverunt autem dicti Guillermus et Margarita, ejus uxor, dictis magistro et fratribus dictas quindecim minatas terre semense et dictas plateas cum omni jure proprietate possessione et dominio que et quas ipsi habebant seu habere poterant in dictis quindecim minatis et plateis. Predicta jus dominium possessionem et proprietatem dictarum quindecim minatarum et platearum in dictos magistrum et fratres per traditionem presentis instrumenti ex nunc penitus transferendo et nichil in eis sibi jure retinendo. Promittentes dicti Guillermus et Margarita, ejus uxor, per fidem suam in manu nostra corporaliter prestitam, quod contra hujusmodi venditionem per se seu per alios non venient in futurum, nec in dictis quindecim minatis et plateis venditis, ut superius est expressum, jure hereditario, dotique dotalicio seu quolibet alio jure, nichil de cetero reclamabunt nec facient per alios reclamari. Immo promiserunt, per dictam fidem suam, dictas quindecim minatas et dictas plateas dictis magistro et fratribus eorumque successoribus seu ab ipsis causam habentibus contra omnes ad usus et consuetudines Dunensis patrie se fideliter et firmiter garandire. Pro qua garandizatione in posterum facienda, dicti Guillermus et Margarita, ejus uxor, obligaverunt in jure coram nobis se et heredes suos et omnia bona sua mobilia et inmobilia presentia et futura specialiter et expresse. Se, quantum ad hoc, et heredes suos et omnia predicta bona sua juriditioni curie nostre totaliter supponendo sine advocatione alterius curie sine fori. In cujus rei testimonium et memoriam, nos, ad petitionem dictorum Guillermi et Margarite, uxoris sue, dictis magistro et fratribus presentes litteras sigillo nostro dedimus sigillatas. Datum anno Domini M°. ducentesimo septuagesimo quarto, mense decembris.

CCCXIII.

De Porcheronvilla (1).

Décembre 1274.

Omnibus presentes litteras inspecturis, Officialis Dunensis, salutem in Domino. Noveritis, quod in nostra presentia et in jure constitutus, Gaufridus dictus Picot, recognovit se vendidisse et nomine venditionis in perpetuum concecisse magistro et fratribus domus Dei de Castriduno, quinque minatas terre semense vel circa, quas ipse habebat vel habere poterat sitas apud Porcheronvillam vel circa, juxta terram heredum defuncti Mauricii de Porcheronvilla ex una parte, et terras heredum defuncti Stephani de Porcheronvilla ex altera, cum quibusdam plateis sitis in dicta villa de Porcheronvilla juxta plateam Guillermi dicti Guenis, quas emit a Johanne dicto Gode, armigero, ex una parte, et domum Ascelini Le Mestivier ex altera, in censiva nobilis viri comitis Blesis, a dictis magistro et fratribus eorumque successoribus seu ab ipsis causam habentibus in perpetuum tenendas possidendas et habendas, pro quindecim libris monete currentis in patria. De qua summa pecunie, dictus Gaufridus se tenuit coram nobis plenarie pro pagato in pecunia numerata, renuncians in hoc facto omni exceptioni non numerate pecunie non tradite non solute, omni exceptioni doli, mali, fraudi, deceptionis ultra medietatem justi precii, omni juris auxilio tam canonici quam civilis, omni privilegio cruce signantis et cruce signandis indulto et indulgendo et omnibus aliis exceptionibus, deceptionibus, deffensionibus et allegationibus que dictis magistro et fratribus possent in hoc facto obesse et dicto Gaufrido prodesse. Quitavit autem dictus Gaufridus, dictis magistro et fratribus, dictas quinque minatas terre semense cum dictis plateis cum omni jure proprietate possessione et dominio que et quas ipse habebat vel habere poterat in dicta terra et in dictis plateis venditis, ut superius est expressum. Predicta jus dominium, possessionem et proprietatem, in dictos magistrum et fratres per traditionem presentis instrumenti ex nunc penitus transferendo et nichil in vis sibi jure retinendo. Promittens dictus Gaufridus, per fidem suam in manu corporaliter prestitam, quod contra hujusmodi venditionem per se, per alium, seu per alios non veniet in futurum, nec in predictis rebus venditis jure hereditario seu quolibet alio jure nichil de cetero reclamabit nec faciet per alium reclamari. Immo promisit, per predictam fidem suam, dictam terram cum dictis plateis dictis magistro et fratribus

---

(1) Copies du XVII° siècle, A. 7, n° 94; du XVIII°, A. 3, n° 208.

eorumque successoribus seu ab ipsis causam habentibus contra omnes ad usus et consuetudines Dunensis patrie se fideliter et firmiter garandire. Pro qua garandizatione in posterum facienda, dictus Gaufridus obligavit in jure coram nobis se et heredes suos et omnia bona sua mobilia et inmobilia presentia et futura specialiter et expresse. Se, quantum ad hoc, et predicta bona sua juridictioni curie nostre totaliter supponendo sine advocatione alterius curie sive fori. In cujus rei testimonium robur memoriam perpetuam et munimen, nos, ad petitionem dicti Gaufridi, dictis magistro et fratribus presentes litteras sigilli nostri munimine dedimus roboratas. Datum anno Domini millesimo ducentesimo septuagesimo quarto, mense decembris.

CCCXIV.

De viginti quatuor solidis redditus in molendino Danveau (1).

Mars 1275.

Omnibus presentes litteras inspecturis, Officialis Dunensis, salutem in Domino. Noveritis, quod in nostra presentia constitutus et in jure, Philipus de Frovilla, armiger, recognovit se debere magistro et fratribus domus Dei de Castriduno, viginti quatuor solidos monete currente in Dunense, annui redditus, pro uno modio bladi quod dicti magister et fratres habebant quolibet anno ratione domus sue in molendino Danviau, super sexta parte dicti molendini quem ad Robertum de Gesilli, armigerem, jure hereditarii ut [dicebat,] pertinebat. Quos viginti quatuor solidos idem Philipus promisit se redditare quolibet anno dictis magistro et fratribus in quolibet festo sancti Remigii. Et quantum ad hoc, obligavit idem Philipus, dictis magistro et fratribus et domui sue predicte, se et heredes suos et omnia bona sua mobilia et inmobilia presentia et futura quicumque sint et ubicumque et specialiter et expresse; dictum molendinum quantum ad hoc juridi[tioni curie nostre,] ubicumque se transferat sine advocatione alterius [curie] sive fori, susponendo. Insuper dictus Philipus recognovit in jure coram nobis quod ipse et heredes sui tenentur et debent tenere dictum molendinum in bono statu de omnibus constaveritis sine aliqua reclamatione ab ipso seu heredibus de dictis constaveritis dicti molendini quibuscumque dictis magistro et fratribus de cetero faciendis. Renuncians in hoc facto omni exceptioni cuicumque deceptionis, omni exceptioni doli mali et fraudi, omni auxilio jure canonici et civilis, omni usui consuetudini et statuto, omni exceptioni [sibi] competenti vel in posterum competituri ratione rei

(1) Original, B. 393. — Copie du XVIIe, A. 7, n° 27.

presente seu facti, et omnibus aliis deceptionibus exceptionibus et allegationibus que [et quas] possint prodesse et dictis magistro et fratribus obesse et per quas possit venire [contra] predicta vel aliquid predictarum. Et nos, audita confessione ipsius Philipi, ipsum Philipum volentem et consentientem et heredes suos ad solvendos dictos viginti quatuor solidos quolibet anno in dicto festo, dictis magistro et fratribus ad omnia predicta in scriptum finaliter condampnavi. In cujus rei testimonium, nos, [ad petitionem] dicti Philipi presentibus litteris sigillum nostrum dignum duximus apponendum. Datum anno Domini M°. CC°. LXX°. quinto, mense martii circa finem.

CCCXV.

De tribus sextariis bladi in molendino Vaar (1).

Avril 1275.

Constitutus in jure coram nobis Castriduno, Johannes Dencises, miles, recognovit se debere magistro et fratribus domus Dei de Castriduno, centum et quatuor solidos et octo denarios monete currentis in Dunense, de arreragiis trium sextariorum bladi quos habent singulis annis in molendino Vaar, quod est dicti militis, pro anniversariis parentum suorum in ecclesia sua quolibet anno faciendis. Quam summam pecunie et quod bladum gagiavit idem miles et se redditurum promisit dictis magistro et fratribus, fide in manu nostra prestita corporali, infra festum beati Remigii proxime venturam. Datum anno Domini M°. CC°. septuagesimo quinto, die sabbati post *Isti sunt dies*.

CCCXVI.

De Villereto (2).

Juin 1275.

Universis presentes litteras inspecturis, Officialis Dunensis salutem in Domino. Noveritis, quod in nostra presentia constituti, Guillermus dictus Le Frere, de Mallavilla, et Beatrix ejus uxor, quondam uxor defuncti Gileti de Alonvilla, recognoverunt se vendidisse et nomine venditionis in perpetuum concessisse magistro et fratribus domus Elemosine de Castriduno, unam peciam terre cum pertinentiis duodecim minas terre semense continentem vel circa, eidem Beatrici jure hereditagii

---

(1) Copie du xvii° siècle, A. 7, n° 55.
(2) Copies du xvii° siècle, A. 7, n° 98; du xviii°, A. 8, n° 211.

pertinentem ut asseruit firmiter coram nobis, sitam inter Espezonvillam et Villeretum juxta muros domus dicte Elemosine de Villereto, in feodo seu dominio Petri de Chaorces, militis, tenendam quiete et pacifice in perpetuum possidendam a dictis magistro et fratribus eorumque successoribus, vel ab ipsis causam habentibus pro triginta libris turonensibus, de quibus se tenuerunt dicti venditores coram nobis plenarie pro pagatis in pecunia munerata, renunciantes in hoc facto omni exceptioni non munerate pecunie, nec solute seu recepte. Quitaverunt etiam dicti venditores dictis emptoribus, successoribus vel ab ipsis causam habentibus, omne jus, dominium, proprietatem et possessionem, que vel quas habebant vel habere poterant seu expectabant in dicta terra vendita cum pertinenciis, predicta jus dominium et dictas proprietatem et possessionem per traditionem presentis instrumenti. Ex nunc penitus transferendo, promittentes fide in manu nostra corporaliter prestita, quod contra istam venditionem per se vel per alium non venient in futurum nec in dicta terra vendita cum pertinenciis juris hereditagii, caduci, successionis, acquiramenti, acquisitionis, dotis, dotalicii seu donationis propter nuptias, aut quolibet alio jure aliquid de cetero reclamabunt, nec facient ab aliquibus reclamari. Immo predictam terram venditam cum pertinenciis dictis emptoribus eorumque successoribus vel ab ipsis causam habentibus ad usus et consuetudines patrie garantizabunt et deffendent contra omnes. Pro qua garantizatione in posterum facienda, dicti venditores dictis emptoribus obligaverunt se et heredes suos et omnia bona sua mobilia et inmobilia presentia et futura specialiter et expresse. Hanc autem venditionem voluerunt, concesserunt, laudaverunt, approbaverunt, ratam et gratam habuerunt Gaufridus de Alonna, Johannes ejus frater, Gileta soror sua quondam filius et filia defuncti Gileti de Alonvilla, et Matheus Ronge-Quartier? et Petronilla uxor sua, soror dictorum Gaufridi, Johannis et Gilete, de voluntate et assensu dicti Mathei mariti sui, spontanea voluntate et incoacta nec vi nec dolo ad hoc inducta, promittentes fide in manu nostra corporaliter prestita, quod contra venditionem istam per se vel per alium non venient in futurum nec in predicta terra vendita juris hereditagii, caduci, successionis, acquiramenti, acquisitionis aut quolibet alio jure, aliquid de cetero reclamabunt nec dictos emptores supradicta terra vendita molestabunt. Immo predictam rem venditam dictis emptoribus ad usus et consuetudines patrie garantizabunt et deffendent contra omnes. Et quittaverunt dictis emptoribus quicquid juris dominii, proprietatis et possessionis que et quas habebant vel habere poterant seu expectabant : predicta jus, dominium, proprietatem et possessionem in dictos emptores per traditionem presentis instrumenti ex nunc penitus transferendo, renunciantes in hoc facto omni exceptioni fraudis et doli, omni privilegio, et crucis omni exceptioni, minoris etatis et maxime viginti quinque annorum et omnibus aliis privilegiis indulgenter sibi competentibus et omni juris auxilio tam canonici quam civilis per quod possit venire contra premissa vel aliquid de premissis. Et nos, hiis auditis, ipsos et dictos venditores volentes et consencientes ad omnia supradicta tenenda fideliter et firmiter observanda, in scriptum sententialiter condempnamus. Datum anno Domini, M°. CC°. septuagesimo quinto, mense junii.

CCCXVII.

De Porcheronvilla (1).

Juillet 1276.

Universis presentes litteras inspecturis, Officialis Dunensis, salutem in Domino. Noveritis, quod in nostra presentia constitutus et in jure, Johannes dictus Caillart, quondam filius defuncti Stephani Caillart, recognovit se vendidisse et nomine venditionis concessisse magistro et fratribus domus Dei de Castriduno, tres sextariatas terre bladi semense quas habebat sitas in territorio de Porcheronvilla, in allodiis domini comitis Blesis, videlicet : tres minatas inter terras Johannis dictus Benne et terras Guillelmi dictus Guenit, et alias tres minatas inter terras defuncti Hugonis de Fay et terras Johannis dictus Benne, tenendas et habendas quiete et pacifice in perpetuum possidendas a dictis magistro et fratribus successoribusque vel ab ipsis causam habentibus, pro decem et novem libris monete currentis in Dunensi, de quibus idem Johannes se tenuit plenarie pro pagato in pecunia numerata. Renuncians in hoc facto omni exceptioni non numerate pecunie nec solute seu recepte. Quitavit etiam dictus Johannes dictis emptoribus eorumque successoribus vel ab ipsis causam habentibus omne jus dominium proprietatem et possessionem que vel quas habebat vel habere poterat seu expectabat in predicta re vendita. Predictum jus dominium et dictas proprietatem et possessionem in dictos emptores eorumque successores vel ab ipsis causam habentes per traditionem presentis instrumenti ex nunc penitus transferendo; et se de dicta re vendita deseszivit et dictos emptores sezivit et investivit nichil jure erga se retinendo. Promittens, fide in manu nostra prestita corporali, quod contra venditionem istam per se vel per alium non veniet in futurum nec in dicta terra vendita jure hereditagii, caduci, successionis, acquiramenti, acquisitionis seu [donationis propter nuptias] aut quolibet alio jure aliquid de cetero reclamabit nec faciet ab aliquibus reclamari. Immo predictam terram venditam dictis emptoribus eorumque successoribus vel ab ipsis causam habentibus ad usus et con-

(1) Copies du XVIIe siècle, A. 7, n° 85; du XVIIIe, A. 8, n° 201.

suetudines patrie garantizabit et deffendet contra omnes et ipsos in dampnum observabit. Pro qua garandizatione in posterum facienda, idem Johannes dictis emptoribus eorumque successoribus vel ab ipsis causam habentibus se et heredes suos et omnia bona sua mobilia et inmobilia presentia et futura quecumque sint et ubicumque titulo pignoris obligavit et in contraplegium assignavit ad usus et consuetudines predictos. Hanc autem venditionem voluit et concessit, laudavit, approbavit, ratam et gratam habuit, Johanna relicta defuncti Stephani dicti Caillart, mater dicti Johannis, promittens fide in manu nostra prestita corporali, quod contra venditionem istam per se vel per alium non veniet in futurum nec in dicta terra vendita jure hereditagii, caduci, successionis, acquiramenti, acqnisitionis..... dotis, dotalicii, seu donationis propter nuptias, aut quolibet alio jure aliquid reclamabit nec faciet per alium reclamari. Immo predictam rem venditam dictis emptoribus ad usus et consuetudines patrie garandizabit et deffendet contra omnes. Renunciantes in hoc facto, dicti Johannes et Johanna, ejus mater, omni exceptioni cujuscumque deceptionis, omni auxilio juris canonici et civilis, omni exceptioni doli, mali et fraudi, omni privilegio crucis assumpte et assumende, omni exceptioni sibi conpetenti vel in posterum conpetituri, ratione rei persone seu facti et omnibus aliis prorsus exceptionibus et allegationibus, que sibi possint prodesse et dictis emptoribus obesse et per quas possint venire contra predicta vel aliquod predictarum. Et nos, audita confessione ipsorum, dictos Johannem et Johannam ejus mater, volentes et consentientes ad omnia predicta tenenda fideliter et firmiter observanda in scripto sentencialiter condampnamus. Datum anno Domini M°. CC°. LXX°. VI°, mense julii circa finem.

CCCXVIII.

De compositione inter nos et Abbatem de Tyrono de nundinis Magdalene (1).

Octobre 1276.

[Univer]sis pr[esentes litteras ins]pecturis, Officialis dunensis, salutem in Domino. Noveritis, quod cum inter religiosos viros [abbatem et con]ventum de T[yrono ex] una parte et magistrum et fratres domus Dei de Castriduno ex altera, contentio verteretur coram....... abbate sancti Pharonis Meldensis judice a domino papa dato super eo videlicet quod dicti abbas et conventus dicebant et prop[onebant] coram predicto abbate contra magistrum et fratres predictos, quod cum predicti abbas et conventus diu fuissent et essent in possessione..... juris percipiendi et

(1) Original, A. 28.

habendi quolibet anno in villa de Castriduno coustumas seu redibentias
que veniebant seu que percipi consue[verant] in decima ebdomada cujuslibet anni in dicta villa de Castriduno ratione ministerii mercati dicte
ville sive nundinarum et fuiss[ent.....] in dicta possessione vel quasi
juris a tempore cujus memoria non existebat et ipsi essent adhuc in
dicta possessione. Predicti magister et fratres dictam possessionem im-
pediebant et perturbabant dictis religiosis quominus ipsi religiosi possent libere et pacifice uti et ad inquietandum eosdem religiosos super
dictis coustumis vel redibentiis que veniebant seu qui percipi consueverant in decima ebdomada predicta maxime in qua nundine festi Beate
Marie Magdalene fiebant in dicta villa de Castriduno capiendo dictas
coustumas redibentias dictarum nundinarum dicti festi contra jus et
voluntatem dictorum religiosorum quanquam iidem magister et fratres
nullum jus haberent dictas coustumas et redibentias percipiendi quando
in dicta decima ebdomada dicte nundine devenirent in eodem festo ;
quare petebant predicti religiosi a dictis magistro et fratribus ut ipsi a
predictis impedimento et perturbatione cessarent penitus et desisterent
et quod ipsi permitterent dictos religiosos de dicta possessione uti de
cetero pacifice et quiete et quod ipsi caverent de non veniendo contra
quando dicte nundine dicti festi essent de cetero in dicta decima ebdomada ; dictis magistro et fratribus in contrarium asserentibus et dicentibus omnia predicta ad se spectare videlicet coustumas et redibentias
dictarum nundinarum in qualibet ebdomada devenirent, et se fuisse et
esse in possessione juris vel quasi se predictis eodem modo et eadem
forma quibus petunt et dicunt dicti religiosi abbas et conventus ; dicentibus etiam dictas coustumas et redibentias dictarum nundinarum ad se
melius pertinere quam religiosis abbati et conventui predictis. Item
dicebant predicti religiosi quod occasione dictorum impedimenti et per-
turbationis dampna et deperdita sustinuerant usque ad valorem centum
libras turonensium quas petebant sibi restitui. Tandem procuratores
dictarum partium, videlicet: frater Johannes, celerarius de Tyrono, procurator dictorum abbatis et conventus, et magister Lambertus Callidus,
procurator dictorum magistri et |fratrum, habentes quilibet ipsorum a
parte sua speciale mandatum conpromittendi super premissis et conpro-
missum valandi habito bonorum virorum consilio super premissis, controversiis seu contentionibus conpromiserunt in venerabiles viros Stephanum dictum Malebranche et Johannem Bourroiche clericum, tanquam in arbitros seu arbitratores seu amicabiles conpositores per fidem
hinc jude ab ipsis procuratoribus nomine suo et nomine partium suarum
in animas suas et animas predictorum abbatis et conventus et predictorum magistri et fratrum in manu nostra prestitam corporalem et sub
pena centum marcharum argenti hinc jude apposita. Promittentes dicti
procuratores quilibet nomine partis sue et per fidem suam predictam et

sub pena predicta se ac dictas partes tenere fideliter et firmiter observare quicquid predicti arbitri super dictis controversiis alte et basse duxerint ordinandum seu etiam faciendum pace vel judicio, salvis rationibus dictarum partium tradendis dictis arbitris infra festum Omnium Sanctorum proximo venturum. Actum fuit etiam in conpromisso quod predicti arbitri possint procedere in predicto conpromisso diebus feriatis et non feriatis et juris ordine nullatenus observato. Actum fuit etiam in dicto conpromisso quod nisi predicti arbitri possent in unam et eamdem sententiam concordare, discordia eorumdem traderetur Tyherio preposito de Castriduno tertio arbitro seu arbitratore a procuratoribus dictarum partium electo cujus sententia arbitrium sine dictum cum sententia dicto sive arbitrio alterius predictorum duorum arbitrorum cum quo concordaverit, valebit et firmitatem perpetuam obtinebit. Prout hoc voluerunt et concesserunt predicti procuratores nomine quo supra et sub fide et pena predictis. Durabit autem potestas duorum arbitrorum et tertii tantum modo usque ad Nativitatem Domini proxime venturam nisi de consensu partium fuerit prorogata. Datum anno Domini M°. CC°. LXX°. sexto, die dominica in festo beati Luce evangeliste.

CCCXIX.

De censu de Marboeto, de furno et vavassoribus (1).

Avril 1277.

Universis presentes litteras inspecturis, Officialis Dunensis, salutem in Domino. Noveritis, quod in nostra presentia constitutus et in jure, Stephanus dictus Chenart, armiger, recognovit se vendidisse et permutasse et nomine venditionis et permutationis concessisse magistro et fratribus domus Dei de Castriduno, omnem redditum quem habebat situm infra metas parochiarum Sancti Petri et Sancti Martini de Marboeto in feodo domini comitis Blesis, videlicet census, furnum, vavasores et omnes alias redibentias quecumque sint cum omni jure et dominio dictorum censuum vavasorum et aliarum redibentiarum que omnia eidem Stephano jure hereditario spectabant ut asseruit in jure coram nobis, tenendum quiete et pacifice in perpetuum possidendum a dictis magistro et fratribus eorumque successoribus vel ab ipsis causam habentibus pro viginti novem libris et tresdecim solidis monete currentis in Dunensi de quibus dictus Stephanus tenuit se coram nobis plenarie pro pagato in pecunia numerata, et pro decem sextariis per medium bladi et avene quos habebant dicti magister et fratres annui redditus quolibet anno super

---

(1) Original, B. 4. — Copies du xvii° siècle, A. 7, n° 34; du xviii°, A. 8, n° 179.

terras dicti Stephani de Primevilla. Quitavit etiam dictus Stephanus dictis magistro et fratribus omne jus, dominium, proprietatem et possessionem, quem et quas habebat vel habere poterat seu expectabat in omnibus supradictis rebus venditis et permutatis. Predicta jus, dominium, proprietatem et possessionem, in dictos magistrum et fratres eorumque successores vel ab ipsis causam habentes per traditionem presentis instrumenti ex nunc penitus transferendo et se dessesivit et dictos magistrum et fratres sesivit et investivit et a nobis sessiri et investiri fecit nichil jure erga se retinendo. Promittens, fide in manu nostra prestita corporali, quod contra istas venditionem, permutationem et concessionem per se vel per alium non veniet in futurum, nec eas de cetero revocabit. Immo predictas res venditas et permutatas cum omnibus pertinenciis, ut supradictum est, dictis magistro et fratribus garandizabit et deffendet contra omnes et ipsas indampnes observabit; pro qua garandizatione in posterum facienda, idem Stephanus obligavit dictis magistro et fratribus titulo pignoris se et heredes suos et omnia bona sua mobilia et inmobilia presentia et futura quecumque sint et ubicumque et in contraplegium ad usus et consuetudines patrie assignavit specialiter et expresse. Renuncians in hoc facto omni exceptioni non numerate pecunie nec solute seu recepte, et omni exceptioni cujuscumque deceptionis, omni auxilio juris canonici et civilis omni privilegio crucis assumpte et assumende omni exceptioni doli, mali et fraudi, omni usui, consuetudini et statuto, omni exceptioni sibi conpetenti vel in posterum conpetituri ratione rei persone seu facti et omnibus aliis prorsus exceptionibus, defensionibus et allegationibus per quas posset venire contra predicta vel aliquid predictarum. Dicti vero magister et fratres in nostra presentia constituti videlicet dictus magister et Johannes Mauboison, presbiter, quilibet per se et Johannes Junior, presbiter, procurator generalis dicte domus prout in sigillis dicte domus proprio, sigillatim plenius continetur pro se et aliis fratribus dicte domus, dicto Stephano et heredibus suis quitaverunt dictos decem sextarios per medium bladi et avene in perpetuum quos habebant annui redditus super dictas terras de Princevilla dicto Stephano, cum omni jure, dominio, proprietate et possessione, que et quas habebant vel habere poterant seu expectabant in dictis decem sextariis per medium bladi et avene. Promittentes, fide in manu nostra prestita corporali, dicti magister et Johannes Mauboison et Johannes Junior, nomine suo et nomine procuratoris, quod contra istas quitationem et concessionem per se vel per alios non venient in futurum nec eas revocabunt. Dictus autem Stephanus voluit et concessit quod si dominus comes Blesis noluerit quod dicti magister et fratres predictas res venditas et permutatas ab ipso, dictis magistro et fratribus ut supradictum est teneant in manu mortua quod dicti magister et fratres ad dictum redditum dictorum decem sextariorum per medium bladi et avene pacifice revertantur et dictos decem sextarios per medium bladi et avene percipient et habeant quolibet anno super dictas terras ut antea percipiebant et habebant et dictus redditus dictis magistro et fratribus venditus a dicto Stephano et eidem Stephano et heredibus suis quiete et libere remanebit ita tamen quod dictus Stephanus ejusque heredes, successores vel ab ipso causam habentes dictis magistro et fratribus dictam summam pecunie reddent integre et persolvent. Et tenebunt dicti magister et fratres omnes res sibi venditas et permutatas a dicto Stephano quousque de dicta summa pecunie plenarie sit et integre satisfactum. Et hec omnia voluit et concessit idem Stephanus et promisit per fidem suam et obligavit, quantum ad hoc, se et heredes suos, se juriditioni curie nostre susponendo. Et nos, audita confessione ipsius Stephani, ipsum Stephanum volentem et consentientem, ad omnia predicta in scriptum sententialiter condampnamus. Datum anno Domini M°. CC°. LXX°. VII°, mense aprilis.

CCCXX.

De decimis de Lineriis (1).

Avril 1277.

Universis presentes litteras inspecturis, Officialis archidiaconi Dunensis in Dunensi, et Officialis archidiaconi Vindocinensis, salutem in Domino. Noveritis, quod cum contentio verteretur inter magistrum et fratres Elemosine Castriduni ex una parte, et Nicholaum Carnificem de Pesoto et Johannem ejus filium ex altera, super eo videlicet quod dicti Nicholaus et Johannes dicebant tractum tenere de Lineriis dictorum magistri et fratrum tam grosse quam minute primiciarum et oblationum dicte decime et parrochie de Lineriis ad se jure hereditario pertinere et quod ipsi fuerant in possessione vel quasi percipiendi et habendi, dictum tractum decime cum omnibus aliis supradictis; dictis magistro et fratribus in contrarium asserentibus tandem de bonorum virorum consilio in jure constituti coram nobis Dyonisius dictus Chapel, clericus, procurator dictorum magistri et fratrum generalis pro ut in litteris sigillo suo sigillatis qui sic incipiunt: « Universis presentes litteras ins- « pecturis, magister et fratres domus Dei de Castriduno, salutem in Do- « mino. Noveritis quod nos Dyonisium dictum Le Chapel, clericum, et « cetera; » et sic terminant : « anno Domini M°. CC°. LXX° sexto, die « sabbati post festum Beati Martini yemalis. » Nomine dictorum magistri et fratrum et dicti Nicholaus et Johannes ad hanc pacis concordiam

(1) Copie du xvii° siècle, A. 7, n° 147.

devenerunt videlicet quod predicti Nicholaus et Johannes quitaverunt predictis magistro et fratribus dictum tractum dicte decime grosse et minute primiciarnm et oblationum et omne jus quod habebant vel habere poterant seu expectabant in predicto tractu dicte decime grosse et minute et in omnibus aliis predictis, promittentes dicti Nicholaus et Johannes, fide in manu nostra prestita corporali, quod in omnibus predictis jure hereditario seu qualibet alia ratione per se vel per alium nichil de cetero reclamabunt. Predictus vero procurator nomine dictorum magistri et fratrum pro bono pacis dictis Nicholao et Johanni quitavit centum et decem solidos monete currentis in patria de undecim libras quas debebant predictis magistro et fratribus dicti Nicholaus et Johannes de fructibus et exitibus dicte decime et aliorum supradictorum sibi venditis et concessis a dictis magistro et fratribus et ab eisdem Nicholao et Johanne longo tempore retroacto receptis quas undecim libras gagiaverant dictis magistro et fratribus coram hospitalari abbatie Vindocinensis pro ut hec omnia confessi fuerint in jure coram nobis dicti Nicholaus et Johannes. Centum autem et decem solidos residuum de dictis undecim libris gagiaverunt in jure coram nobis et se reddituris promiserunt dicti Nicholaus et Johannes dictis magistro et fratribus hiis terminis inferius annotatis, videlicet qnadraginta solidos infra festum Omnium Sanctorum proxime venturam ; et quadraginta solidos ad aliud festum Omnium Sanctorum continue insequens anno revoluto, et triginta solidos residuos ad aliud festum Omnium Sanctorum proxime et continue insequens cetero anno revoluto. De qua summa pecunie persolvenda in terminis supradictis predictis magistro et fratribus, Robertus Larchier se constituit pro dictis Nicholao et Johanne principalem debitorem erga dictos magistrum et fratres in se totam honus suscipiens debiti supradicti de solvendo dictam summam peccunie ad terminos supradictos et ad omnia premissa facienda. Dicti Nicholaus et Johannes et Robertus sub religione sue fidei in jure coram nobis se astrinxerunt, quantum ad hoc, juridictioni curie nostre ubicumque se transtulerint supponentes et etiam, quantum ad hoc, se et heredes suos et omnia bona sua presentia et futura predictis magistro et fratribus specialiter et expresse obligantes, omnibus aliis actionibus, querellis,..... et contentionibus quitatis ab utraque parte penitus et remissis. Nos autem ipsos Nicholaum, Johannem et Robertum volentes et consentientes in scripto, ad omnia predicta sentencialiter condampnamus. In cujus rei testimonium et munimen, nos ad petitionem dictorum procuratoris, Nicholai, Johannis et Roberti, sigillum nostrum presentibus litteris dignum duximus apponendum. Actum anno Domini M°. CC°. LXX°. septimo, mense aprilis.

CCCXXI.

Donation à l'Aumône par Jeanne, veuve de Simon Soef, couturier, de tous ses biens, en se faisant sœur condonnée (1).

Mai 1277.

Donne par coppie soubz le scel de la court de la Chastellerie de Chasteaudun le jeudi après Saint Jacques et Saint Xristophe lan mil cc. lx, dix sept. Saichent tuit que establie en droit pardevant nous Justice de la court de la Chastellerie de Chasteaudun, Jehanne femme feu Symon Soef, cousturier, laquelle cognut et confessa de sa bonne voulonte sanz contrainte avoir donne des maintenant a toutjours mes sanz nul rappel a Dieu et a maistre et frères de laumosne Dieu de Chasteaudun elle et touz ses biens meubles et heritages presens et avenir ou quils soient trouvez et assura par son serment vivre en lobbeissance des maistre et freres de la dite maison Dieu dores en avant come vraie seur donnee de ladite maison et avec ce jura garder les sermens qui sont acoustumes à ce; est que james elle ne se mariera ne ne donra foy ne fiance a homme par nom de mariage se ce nest avec le congie et liscence du maistre de la dite maison ou de ses successeurs. De laquelle donnaison ainsi faicte come dit est, la ditte Jehanne se tint a bien paiee devant nous. Promettant devant nous la ditte Jehanne par sa foy baillee en notre main corporelment que james contre ces lettres ne contre la teneur dicelles elle ne vendra ne venir ne fera par raison nulle quelle elle soit ou puisse estre. Ancois les a et aura fermes et estables et agreables a tousjours mes soubz lobbligation delle ses hoirs et touz ses biens meubles et heritaiges presens et advenir, lesquelx elle souzmist a la juridiction de la dite court et de toute autre. En tesmoing de ce nous avons scelle ces lettres du scel de la dite court. Donne a Chasteaudun lan de grace mil cc°. lx°. dix sept, le jeudi jour Saint Barnabe apoustre. Ceste coppie faite et scellee jeudi et an dessus diz.

N. de Fraise. *Collation faite.*

(1) Copie de 1277, A. 48.

CCCXXII.

De una sexteria terre apud Villam Episcopi (1).

Juin 1277.

Universis presentes litteras inspecturis, Officialis Dunensis, salutem in Domino. Noveritis, quod in nostra presentia constituti et in jure, Girardus dictus Gaudineau et Juliana, ejus uxor, recognoverunt se vendidisse et nomine venditionis concessisse magistro et fratribus domus Dei de Castriduno, unam sextariam terre semense sitam in territorio de Villa Episcopi, juxta terras dictorum magistri et fratrum ex una parte, et terras dicti Rengi Flereau defuncti ex altera, in censivamento dictorum magistri et fratrum tenendam et habendam quiete et pacifice in perpetuum possidendam a dictis emptoribus eorumque successoribus vel ab ipsis causam habentibus, pro quatuor libris monete currentis in Dunensi, de qua summa dicti venditores coram nobis se tenuerunt plenarie pro pagatis in pecunia numerata. Quitaverunt etiam dicti venditores, dictis emptoribus, omne jus, dominium, proprietatem et possessionem, que et quas habebant vel habere poterant seu expectabant in predicta terra vendita, predicta jus, dominium, et dictas proprietatem et possessionem in dictos emptores per traditionem presentis instrumenti ex nunc penitus transferendo. Et de dicta venditione in manu nostra decessierunt et dictos emptores sesierunt coram nobis et investierunt et sessiri a nobis et investiri fecerunt a nobis nichil jure erga se retinentes. Promittentes, fide in manu nostra prestita corporali, tam dictus Girardus quam Juliana uxor ejus, spontanea voluntate et inchoacta, nec ad hoc inducta, fide in manu nostra prestita corporali, quod contra istas venditionem et concessionem per se vel per alium non venient in futurum, nec in predicta terra vendita jure hereditagii, caduci, successionis, acquiramenti, acquisitionis, elemosine, dotis, dotalicii, seu donationis propter nuptias, aut quolibet alio jure, aliquid de cetero reclamabunt nec facient ab aliquibus reclamari. Immo predictam rem venditam dictis emptoribus eorumque successoribus vel ab ipsis causam habentibus ad usus et consuetudines patrie garandizabunt et deffendent contra omnes et ipsos in dampnum observabunt. Pro qua garandizatione in posterum facienda, dicti venditores dictis emptoribus se et heredes suos et omnia bona sua mobilia et inmobilia presentia et futura quecumque sint titulo pignoris obligaverunt et in contraplegium assignaverunt ad usus et consuetudines predictos specia-

(1) Copies du xviie siècle, A. 7, n° 66; du xviiie, A. 8, n° 192.

liter et expresse. Renunciantes in hoc facto, omni exceptioni cujuscumque deceptionis, omni auxilio juris canonici et civilis, omni privilegio crucis assumpte et assumende, omni exceptioni non numerate pecunie nec solute seu recepte, omni exceptioni doli, mali et fraudi, omni exceptioni sibi competenti vel in posterum competituri ratione rei persone seu facti, omni usui, consuetudini et statuto, et omnibus aliis prorsus exceptionibus per quas possint venire contra predicta vel aliquid predictarum. Et nos, audita confessione ipsorum, ipsos volentes et consentientes, ad omnia predicta in scripto sententialiter condampnamus. In cujus rei testimonium, presentibus litteris sigillum nostrum dignum duximus apponendum. Datum anno Domini M°. CC°. LXX°. septimo, mense junii in principio.

CCCXXIII.

De Porcheronvilla (1).

2 juillet 1277.

Universis presentes litteras inspecturis, Officialis Dunensis, salutem in Domino. Noveritis, quod in nostra presentia constituti et in jure, Johannes de Parisia, alutarius, et Johanna ejus uxor, recognoverunt se vendidisse et nomine venditionis concessisse magistro et fratribus domus Dei de Castriduno, quinque minatas et dimidium terre semense residuas de novem minatis terre semense quas habebant sitas apud Porcheronvillam seu in territorio ejusdem ville, in allodiis nobilis viri comitis Blesis, juxta terras Odonis dicti Mansel, et terras Johannis dicti Benne, partim, et partim juxta terras dictorum magistri et fratrum; de quibus novem minatis terre semense vendiderant jamdiu est, dictis magistro et fratribus tres minatas et dimidium et pertinebant dicte Johanne jure hereditario prout hec omnia confessi fuerint dicti Johannes et Johanna in jure coram nobis, tenendas et habendas quiete et pacifice in perpetuum possidendas a dictis magistro et fratribus eorumque successoribus vel ab ipsis causam habentibus, pro viginti duabus libris et dimidiam monete currentis in Dunensi, de quibus dicti venditores coram nobis se tenuerunt plenarie pro pagatis in pecunia numerata. Renunciantes, in hoc facto, omni exceptioni non numerate pecunie nec solute vel recepte. Quitaverunt autem dicti venditores dictis emptoribus omne jus, dominium, proprietatem et possessionem, que et quas habebant vel habere poterant seu expectabant in predicta terra vendita. Predicta jus, dominium, et dictas proprietatem et possessionem, in

(1) Copies du xvii° siècle, A. 7, n° 90; du xviii°, A. 8, n° 205.

dictos emptores per traditionem presentis instrumenti ex nunc penitus transferendo et se decesierunt et dictos emptores sesierunt nichil jure erga se retinentes. Promittentes dicti Johannes et Johanna ejus uxor, spontanea voluntate et incoacta, nec vi nec dolo ad hoc inducta, fide in manu nostra prestita corporali, quod contra istam venditionem per se seu per alium non venient in futurum nec in dicta terra vendita jure hereditagii, caduci, successionis, acquiramenti, acquisitionis, dotis, dotalicii, seu donationis propter nuptias, aut quolibet alio jure, aliquid reclamabunt nec facient ab aliquibus reclamari. Immo predictam terram venditam dictis emptoribus eorumque successoribus vel ab ipsis causam habentibus ad usus et consuetudines patrie garandizabunt et deffendent, contra omnes et ipsos indampnes observabunt. Pro qua garandizatione et deffensione in posterum facienda, dicti venditores dictis emptoribus se et heredes suos et omnia bona sua mobilia et inmobilia presentia et futura quecumque sint et ubicumque titulo pignoris obligaverunt et in contraplegium assignaverunt ad usus et consuetudines predictos. Renunciantes in hoc facto, omni exceptioni cujuscumque deceptionis, omni auxilio juris canonici et civilis, omni privilegio crucis assumpte et assumende, omni exceptioni doli, mali et fraudi, omni exceptioni sibi competenti vel in posterum competituri ratione rei persone seu facti, omni usui, consuetudini et statuto, et omnibus aliis prorsus exceptionibus et allegationibus per quas possint venire contra predicta vel aliquid predictarum. Et se quantum ad omnia predicta, supposuerunt per fidem suam juridittioni curie nostre sine advocatione alterius curie sive fori. Et nos, audita confessione ipsorum Johannis et Johanne, ipsos volentes et consentientes ad omnia predicta tenenda fideliter et firmiter observanda, in scriptis sententialiter condampnanus. In cujus rei testimonium, presentibus litteris sigillum nostrum dignum duximus apponendum. Datum anno Domini M°. CC°. septuagesimo septimo, mense julii secundo die.

CCCXXIV.

De Porcheronvilla (1).

Juillet 1281.

Universis presentes litteras inspecturis, Officialis archidiaconi Dunensis in Dunensi, salutem in Domino. Noveritis, quod in nostra presentia constituti et in jure, Johanna, relicta defuncti Stephani Caillart, et Johannes eorumdem filius recognoverunt se vendidisse et

---

(1) Copies du xvii° siècle, A. 7, n° 87; du xviii°, A. 8, n° 208.

nomine venditionis concessisse magistro et fratribus elemosine de Castriduno, quamdam peciam terre unum sextarium bladi terre semense vel circa continentem, quam habebant situm apud Porcheronvillam, in allodiis domini comitis Blesis, in dominio in oschiis juxta terram dictorum magistri et fratrum ex una parte, et terram magistri Lamberti Callidi, presbiteri, et patri dicti Ganerau, ex altera, pro ut se comportat de longo post domum Stephani Mestivier tenendam quiete et pacifice in perpetuum possidendam a dictis emptoribus successoribus vel ab ipsis causam habentibus, pro octo libris monete currentis in Dunensi, de quibus dicti venditores coram nobis se tenuerunt plenarie pro pagatis in pecunia numerata. Renunciantes in hoc facto omni exceptioni non numerate pecunie nec solute seu recepte. Quitaverunt etiam dicti venditores dictis emptoribus omne jus, dominium, proprietatem et possessionem, in dictos emptores, per traditionem presentis instrumenti ex nunc penitus transferendo, et se decesierunt et dictos emptores sesierunt et investierunt nichil jure erga se retinentes. Promittentes, fide in manu nostra prestita corporali, quod contra istam venditionem per se vel per alium non venient in futurum nec in predicta terra vendita jure hereditagii, caduci, successionis, acquirandi, acquisitionis, dotis, dotalicii, seu donationis propter nuptias, aut quolibet alio jure, aliquid de cetero reclamabunt nec facient ab aliquo reclamari. Immo predictam terram venditam dictis emptoribus et dicte domui ad usus et consuetudines Dunensis patrie garandizabunt et deffendent contra omnes et indampnes observabunt. Pro qua garandizatione in posterum facienda; dicti venditores dictis emptoribus et dicte domui se et heredes suos et omnia bona sua mobilia et inmobilia presentia et futura quecumque sint et in quocumque dominio et ubicumque fuerint inventa titulo pignoris seu ypothece obligaverunt et in contraplegium assignaverunt ad usus et et consuetudines predictos specialiter et expresse. Renunciantes in hoc facto omni exceptioni doli, mali et fraudi, omni exceptioni sibi competenti vel in posterum competituri, ratione rei persone seu facti omni usui, consuetudini et statuto, et omnibus aliis prorsus exceptionibus et allegationibus, per quas possint venire contra predicta vel aliquid predictarum. Et nos, audita confessione ipsorum, ipsos volentes et consentientes ad omnia predicta fideliter et firmiter observanda in scriptis sententialiter condampnamus. In cujus rei testimonium, nos, ad petitionem dictorum venditorum, presentibus litteris sigillum nostrum dignum duximus apponendum. Datum anno Domini M°. CC°. octogesimo primo, mense julii.

CCCXXV.

De Porcheronvilla (1).

Juillet 1281.

Universis presentes litteras inspecturis, Officialis Dunensis, salutem in Domino. Noveritis, quod in nostra presentia constitutus et in jure, Johannes dictus Caillart, quondam filius defuncti Stephani Caillart, recognovit se dedisse et in puram et perpetuam elemosinam concessisse magistro et fratribus elemosine de Castriduno, pro remedio anime sue et parentum suorum et pro anniversario suo quolibet anno in ecclesia dicte domus faciendo, post decessum suum, unam peciam terre, unam minam bladi terre semense continentem vel circa, quam habebat sitam apud Porcheronvillam in allodiis et dominio domini comitis Blesis, in ochiis de Porcheronvilla juxta terram de Herbovilla et de Porcheronvilla, prout se comportat de longo ex una parte, et terram Petri Clari ad diem ex altera, et abotat terre dicti Petri et terre magistri et fratrum, tenendam quiete et pacifice in perpetuum possidendam et ad suam voluntatem plenarie faciendam. Promittens, fide in manu nostra prestita, quod contra istas donationem et concessionem per se vel per alium non veniet in futurum, nec eas de cetero revocabit. Immo predictam terram dictis magistro et fratribus et dicte domui garandizabit et deffendet contra omnes. Et pro dicta garandizatione in posterum facienda, dictus Johannes dictis magistro et fratribus et dicte domui se et heredes suos et omnia bona sua mobilia et inmobilia presentia et futura quecumque sint et in quocumque dominio et ubicumque poterunt inveniri titulo pignoris seu ypothece obligavit et in contraplegium assignavit ad usus et consuetudines Dunensis patrie; et specialiter et expresse, Residuum terre quem ipse habet in dicto territorio de Porcheronvilla et dominio dicti comitis eidem jure hereditario pertinentem, et dictos magistrum et fratres et dictam domum de predicta terra sessivit et investivit per traditionem presentis instrumenti et se decessivit nichil jure erga se retinendo, et omne jus quod habebat in dicta terra in dictos magistrum et fratres et dominium, proprietatem et possessionem penitus transferendo. Renuncians in hoc facto, omni exceptioni cujuscumque deceptionis, omni auxilio jure canonici et civilis, ...; et de duobus reis et privilegio crucis assumpte et assumende, omni exceptioni doli, mali et fraudi, omni exceptioni sibi competenti, vel in posterum competituri ratione rei persone seu facti, omni usui, consuetudini et statuto, et

---

(1) Copies du xvii° siècle, A. 7, n° 86; du xviii°, A. 8, n° 202.

omnibus aliis exceptionibus et allegationibus tam juris quam facti per quas possit venire contra predicta vel aliquid predictarum. Et nos, audita confessione ipsius Johannis, ipsum volentem et consentientem, ad omnia predicta in scripto sententialiter condampnamus. In cujus rei memoriam, presentibus litteris sigillum nostrum duximus apponendum. Datum die sabbati ante festum beati Arnulphi, anno Domini M°. CC°. octogesimo primo, mense julii.

CCCXXVI.

Amortissement par Joduin Béchet à la Maison-Dieu de 12 mines de terre à Villeret (1).

Juillet 1283.

A touz ceus qui verront ces presentes lettres, Jodoin dit Bechet, escuyer, salut a Notre Seigneur. Sachent tuit que je ay amorti et par reson damortissement otroie au mestre et aus freres de la meson Dieu de Cheteaudun une piesse de terre assize en mon fie, jouste les murs de leur meson de Villaret, lequele avet este donee a eus et a leur meson de feu Johan du Cheteau et de feu Aliz sa fame, les ques feu Johan et feu Aliz avoient achete ladicte terre ou temps que ils vivoient de feu Guillaume dit Le Frere, et de feu Beatrix sa fame, a tenir apoursuir a touz jours mes du dit mestre et des freres en main morte, sans ce que moy ne mes heritiers les puyssons perforcer de la metre hors de leur main. Le quel amortissement je ay fet et otraye aus diz mestre et freres, pour le remede de mame et de mes amis, et pour six livres de la monoie courant ou pais, les queles les dis mestre et freres mont donne pour le dit amortissement et baillees et men tiegn pour paie en deniers nombres et les en quit de tout en tout et promet par ma foy que contre lamortissement desus dit ne vendray ne ne feray venir, ne par moy, ne par autre ainz le promet atenir agarder et agarantir par ma foy contre tous aus us et aus coustumes du pais et en oblige moy et mes heritiers et touz mes biens meubles et nonmeubles presenz et avenir. En tesmoing de ce, je done au dit mestre et aus freres ces lettres scellees de mon seau. Ce fu fet en lan de Nostre Seigneur mil deuz cenz quatre vinz et trois, au moays de juygnet, le jeudi apres la feste de la Magdeleine.

(1) Copie du XVII° siècle, A. 7, n° 97.

CCCXXVII.

De Ormevilla (1).

Mai 1286.

Universis presentes litteras inspecturis, Officialis archidiaconi Dunensis in Dunensi, salutem in Domino. Noverint universi, quod in nostra presentia constituti et in jure, Johannes Danielis, clericus, et Johanna ejus uxor, recognoverunt defunctam Mariam La Paieronnesse tempore quo vivebat pro remedio anime defuncti Girardi quondam filii sui, presbiteri et rectoris quondam ecclesie de Colmenvilla, et etiam pro anniversario dicti defuncti anno quolibet in domo Dei de Castriduno faciendo, dedisse et contulisse magistro et fratribus dicte domus et dicte domui unum sextarium hybernagii annui redditus super totam terram dicte defuncte Marie sitam apud Or[mevillam] a dictis magistro et fratribus qui in dicta domo erunt, pro tempore, anno quolibet capiendum. Recognoverunt quos dicti Johannes et Johanna ejus uxor se tenere ratione hereditatis dicte Johanne medietatem dicte terre et ideo se teneri dictis magistro et fratribus et predicte sue domus, anno quolibet ad medietatem redditus supradicti. Pro qua medietate dicti redditus proprios Johannem et Johannam pro rata sua contingente dicti Johannes et Johanna ejus uxor gagiaverunt coram nobis et se soluturos promiserunt dictis magistro et fratribus anno quolibet in festo beati Remigii unam minam hybernagii. Se, quantum ad hoc, et heredes ac successores suos, et omnia bona sua mobilia et inmobilia presentia et futura, dictis magistro et fratribus et domui predicte expresse et specialiter obligando, et juridictioni curie nostre totaliter supponendo sine advocatione alterius curie sive [fori]. Et nos, dictorum Johannis et Johanne uxoris sue, confessionibus auditis, ipsos ad reddendam anno quolibet dictis magistro et fratribus dictam minam hybernagii in dicto festo beati Remigii in ju[re non hiis terris sententi]aliter condempnavimus. In cujus rei testimonium et memoriam, nos ad petitionem dictorum Johannis et Johanne uxoris sue, dictis magistro et fratribus presentes litteras sigillo nostro dedimus sigillatas. Datum die veneris ante Ascentionem Domini, anno ejusdem M°. CC°. octogesimo sexto, mense maio.

(1) Original, B. 183.

CCCXXVIII.

De duobus arpentis vinee apud Boschetum (1).

Septembre 1287.

Universis presentes litteras inspecturis, Officialis archidiaconi Dunensis in Dunensi, salutem in Domino. Quia..... scilicet de gratia hominum infra calumpna..... robur recipiant..... voce testium aut testimonio litterarum, nos ex suscepto tenemus officio largitionibus fidelium et elemosinis maxime..... quibus religiosis tenuitas sublenatur commendationem et testimonium seu deffensionis patrocinio impertiri. Noverit..... presens etas et..... quod in nostra presentia et in jure constituti, Typherius de Sena, prepositus de Castriduno, et Agatha ejus uxor, quondam filia defuncti Mathei..... amore Dei, pietatis intuitu, et pro remedio animarum suarum donaverunt, quitaverunt et in perpetuum concesserunt Deo et domui Dei de Castriduno et magistro et fratribus dicte domus, duo arpenta vinee vel circa, sita apud Boschetum, inter vineam..... ex una parte, et vineam Stephani Bursarii de Gohero ex altera, et unam [peciam] nemoris sitam prope dictas vineas..... Philippi de Albanis ex una parte, et vineam prioris Sancti Petri de Castriduno ex altera, et unam [peciam] terre continentem tres sextarios terre semense vel circa sitam prope cheminum Blesis inter terras domicelle de Tyvilla in censiva nobilis domine comitisse Blesis tenendam [habendam] et possidendam in perpetuum post decessum dictorum donatorum a dictis magistro et fratribus cum omni jure, dominio, proprietate et possessione, retento dictis donatoribus in rebus predictis quamdiu ipsi vixerint usufructum, ita quod dicti magister et fratres qui pro tempore erunt in predicta domo Dei..... Tyherio et Agatha ejus uxor, quamdiu ipsi vixerint, unam missam de Sancto Spiritu die lune quolibet celebrare qualibet ebdomada tenebuntur et post decessum dictorum Tyherii et Agathe dicti magister et fratres qui ex tempore erunt in dicta domo ob remedium animarum dictorum donatorum unam missam pro defunctis in dicta domo Dei tenebuntur die qualibet in perpetuum celebrare. Que omnia predicta, videlicet: vineam, nemus et terram dicti donatores in dictos magistrum et fratres transtulerunt cum omni jure, dominio, proprietate et possessione, quem et quas ipsi habebant vel habere poterant in rebus predictis, nichil juris in eis [salvum dictum] usumfructum vita comite retinendo. Promittentes dicti donatores, per fidem suam in manu nostra prestitam corporalem, quod contra predictam donationem rerum pre-

(1) Original, A. 78.

dictarum per se vel per alium non venient in futurum..... dictis rebus..... usumfructum quamdiu ipsi vixerint aliquid de cetero reclamabunt nec facient per alium reclamari. Immo promiserunt per predictam fidem suam, se res predictas omnes et singulas predictis donatoriis garandizare et deffendere fideliter et firmiter in perpetuum ab omnibus et etiam contra omnes. Pro quibus garandizatione et deffensione in perpetuum, ut dictum est, faciendis, dicti donatores obligaverunt coram nobis dictis donatoriis et juriditioni [curie nostre] supposuerunt totaliter sine advocatione alterius [curie] sive [fori] se et heredes ac antecessores suos et omnia bona sua mobilia et inmobilia presentia et futura. Et nos, dictorum donatorum confessionibus auditis ipsos ad omnia et singula premissa tenenda firmiter et inviolabiliter observanda in hiis scriptis..... In cujus rei testimonium et perpetuam memoriam, nos, ad petitionem dictorum donatorum, dictis donatoriis presentes litteras sigillo nostro dedimus sigillatas. Datum anno Domini M°. CC°. octogesimo sexto, mense septembris.

Daudin.

CCCXXIX.

De quadam domo de Castriduno (1).

1290.

[Omnibus presentes] litteras inspecturis, Officialis archidiaconi Dunensis in Dunensi salutem in Domino. Noverint universi, quod [in nosra presentia] personaliter constitutus Guillermus, quondam filius defuncti Parvi Magistri, clericus, permutavit et permutatio..... cum magistro et fratribus domus Dei de Castriduno de quadam platea quam habebat [sita in] foro Castriduni ante domum lapideam Sancti Andree de Castriduno in qua maneret Michael dictus..... domus Dei predicte ex una parte, et domum Mathei Daniel, presbiteri ex altera. Cum quadam domo..... in dicto castro sita [juxta] [domum Petri de Capella contigua domui in qua manet predictus [Guillermus.....] domui Mathei Tribiari alutarii ex altera. Quam plateam predictam et omne jus quod habebat [et habere poterat] dictus clericus tradidit dictis magistro et fratribus et in ipsos et domum predictam transtulit cum..... contraditione presentium litterarum pro scilicet domo dicte domus..... quam habet dictus Guillermus et quam eidem tradiderunt ac pro sex libris monete currentis in Dunensi quas eidem Guillermo dederunt et [.....domus] predicte prout dictus Guillermus confessus fuit coram nobis in jure. Quam pla-

(1) Original, B. 47.

team predictam dictus [Guillermus magistro et fra]tribus et eorum domui promisit in perpetuum garandire et etiam deffendere ad usus et consuetudines Dunensis [patrie, obli]gans dictus Guillermus dictis magistro et fratribus et eorum domui super premissis, se, heredes suos, et successores [suos, et omnia bona sua mo]bilia et inmobilia presentia et futura supponendo ea nostre juriditioni et personam suam ubicumque [fuerit specialiter et ex]presse. Renuncians in hoc facto, dictus Guillermus, exceptioni non numerate pecunie non solute [seu recepte; et omnibus] exceptionibus et allegationibus doli, fraudis, deceptionis ultra medietatem justi pretii, minoris etatis in integrum, et omnibus aliis rationibus et allegationibus juris et facti..... et antecessoribus contra premissa seu aliqua de premissis..... firmiter et fideliter adimplenda dictus Guillermus se astrinxit fide sua in m[anu nostra prestita corporali].... et confirmationem nostram super premissis receptis a nobis juramentis a..... videlicet Typherio de Sena preposito Castriduni, curatore dicti Guillermi adulti Raginaldo..... per juramenta sua asserentibus contractum predictum esse ad utilitatem dicti adulti..... magistro et fratribus in jure coram nobis se facturum et procuraturum dictus adultus cum ad etatem legitimam [pervenerit prem]issa rata et firma tenebit et ea confirmabit. Nos ad petitionem dicti Guillermi et amicorum ejus predictorum et [ad eorumdem preces] sigillum nostrum presentibus litteris duximus apponendum. Datum snno Domini millesimo ducentesimo nonagesimo [decimo],.... die post Pascha.

CCCXXX.

Reconnaissance envers l'Aumône, par Philippe des Aubaires, de 2 sous de rente sur une maison devant le pont de Chemars, à Chateaudun (1).

Mai 1291.

Sachent tuit que establi en droit par devant nous Joutice de la cour de la Chatelerie de Cheteaudun, Phelippe des Aubaires requenut soi avoir assis et assoire a laumonne de Cheteaudun atouz jourz mes desores en avant, deus sous de rante, chacun an, sur une meson que il a assise de les le pont de Chemars, joute la meson Oudin Goin de une part, et la meson feu Robert de Gales de lautre, apaier et arendre aus mestre et freres de la dite aumonne ou aleur commandement par la mein de ceus qui tendront la dite meson, la quele rante le dit Phelippe a assise pour sa ferme de vint sous de rante que feu Renaut de Seint Avi, dou quel il est heritier en partie, laissa a la dite aumonne pour ifere son enniversaiere.

(1) Original, A. 137. — Copies du xviie siècle, A. 7, n° 28.

Les quex deussous de rante le dit Phelippe promit agarantir et adefandre au mestre et aus freres de la dite aumonne atouz jourz mes sur la dite meson de touz et contre touz, tant comme droit dura et afere touz jours la dite rante valer. Et quant a ce, le dit Phelippe obliia aus devant diz mestres et freres et sousmist a la juridicion de la devant dite court soi et ses hers et touz ses biens mebles et nonmebles presens et avenir en quincuncque leu que il soient trovez. Et en tesmoing de ces chouses, nous, a la requeste dou dit Phelippe, avons baille aus devant diz mestre et freres ces presentes lettres scellees dou sciau de la devant dite court. Ce fut fet lan de grace mil deus cents quatre vins et onze, ou mois de mai.

CCCXXXI.

De duobus sextariis bladi super molendinis de Curia Alani (1).

Juin 1291.

Universis presentes litteras inspecturis, Officialis archidiaconi Dunensis in Dunensi, salutem in Domino. Noveritis, quod in nostra presentia constituta, Marta dicta de Braciaux, uxor Hueti de Goarville, sane mentis et bone memorie existens, pro remedio anime sue dedit coram nobis et in puram ac perpetuam elemosinam concessit, sine spe revocanda, magistro et fratribus domus Dei de Castriduno et eorum domui, duo sextarios bladi annui redditus capiendos et habendos annuatim a dictis magistro et fratribus eorum successoribus vel eorum mandatis pacifice in perpetuum super molendinis de Curie Alani super quibus molendinis dicta Marta habebat redditum ratione dictum bladum et plus ratione hereditatis sui, ut dicebat et asserebat coram nobis dicta Marta. Promittens, dicta Marta coram nobis, fide sua in manu nostra prestita corporali, quod contra donationem et elemosinam predictam non veniet in futurum nec premissa revocabit. Immo ipsa voluit premissa fideliter et firmiter observanda obliganda; propter hoc, dicta Marta, dictis magistro et fratribus et successoribus eorumdem ac eorum domui se et heredes suos et omnia bona sua presentia et futura et juriditioni curie nostre Dunensis supposuit et per fidem. In cujus rei testimonium et memoriam, sigillum nostrum presentibus litteris duximus apponendum. Datum anno Domini M°. CC°. nonagesimo primo, mense junii.

(1) Original, B. 846. — Copies du xviie siècle, A. 7, n° 144; du xviiie, A. 8, n° 225.

CCCXXXII.

Littere Hugonis de Castellione (1).

Avril 1295.

Ego, Hugo de Castellione, Blesis comes et dominus Avenarum, notum facio omnibus tam futuris quam presentibus, quod ego, pro amore Dei et remedio anime mee, et antecessorum et parentum meorum, universas res elemosine Castriduni, ubicumque sint, tamquam res meas proprias in custodia et deffensione mea habeo et omnimodis conservandas recepi; insuper omnes elemosinas quas ipsi domui in feodo meo, Deo volente, quocumque beneficio erogabuntur et quidquid dicta domus in feodo meo juste processu temporis poterit adquirere, libere et quiete ipsi domui in pace tenendum in perpetuum concessi et garantandum tamquam meam rem propriam manucepi, me et heredes meos quod hic specialiter obligando. Quod ut in perpetuum stabile maneat ac firmum, litteris commendavi et sigilli mei impressione confirmavi. Datum anno Domini M° CC° nonagesimo quinto, mense augusti.

CCCXXXIII.

Reconnaissance par Jean d'Ancise de 44 sous 8 deniers de rente (2).

Octobre 1295.

Sachent tuit que establi en droit pardevant nous, Joustice de la court de la chastelerie de Chetiaudun, monseigneur Johen Dencises, chevalier, requenut soy devoir au mestre et aus freres de laumosne de Chetiaudun quarante et quatre sous oict deniers de monnoie courant ou pais, de rente, cest assavoir : dis sous, par feu Hubert de Seint Avy; vint et cinq sous, par feu Gillebert de Seint Avy; et sis sous ouict deniers par feu Jocelin de Seint Avy, et par Philipe sa fame, qui les leur donnerent, ou temps quil vivoient, en pure et perpetuel aumosne, si comme le dit chevalier le quenut estre vroi pardevant nous. Et trois sous et trois setiers de ble que le feu Hue de Bofery leur lessa en aumosne, aprendre chescun an sus le molin au Vaer, laquele rente dessus dite, le dit chevalier guaia pardevant nous et promist soy a rendre checun an annuelment au dit mestre et freres ou au porteour de ces lettres sans autre

---

(1) Original, A. 22, n° 1. — Copies du xviii° siècle, A. 8, n° 28. — Vidimus de 1373, A. 16, n° 2.
(2) Original, B. 372. — Copies du xvii° siècle, A. 7, n°s 48 et 53; du xviii°, A. 8, n° 188.

procuracion en la feste de Tous Seinz, et les couz et les domages que il pourroint avoir par deffaut de paement chescun an au terme de sus dit, des quelx le porteur de ces lettres serait creus par son simple serement sans autre preuve amener. Et quant a ce, le dit chevalier en obliga pardevant nous au dit mestre et freres et soumist dou tout en tout a la juridicion de la dite court sans avouer autre court luy et ses hairs et tous ses biens meubles et non meubles presens et avenir en quelque leu que il soint trouvez, et en renonca en cest fet par sa foy a toute exception de quelque deception, a tout aide de droit de cite de canon, a tout privilege de [croix] prise et aprendre, et a toutes exceptions tant de droit comme de fet par les queles il puise venir contre les chouses dessus dictes ne contre aucunes dicelles. En tesmoing de la quelle chouse nous avons ces presentes lettres scellees dou scel de la dicte court. Ce fut fet le dymenche apres la seint Remi en lan de grace mil CC. quatrevins et quinze.

CCCXXXIV.

De Rupe Forte (1).

Avril 1296.

Universis presentes litteras inspecturis, Officialis archidiaconi Dunensis in Dunensi, salutem in Domino. Noverint universi, quod in nostra presentia et in jure constitutus, Gaufridus de Sancto Avito, burgensis de Castriduno, recognovit se debere, pro anno Domini M°. CC°. nonagesimo quinto, magistro et fratribus domus Dei de Castriduno viginti octo solidos et quatuor denarios monete currentis in Dunensi. Videlicet : viginti solidos monete currentis quos habent annui redditus dicti magister et fratres super terram deffuncti Gaufridi de Sancto Avito, avi sui, sitam apud Rupem Fortem, de legato dicti deffuncti, et octo solidos et quatuor denarios pro sexta parte quinquaginta solidorum annui redditus, de legato dicte domui facto a defuncto Gileberto de Sancto Avito; prout idem Gaufridus confessus fuit in jure coram nobis quorum deffuncti Gaufridi et Gileberti dictus Gaufridus recognovit se esse heredem pro parte, quam summam pecunie dictus Gaufridus gagiavit coram nobis et se soluturum promisit dicto magistro et fratribus ad augustum proxime venturum, se, quantum ad hoc, et omnia bona sua mobilia et inmobilia presentia et futura expresse et specialiter obligando et juridictioni curie nostre totaliter supponendo. In cujus rei testimonium, nos, ad petitionem dicti Gaufridi, dictis magistro et fratribus presentes litteras sigillo nostro dedimus sigillatas. Datum die jovis post *Jubilate*, anno Domini M°. CC°. nonagesimo sexto.

(1) Copie du XVII° siècle, A. 7, n° 52.

TABLE ALPHABÉTIQUE

DES

NOMS DE PERSONNES CITÉS DANS CE VOLUME (1).

PREMIÈRE PARTIE. XIIᴱ SIÈCLE

A

Aalardus, pater Hamerici et Benedicti. 5. 5.
Aales, mater Archenbaudi de Espesonvilla. 45. 31.
Aales, uxor avi Gaufridi Castriduni vicecomitis. 41. 28.
Aales uxor Galterii de Friseia. 39. 27.
Aales, uxor Huberti de Spesumvilla. 21. 16.
Adam, canonicus, testis. 5. 5.
Adela, Carnotensis comitissa. 2. 2.
Adelicia, filia comitis Theobaldi V. 42. 29.— 51. 35.
Adelicia, mater Julduini clerici. 8. 6.
Adelicia (vel Adelina), uxor comitis Theobaldi V. 25. 20. — 33. 21. — 36. 26. — 42. 29. — 43. 29. — 45. 31.
Adelicia, uxor vicecomitis Gaufridi IV. 49. 33. — 50. 34. — 51. 35.
Agnes, domina de Curia Alani, mater Odonis Burrelli. 31. 23.
Agnes, filia Theobaldi Herloini. 28. 22.
Agnes, mater Johannis de Secureio. 17. 13.
Agnes, soror vicecomitis Gaufridi IV. 49. 33. — 51. 35.
Albertus, major, testis. 21. 16.— 23. 19.
Albertus, presbiter cardinalis tituli sancti Laurentii in Lucina. 11. 9.
Alexander, papa. 11. 8. — 15. 11.
Andreas, cantor. 21. 16.
Andreas, tanator, testis. 5. 5.
Angarius. 31. 23.
Anianus, testis. 25. 20.
Ansodus Februarius, forestarius. 41. 28.
Ansoldus de Ronquerolis, testis. 44. 30.
Archambaudus de Comblos, testis. 21. 16.
Archembaudus, filius Huberti de Spesumvilla. 21. 16. — 23. 19. — 45. 31.
Ardicius, diaconus cardinalis sancti Theodori. 11. 9.
Arenburgis de Villalevaudi, uxor Huberti de Caro-Rogo. 12. 9. — 17. 13.
Aubertus Potardus, testis. 16. 12.
Ausondus, pater Giraldi de Carnoto. 7. 6.

---

(1) Le premier chiffre indique le numéro d'ordre des documents; le second, la page où le nom est cité.

B

Bartholomeus de Curia Alani, testis, 31. 23.
Bartholomeus de Jupeel. 29. 22.
Bartholomeus, elemosinarius, testis. 48. 33
Bartholomeus, magister elemosine. 47. 32.
Bartholomeus, sextcrarius. 48. 33.
Beatrix, filia Archembaudi de Espesonvilla. 45. 31.
Benedictus, clericus, testis, 37. 27.
Benedictus, filius Aalardi, testis. 5. 5.
Berardus, filius Frodonis, testis. 5. 5.
Bernaldus, fratrer Renbaudi de Bullo. 33. 24.
Bernaldus, sacerdos elemosine, testis. 12. 9.
Bernardus. 31. 23.
Bernardus, decanus, testis. 17. 13.
Bertelinus de Botigniaco, testis. 16. 12.
Birardus, frater Willelmi, testis. 7. 6.
Borgonius de Chevernaio, testis. 48. 33.
Bricius, levita, testis. 5. 5.
Britellus de Cheudri, testis. 21. 16.
Brito (vel Breton), capellanus comitisse Blesensis. 36. 26. — 43. 30.
Brito de Ballou, testis. 41. 28.
Burcardus, cancellarius, testis. 23. 19.
Burgonius, frater Theobaldi Rufi, 38. 27.

C

Constancia. testis, 12. 9.

D

Dionisia, filia Renbaudi de Bullo. 33. 24.

E

Ebraldus de Pusato, testis. 25. 20.
Ebrardus de Pusiaco. 34. 25. — 46. 32.
Ebrardus, frater Giraldi de Carnoto, testis. 7. 6.
Erenburgis, uxor Giraldi de Carnoto. 7. 6.
Ermenfridus, notarius comitis Mathei Bellimontis, testis. 6. 6.
Ernardus Blesensis, serviens Aurelianensis ecclesie, testis. 23. 19.
Eustachia, filia Galterii de Fresia. 39. 27.

F

Fobertus Boche, serviens. 32. 24.
Frodo, pater Berardi. 5. 5.
Fulcherius, abbas, testis. 5. 5.
Fulcherius Bel-Oisel, testis. 48. 33.
Fulcherius, miles, filius Galterii de Fresia. 39. 27.
Fulco, camerarius, testis. 25. 20.
Fulgerius, filius Pueline de Rupe. 35. 25.

G

Gacius de Remelato. 37. 26.

Gacius, serviens Giraldi de Carnoto, testis. 7. 6.
Galebrum de Meilei, testis. 41. 28.
Galterius. 31. 23.
Galterius, Albanensis episcopus. 11. 9.
Galterius, Dunensis archidiaconus, testis. 23. 19.
Galterius de Fresia, miles. 39. 27. — 40. 28.
Galtherius, filius Milonis comitis Bari. 46. 32.
Garinus Boguerellus, testis. 5. 5.
Garinus, camerarius, testis. 34. 25.
Garinus de Friseia. 44. 30. — 51. 35.
Garinus de Novi, testis. 28. 22.
Garinus de Noviaco. 16. 12. — 26. 21.
Garinus de Novo Vico, testis. 5. 5. — 27. 21.
Gaudefridus. 31. 23.
Gaufridus, capellanus, testis. 27. 21. — 41. 28. — 49. 34. — 50. 34.
Gaufridus Catus, testis. 51. 35.
Gaufridus, clericus, testis. 7. 6.
Gaufridus Cointet (vel Cointetus), testis, 28. 22. — 29. 22. — 36. 26.
Gaufridus de Bazochiis, testis. 21. 16.
Gaufridus de Bello-Monte, testis. 51. 35.
Gaufridus de Brullone (vel Brullonio), testis, 44. 30. — 45. 31.
Gaufridus de Bullo. 33. 24.
Gaufridus, decanus, testis. 23. 19.
Gaufridus de Crimisiaco, testis. 49. 34. — 50. 34.
Gaufridus de Funca, testis. 44. 30.
Gaufridus de Monasteriis, miles. 43. 30. — 47. 32.
Gaufridus de Porcheronvilla, testis. 49. 34. — 50. 35.
Gaufridus de Rupe, testis. 51. 35.
Gaufridus de Tallepie, testis. 34. 25.
Gaufridus, filius Hugonis IV, vicecomitis Castriduni. 5. 5.
Gaufridus, filius Philipi de Monte Ducet, testis. 37. 27.
Gaufridus, frater Renbaudi de Bullo. 33. 24.
Gaufridus Gode, testis. 34. 25.
Gaufridus Heli. 36. 25.
Gaufridus Pevrel, testis. 41. 28.
Gaufridus, presbiter, testis. 25. 20.
Gaufridus Radulfi, testis. 43. 30.
Gaufridus Rufus, frater Theobaldi. 38. 27.
Gaufridus, sacerdos, testis. 23. 19.
Gaufridus IV, vicecomes Castriduni. 41. 28. — 46. 31. — 49. 33. — 50. 33. — 51. 35.
Gauterius de Friesia (vel Friese), testis. 16. 12. — 17. 13.
Gerricus, serviens elemosinarii, testis. 7. 6.
Gervasius de Lanere, testis. 34. 25.
Gildoinus, magister elemosine. 12. 9.
Gilduinus de Bullevilla. 31. 23.
Gillebertus de Miliaco (vel de Milli), testis. 16. 12. — 28. 22.
Gillemerus, panetarius, testis. 43. 30.
Gilo, forestarius. 41. 28.
Giraldus de Carnoto, filius Ansaudi. 7. 6.
Giraldus, famulus elemosine, testis. 12. 9.
Girardus, frater Girardi Regis. 36. 25.
Girardus Rex. 36. 25.
Girardus, testis. 23. 19.
Girardus, serviens Aurelianis ecclesie, testis. 23. 19.
Girrardus, frater Rotberti Poleni, testis. 21. 16.
Gislebertus, cordubanarius, serviens comitis Mathei Bellimontis, testis. 6. 6.

Gis, subdecanus, testis, 22. 19.
Godefridus, capellanus, testis. 48. 33.
Goherius de Berneliis. 37. 26.
Goherius de Lanereio, testis. 45. 31.
Guibertus Escorfanz, testis. 48. 33.
Guido Briders, testis. 23. 19.
Guido, diaconus, testis. 12. 9.
Guillelmus de Chesneio, testis. 46. 32.
Guillelmus de Gastina, testis. 44. 30.
Guillelmus de Memillon, miles, testis. 41. 28. — 50. 34.
Guillelmus, frater Johannis de Secureio. 17. 13.
Guillelmus Goetus, testis. 7. 6.
Guillelmus, magister elemosine. 7. 6.
Guillelmus, presbiter de Campo Rotundo, testis. 44. 30.
Guillelmus Rufus, testis. 37. 27.
Guillermus de Stampis, testis. 43. 30.
Guillermus, filius Theobaldi Herloini. 28. 22.
Guillermus, presbiter cardinalis tituli sancti Petri ad Vincula. 11. 9.

H

Habertus, filius Teherii de Curia Alani, testis, 31. 23.
Hamericus, filius Aalardi, testis. 5. 5.
Heliandis, soror Archembaudi de Espesonvilla. 45. 31.
Helisendis, comitissa Bari. 46. 32.
Henricus, filius comitis Theobaldi V. 25. 20.
Henricus Gastelli, testis. 43. 30.
Herbertus, abbas Bonevallensis, testis. 17. 13.
Herbertus, abbas Castriduni, testis. 26. 21.
Herbertus de Favellis, testis. 29. 22.
Herbertus, marescalus, testis. 25. 20.
Hericus, testis. 25. 20.
Herlois, uxor Renbaudi de Bullo. 33. 24.
Hermannus, subdiaconus, notarius sancte Romane ecclesie. 11. 9.
Herveus de Curvavilla, testis. 25. 20.
Herveus de Cyconia, testis. 21. 16.
Herveus de Villavoisum, testis. 45. 31.
Herveus, nepos Theobaldi Rufi. 38. 27.
Herveus Rufus, testis. 51. 25.
Hildeardis, uxor Willelmi de Monasteriis. 43. 30.
Hildeburgis, filia Huberti de Caro Rogo. 12. 9.
Hildeburgis, testis. 12. 9.
Hilduinus, cantor sancte Marie Carnotensis. 2. 2.
Hubaldus, Hostiensis episcopus. 11. 9.
Hubertus Bona, testis. 50. 34.
Hubertus, capellanus Gaufridi IV, vicecomitis. 46. 32. — 49. 34.
Hubertus, cerarius de Chamarcio, testis. 48. 33.
Hubertus de Caro Rogo, gener Odonis de Villalevaudi. 12. 9.
Hubertus de Spesumvilla (vel de Spesonvilla). 21. 15. — 23. 18.
Hugo, Aurelianensis decanus. 21. 15.
Hugo Borrel, testis. 17. 13.
Hugo Cambellanus, testis. 42. 29.
Hugo, camerarius comitis Ludovici, testis. 45. 31. — 51. 35.
Hugo, cancellarius Ludovici regis. 10. 7.
Hugo, chamerarius. 26. 21.
Hugo IV, vicecomes Castriduni. 5. 5. — 27. 21.
Hugo V, vicecomes Castriduni. 31. 23.

Hugo de Bullevilla, testis. 28. 22.
Hugo de Bullo. 33. 24.
Hugo, decanus, testis. 21. 15.
Hugo de Destrez, testis. 48. 33.
Hugo de Espesonvilla. 45. 31.
Hugo de Feritate, testis. 31. 23.
Hugo de Free, testis. 34. 25.
Hugo de Jalanz, testis. 23. 19.
Hugo de Ruianova, testis. 21. 16.
Hugo de Scolis, testis. 5. 5.
Hugo de Septem Fontibus. 48. 33.
Hugo de Valeriis, testis. 26. 21. — 27. 21. — 42. 29.
Hugo, filius Landri Lanier, testis. 28. 22.
Hugo, filius Raherii de Peveris. 26. 21.
Hugo Flavus, testis. 5. 5.
Hugo, frater Archembaudi de Espesonvilla. 45. 31.
Hugo, frater Rembaudi de Bullo. 33. 24.
Hugo Sabelle, testis. 28. 22.
Hugo Treihos, forestarius. 41. 28.
Hugo, vicarius, testis. 5. 5.
Huldricus, cancellarius comitis Theobaldi, testis. 16. 12. — 25. 20.

I

Iacinthus, diaconus cardinalis sancte Marie in Cosmedium. 11. 9.
Ivo, Carnotensis episcopus. 1. 1. — 2. 2. — 3. 3.
Ivonetus, testis. 42. 29.
Ivonetus de Corbevilla, testis. 51. 35.

J

Jobertus de Bocheto. 41. 28.
Jocelinus Borrelli, testis. 31. 23.
Jocelinus de Cormeriaco. 31. 23.
Jodoinus de Chine, testis. 21. 16.
Jodoinus de Free, testis. 17. 13.
Jodoinus, filius Petri de Brucia. 28. 22.
Johanna, comitis Ludovici filia. 51. 35.
Johanna, vicecomitis Gaufridi mater. 41. 28.
Johannes, Carnotensis episcopus. 23. 18.
Johannes de Bordis, testis. 12. 9.
Johannes de Friseia. 44. 30.
Johannes de Giem, testis. 49. 34. — 50. 34.
Johannes de Merevilla, testis. 46. 32.
Johannes de Secureio. 17. 12.
Johannes de Veteri Vico, testis. 48. 33.
Johannes Halo, testis. 17. 13.
Johannes, presbiter, testis. 12. 9.
Joscius, Turonensis episcopus. 20. 14.
Juildinus, magister elemosine, 11. 8. — 15. 11.
Juldinus, clericus. 8. 6.

K

Katerina, Blesensis comitissa. 42. 29. — 51. 35.

L

Lambertus, cubicularius, testis. 6. 6.
Lambertus Saccus, testis. 16. 12. — 25. 20. — 26. 21.
Landri Lanier, testis. 28. 22.
Letoldus, subdecanus. 21. 16.
Ludovicus, Blesensis comes. 25. 20. — 32. 24. — 33. 25. — 42. 29. — 44. 30. — 45. 31. — 49. 34. — 51. 35.
Ludovicus VI, Francorum rex. 14. 11. — 22. 17.
Ludovicus VII, Francorum rex. 7. 6. — 10. 7. — 13. 10. — 14. 11. — 16. 12. — 22. 17,

M

Manasses, capicerius. 21. 16.
Manasses, filius Hugonis de Ruianova, testis. 21. 16.
Margarita, filia comitis Theobaldi V. 25. 20. — 32. 24. — 42. 29. — 51. 35.
Margarita, mater vicecomitis Hugonis, testis. 27. 21.
Margarita, soror Archembaudi de Espesonvilla. 45. 31.
Margarita, uxor vicecomitis Hugonis IV. 5. 5.
Maria, soror Archembaudi de Espesonvilla. 45. 31.
Maria, uxor Ebrardi de Pusiaco, testis. 34. 25.
Matheus comes Bellimontis. 6. 5.
Matheus de Mellaio, testis, 48. 33.
Matheus, frater Renbaudi de Bullo. 33. 24.
Matheus, frater Herberti de Favellis, testis. 29. 22.
Matheus Parisiensis, testis. 42. 29.
Matheus Villicus, testis. 49. 34. — 50. 34.
Matildis, uxor comitis Mathei Bellimontis. 6. 5.
Maubertus, sacerdos, testis. 5. 5.
Maurat de Riveria, testis. 41. 28.
Mauricius, frater Theobaldi Rufi, 38. 27.
Milo comes Bari. 46. 31.

N

Nevelo, dominus Fracte-Vallis. 48. 33.
Nicholaus de Belvaco, notarius, testis. 6. 6.
Nicholaus frater Renbaudi de Bullo. 33. 24.
Nicholaus, marescallus, testis. 26. 21.

O

Oddo, Diaconus cardinalis Sancti Nicholai in Carcere, 11. 9.
Odelina, filia Huberti de Caro-Rogo. 12. 9.
Odelina, uxor Gaufridi de Monasteriis. 43. 30. — 47. 32.
Odo, testis. 12. 9.
Odo A. 47. 32.
Odo Borrelli vel Borrelus. 14. 11. — 22. 17.
Odo Borrel, testis. 28. 22.
Odo Brunel vel Brunelli. 47. 32. — 52. 35.
Odo Burellus, testis. 16. 12. — 31. 23.
Odo Chauvel, testis. 41. 28.
Odo de Alona, testis. 34. 25. — 36. 26.
Odo de Bestisi, testis. 21. 16.
Odo, decanus, testis. 51. 35.

Odo de Cormeriaco. 34. 23.
Odo de Montpancier, testis. 46. 32.
Odo de Theovilla, testis. 28. 22.
Odo de Villalevaudi. 12. 9.
Odo, filius Theobaldi Herloini. 28. 22.
Odo, frater elemosine, testis. 12. 9.
Odo frater Renbaudi de Bullo. 33. 24.
Odo Trivaldus, testis. 5. 5.

P

Paganus, testis. 23. 19.
Paganus de Froievilla, testis. 17. 13.
Paganus de Monte Duplici, testis. 27. 21.
Paganus Trosel, testis. 29. 22. — 48. 33.
Petronilla, filia Bartholomei sexterarii. 48. 33.
Petrus Abbas. 28. 22.
Petrus de Borrenc miles, testis. 6. 6.
Petrus de Brucia. 28. 22.
Petrus de Esspesunvilla (vel de Pesovilla). 14. 10. — 16. 12. — 22. 17. — 45. 31.
Petrus de Froovilla, testis. 42. 29.
Petrus de Roncerolis, testis. 6. 6.
Petrus de Villerbetone (vel Villebeton), testis. 29. 22. — 42. 29. — 51. 35.
Petrus Potardus, testis. 46. 32.
Petrus, procurator elemosine, testis. 17. 13.
Philipus de Monte Ducet, testis. 37. 27.
Philipus de Pleseis, testis. 41. 28.
Philipus, filius comitis Theobaldi. 32. 24. — 42. 29. — 51. 35.
Philipus, filius vicecomitis Gaufridi IV. 49. 33. — 51. 35.
Pierre, cardinal légat d'Alexander III. 24. 19.
Polanus de Blesis, testis. 43. 30.
Puelina de Rupe. 35. 25.

R

Radulphus de Galardone, testis. 7. 6.
Radulphus de Villers, testis. 48. 33.
Radulphus, molendinarius de Bretigni. 52. 35.
Radulphus, presbiter, testis. 34. 25.
Raginaldus, capellanus comitis Theobaldi V, testis. 25. 20. — 26. 21.
Raginaldus, Carnotensis episcopus. 39. 27.
Raginaldus Crispini, testis. 25. 20. — 26. 21. — 42. 29. — 51. 35.
Raginaldus Daude. 41. 28.
Raginaldus de Fonte. 35. 25.
Raginaldus de Milli, testis. 42. 29. — 51. 35.
Raginaldus de Milliaco, testis. 45. 31.
Raginaldus de Monte mirabili, testis. 51. 35.
Raginaldus de Orrevilla, testis. 43. 30.
Raginaldus de Roboreto, testis. 25. 20. — 26. 21.
Raginaldus de Sohiis, testis. 43. 30.
Raginaldus Gonele. 34. 25.
Raginaldus Pagani (vel Paganus), miles, testis. 41. 28. — 46. 32. — 48. 33.
Raginaldus serviens Aurelianis ecclesie, testis. 23. 19.
Raherius de Peveris. 25. 20.
Raherius de Vetero Vico, testis. 16. 12.
Raibaudus, filius Renbaudi de Bullo. 33. 24.
Rainaldus de Choe, testis. 21. 16.

Rainbaudus de Castellariis, testis. 34. 25.
Renbaudus de Bullo. 33. 24.
Richardus Charrum, testis. 28. 22,
Richardus Castellarius, testis. 28. 22.
Richardus, frater elemosine, testis. 12. 9.
Richardus Harenc, testis. 46. 32.
Robertus Beneventus, testis. 21. 16.
Robertus de Bonavalle, prepositus Castriduni, testis. 51. 35.
Robertus de Carnoto, testis. 36. 26.
Robertus de Froovilla, testis. 42. 29.
Robertus de Mesio, testis. 25. 20. — 42. 29. — 45. 31. — 51. 35.
Robertus de Meso, testis. 29. 22. — 36. 26.
Robertus de Sancto Quinto (vel Quintino), testis. 5. 5. — 41. 28.
Robertus de Sancto Valeriano, testis. 41. 28.
Robertus de Veteri Ponte, testis. 44. 30.
Robertus II, episcopus Carnotensis. 7. 6.
Robertus, filius Raginaldi Gonele. 34. 25.
Robertus, frater Giraldi de Carnoto, testis. 7. 6.
Robertus Motel, testis. 46. 32.
Robertus Mouchel, testis. 41, 28.
Robertus, presbiter de Sancto Valeriano, testis. 17. 13.
Robertus sacerdos elemosine, testis. 12. 9. — 17. 13.
Robertus Villicus, testis· 48. 33.
Robin Mocel, testis. 27. 21.
Rosscelinus de Manberolis, testis. 5. 5.
Rotbertus Polenus, testis. 21. 16.
Rotrocus comes Mauritanie. 33.

S

Salvagius de Villeris, testis. 34. 25.
Sanctio Borelli, testis. 26. 21.
Saturnina, soror johannis et Garini de Friseia. 44. 30.
Simon de Mota, testis. 31. 23.
Simon, dominus Montis Fortis. 19. 14.
Stephanus, abbas Tyronii. 18. 13.
Stephanus, abbas, frater Archembaudi de Espesunvilla. 45. 31.
Stephanus, capellanus, testis. 5. 5.
Stephanus, filius, Garini Boguerelli, testis. 5. 5.
Stephanus, filius Hugonis de Septem Fontibus. 48. 33.
Stephanus, prior, testis. 5. 5.
Symon de Rupibus, testis. 21. 16.

T

Tardi Granier, testis. 28. 22.
Teherius de Curia Alani, testis. 31. 23.
Teobaldus de Faverolis, testis. 21. 16.
Teobaudus, concellarius. 45. 31.
Tesricus de Germiniaco, testis. 21. 16.
Theobaldus, testis. 12. 9. — 23. 19.
Theobaldus Bonel, testis. 5. 5.
Theobaldus Bormaut, testis. 49. 34. — 50. 35.
Theobaldus, cancellarius comitis Ludovici. 42. 29. — 45. 31. — 51. 35.
Theobaldus, decani major communie, testis. 26. 21.
Theobaldus, decanus, testis. 51. 35.
Theobaldus de Haia. 43. 29.

Theobaldus, filius comitis Ludovici. 51. 35.
Theobaldus, filius comitis Thibaldi V. 25. 20.
Theobaldus Herloini. 28. 22.
Theobaldus Rufus. 38. 27.
Theobaldus V, comes Blesensis. 7. 6. — 9. 7. — 16. 12. — 17. 12. — 22. 17. — 23. 9. — 25. 20. — 26. 21. — 28. 22. — 29. 22. — 30. 23. — 32. 24. — 35. 25. — 38. 27. — 42. 29.
Theobaldus, servicus Aurelianis ecclesie, testis. 23. 19.
Therricus, testis. 23. 19.
Thibault IV, comte de Blois. 24. 20.
Thomas, filius Hugonis de Septem Fontibus. 48. 33.
Thomas, frater Girardi Regis. 36. 26.
Thomas Rabel, testis. 48. 33. — 49. 34. — 50. 34.
Toubaldus, presbiter cardinalis tituli sancte Crucis in Hierosolimam. 11. 8.
Tronius, serviens Giraldi de Carnoto, testis. 7. 6.
Trosel, testis. 17. 13.

V

Vaslinus de Firmitate, testis. 21. 16.
Vincentius, serviens Aurelianis ecclesie, testis. 23. 19.

W

Willelmus, abbas Tyronii. 9. 7.
Willelmus de Mansione Milonis, testis. 49. 33.
Willelmus de Monasteriis. 43. 30.
Willelmus de Romillio, testis. 12. 9.
Willelmus juvenis, frater Birardi, testis. 7. 6.
Willermus, Carnotensis episcopus. 16. 12.

Y

Ysabella, filia comitis Theobaldi V. 25. 20. — 32. 24. — 42. 29. — 51. 35.
Ysabella, filia Renbaudi de Bullo. 33. 24.

SECONDE PARTIE. XIIIE SIÈCLE

A

Aalix de Nemore Choucher. 199. 135.
Aaliz de Boieville, vel Alicia de Barevilla, mère de Johannin Caillart. 307. 222. — 308. 223.
Aaliz de Chantelou. 109. 75.
Aaliz, soror Herberti de Guerchia. 238. 163. — 247. 171.
Achonetus de Montgeraguet. 64. 44.
Ada, abbatissa Sancti Aviti. 81. 56.
Ada, soror Odonis Brunel. 72. 49.
Adam Brunelli, miles. 129. 89.
Adam, clericus, testis. 123. 85.
Adam de Bardilleriis, miles. 75. 51. — 83. 57. — 111. 77. — 176. 119. — 211. 143.
Adam de Binais, testis. 123. 85.
Adam de Burroi, quondam presbiter ecclesie de Moulaien, testis. 167, 112.
Adam de Cloia, miles. 102. 71.

Adam de Espesunvilla, armiger, nepos Guillermi. 261. 180.— 262. 181.— 263. 182. — 265. 184.
Adam de Onenvilla, gener Ade de Bardilleriis, 211. 144.
Adam, filius Ade de Bardilleriis. 211. 144.
Adam Harenc. 83. 57.
Adelicia, filia Johannis Montinhiaci. 71. 48.
Adelicia, filia Raginaldi de Fonte. 208. 141.
Adelicia, filia vicecomitis Gaufridi IV. 85. 59.
Adelicia, mater Ursionis de Mellaio. 121. 83. — 127. 88.
Adelicia, relicta Fremillonis, uxor Giraldi armigeris. 93. 64.
Adelicia, relicta Roberti de Sancto Leobino. 197. 134. — 198. 134.
Adelicia, uxor vicecomitis Gaufridi IV. 85. 59.
Adelina de la Haonniere. 199. 185.
Adelois. 176. 120.
Agatha, filia Guillermi de Villehermoi. 271. 189.
Agatha, filia Reginaldi Lecort. 178. 121.
Agatha, filia Thome de Richeville. 295. 209.
Agatha, soror Garnerii de Langeio. 65. 44.
Agatha, uxor Johannis de Rubeo Monte. 106. 74.
Agatha, uxor Typherii de Sena. 328. 247.
Agnes de Franchaio. 62. 42.
Agnes, filia Guillermi de Villehermoi. 271. 189.
Agnes, filia Hugonis majoris de Logron. 102. 71.
Agnes, filia vicecomitis Gaufridi IV. 85. 59.
Agnes la Pichonesse. 259. 179. — 285. 201. — 292. 207.
Agnes Quadragaria. 254. 176.
Agnes, relicta Reginaldi de Villaneio. 157. 106.
Agnes, soror Galterii de Loivilla. 104. 72.
Agnes Touchart. 199. 135.
Agnes, uxor Guillelmi Mollart. 281. 196.
Agnes, uxor Johannis de Tuscha. 309. 224.
Agnes, uxor Theobaldi de Prati. 169. 113.
Alicia de Barevilla vel Aaliz de Boieville, mère de Johannin Caillart. 307. 222. — 308. 223.
Alicia, uxor Ade de Onenvilla, filia Ade de Bardilleriis. 211. 144.
Alicia, uxor Johannis de Castro. 296. 210. — 326. 245.
Alienor, uxor Hugonis, domini Novi Castri. 118. 80.
Alis, comtesse de Blois. 303. 218.
Amauricus de Trou. 102. 71. — 103. 72.
Amdreas Tropinel. 102. 71.
Amelina de Virgulto, uxor Nivelonis Marcelli. 109. 76.
Amelina Gobe. 129. 89.
Amelina, soror Hugonis Oliveri. 53. 37.
Amelina, uxor Bernaldi le Mintier. 174. 116.
Amiotus, de Aureliano. 179. 121. — 287. 202.
Andoisa, filia Pagani de Feritate. 151. 102.
Andreas de Libovilla. 225. 154.
Andreas, filius Roberti de Bapaumis. 107. 74.
Andreas, major de Orsonvilla. 298. 213.
Andreas Scripha, elemosinarius. 133. 92.
Angebaldus de Galart. 176. 118.
Ansellus, frater Achoneti de Montgeraguet. 64. 44.
Arsmburgis, filia Garini de Joi. 111. 77.
Archambaudus de Espesonvilla, miles. 263. 182. — 265. 184.
Aremburgis, filia Cecilie la Pontele. 243. 167.
Arenburgis, filia Hugonis de Becherello, testis. 151. 102.
Arnulphus Belle Jovente. 288. 203.

Arnulphus Marron, famulus Elemosine, testis. 123. 85.
Arnulphus Oson. 87. 60.
Ascelina, filia Petri Rigon. 273. 191.
Ascelina, uxor Ginoti de Planta. 285. 200. — 292. 207.
Ascelina, uxor Guillermi Turriau. 210. 143.
Ascelinus le Mestivier. 313. 228.
Asscelina, uxor Bernaldi de Bullo. 57. 39.
Aubertus, clericus, filius Gaufridi Gode. 276. 193.
Aubertus de Escharbot. 269. 188.
Aubertus de Sancto Sepulchro, miles. 107. 75.
Aubertus de Villa Vacua, miles. 266. 185.
Auburgis, uxor Galterii de Loivilla. 104. 72.
Aucherus de Goheri, carnifex. 171. 114.
Audoisa, soror Hugonis Oliveri. 53. 37.

B

Ballivus. 173. 116.
Bartholomeus, elemosinarius, testis. 81. 56.
Bartholomeus, filius Hugonis de Basonvilla. 110. 76.
Bartholomeus, frater Stephani Caillart. 250. 172.
Bartholomeus Frerale. 176. 119.
Bartholomeus, magister Elemosine, testis. 73. 49. — 76. 52. — 79. 54.
Bartholomeus, procurator Elemosine, testis. 55. 38.
Beatrix de Monte Canini. 156. 105.
Beatrix, soror Hugonis de Cloia. 56. 39.
Beatrix, uxor Guillermi dicti le Frere. 296. 210. — 316. 230. — 326. 245.
Beatrix, uxor Hugonis Oliveri. 53. 37.
Beatrix, uxor Hugonis Ride. 154. 104. — 203. 137.
Beatrix, uxor Johannis Sevin. 292. 207.
Beatrix, uxor Odonis Poret. 215. 147.
Benedicta. 70. 47.
Benedicta, uxor Johannis dicti Bovis. 248. 171.
Benedictus. 176. 118.
Bernaldus, vel Bernardus, de Bullo. 57. 39. — 72. 49. — 75. 52. — 77. 53. — 241. 165. — 253. 175.
Bernaldus le Mintier. 174. 116.
Bernardus, clericus. 289. 204.
Bernardus de Confons, gener Herberti de Guerchia. 238. 163.
Bernardus, filius Theobaldi de Dangeolo. 101. 71. — 104. 73.
Bernardus Letanneur. 287. 202.
Bernardus, presbiter et persona ecclesie de Oratorio Brolii. 161. 108.
Bernardus Torci, de Ponte. 152. 103.
Bigota. 176. 119.
Blaudin, munerius, testis. 123. 85.
Bochagia, uxor Raherii de Peveris. 75. 51.
Bochart, de Fractavalle, testis. 123. 85.
Boemundus, capellanus et cancellarius domini Johannis Belgenciaci. 62. 43.
Bonus homo de Charquchu, testis. 151. 102.
Borrellus de Bardilleriis, miles. 299. 215. — 300. 215.
Boutilla. 178. 121.
Brito de Selomes. 176. 119.
Burdinus, filius Johannis Crassi. 58. 40. — 59. 41. — 61. 48.

C

Cara, uxor Galterii de Ruella. 222. 152.
Cecilia la Pontele. 243. 167.
Claricia, mater Gaufridi de Frachenis. 92. 64.
Clemencia, uxor comitis Theobaldi VI. 117. 80. — 136. 93. — 143. 97. — 145. 99. — 146. 99. — 176. 119. — 191. 129.
Colin de Jaglon. 304. 219.
Colinus Bechet, armiger. 296. 210.
Colinus de Valennis, armiger. 189. 128.
Colinus, filius Gaufridi Gode. 276. 193.
Colinus Moschet, armiger. 189. 128.
Colinus, nutricius puerorum domini Fractevallis, testis. 123. 85.
Crispinus, filius Hugonis Cambellani. 63. 43. — 73. 49.

D

D. Archidiaconus Dunensis. 235. 160.
David de Ursonvilla. 192. 131.
Dionisia, uxor Roberti Villici. 87. 60. — 102. 71.
Dionisius, procurator decanatus Castriduni, testis. 94. 65.
Dogna, filia Pagani de Feritate. 151. 102.
Dona, soror Hugonis Oliveri. 53. 37.
Droco Furarius, testis. 59. 41.
Durandus, testis. 261. 181.
Dyonisius dictus Chapel, vel le Chapel, clericus, procurator Elemosine. 320. 237.

E

Ebrardus, avus Milonis comitis Bari. 88. 61.
Ebrardus de Brolio, testis. 261. 181.
Ebrardus, presbiter de Marboe. 82. 56.
Elisabeth, filia Agnetis de Franchaio. 62. 42.
Elisabeth, uxor Roberti de Bapaumis. 107. 74.
Elysabeth, uxor Garini de Joi. 111. 77.
Emelina, relicta Johannis Custellarii. 268. 186.
Emeniardis la Rate, relicta Mathei le Rat. 255. 177.
Emma, uxor Ursionis de Mellaio. 121. 82. — 123. 85. — 127. 88. — 130. 89.
Emmelina, filia Pagani de Feritate. 151. 102.
Enouse, 82. 56.
Erardus, presbiter Sancti Martini de Feritate, testis. 151. 102.
Eremburgis, uxor Guillelmi Blanchecote. 241. 165.
Erenburgis, filia Mathei Roetel. 82. 56.
Erenburgis, uxor Guillermi de Bulainvilla. 183. 125. — 184. 125.
Ermesendis, filia Ludovici Cambellani. 84. 58.
Ermesendis, uxor Hugonis de Mathueriis. 100. 70.
Ernaldus, abbas Sancti Launomari Blesensis. 80. 55.
Ernaudus Fauperius. 179. 121. — 287. 202.
Ernaudus, filius Marie, filia Mathei Roetel. 82. 56.
Erraudus Malaterra. 54, 37. — 66. 45. — 75. 51.
Esglentina, filia Hugonis de Basonvilla. 110. 76.
Estienure de Porcheronvilla. 302. 218.
Eustachia, soror Odonis Brunel. 72. 49.

F

Fenis. 62. 43.
Flaeau. 111. 77.
Fragerus Chater. 280. 195.
Fremillon, testis. 59. 41. — 93. 64.
Fulcherius, frater Theobaldi de Guillart. 94. 65. — 95. 66.
Fulcho de Mesmillon, miles. 286. 201.
Fulco de Chantemelle, miles. 176. 117.
Fulcoius Vacca, testis. 151. 103.

G

Galcherus, filius Milonis comitis Bari. 88. 61.
Galtierus, Carnotensis episcopus. 121. 83. — 122. 84. — 127. 37. — 131. 90. — 132, 90.
Galterius, comes Blesensis. 140. 96.
Galterius de Carnoto. 81. 56.
Galterius de Frescoto, canonicus Carnotensis. 156. 105. — 187. 126.
Galterius de Ruella. 222. 152.
Ganerau. 324. 243.
G. Archidiaconus Dunensis. 274. 191.
Garinus Buchete. 158. 106. — 163. 109.
Garinus Chevreau, miles. 176. 118.
Garinus Chufin. 287. 202.
Garinus de Friesia, testis. 61. 42.
Garinus de Gisili, miles. 154. 104.
Garinus de Joi, miles. 111. 77.
Garinus dictus Callart, clericus. 310. 225.
Garinus Morehier, avus Garini Morehier. 141. 96.
Garinus Morehier, miles. 141. 96.
Garinus, vel Guarinus Quadrigarius. 181. 123. — 236. 161. — 237. 162.
Garinus, sacerdos de Cloia. 56. 39.
Garnerius, clericus elemosine, testis. 81. 56.
Garnerius vel Guarnerius de Langeio, miles. 65. 44. — 264. 183. — 273. 191.
Garnerius de Ruchevilla. 160. 108.
Garnerius, filius Garnerii de Langeio. 65. 44.
Garnier de Meresville, escuier. 302. 218.
Gaufridus Berengier. 233. 159.
Gaufridus Biote. 288. 203.
Gaufridus Bouguerel. 171. 114.
Gaufridus Bruneau, miles. 176. 118.
Gaufridus Callart, de Malonvilla, prepositus de Feritate Villenolii. 195. 133.
Gaufridus, capellanus vicecomitis Gaufridi IV. 59. 41.
Gaufridus Catus, testis. 94. 65.
Gaufridus Chapeacol, de Libovilla. 219. 151.
Gaufridus Cherat. 176. 119.
Gaufridus Chofin, carpentarius. 267. 185.
Gaufridus de Alonna. 316. 231.
Gaufridus de Arroto, armiger. 142. 97. — 174. 116. — 223. 153. — 224. 153. — 232. 158. — 253. 175. — 257, 178. — 258. 178.
Gaufridus de Binais. 75. 51.
Gaufridus de Bulainvilla vel Bullenvilla. 72. 49. — 183. 124.
Gaufridus de Bulli, Aurelianensis canonicus. 207. 140.
Gaufridus de Capella. 179. 121. — 276. 193. — 287. 202.
Gaufridus de Channoie, miles. 191. 130.

Gaufridus de Droi, miles. 113. 78. — 114. 78. — 115. 79.
Gaufridus de Estauvilla, pater Stephani. 176. 119. — 193. 132.
Gaufridus de Favellis, armiger. 214. 147. — 216. 148. — 217. 149. — 218. 150.
Gaufridus de Favellis, miles. 256. 178.
Gaufridus de Frachenis, vel Frechenes, vel Fraichannes, vel Franchesnes. 92. 64. — 148. 100. — 176. 119.
Gaufridus de Gueherbaut. 159. 107.
Gaufridus de Jonavilla, miles. 178. 121.
Gaufridus de Lannere vel Laneriaco. 120. 81. — 174. 116. — 214. 147. — 216. 148. — 217. 149 — 218. 150.
Gaufridus de Machereinvilla, miles. 149. 101.
Gaufridus de Merrevilla, miles. 171. 114.
Gaufridus de Morenvilla, miles. 211. 145.
Gaufridus de Planchevilla. 176. 117.
Gaufridus de Porcheronvilla, presbiter. 208. 141. — 250. 172. — 259. 179.
Gaufridus de Porcheronvilla, testis. 55. 38. — 67. 45. — 78. 53. — 81. 56. — 94. 65.
Gaufridus de Rengi. 176. 120.
Gaufridus de Rua, miles. 133. 91.
Gaufridus de Rupibus. 79. 55.
Gaufridus de Sancto Amando, miles. 206. 139.
Gaufridus de Sancto Avito. 334. 252.
Gaufridus de Sancto Avito, avus Gaufridi de Sancto Avito. 334. 252.
Gaufridus de Villa in Blado, presbiter. 170. 114.
Gaufridus dictus Lanier, miles. 254. 175.
Gaufridus dictus le Forestier. 269. 188.
Gaufridus dictus Picot. 313. 228.
Gaufridus, Dunensis archidiaconus. 115. 79. — 167. 112. — 170. 114.
Gaufridus, filius Ade de Bardilleriis. 211. 145.
Gaufridus, filius Bernaldi de Bullo. 57. 39.
Gaufridus, filius Gaufridi de Droi. 113. 78.
Gaufridus, filius Gaufridi Normant. 90. 62.
Gaufridus, filius Hervei Rufi, testis. 83. 57.
Gaufridus, filius Odonis Brunel. 72. 49.
Gaufridus, filius Petri Rigon. 273, 191.
Gaufridus, filius Theobaldi de Guillart. 94. 65. — 95, 66.
Gaufridus, filius vicecomitis Gaufridi IV. 85. 59.
Gaufridus, frater Garnerii de Langeio. 65. 44.
Gaufridus, frater Hugonis de Cloia. 56. 38.
Gaufridus, frater Johannis Montinhiaci. 71. 48.
Gaufridus, frater Odonis Brunel. 72, 49.
Gaufridus Galteri. 226. 154.
Gaufridus, gener Hugonis de Mathueriis. 100. 70.
G, vel Gaufridus, gerens vices decanatus Dunensis in Pertico. 177. 120. — 179. 122. — 224. 153. — 226. 154. — 233. 159.
Gaufridus Gode, miles. 72. 49. — 188, 127. — 189. 128. — 276. 193, — 296. 211.
Gaufridus le Seintier. 253. 175.
Gaufridus Maudoit, testis. 81. 56.
Gaufridus Nardi. 260, 180.
Gaufridus, nepos Hugonis Bigoti de Sainte-Face. 90. 62.
Gaufridus Normant. 90. 62.
Gaufridus Tiher, molendinarius. 138. 94.
Gaufridus IV, vicecomes Castriduni. 54. 38. — 59. 41. — 60. 41. — 61. 42. — 75. 51. — 85. 59.
Gaufridus V, vicecomes Castriduni. 87. 60. — 124. 85. — 136. 93. — 143. 97. — 146. 99. — 220. 151.
Gaufridus, vicedominus Carnotensis. 126. 87.
Gauterius de Gaudonvilla, testis. 53. 37.

Gauterius de Loevilla, vel Galterius de Loivilla. 101. 70. — 104. 72.
Gauterius, frater Hugonis de Cloia. 56. 38.
Gauterius Hericanus, testis. 151. 103.
Gauterius Lovel, testis. 151. 102.
Geofroy de Saint-Avi, père de Geofroyn. 304. 219.
Geofroyn de Saint-Avi, fils de Geofroy. 304. 219.
Gervasius, capellanus Elemosine, testis. 55. 38.
Gervasius, clericus Elemosine, testis. 81. 56.
Gervasius, dominus Novi Castri. 68. 46.
Gervasius Estrivart. 107. 75.
Gervasius Guinheline. 77. 53.
Gervasius, pater Hugonis domini Novi Castri. 118. 80.
G. decanus. 139. 94.
G. decanus Castriduni. 154. 104. — 255. 177.
Gilebert de Saint-Avi. 304. 220. — 333. 251. — 334. 252.
Gileta, filia Gileti de Alonvilla. 316. 231.
Giletus de Alonvilla. 316. 230.
Gilleta, uxor Guillermi Lecordier. 221. 152.
Gillotus de Megaudin. 199. 135.
Gilo Ferronus. 109. 76.
Gilo, filius Hugonis de Basonvilla. 110. 76.
Gilo, presbiter Elemosine, testis. 123. 85.
Gilotus Folebrum. 254. 176.
Ginardus Daraies. 244. 167. — 245. 169. — 246. 169.
Ginotus de Planta. 285. 200. — 292. 207..
Giraldus, armiger. 93. 64.
Giraldus Buchete. 158. 106. — 163. 109.
Giraldus Catus, vel Cato, miles. 107. 75. — 192. 131.
Giraldus Chalart. 179. 122.
Giraldus de Carnoto, miles. 214. 147. — 216. 148. — 217. 149. — 218. 150.
Girardus, abbas Bonevallis. 78. 53.
Girardus de Nemore. 199. 135.
Girardus de Peseriz, miles. 211. 145.
Girardus dictus Gaudineau. 322. 240.
Girardus, filius Gaufridi Lanier. 254. 176.
Girardus, filius Hugonis de Mathueriis. 100. 70.
Girardus, filius Marie la Paieronnesse. 327. 246.
Girardus Roetel, nepos Mathei, testis. 82. 56.
Gislebertus Uulpele. 181. 123.
Gode. 288. 203.
Godefridus de Danceio, testis. 81. 56.
Godeschallus. 268. 187.
Goherius Coriam. 164. 110.
Goherius de Boiers, miles. 244. 167. — 245. 169.
Goherius, decanus Castriduni. 144. 98. — 155. 105. — 157. 106. — 158. 106. — 160. 108. — 162. 109. — 164. 110. — 166. 111. — 169. 113. — 172. 115. — 174. 116. — 253. 175.
Goherius de Lanere, vel Lennere, vel Lanereio, vel Laneriaco, testis. 57. 40. — 77. 53. — 100. 70. — 120. 82. — 212. 146.
Goherius de Mamberolis, miles. 119. 81.
Goherius de Pataio. 58. 40. — 59. 41. — 61. 42.
Goherius de Tallepie, miles. 211. 145.
Goherius, filius Hervei Rufi, testis. 83. 57.
Goherius Rufus, miles. 176. 118.
Golenus, vel Jollenus, filius Erraudi Maleterre. 54. 38. — 66. 45.
Gosbertus, maritus Agnetis quondam relicta Raginaldi de Villanneio. 157. 106.
G. presbiter Sancti Jacobi de Bonavalle. 165. 111.

Gradulphus, frater Raginaldi de Fonte, testis. 82. 56.
Guarinus de Villa Nova, decanus Sancti Andree. 301. 217.
Guido de Ebleeville, miles. 167. 112.
Guido, filius Hugonis de Basonvilla. 110. 76.
Guillelmus Blanchecote. 241. 165.
Guillelmus de Bullevilla, miles. 176. 120.
Guillelmus de Craances. 199. 135.
Guillelmus de Fonte, testis. 81. 56.
Guillelmus vel Guillermus de Mohervilla, testis. 53. 37. — 56. 39. — 57. 40. — 66. 45. — 77. 53.
Guillelmus de Nemore. 199. 135.
Guillelmus de Noviaco, canonicus Carnotensis. 289. 204.
Guillelmus de Orsonvilla. 288. 203.
Guillelmus de Villa Armoi, armiger. 228. 156.
Guillelmus, filius Archenbaudi de Espesunvilla. 265. 184.
Guillelmus, filius Gaufridi Gode. 276. 193.
Guillelmus Gonas, gener Herberti de Guerchia. 238. 163.
Guillelmus Mollart, gener Herbelini de Abbatia. 281. 196.
Guillelmus Pichon. 176. 117.
Guillelmus Yeveloing. 199. 135.
Guillermus Allutieri, vel Alluctarii. 244. 167. — 245. 169.
Guillermus, armiger, filius Hervei de Mesio. 244. 167. — 245. 169. — 246. 170.
Guillermus Bodian. 254. 175.
Guillermus, clericus. 81. 56.
Guillermus Collart. 213. 146.
Guillermus de Bulainvilla, miles. 183. 124. — 184. 125. — 296. 211.
Guillermus de Chantemelle, armiger. 211. 145.
Guillermus de Choe, frater Elemosine. 86. 60.
Guillermus de Espesonvilla, canonicus Beati Martini Turonensis. 261. 180.
Guillermus de Esspesunvilla, clericus, dictus Quadrigarius. 206-139.
Guillermus de Fonte, armiger. 236. 161. — 237. 162.
Guillermus de Garois. 202. 137.
Guillermus de Gaudo, magister vel procurator Elemosine. 94. 65. — 95. 65. — 98 68. — 99. 69.
Guillermus de Housson, miles. 159. 107.
Guillermus de Mesmilo, testis. 59. 41.
Guillermus de Mohervilla, nepos Roberti de Mesio. 89. 61.
Guillermus de Sancto Quintino. 189. 128.
Guillermus de Ses. 276. 193.
Guillermus de Villehermoi, miles. 271. 189. — 272. 190.
Guillermus dictus Fromagee. 312. 227.
Guillermus dictus Guenif vel Guenis vel Guenit. 312. 227. — 313. 228. — 317. 232.
Guillermus dictus Le Frere, de Malevilla. 296. 210. — 316. 230. — 326. 245.
Guillermus dictus Male Nutritus, miles. 186. 126.
Guillermus Doblier. 107. 74.
Guillermus Dolloie. 79. 55.
Guillermus, filius Cecilie la Pontele. 243. 167.
Guillermus, filius Guillermi de Villehermoi. 271. 189.
Guillermus, filius Hugonis de Jalanz. 75. 51.
Guillermus, filius Marie de Valennis. 189. 128.
Guillermus, filius Parvi Magistri. 329. 248.
Guillermus, filius Raginaldi de Fonte. 208. 141.
Guillermus, frater Galterii de Loivilla. 104. 72.
Guillermus, frater Garnerii de Langeio. 65. 44.
Guillermus, frater Stephani Caillart. 250. 172.
Guillermus Hervois. 204. 138.
Guillermus Hugon. 103. 72.

Guillermus Lecordier. 221. 152.
Guillermus, magister Elemosine. 80. 55. — 133. 91. — 234. 160.
Guillermus Mansel. 244. 167. — 245. 169.
Guillelmus, maritus Hersendis de Tesval. 137. 98.
Guillermus Mauricii. 160. 108.
Guillermus, medicus. 91. 63.
Guillermus Pariseau. 169. 113.
Guillermus Touchefeu. 268. 187.
Guillermus Turiau. 210. 142.
Guillotus, filius Ade de Bardilleriis. 211. 144.
Gyrardus Coichart. 287. 202.

H

Haloysa, mater Hervei de Mesio, armigeris. 244. 168. — 245. 169. — 246. 170.
Hamelinus de Fossa Aucherii. 286. 201.
Hamericus, filius Erenburgis filia Mathei Roetel. 82. 56.
Haoisa, filia Hugonis Cambellani. 63. 43. — 73. 49.
Haoisa, filia Richardi Harenc. 83. 57.
Haois la Baillete. 264. 183. — 273. 191.
Haoys, mater Agnetis la Pichonesse. 259. 179.
Harenburgis, filia Johannis de Bordis. 151. 102.
Havis, uxor Guillelmi Pichon. 176. 117.
Hebertus Chaon. 199. 135.
Hebertus Heuquemoi. 254. 176.
Helisandis, uxor Milonis comitis Bari. 88. 61.
Helisentis, uxor Hugonis de Boloria. 135. 92.
Helois, uxor Petri Martesche. 264. 183.
Heloisis vel Haoisis la Baillete. 273. 191.
Heloysa, filia Herberti de Guerchia. 238. 162.
Henricus, archidiaconus Carnotensis. 91. 63.
Henricus, archidiaconus Dunensis. 55. 88.
Henricus, clericus, filius Ade de Bardilleriis. 211. 144.
Henricus de Arroto, armiger. 189. 128.
Henricus de Bardilleriis, armiger. 300. 216.
Henricus, filius Odonis Brunel. 72. 48.
Henricus, filius Roberti de Bapaumis. 107, 74.
Henricus Lenfant, armiger. 291. 206.
Herbelinus de Abbatia. 281. 196.
Herbertus Callier. 169. 113.
Herbertus, clericus Johannis Montinhiaci. 71. 48.
Herbertus de Guerchia, miles. 238. 162. — 247. 170.
Herbertus dictus Galline. 239. 164.
Herbertus dictus Molendinarius. 166. 111.
Herbertus, filius Herberti de Guerchia. 238. 247.
Herbertus Fulco. 137. 93.
Heremburgis, quondam uxor Andree de Paroi. 176. 120. — 209. 142.
Herenburgis, filia Herberti de Guerchia. 238. 162.
Hermeniardis la Davode. 185. 125.
Hermeniardis, uxor Nicholai Nafreit, 239. 164.
Hermesendis, uxor Garini Buchete. 158. 163.
Herricus Brunelli. miles. 186. 126.
Hersendis Bursaria. 65. 44.
Hersendis de Tesval. 137. 93.
Hersendis, relicta Martini molendinarii. 248. 171.
Hersendis, soror Garnerii de Langeio. 65. 44.
Hersendis, uxor Symonis Garrel. 101. 70.

Hersendis, uxor Thome Chevalier. 182. 124.
Herveus de Bordis. 151. 102.
Herveus de Bourvilla. 79. 55.
Herveus de Felgeriis, testis. 151. 103.
Herveus de Mesio, armiger. 244. 167. — 245. 168. — 246. 169.
Herveus de Mesio, miles. 244. 167. — 245. 168. — 246. 169.
Herveus, filius Gaufridi de Frachenis. 92. 64. — 148. 100.
Herveus, filius Gervasii domini Novi Castri. 68. 46.
Herveus Ruffus, testis. 72. 49. — 83. 57.
H., humilis minister majoris monasterii. 125. 86.
Hilarius de Pertes. 160. 108.
Hildeardis, uxor Odonis Brunel. 154. 104.
Hodeburgis, filia Hugonis de Mathueriis. 100. 70.
Hodeburgis, uxor Johannis Boguerel. 142. 97.
Hodierna, uxor Johannis Crassi. 58. 40. — 59. 41. — 61. 42.
Hubert de Seint Avy. 333. 251.
Hubertus Caprioli vel Chevrel, miles. 153. 108. — 176. 118.
Hubertus de Espesonvilla, miles. 207. 139. — 262. 182. — 263. 182.
Hue de Bofery. 333. 251.
Huetus de Goarville. 331. 250.
Hugo, armiger frater Hervei de Mesio. 244. 167. — 245. 168. — 246. 169.
Hugo Bigotus, de Sainte-Face. 90. 62.
Hugo Biselli. 111. 77.
Hugo Bonel, testis. 81. 56.
Hugo Cambellanus. 63. 43. — 73. 49.
Hugo, camerarius. 75. 51.
Hugo Chambellanus. 176. 119.
Hugo Daudibon. 226. 155.
Hugo de Alneto, testis. 120. 82.
Hugo de Basonvilla. 110. 76.
Hugo de Becherello, testis. 151. 102.
Hugo de Boloria, miles. 135. 92.
Hugo de Castellione, comes Sancti Pauli et Blesensis. 173. 115. — 191. 129. — 332. 251.
Hugo de Ceto, miles. 172. 115.
Hugo de Chantemelle, frater Nevelonis. 233. 159.
Hugo de Cloia, armiger. 56. 38. — 75. 51. — 103. 72. — 209. 142. — 220. 151.
Hugo de Cormereto, testis. 61. 42.
Hugo de Esspesunvilla, testis. 56. 39.
Hugo de Fay. 317. 232.
Hugo de Feritate, miles. 156. 105.
Hugo de Friseia, clericus. 196. 133.
Hugo de Jalanz. 75. 51.
Hugo de Laneriaco, miles. 176. 117.
Hugo de Mathuerlis, miles. 100. 70. — 150. 101.
Hugo de Mellaio. 126. 87.
Hugo de Montigniaco, miles. 177. 120. — 220. 151.
Hugo de Peseriz, miles. 211. 145.
Hugo de Ruchevilla. 54. 38.
Hugo de Tallepie, miles. 211. 145.
Hugo, dominus Novi Castri. 118. 80.
Hugo, filius Gervasii domini Novi Castri. 68. 46.
Hugo, filius Hugonis de Basonvilla. 110. 76.
Hugo, filius Pagani de Feritate. 151. 102.
Hugo Girout, de Cloia. 103. 72.
Hugo dictus Lanier, miles. 254. 175.
Hugo Magister, de Chamarcio. 176. 119.

Hugo, major de Logron. 102. 71.
Hugo, medicus de Chamarcio. 106. 76.
Hugo Oliveri. 53. 37. — 75. 51. — 176. 119.
Hugo Paganus, miles. 189. 128.
Hugo, pater Amaurici de Trou. 103. 72.
Hugo Quadrigarius. 70. 47. — 75. 52.
Hugo Ride. 154. 104. — 203. 137.
Hugo Tuimen. 226. 155.
Hurel de Colle. 199. 135.
Hysabella, uxor Guillelmi de Orsonvilla. 288. 203.

I

Innocentius III, papa. 76. 52. — 105. 73.
Isabella, filia Archenbaudi de Espesunvilla. 265. 184.
Isabella, filia Erraudi Malaterra. 66. 45.
Isabella, filia Johannis Montinhiaci. 71. 48.
Isabella, filia Ludovici Cambellani. 84. 58.
Isabella vel Ysabella, soror comitis Ludovici. 67. 45. — 74. 50.
Isabella, soror Hugonis de Cloia. 56. 39.
Isabella, uxor Gaufridi Normant. 90. 62.
Isabella, uxor Ludovici Cambellani. 84. 58.
Ivignellus, frater Sancti Aviti et capellanus, testis. 81. 56.
Ivo de Veteri Ponte, miles, filius Marie domine Curveville. 147. 100.

J

Jacobus de Gres. 263. 182.
Jacobus, filius Hugonis de Basonvilla. 110. 76.
Jakelina, uxor Gaufridi de Frachenis. 92. 65. — 148. 100.
Jaquelina, filia Gaufridi Normant. 90. 62.
Jaquelina, relicta Frageri Chatri. 280. 195.
Jehanne, veuve Symon Soef cousturier. 321. 239.
Jeufroy Pichart, chevalier, chatelein de Chateaudun. 307. 221. — 311. 226.
Jobertus de Cloia, miles. 175. 117.
Jocelinus. 199. 135.
Jocelinus de Gueherbaut. 159. 107.
Jocelinus de Sancto Avito. 254. 176. — 333. 251.
Jodoin de Bechet, escuyer. 326. 245.
Johana, uxor Giraldi Buchete. 158. 106. — 163. 109.
Johan de Chasteillon, cuens de Blois et sires Davesnes. 303. 218.
Johan du Cheteau. 326. 245.
Johanna, filia Archenbaudi de Espesunvilla. 265. 184.
Johanna, filia comitis Ludovici. 67. 45. — 74. 50.
Johanna, filia Gaufridi Normant. 90. 62.
Johanna, filia Odonis Borrelli. 116. 80.
Johanna, filia Radulphi de Bouferi. 218. 150.
Johanna, filia vicecomitis Gaufridi IV. 85. 59.
Johanna Louvreer, relicta Richardi dou Noyer. 295. 210.
Johanna, mater vicecomitis Gaufridi IV. 85. 59.
Johanna, relicta Stephani Caillart. 317. 233. — 324. 242.
Johanna, uxor Borrelli de Bardilleriis, militis. 300. 216.
Johanna, uxor Garnerii de Langeio. 65. 44.
Johanna, uxor Guillermi de Villehermoi. 271. 189.
Johanna, uxor Johannis Danielis. 327. 246.
Johanna, uxor Johannis de Parisia. 298. 213. — 323. 241.
Johanna, uxor Odonis de Mauvais. 254. 176.

Johanna, uxor Philippi le Lonbart. 254. 176.
Johanna, uxor Stephani Caillart. 250. 173.
Johannes Agnensis, miles. 91. 63.
Johannes Aois. 91 63.
Johannes Barbitensor. 267. 186.
Johannes Boguerel, miles. 142. 97.
Johannes Borriane. 185. 126.
Johannes Borroiche, clericus. 176. 120. — 318. 234.
Johannes Borse, Parisiensis, testis. 123. 85.
Johannes Caillart, clericus. 305. 220. — 307. 221. — 308. 223. — 311. 226. — 317. 232. — 324. 242. — 325. 244.
Johannes Cementarius. 145. 99. — 146. 99.
Johannes, clericus de Capella, testis. 59. 41.
Johannes Crassus. 58. 40. — 59. 41. — 60. 41. — 61. 42.
Johannes Castellarius. 267. 186. — 268. 186.
Johannes Danielis, clericus. 327. 246.
Johannes de Bordis. 151. 102.
Johannes de Castro. 296. 210.
Johannes de Colle. 199. 135.
Johannes de Colmainvilla. 165. 111.
Johannes de Cristolio, clericus, testis. 261. 181.
Johannes de Fonteneto, elemosinarius, testis. 261. 181.
Johannes de Fossatis. 275. 192.
Johannes de Friesia, testis. 61. 42. — 108. 75.
Johannes de Gaudonvilla, miles. 211. 145.
Johannes de Guillonvilla. 176. 118.
Johannes de Malo Nido. 176. 118.
Johannes Dencises, miles. 315. 230. — 333. 251.
Johannes de Parisia, alutarius. 298. 213. — 323. 241.
Johannes de Parvo Ponte. 288. 203.
Johannes de Ponte, miles. 273. 191.
Johannes de Rubeo Monte. 106. 73.
Johannes de Tuscha. 309. 224.
Johannes de Ulmo Sicco. 254. 176.
Johannes dictus Bauderon, armiger, testis. 261. 181.
Johannes dictus Benne. 317. 232. — 323. 241.
Johannes dictus Bos, de Villa in Blado. 248. 171.
Johannes dictus Saradin. 229. 157.
Johannes dictus Sevin. 292. 207.
Johannes, dominus Belgenciaci. 62. 43.
Johannes, dominus Montinhiaci. 71. 48. — 114. 78.
Johannes, filius Ade de Bardilleriis. 211. 144.
Johannes, filius Agnetis de Franchaio. 62. 42.
Johannes, filius Cecilie la Pontele. 243. 167.
Johannes, filius Gaufridi de Arroto. 142. 97.
Johannes, filius Guillelmi Blanchecote. 241. 165.
Johannes, filius Johannis Custellarii. 268. 187.
Johannes, filius Johannis de Bordis. 151. 102.
Johannes, filius Nicholai carnificis de Pesoto. 320. 237.
Johannes, filius Odonis Joslain. 180. 123.
Johannes, filius Petri Rigon. 273. 191.
Johannes, filius Rogerii Boitiere. 249. 172.
Johannes, filius Stephani Caillart. 298. 213.
Johannes, frater Galterii de Loivilla. 104. 72.
Johannes, frater Gaufridi de Alonna. 316. 231.
Johannes, frater Hugonis de Cloia. 56. 38.
Johannes Gode, armiger. 313. 228.

Johannes Gossu, de Porcheronvilla. 160. 108.
Johannes Junior, presbiter, procurator Elemosine. 319. 236.
Johannes, major de Guillonvilla, testis. 94. 65.
Johannes Mauboison, presbiter. 319. 236.
Johannes, miles, filius Hervei de Mesio. 244. 168. — 245. 169. — 246. 170.
Johannes Molendinarius. 176. 119.
Johannes, nepos Odonis Poret. 215. 147.
Johannes Pandorne. 169. 113.
Johannes Poncet. 169. 113.
Johannes, presbiter Sancti Petri de Feritate. 270. 188.
Johannes, procurator Abbatie Tyronii. 318. 234.
Johannes Putoys. 226. 155.
Johannes Rex. 145. 99. — 146. 99. — 199. 135.
Johannes Voguerel. 260. 180.
Johannin vel Johannes Caillart, filius Johannis Caillart. 307. 221. — 308. 223.
Jolain Sarrazin. 177. 120.
Jollenus, filius Erraudi Malaterra. 66. 45.
Juliana, relicta Gaufridi de Laneriaco. 214. 147. — 216. 148. — 217. 149. — 218. 150.
Juliana, relicta Simonis Carrelli. 167. 112.
Juliana, uxor Auberti de Villa Vacua. 266. 185.
Juliana, uxor Girardi dicti Gaudineau. 322. 240.
Juliana, uxor Petri Rigon. 264. 183. — 273. 191.

K

Katarina de Montencon. 149. 101.
Katarina, mater Petri de Mesio. 246. 170.
Katharina, filia Ade de Bardilleriis. 211. 144.
Katharina, uxor comitis Ludovici. 67. 45. — 74. 50. — 77. 53. — 89. 61.
Katharina, uxor Garini Morehier. 141. 97.

L

Lambertus Callidus, procurator Elemosine. 318. 234. — 324. 243.
Lambertus dictus Decanus. 204. 138.
Lambertus dictus le Comte, clericus. 285. 201. — 292. 207. — 302. 218.
Landricus Lanierus, testis. 151. 103.
Laurentia, soror Odonis Brunel. 72. 49.
Laurentius de Ulmo Sicco. 176. 118.
Laurentius, persona ecclesie de Castellione. 274. 192.
Laurentius, testis. 120. 82.
L. decanus Aurelianensis. 207. 139.
Letgardis, uxor Goherii de Laneriaco. 212. 146.
Libergis, uxor Roberti de Marois. 228. 156.
Ligardis, relicta Roberti dicti Monachi de Esspesunvilla. 206. 139.
Liiardis, filia Thome de Richevilla. 295. 209.
Luca de Villa Hermoi, testis. 120. 82.
Luce de Villermoy. 276. 193.
Lucia, uxor Gaufridi Lanier, militis. 254. 176.
Lucia, uxor Herrici Brunelli, militis. 186. 126.
Ludovicus Cambellanus. 84. 58.
Ludovicus, comes Blesensis. 53. 37. — 56. 38. — 57. 39. — 60. 41. — 61. 42. — 63. 43. — 64. 44. — 66. 45. — 67. 45. — 69. 46. — 70. 47. — 72. 48. — 73. 49. — 74. 50. — 75. 50. — 77. 53. — 89. 22.
Ludovicus de Saint-Messent, vel Sancti Maxentii. 188. 127. — 189. 127.
Ludovicus, filius Hugonis Cambellani. 63. 43. — 73. 49.
Ludovicus VII, rex Francorum. 112. 77.

M

Maheius de Marli, testis. 61. 42.
Maquetus, frater Achoneti de Montgeraguet. 64. 44.
Marcherenvilla?, miles. 211. 145.
Margarita, comitissa Blesensis. 140. 95.
Margarita, filia Gaufridi Normant. 90. 62.
Margarita, filia Johannis Montinhiaci. 71. 48.
Margarita, filia Ursionis de Mellaio. 121. 82. — 123. 84. — 127. 88.
Margarita, soror comitis Ludovici. 67. 45. — 74. 50.
Margarita, uxor comitis Theobaldi VI. 128. 88. — 173. 115.
Margarita, uxor Gervasii domini Novi Castri. 68. 46.
Margarita, uxor Jacobi de Gres. 263. 182. — 265. 184.
Margarita, uxor Guillermi dicti Fromagee. 312. 227.
Margarita, uxor Ludovici Sancti Maxentii. 189. 127.
Margarita, uxor Odonis Borrelli. 116. 88.
Maria de Bolaire, uxor Guillermi de Bolaire, militis. 188. 127.
Maria, comitessa Blesensis, uxor Hugonis de Castellione. 173. 115.
Maria de Escoublanc, uxor Gaufridi de Arroto. 232. 158.
Maria de Sivry. 176. 118.
Maria, domina Curveville. 147. 100.
Maria, filia Frageri Chatri. 280. 195.
Maria, filia Mathei Roetel. 82. 56.
Maria, filia Palmerii. 164. 110.
Maria la Caillarde, 250. 172. — 282. 197. — 283. 198.
Maria la Paieronnesse. 327. 246.
Maria, uxor Davidii de Ursonvilla. 192. 131.
Maria, uxor Hugonis de Basonvilla. 110. 76.
Maria, uxor Nicholai de Valennis. 189. 127.
Maria, uxor Theobaldi de Cruce. 291. 206.
Maria, uxor Theobaldi de Foro. 291. 206.
Maria, vidua Raginaldi Tesscelini. 66. 45. — 75. 51.
Marta dicta de Braciaux. 331. 250.
Martha, uxor Guillermi Collart. 213. 146.
Martinus Basset, clericus. 291. 206.
Martinus de Marboeto. 253. 175. — 260. 180.
Martinus de Megaudin. 199. 135.
Martinus Faber. 81. 56.
Martinus Molendinarius. 248. 171.
Martinus Quadrigarius. 142. 97.
Mathea, uxor Huberti Caprioli. 153. 103.
Matheus, capellanus Henrici archidiaconi Dunensis, testis. 55. 38.
Matheus, Carnotensis episcopus. 262. 181.
Matheus Daniel, presbiter. 329. 248.
Matheus, de Morees, testis. 123. 85.
Matheus de Ulmo. 176. 117.
Matheus de Villa in Blado, clericus. 282. 197. — 283. 198.
Matheus, filius Frageri Chatri. 280. 195.
Matheus, filius Odonis Joslain. 180. 123.
Matheus, frater Garnerii de Langeio. 65. 44.
Matheus, frater Roberti canonici Sancti Andree. 264. 183.
Matheus, frater Robini de Villa in Blado. 290. 205.
Matheus Fromi. 124. 85.
Matheus la Meille, testis. 261. 181.
Matheus le Rat. 255. 177.
Matheus, pater Agathe Uxoris Typherii de Sena. 328. 247.

Matheus, presbiter de Marboe. 82. 56.
Matheus Roetel. 82. 56.
Matheus Ronge Quartier?. 316. 231.
Matheus Tribiarius, alutarius. 329. 248.
Matheus Villici. 87. 60.
Mathia, filia Garnerii de Langeio. 65. 44.
Matildis, filia Hugonis de Mathueriis. 100. 70.
Matildis, filia Mathei Roetel. 82. 56.
Matildis, filia Roberti de Bapaumis. 107. 74.
Matildis la Rousele. 134. 92.
Matildis Lavenniere. 267. 186.
Matildis, soror Galterii de Loivilla. 104. 72.
Matildis, uxor Gaufridi de Droi. 113. 78. — 114. 78. — 115. 79.
Matildis, uxor Herberti de Guerchia. 238. 162. — 247. 170.
Matildis, uxor Hugonis majoris de Logron. 102. 71.
Matildis, uxor Johannis Montinhiaci. 71. 48.
Matildis, uxor Odonis le Hideus. 264. 183.
Matildis, uxor Roberti dicti Pichon. 236. 161. — 237. 161.
Matildis, uxor Stephani de Bonavalle. 227. 156.
Matildis, uxor Stephani Milet. 282. 197. — 283. 198.
Mauricius, abbas Sancte Marie Magdalene. 78. 53. — 93. 64. — 98. 68. — 99. 68.
Mauricius Facier. 186. 126.
Mauricius de Porcheronvilla. 313. 228.
Mauricius de Turchepot. 109. 75. — 144. 98.
Mauricius de Sancto Valeriano, testis. 73. 49.
M. de Gallandia, archidiaconus Dunensis. 279. 195.
Michael. 329. 248.
Michael dictus Manggale vel Menjaille. 234. 160. — 287. 202.
Michael, filius Johannis Oustellarii. 268. 187.
Michael, filius Stephani, nepos Theobaldi de Prati. 169. 113.
Michael Scugheri. 232. 159.
Michael Senglier. 244. 168. — 284. 199.
Miles de Espesunvilla, abbas, testis. 56. 39.
Milesendis, uxor Erraudi Malaterra. 54. 38. — 66. 45.
Milo Coifarius, testis. 94. 65.
Milo, comes Bari super Secanam. 88. 61.

N

N. de Fraise. 321. 239.
Nevelo de Bossco Ausoudi, miles. 107. 75.
Nevelo de Chantemelle, armiger. 165. 111. — 233. 159.
Nevelo de la Guirche, miles. 198. 134.
Nevelo, filius Herberti de Guerchia. 238. 162.
Nevelo, pater Ursionis de Mellaio. 121. 83. — 127. 88.
N. vel Nicholaus, archidiaconus Dunensis. 179. 121. — 188. 127. — 189. 127. — 196. 133. — 287. 202.
Nicholaus, carnifex de Pesoto. 320. 237.
Nicholaus de Brueria, testis. 57. 40.
Nicholaus de Frescoto, canonicus Carnotensis. 121. 83. — 122. 84. — 123. 85. — 127. 88. — 156. 105.
Nicholaus de Sancto Lazaro, testis. 73. 49.
Nicholaus de Valennis. 189. 127.
Nicholaus, filius Bernaldi de Bullo. 57. 39.
Nicholaus, filius Odonis Nafreit de Libovilla. 225. 154. — 239. 164.
Nicholaus, frater Stephani de Bonavalle. 227. 156.
Nicholaus Lanier. 78. 54.

Nicholaus Malparent, armiger. 240. 164.
Nicholaus Martesche. 264. 183. — 273. 191.
Nicholaus Vindocinensis diaconus. 123. 85.
Nivello Marcelli. 109. 75.

O

Odelina. 176. 118.
Odelina, filia Cecilie le Pontele. 243. 167.
Odelina, filia Thome de Richevilla. 295. 209.
Odelina Lavielle. 254. 176.
Odelina Louvreer. 295. 210.
Odelina, relicta Poolini Deloie. 201. 136.
Odelina, uxor Radulphi dicti le Chapelier. 277. 194.
Odelina, uxor Roberti Guinefroi. 91. 63.
Odo Becchart, testis. 61. 42. — 77. 53.
Odo Borelli, miles, Curie Alani dominus. 58. 40. — 59. 41. — 60. 41. — 61. 42. — 97. 67. — 116. 79. — 138. 94. — 176. 119. — 226. 154. — 252. 174.
Odo Borrellus, armiger. 226. 155.
Odo Brunellus, miles. 56. 39. — 72. 48. — 75. 51. — 96. 67. — 154. 104.
Odo Burrelli, armiger, 240. 165. — 242. 166.
Odo Burrellus, pater armigeris. 242. 166.
Odo de Aroto, armiger, frater Gaufridi. 224. 153.
Odo de Cormereio. 97. 67.
Odo de Cormereto, testis. 61. 42.
Odo de Cormeroi, miles. 176. 118.
Odo de Laneriaco, miles. 194. 132.
Odo de Mauvais, gener Gaufridi Lanier militis. 254. 176.
Odo de Mes. 176. 117.
Odo de Monpancier, testis. 72. 49. — 83. 57.
Odo de Prepositura. 199. 135.
Odo de Primevilla, testis. 94. 65.
Odo de Tievilla. 79. 55. — 123. 85.
Odo dictus Mansel. 323. 241.
Odo, filius Bernaldi de Bullo. 57. 39.
Odo, filius Cecilie la Pontele. 243. 167.
Odo, filius Garnerii de Langeio. 65. 44.
Odo, filius Gaufridi Lanier, militis. 254. 176.
Odo, filius Johannis de Bordis. 151. 102.
Odo, filius Johannis Montinhiaci. 71. 48.
Odo, filius Odonis Borrelli. 116. 80.
Odo, frater Garnerii de Langeio. 65. 44.
Odo, frater Hugonis de Clcia. 56. 38.
Odo Frellon. 72. 49.
Odo Herloin. 176. 118.
Odo Joslain. 180. 123.
Odo le Hideus. 264. 183.
Odo, magister Elemosine. 290. 205. — 301. 217.
Odo Nafreit, de Libovilla, pater Nicholai. 225. 154.
Odo Nosardus, testis. 151. 102.
Odo, pater Gaufridi de Porcheronvilla. 67. 45.
Odo Petit Vilain. 289. 204.
Odo Poret. 215. 147.
Ogerius, frater Hervei de Bordis. 151. 102.
Ogerius le Guinphe. 134. 92.
Oliverus, filius Pagani de Feritate. 151. 102.
Osmondus de Tievilla. 75. 51.
Oudin Goin. 330. 249.

P

Paganus. 176. 119.
Paganus de Feritate. 151. 102.
Paganus de Golleto. 235. 160.
Paganus Trossel vel Trousel, testis. 56. 39.— 72. 49.
Parvus Magister. 329. 248.
Petronilla de Espesonvilla. 263. 182.— 265. 184.
Petronilla, filia Gaufridi Normant. 90. 62.
Petronilla, filia Richardi Harenc. 83. 57.
Petronilla, mater Philipe uxoris Richardi Harenc. 83. 57.
Petronilla, uxor Angebaldi de Galart. 176. 118.
Petronilla, uxor Herbelini de Abbatia. 281. 196.
Petronilla, uxor Mathei Rongequartier. 316. 231.
Petronilla, uxor Roberti de Mesio. 86. 60.
Petrus Biseolus, 62. 43.
Petrus Clarus. 325. 244.
Petrus de Boart, miles. 251. 173.
Petrus de Capella, clericus. 179. 121. — 329. 248.
Petrus de Chaorces, miles. 278. 194. — 316. 231.
Petrus de Frigida Terra. 176. 118 — 182. 124.
Petrus de Mesio, miles. 245. 168. — 246. 169. — 284. 199.
Petrus de Toriel. 162. 109.
Petrus de Varenna. 103. 72.
Petrus de Villerbeton. 53. 37. —56. 39.— 57. 40. — 61. 42. — 63. 43. — 66. 45. — 73. 49. — 77. 53.
Petrus dictus Muriau. 289. 204.
Petrus, filius Archenbaudi de Espesunvilla. 265. 184.
Petrus, filius Bernaldi de Bullo. 57. 39.
Petrus, filius Erraudi Malaterra. 54. 38. — 66. 45.
Petrus, filius Herberti de Guerchia. 238. 162. — 247. 170.
Petrus, filius Pagani de Feritate. 151. 102.
Petrus, filius Roberti de Bapaumis. 107, 74.
Petrus Foucaut. 176. 117.
Petrus Herloin. 176. 119.
Petrus Malaterra, frater Pagani de Feritate. 151. 102.
Petrus Martesche dictus Bos. 264. 183. — 273. 191. — 290. 205. — 301. 217.
Petrus, miles, frater Hervei de Mesio. 244. 168.
Petrus Prime. 222. 152.
Petrus Rigau. 264. 183.
Petrus Rigon. 264. 183. — 273. 191.
Petrus Sergant. 226. 155.
Phelippe des Aubaires. 330. 249.
Philipa, filia Richardi Harenc. 83. 57.
Philipa, uxor Richardi Harenc. 83. 57. — 152. 103.
Philipe, femme de Jocelin de Seint-Avy. 333. 251.
Philippa, uxor Ade de Bardilleriis. 211. 143.
Philipus de Avenis. 167. 112.
Philipus de Frovilla, armiger. 297. 212. — 314. 229.
Philipus, filius Johannis Crassi. 58. 40. — 59. 41. — 61. 42.
Philipus, filius Radulphi de Bouferi. 218. 150.
Philipus, filius Roberti de Sancto Leobino. 197. 134. — 198. 134.
Philipus, filius Ursionis de Mellaio. 121. 82. — 123. 85. — 127. 88.
Philipus, frater comitis Ludovici. 74. 50.
Philipus VI, rex Francorum. 112. 77.
Philippus Bigot. 254. 175.

Philippus de Albanis. 328. 247.
Philippus de Moysiaco, presbiter. 270. 188.
Philippus de Pusians, miles. 121. 82. — 127. 88.
Philippus de Roulliez, miles. 211. 145.
Philippus, filius Agnetis de Franchaio. 62. 42.
Philippus Houdebin, de Bordis. 306. 221.
Philippus Jubilator, de Aroto. 176. 119.
Philippus le Lonbart. 254. 176.
Phylippus Brochart, de Brocea. 72. 49.
Pichonnus de Ancisis. 151. 102.
Pinardus. 176. 118.
Poolinus Deloie. 201. 136.
Pucelina de Rupe. 75. 51. — 176. 118.

R

Radulphus de Bouferi, miles. 216. 148. — 217. 149. — 218. 150. — 256. 177.
Radulphus de Ridereit, gener Herberti de Guerchia. 238. 163.
Radulphus dictus la Vielle. 273. 191.
Radulphus dictus le Chapelier. 277. 194.
Radulphus dictus Vetule. 248. 171. — 264. 183. — 282. 197. — 283. 198.
Rodulphus, filius Gaufridi Gode. 276. 193.
Radulphus Gallinarius. 254. 176.
Radulphus le Mintier. 194. 133. — 223. 153. — 224. 153.
Radulphus, miles. 202. 137.
Radulphus, molendinarius de Bretinhi. 96. 67.
Radulphus Morel, testis. 123. 85.
Radulphus, presbiter, testis. 123. 85.
Raginaldus. 329. 249.
Raginaldus Biausdrapiaus. 81. 56.
Raginaldus, Carnotensis episcopus. 83. 57. — 110. 76.
Raginaldus Cortesius, testis. 61. 42.
Raginaldus Crispini, testis. 53. 37. — 57. 40. — 61. 42.
Raginaldus de Binais, miles, testis. 123. 85.
Raginaldus de Capella, testis. 151. 102.
Raginaldus de Fonte. 75. 51. — 82. 56.
Raginaldus de Fonte, miles. 176, 118. — 208. 141. — 219. 150.
Raginaldus de Milli vel Milliaco, testis. 53. 37. — 57. 40. — 66. 45. — 73. 49.
Raginaldus vel Reginaldus de Moresvilla, miles. 211. 145.
Raginaldus de Orrovilla, miles. 191. 130.
Raginaldus de Oyrevilla, miles. 212. 145.
Raginaldus de Sancto Avito. 254. 176.
Raginaldus de Villaneio. 157. 106. — 175. 117.
Raginaldus dictus Chant Tourteau. 273. 191.
Raginaldus, filius Gradulphi, nepos Raginaldi de Fonte, testis. 82. 56.
Raginaldus Lebreton. 275. 192.
Raginaldus Paganus, testis. 57. 40. — 59. 41. — 77. 53.
Raginaldus, presbiter Guillonville, testis. 94. 65.
Raginaldus, presbiter Ororii, testis. 55. 38.
Raginaldus Rouel. 160. 108.
Raginaldus Tescelinus. 66. 45. — 75. 51.
Raginaldus Veillart. 289. 204.
Raherius de Peveris. 75. 51.
Reginaldus Lecort. 178. 121.
Renaut de Seint-Avi. 330. 249.
Rengus Flereau. 322. 240.
Renulphus Pagamenarius, testis. 81. 56.

R. gerens vices deceanatus Castriduni. 210. 142.
Richardus Harenc, miles. 83. 57. — 152. 103.
Richardus Harenc, pater Richardi. 152. 103.
Richaudis, relicta Odonis Joslain. 180. 123.
Robert de Gales. 330. 249.
Robertus, canonicus Sancti Andree de Castroduno. 264. 183. — 273. 191.
Robertus de Bapaumis, miles. 107. 74.
Robertus de Bonavalle, testis. 56. 39. — 94. 65.
Robertus de Chaverneyo, miles. 123. 85. — 211. 145.
Robertus de Gesili, armiger. 297. 212. — 314. 228.
Robertus de Larmere, miles. 205. 138.
Robertus de Mamberolis, nepos Roberti de Mesio. 86. 59. — 89. 61.
Robertus de Manberolis, miles. 176. 119.
Robertus de Marois. 228. 156.
Robertus de Mesio, testis. 53. 37. — 56. 39. — 57. 40. — 66. 45. — 77. 53. — 86. 59. — 89. 61.
Robertus de Ruchevilla. 144. 98.
Robertus de Sancto Leobino, armiger. 197. 134.
Robertus de Veteri Ponte. 147. 100.
Robertus de Villa in Blado, clericus. 301. 217.
Robertus de Ville. 226. 155.
Robertus dictus Monachus, de Esspesunvilla. 206. 139.
Robertus dictus Pichon. 236. 161. — 237. 161.
Robertus$_0$ filius Johannis de Bordis. 151. 102.
Robertus, frater Achoneti de Montgeraguet. 64. 44.
Robertus, frater Stephani de Bonavalle. 227. 156.
Robertus; gener Hugonis de Mathueriis. 100. 70.
Robertus Guinefrol. 91. 69.
Robertus Huelart?. 199. 135.
Robertus Larchier. 320. 238.
Robertus Leginplier. 254. 175.
Robertus Moncel, testis. 55. 38. — 176. 119.
Robertus Morehier, pater Garini Morehier. 141. 96.
Robertus Rastel. 70. 47.
Robertus Ventu, testis. 151. 103.
Robertus Villici. 87. 60. — 102. 71. — 176. 120.
Robinus de Cherel. 155. 105.
Robinus de Desree. 289. 204.
Robinus de Villa in Blado, clericus. 276. 193. — 290. 205.
Robinus de Villata. 159. 107.
Robinus, filius Ade de Bardilleriis. 211. 144.
Robinus Quatretestes, testis. 123. 85.
Rocelinus de Memberolis, miles. 176. 118. — 293. 208.
Roffel. 260. 180.
Rogerius Bignon, miles. 211. 145.
Rogerius Boitiere. 249, 172.
Rogerius, officialis archidiaconatus Dunensis. 179. 122.
Rogerius, prior de Chauveliera, testis. 59. 41.
Roscelinus Craton, testis. 72. 49.
Roscelinus de Mamberolis, frater Goherii. 119. 81. — 294. 209.
Roseta, uxor Bernardi Letanneur. 287. 202.

S

Sanctio Lenier. 276. 193.
Savericus. 254. 176.
Seincellus, abbas Pontisleventii. 79. 54.

Sevinus Secibert. 81. 56.
Sezilia, filia Roberti de Bapaumis. 107. 74.
Simo Carrellus. 167. 112.
Simo Maugerius. 65. 44.
Simon de Laneriaco, miles. 260. 180.
Stephana, filia Herberti de Guerchia. 238. 162.
Stephanus Bere. 176. 118.
Stephanus Borduel. 275. 192.
Stephanus Bursarius, de Gohero. 328. 247.
Stephanus Caillart. 250. 172. — 298. 213. — 317. 232. — 325. 244.
Stephanus, canonicus beati Andree de Castroduno. 268. 187.
Stephanus de Alneio, miles. 230. 157.
Stephanus de Boecha, testis. 120. 82.
Stephanus de Bonavalle. 227. 155.
Stephanus de Casa. 176. 118.
Stephanus de Cortermont, clericus. 292. 207.
Stephanus de Doeto, canonicus Antisiodori. 292. 207.
Stephanus de Espesunvilla, armiger. 262. 181. — 263. 182.
Stephanus de Estauvilla. 193, 132.
Stephanus de Loriz. 155. 105.
Stephanus de Mesio. 270. 188.
Stephanus de Ponte, miles. 234. 160. — 235. 160. — 240. 164.
Stephanus de Porcheronvilla. 150. 101. — 313. 228.
Stephanus de Primevilla. 319. 236.
Stephanus de Proenvilla. 81. 56.
Stephanus de Sancorre. 191. 130.
Stephanus de Villerbalai, testis. 151. 102.
Stephanus, diaconus Perticensis, testis. 94. 65.
Stephanus dictus Chenart, armiger. 319. 235.
Stephanus dictus Culstellius, clericus. 232. 159.
Stephanus dictus Malebranche. 318. 234.
Stephanus, filius Guillermi de Villehermoi. 271. 189.
Stephanus, filius Marie, filia Mathei Roetel. 82. 56.
Stephanus, filius Poolini Deloie. 201. 136.
Stephanus, filius Roberti de Bapaumis. 107. 74.
Stephanus Gueuhon, testis. 59. 41. — 66. 45. — 75. 51.
Stephanus Mestivier. 324. 243.
Stephanus Milet, de Villa in Blado. 282. 197. — 283. 198.
Stephanus, nepos Theobaldi de Prati. 169. 113.
Stephanus Poncinus, testis. 151. 103.
Stephanus Rotru. 289. 204.
Stephanus Salvus, serviens, testis. 59. 41.
Suphenis, presbiter et persona ecclesie de Castellione. 274. 192.
Symon Crassus, testis. 61. 42.
Symon de Pratellis. 268. 186.
Symon Garrel, de Bonavalle. 101. 70. — 104. 72. — 266. 185

T

Tediosa, filia Mathei Roetel. 82. 56.
Teobaldus vel Theobaldus, cancellarius comitis Ludovici. 53. 37. — 56. 39. — 57. 40.
Terricus, cancellarius comitisse Katarine. 89. 62.
Terricus, cancellarius comitis Theobaldi VI. 117. 80.
Teurricus de Corbichet. 226. 155.
Theobaldus Beenne. 65. 44.
Theobaldus Bormaut, testis. 59. 41. — 124. 86.

Theobaldus, cancellarius comitis Ludovici. 61. 42. — 66. 45. — 67. 46. — 69. 47. — 70. 48. — 72. 49. — 73. 50. — 74. 50. — 75. 52.
Theobaldus V, comes Blesensis. 63. 43. — 73. 49. — 75. 51.
Theobaldus VI. 117. 80.
Theobaldus, decanus, testis. 66. 45. — 70. 47.
Theobaldus de Cruce. 291. 206.
Theobaldus de Dangeolo. 101. 70. — 104. 72.
Theobaldus de Foro. 179. 121. — 287. 202. — 291. 206.
Theobaldus de Guillart, miles. 94. 65. — 95. 66.
Theobaldus de Leronevilla? 199. 135.
Theobaldus de Mathueriis. 150. 101. — 163. 109. — 250. 172. — 282. 197. — 283. 198. — 293. 208. — 294. 209.
Theobaldus de Prati. 169. 113.
Theobaldus de Villa in Podio, decanus Dunensis in Pertico. 300. 216.
Theobaldus, filius comitis Ludovici. 67. 45. — 74. 50.
Theobaldus, filius Hugonis de Mathueriis. 100. 70.
Theobaldus, filius Roberti de Bapaumis. 107. 74.
Theobaldus, filius Theobaldi de Dangeolo. 101. 71. — 104. 72.
Theobaldus de Couturier. 289. 204.
Theonaldus Nereit. 288. 203.
Theobaldus, persona ecclesie de Mamberolis. 55. 38.
Theobaldus, presbiter de Villa in Podio, decanus Dunensis in Partico. 270. 188.
Theobaldus Ruffus. 75. 51.
Thomas Chevalier. 182. 124.
Thomas de Insula, presbiter et persona ecclesie de Ligneriis. 272. 190.
Thomas de Richevilla. 295. 209.
Thomas dictus Bos. 290. 205.
Thomas, Dunensis archidiaconus. 94. 65.
Thomas Frenbaut. 176. 119.
Thomas, gerens vices decanatus Bonevallensis. 223. 153.
Thomas Rabel, testis. 81. 56. — 176. 118.
Trechelina, relicta Radulphi le Mintier. 174. 116.
Tyherius vel Thypherius vel Terherius de Sena, prepositus Castriduni. 318. 235. — 328. 247. — 329. 249.

U

Ursio de Mellaio, dominus Fractevallis. 121. 82. — 122. 84. — 123. 85. — 126. 87. — 127. 88. — 128. 88. — 130. 89. — 131. 90. — 132. 90. — 183. 124. — 184. 125. — 192. 131.

V

Varenna, filia Mathei Roetel. 82. 56.
V. prior Chamarcii. 78. 54.

W

Willelmus de Espesonvilla, clericus. 207. 140.
Willelmus de Fonte, capellanus Elemosine, testis. 55. 38.
Willelmus de Monhervilla, nepos Roberti de Mesio. 86. 60.
Willelmus, filius Garini de Joi. 111. 77.
Willelmus le Lemier. 228. 156.

X

Xristiana, uxor Johannis de Bordis. 151. 102.

Y

Ysabella, comitissa Carnotensis. 168. 112.
Ysabella, filia Guillelmi Blanchecote. 241. 165.
Ysabella, relicta Jocelini de Gueherbaut. 159. 107.
Ysabella, soror comitis Ludovici. 67. 45. — 74. 50.
Ysabella, soror Odonis. 290. 205.
Ysabella, uxor Hugonis Lanier. 254. 176.
Ysabella, uxor Johannis dicti Saradin. 229. 157.
Ysabella, uxor Mauricii de Turchepot. 144. 98.
Ysabella, uxor Petri de Toriel. 162. 109.
Ysabella, uxor Radulphi de Bouferi. 217. 149. — 218. 150.
Ysabella, uxor Radulphi dicti Vituli. 248. 171.
Ysabellis, uxor Robini de Villata. 159. 107.
Ysambardus de Sancto Deodato vel Ysambart de Saint-Die, castellanus Castriduni et Carnoti. 284. 199. — 287. 201. — 302. 218. — 304. 219.

FIN DE LA TABLE DES NOMS DE PERSONNES.

TABLE ALPHABÉTIQUE

DES

NOMS DE LIEUX CITÉS DANS CE VOLUME.

PREMIÈRE PARTIE. XIIe SIÈCLE

A

Aurelianis. 10. 7. — 21. 16. Orléans (Loiret).

B

Barum super Secanam. 46. 31. Bar-sur-Seine (Aube).
Bello Fago (nemus de). 17. 12. Le bois de Beaufou, commune de Fontaine-Raoul (Loir-et-Cher).
Bellus Mons. 37. 27. Beaumont-le-Chartif ou Beaumont-les-Autels (Eure-et-Loir).
Belveer (nemus de). 28. 22.
Bonavallis. 11. 2. — 17. 13. — 46. 32. Bonneval (Eure-et-Loir).
Bordæ. 12. 9. Les Bordes, hameau, commune d'Authenil, canton de Cloyes (Eure-et-Loir).
Bretigni (molendinus de). 52. 35. Bretigny, hameau, commune de Dangeau, canton de Brou (Eure-et-Loir).
Brucia. 34. 25. La Brosse, château et hameau, commune de Nottonville, canton d'Orgères (Eure-et-Loir).

C

Campus Rotundus. 44. 30. Champrond-en-Perchet ou Champrond-en-Gastine, arrondissement de Nogent-le-Rotrou (Eure-et-Loir).
Carnotum. 7. 6. — 23. 19. — 25. 20. — 32. 24. — 39. 28. Chartres (Eure-et-Loir).
Carus Rogus. 12. 9. Corbuchet, château, commune de Saint-Pellerin, canton de Cloyes (Eure-et-Loir).
Castellum Castriduni. 29. 22. La forteresse de Châteaudun, située sur l'emplacement actuel du château de Châteaudun.
Castrum Reginaldi. 33. 25. Châteaurenaud (Loir-et-Cher).
Charreium. 39. 27. Charray, canton de Cloyes (Eure-et-Loir).
Coctus Mons. 6. 5.
Cortermont. 45. 31. Contermont, ferme, commune de Péronville, canton d'Orgères (Eure-et-Loir).
Curia Alani. 31. 23. Courtalain, canton de Cloyes (Eure-et-Loir).
Curvavilla. 44. 30. Courville (Eure-et-Loir).

D

Dona Manu. 35. 25. Donnemain-Saint-Mamert, canton de Châteaudun (Eure-et-Loir).

E

Estauvilla. 29. 22. Èteauville, hameau, commune de Lutz, canton de Châteaudun.

F

Feritas vel Firmitas Ville Noli. 21. 16. — 40. 28. La Ferté-Villeneuil, canton de Cloyes (Eure-et-Loir).

J

Ierosolima vel Jerusalem. 8. 7. — 35. 26. — 37. 26. — 45. 31. Jérusalem.

L

Launomarius (Beatus). 36. 24. L'abbaye de Saint-Laumer, à Blois (Loir-et-Cher).
Logronum. 52. 35. Logron, canton de Châteaudun (Eure-et-Loir).
Lombardia. 8. 7. Les Lombardies, quartier de la ville de Châteaudun, actuellement compris dans les dépendances de l'Hôtel-Dieu.

M

Mons Fortis. 19. 14. Montfort-l'Amaury (Seine-et-Oise).
Mons Duplex. 27. 21. Mondoubleau (Loir-et-Cher).
Mosteriolum. 37. 26. Mottereau, canton de Brou (Eure-et-Loir).

N

Novus Burgus. 6. 5. Le Bourg-Neuf, ancien faubourg de Châteaudun.

P

Porcheronvilla. 26. 21. Porcheronville, hameau, commune d'Ozoir-le-Breuil, canton de Châteaudun (Eure-et-Loir).

R

Rivus Fontis. 33. 25. La Fontaine, hameau, commune de Saint-Denis-les-Ponts, canton de Châteaudun (Eure-et-Loir).

S

Sancta Crux. 14. 10. — 22. 17. — 23. 18. Sainte-Croix, église cathédrale d'Orléans.
Sanctus Avitus. 47. 32. Saint-Avit, commune de Saint-Denis-les-Ponts, canton de Châteaudun.
Sanctus Georgius (altare). 4. 4. L'autel de Saint-Georges, dans l'église de la Madeleine, à Châteaudun.
Sanctus Medardus. 37. 27. Saint-Médard, ancienne paroisse de Châteaudun.
Sanctus Valerianus. 17. 13. L'église Saint-Valérien, à Châteaudun.
Sarmesoles. 43. 29. Sermesoles, hameau maintenant détruit, commune de Moutiers, canton de Voves (Eure-et-Loir).
Seno. 15. 11. Sens (Yonne).
Sohiis. 43. 30.
Sparno. 19. 14. Épernon, canton de Maintenon (Eure-et-Loir).
Spesumvilla. 21. 16. Péronville, canton d'Orgères (Eure-et-Loir).

T

Tiron (flumen). La Tironne, rivière (Eure-et-Loir).
Tronchetum. 27. 21. Les Tronchais, ou la Bezolière, ferme, commune de Choué (Loir-et-Cher).
Turo. 18. 13. — 27. 21. Tours (Indre-et-Loire).
Tyro. 18. 13. — 27. 21. Thiron (Eure-et-Loir).

V

Vadus Alneti (abbatia). 27. 21.
Varenna (molendinus de). 31. 23. Le moulin de la Varenne, commune de Courtalain, canton de Cloyes (Eure-et-Loir).
Vicus Coriariorum. 2. 2. Rue de la Corroierie, à Chartres.
Villagalli; vel Villagualli. 14. 10. — 21. 15. — 22. 17. — 23. 18. Villequoy, ferme, commune de Péronville, canton d'Orgères (Eure-et-Loir).
Villeretum. 18. 13. — 45. 31. Villeret, ferme, commune de Péronville, conton d'Orgères (Eure-et-Loir).
Villevoison. 38. 27. Villevoison, ferme, commune de Saint-Cloud, canton de Châteaudun (Eure-et-Loir).
Vendocinensis. 41. 28. Vendôme (Loir-et-Cher).
Vovretum vel Vovroi. 33. 24. — 35. 26. — 47. 32. Le Vouvray, hameau, commune de Saint-Denis-les-Ponts, canton de Châteaudun (Eure-et-Loir).

SECONDE PARTIE. XIIIE SIÈCLE

A

Alonna. 296. 211. Allonnes, canton de Voves (Eure-et-Loir).
Aurelianis. 67. 46. — 69. 46. — 75. 5J. — 112. 78. — 176. 120. Orléans (Loiret).
Autolium. 106. 74. Autheuil, canton de Cloyes (Eure-et-Loir).
Auvillier vel Avillier. 299. 215. — 300. 216. Auvilliers, hameau, commune d'Ozoir-le-Breuil, canton de Châteaudun (Eure-et-Loir).

B

Baatarderia juxta Libovillam. 135. 93. Libouville, hameau, commune de Châtillon, canton de Cloyes (Eure-et-Loir).
Balgenciacum. 62. 43. Beaugency (Loiret).
Beatus Avitus. 81. 56. — 83. 57. Saint-Avit, hameau, commune de Saint-Denis-les-Ponts, canton de Châteaudun.
Bello Fago (nemus de). 75. 51. — 121. 82. — 126. 87. — 133. 91. Le bois de Beaufou, commune de Fontaine-Raoul (Loir-et-Cher).
Billard (vinea de) apud Sanctum Johannem de Catena. 202. 137. Nom de terroir à Saint-Jean, commune de Châteaudun.
Binais. 75. 51. Binas, canton d'Ouzouer-le-Marché (Loir-et-Cher).
Blachia via. 201. 136. Blanche-Voie, terroir de Saint-Jean, commune de Châteaudun.
Blandemvilla. 289. 204. Blandainville, canton d'Illiers (Eure-et-Loir).
Blemart (foresta de). 191. 130. Forêt de Blemart, près Châteaurenaud (Indre-et-Loire).

TABLE ALPHABÉTIQUE DES NOMS DE LIEUX.

Blesis. 61. 42. — 97. 67. Blois (Loir-et-Cher).
Bonavallis. 88. 61. — 182. 124. — 183. 125. — 184. 125.— 190. 129.— 211. 145. — 266. 185. Bonneval (Eure-et-Loir).
Bordeæ. 75. 51. — 244. 167. — 245. 169. — 246. 169. — 284 199. Les Bordes, hameau, commune d'Autheuil, canton de Cloyes (Eure-et-Loir), et près Fontaine-Marie (Loir-et Cher).
Bordetieria apud Aurelianum. 176. 120.
Borgelattre vel Borjatre vel Boriartre vel Bojastre. 75. 51. — 125. 86. — 176. 119. — 289. 204. Bougeâtre, hameau, commune de Dangeau, canton de Brou (Eure-et-Loir).
Bretonia Castriduni. 228. 156. Rue de la Bretonnerie, à Châteaudun ; aujourd'hui disparue.
Broisia. 176. 118. — 227. 155. Le Brouaze, hameau, commune de Châteaudun.
Boschetum. 328. 247.
Bullevilla. 175. 120, Bullainville, canton de Bonneval (Eure-et-Loir).
Burgum comitis apud Castrumdunum. 221. 152.
Burgum novum apud Castrumdunum. 130. 90. — 280. 195,

C

Campus Gasterius. 176. 119.
Campus Mégot apud Genesvillam. 159. 107. Génainville, ferme, commune de Flacey, canton de Bonneval (Eure-et-Loir).
Campus Sancti Martini. 55. 38. Terroir de Porcheronville, commune d'Ozoir-le-Breuil, canton de Châteaudun.
Capella Beati Martini. 122. 84. — 127. 88. La chapelle de Saint-Martin, jadis située dans le palais épiscopal à Chartres.
Carnotum. 75. 52. — 110. 77. — 122. 84. — 127. 88. — 168. 113. — 187. 127. — 212. 146. Chartres (Eure-et-Loir).
Caro Campo (vinea in). 204. 138.
Casa. 176. 119. La Chaise, ancien château, ferme, commune de Thiville, canton de Châteaudun.
Castellum Castriduni. 93. 64.
Castellio. 309. 224. Châtillon, canton de Cloyes (Eure-et-Loir).
Castrum Castriduni. 260. 180. — 277. 194.
Castrumdunum, Cheteaudun, Chasteaudun 53. 37. —54. 38. — 55. 38. — 56. 39.— 57. 40. — 63. 43. — 65. 44. — 66. 45. — 69. 46. — 70. 48. — 71. 48. — 72 49.— 73. 49. — 74. 50. — 75. 51. — 77. 53. — 78. 54. — 84. 58. — 85. 59. — 87. 60.— 89. 61. — 94. 65. — 95. 66. — 96. 67. — 98. 68. — 102. 71. — 103. 72. — 115. 79. — 116. 80.— 117. 80. — 130. 90. — 133. 91. — 134. 92. — 140. 95. — 143. 98. — 170. 114. — 173. 115. — 174. 116. — 178. 121. — 179. 121. — 180. 123. — 183. 124. — 184. 125. — 186. 126. — 189. 128.— 194. 133.— 198. 135.— 204. 138. — 205. 139. — 206. 139. — 212. 146. — 213. 146. — 214. 147. — 216. 148. — 217. 149. — 218. 150.— 219. 151. — 227. 155.— 276. 193.— 283. 199.— 293. 208. — 302. 218. — 303. 219. — 304. 219. — 307. 221. — 311. 226. —. 318. 234. — 321. 239.
Castrum Reginaldum. 191. 130. Châteaurenaud (Indre-et-Loire).
Cetum. 172· 115. Céton, canton du Theil (Orne).
Chamarcium, Chemars. 78. 54. — 140. 95. — 173. 115. — 330. 249. Chemars, aujourd'hui partie du faubourg de Saint-Jean, à Châteaudun.
Chanteles. 176. 119. Chantelays, ferme, commune de Conie, canton de Châteaudun.
Chantemelle. 176. 119. Chantemesle, château, commune de Logron, canton de Châteaudun.
Charreium. 145. 99. Charray, canton de Cloyes (Eure-et-Loir).
Choa. 99. 69. Choue, canton de Mondoubleau (Loir-et-Cher).
Choignes Lenoveles. 176. 118.
Cimiterium Sancti Lazari de Castroduno. 296. 211.
Cloia. 56. 39. — 102. 71. — 103. 72. Cloyes (Eure-et-Loir).

Codroi. 186. 126.
Codroiau. 186. 126.
Columbarium. 176. 118. — 211. 144.
Connant. 133. 91. Connant, canton de Marchenoir (Loir-et-Cher)
Connia vel Conia. 217. 149.— 218. 150.— 296. 211. La Conie, rivière (Eure-et-Loir et Loiret).
Conniis (villica de). 176. 120. Conie, canton de Châteaudun.
Corbichetum. 176. 119. Corbuchet, château, commune de Saint-Pellerin, canton de Cloyes (Eure-et-Loir).
Coudreium. 243. 167. Les Coudreaux, château, commune de Marboué, canton de Châteaudun.
Crespainvilla vel Cresspaivilla. 109. 76. — 176. 118. Crépainville, hameau, commune de Châteaudun.
Cuneo Asinorum (rupes in) in censiva prioris de Chamarcio. 210. 143.
Cuneun Beati Andree de Castroduno. 179. 122. — 287. 202. — 291. 206.
Cuneum Sancti Petri de Castroduno. 241. 165.
Curia Alani, Cortalanum, Cortelanum. 58. 40. — 59. 41. — 97. 67. — 116. 79. — 138. 94. — 176. 119. — 226. 154. — 242. 166. — 252. 174. Courtalain, canton de Cloyes (Eure-et-Loir).
Curia Hermundi, Cortermont, Corthermont, Contermont. 206. 139. — 261. 180. — 262. 181. — 263. 182. — 265. 184. Contermont, ferme, commune de Péronville, canton d'Orgères (Eure-et-Loir).
Curvavilla. 108. 75. — 147. 100. Courville, chef-lieu de canton (Eure-et-Loir).

D

Dangeolum. 176. 120. Dangeau, canton de Brou (Eure-et-Loir).
Donamanu. 75. 51. — 176. 119. Donnemain-Saint-Mamert, canton de Châteaudun.
Dunensis. 278. 194. Pays Dunois.
Duresi. 235. 160. Dheury, hameau, commune de Donnemain-Saint-Mamert, canton de Châteaudun.

E

Ebora, Evora. 176. 120. — 205. 138. Yèvres, canton de Brou (Eure-et-Loir).
Ecclesia Beate Marie Magdalene. 84. 58. — 99. 69. L'église de la Madeleine, à Châteaudun.
Ecclesia Beati Nicholai. 99. 69. — 134. 92. Chapelle de l'Hôtel-Dieu de Châteaudun.
Ecclesia de Castellione. 274. 192. L'église de Châtillon, canton de Cloyes (Eure-et-Loir).
Esscures. 109. 76. — 179. 122. — 287. 202. Val des Cures, terroir, commune de Châteaudun.
Esteauvilla. 176. 119. — 193. 132. Éteauville, hameau, commune de Lutz, canton de Châteaudun.

F

Falperia Castriduni. 232. 159.
Favellis. 176. 119. Favelles, commune d'Épieds (Loiret).
Ferentinum. 76. 53. Florence (Italie).
Feularde. 110. 76. La Felarde, ferme, commune de Péronville, canton d'Orgères (Eure-et-Loir).
Firmitas, Firmitas de Villenoil, Firmitas Villenolii, Feritas. 53. 37. — 63. 43. — 73. 49. — 75. 51. — 117. 80. — 154. 104. — 176. 119. — 195. 133. — 196. 133. — 203. 137. La Ferté-Villeneuil, canton de Cloyes (Eure-et-Loir)
Fons Marie, Fontaine Marie, Fontene Marie. 80. 55. — 244. 167. — 245. 169. — 246. 169. — 255. 177. — 284. 199. — 307. 222. — 308. 223. — 311. 226. Fontaine-Marie (Loir-et-Cher).

Fonteneio, Fronteneio (vinea de). 70. 47. — 75. 52.
Fontes. 116. 80. — 176. 119. — 226. 154. — 252. 174.
Foresta. 176. 119.
Forraier (foramen). 99. 69.
Forum Castriduni. 124. 86. — 144. 98. — 192. 131. — 329. 248.
Fougerie. 176. 121. Fugère? ferme, commune de Châteaudun.
Frachenis. 92. 64. Frechene, château, commune de Villefrancœur (Loir et-Cher).
Francalinaria, Franquelineria. 92. 64. — 148. 100. — 176. 119. La Franquelière (Loir-et-Cher).
Frigida Terra. 295. 209. Froideterre, hameau, commune de Thiville, canton de Châteaudun.
Froitval, Freitval, Fractavallis. 70. 47. — 75. 52. — 93. 124. — 121. 82. — 123. 84. — 126. 87. — 127. 88. — 131. 90. — 132. 90. Fréteval (Loir-et-Cher).
Furnum Buelli apud Carnotum. 212. 146. Le Four-Boël, à Chartres.

G

Genessvilla. 159. 107. Génainville, ferme, commune de Flacey, canton de Bonneval (Eure-et-Loir).
Goheri de Dangeolo. 240. 164. Gohory, canton de Brou (Eure-et-Loir).
Gohervilla. 183. 124. — 184. 125. Gourville, hameau, commune de Neuvy-en-Dunois, canton de Bonneval (Eure-et-Loir).
Golarderia. 115. 79. La Goislardière, commune et canton de Droué (Loir-et-Cher).
Granchie. 115. 79. Les Granges, commune et canton de Droué (Loir-et-Cher).
Guerarderia in parochia de Conant. 131. 91. Conan, canton de Marchenoir (Loir-et-Cher).
Guicheri. 106. 74. Guichery, ferme, commune d'Autheuil, canton de Cloyes (Eure-et-Loir).
Guillart. 94. 65. — 95. 66. — 139. 94. — 176. 120. Guillard, ferme, commune de Guillonville, canton d'Orgères (Eure-et-Loir).
Guillonvilla. 157. 106. — 175. 117. Guillonville, canton d'Orgères (Eure-et-Loir).

H

Haia, Hahia, Haia Malaterra. 66. 45. — 75. 51. — 176. 119. La Haie-Maleterre, ferme, commune d'Écoman (Loir-et-Cher).
Heaumont-Fontaine. 176. 119. — 289. 204. Heaume-Fontaine, hameau, commune de Blandainville, canton d'Illiers (Eure-et-Loir).
Helieria (terra de). 80. 55.
Herbovilla. 325. 244. Harbouville-la-Queue-verte, hameau, commune d'Ozoir-le-Breuil, canton de Châteaudun.
Herichon (porta). 182. 124. La porte Hérisson, à Bonneval (Eure-et-Loir).
Herlebauderia apud Castridunum. 107. 74.
Hierosolima, Iherosolima. 67. 45. — 69. 47. — 71. 48. — 75. 50. — 77. 53. Jérusalem.
Huelinam (vinea ad). 70. 47. — 75. 52.

J

Jalanz, Jalans. 75. 51. — 105. 73. — 176. 119. — 254. 175. Jallans, canton de Châteaudun.
Jumeaus. 211. 144. Les Jumeaux, hameau, commune de Jallans, canton de Châteaudun.

L

La Beate Ouri, La Baate Ouri. 233. 159. — 275. 192. La Baste-Oury, terroir, commune de Châteaudun.

Labroise. 176. 118. La Brouaze, hameau, commune de Châteaudun.
Lachese. 176. 118. La Chaise, ancien château, ferme, commune de Thiville, canton de Châteaudun.
La Guimardiere (vinea que dicitur). 234. 160.
La Mauratiere. 281. 196. Terroir, commune de Châteaudun.
Lanneriacum, Laneriacum. 176. 117. — 230. 157. Lanneray, canton de Châteaudun.
Langeium. 65. 44. Langey, canton de Cloyes (Eure-et-Loir).
La Reenville, Laraivilla. 153. 103. — 176. 118. Larainville, maison à Châteaudun.
La Ronche juxta Dangeolum. 176. 120.
Lateranum. 105. 73. Saint-Jean de Latran, à Rome.
Le Marches à Porcheronville. 302. 218. Percheronville, hameau, commune d'Ozoir-le-Breuil, canton de Châteaudun.
Lenda. 115. 79.
Libovilla. 75. 51. — 169. 113. — 188. 127. — 189. 127. — 215. 147. — 219. 151. — 239. 164. — 243. 167. Libouville, hameau, commune de Châtillon, canton de Cloyes (Eure-et-Loir).
Liconci. 75. 51. — 176. 117. — 190. 129. Liconci (Loiret).
Lidum. 152. 103. — 222. 152. Le Loir, rivière.
Lineria, Ligneriis. Lineriis. 176. 119. — 271. 189. — 272. 190. — 320. 237. Lignières, canton de Morée (Loir-et-Cher).
Logron. 96. 67. — 176. 118. Logron, canton de Châteaudun.
Luz. 176. 118. Lutz, canton de Châteaudun.

M

Magnum Vicum, infra muros Castriduni. 194. 133. — 223. 153. — 253. 175. — 257. 178. — 258. 179.
Malabrancheria. 121. 82. — 126. 87. Commune de Fontaine-Raoul (Loir-et-Cher).
Mallonvilla. 195. 133.
Mamberolis, Manberolis. 55. 38. — 119. 81. — 176. 118. Membrolles (Loir-et-Cher).
Mane (parochia de). 249. 172.
Marboe, Marboi. 82. 56. — 171. 114. — 176. 117. — 187. 127. Marboué, canton de Châteaudun.
Matueria, Macueria. 283. 199. Massuères, ancien fief, hameau, commune de Dancy, canton de Bonneval (Eure-et-Loir).
Megaudin. 199. 135. Migaudin, commune d'Yèvres, canton de Brou (Eure-et-Loir).
Mofflart. Mouflat. 65. 44. — 70. 47. — 75. 52. Mouflart, terroir, commune de Châteaudun.
Molaria, Moleria. 101. 70. — 104. 72. — 167. 112. — 171. 114. — 266. 185. La Molière, hameau, commune de Saint-Christophe, canton de Châteaudun.
Molendina Nova. 176. 119. — 187. 127. Le Moulin-Neuf, hameau, commune de Romilly-sur-Aigre, canton de Cloyes (Eure-et-Loir).
Molendinum de Bretinhi, vel Bretigni. 96. 67. — 176. 120. Brétigny, moulin, commune de Dangeau, canton de Brou (Eure-et-Loir).
Molendinum de Chavanz apud Feritatem. 53. 37. — 63. 43. — 73. 49. — 75. 51. — 176. 119.
Molendinum de Cholet de Lende. 176. 119. Landes, canton d'Herbault (Loir-et-Cher).
Molendinum de Haton. 176. 119. Moulin Haton, commune de Charray, canton de Cloyes (Eure-et-Loir).
Molendinum de Montemain. 176. 120. Montemain, hameau, commune de Saumeray, canton de Bonneval (Eure-et-Loir).
Molendinum de Paupere Sacco, vel Povresac, juxta Feritatem. 145. 99. — 146. 99. — 176. 119.
Molendinum de Pomeen. 129. 89. Poméan, ferme, commune de Brou (Eure-et-Loir).
Molendinum de Varenna. 97. 67. — 138. 94. — 176. 118. — 226. 154. — 242. 166. —

252. 174. La Varenne, moulin, commune de Courtalain, canton de Cloyes (Eure-et-Loir).
Molendinum Envau vel Danvau apud Feritatem. 154. 104. — 203. 137. — 297. 212. — 314. 229. Le Moulin Dauveau, commune de La Ferté-Villeneuil, canton de Cloyes (Eure-et-Loir).
Molendinum Estorvel de Borseio. 86. 60. Boursay, canton de Droué (Loir-et-Cher).
Molendinum Hervei. 151. 102.
Molendinum Lidi. 176. 119.
Molendinum Mesandum. 125. 86.
Molendinum Novum inter Fontes et Curiam Alani. 116. 80. — 176. 119. — 252. 174. Le Grand-Moulin, commune de Courtalain, conton de Cloyes (Eure-et-Loir).
Molendinum Vaar, Molin au Vaer. 315. 230. — 333. 251.
Molendinum Villicarii. 176. 119.
Molendinum Villici. 256. 177.
Monborrus. 80. 55. Montbarry, hameau, aujourd'hui détruit, commune de Saint-Denis-les-Ponts, canton de Châteaudun.
Mons Duplex. 143. 98. Montdoubleau (Loir-et-Cher).
Monsinevilla. 176. 119.
Monte Canini (terra de). 156. 105.
Mons Rehardi. 176. 120.
Montigniacum, Montinhiacum, Montigeniacum. 71. 48. — 103. 72. — 177. 120. — 220. 151. Montigny-le-Gannelon, canton de Cloyes (Eure-et-Loir).
Montrionis (vinee de). 286. 201.
Moreheria. 141. 97. Morée, chef-lieu de canton (Loir-et-Cher), ou Moriers, canton de Bonneval (Eure-et-Loir).
Morrainevilla. 176. 118. Merenneville, hameau, commune d'Ozoir-le-Breuil, canton de Châteaudun.
Mortaigne. 137. 93. Mortagne (Orne).

N

Nemus Borrelli. 121. 82. — 126. 87. Bois-Bourreau, terroir, commune de Fontaine-Raoul (Loir-et-Cher).
Nemus Bordarum 75. 51. — 244. 167. — 245. 169. Le bois des Bordes. Les Bordes, hameau, commune d'Autheuil, canton de Cloyes (Eure-et-Loir).
Nemus de Bello-Visu inter Bordas et Fontem-Marie. 284. 199. Le Bois de Beauvoir, entre les Bordes et Fontaine-Marie, commune de Douy, canton de Cloyes (Eure-et Loir).
Nemus Sancti Petri in parrochia Goheri de Dangeolo. 240. 164. Gohory, canton de Brou (Eure-et-Loir).
Nemus Villici. 115. 79. Bois-Auvée, hameau, commune de Langey, canton de Cloyes (Eure-et-Loir).
Nicholai (altare Beati). 95. 66. L'autel dédié à saint Nicolas, dans la chapelle de l'Hôtel-Dieu de Châteaudun.
Nivovilla. 176. 118. Nivouville, hameau, commune de Châteaudun.
Noeretum. 75. 51. Nozay, hameau, commune de Thiville, canton de Châteaudun.
Novum Castrum. 68. 46. — 118. 81. Châteauneuf, arrondissement de Dreux (Eure-et-Loir).
Nuefviz. 83. 57. Neuvy-en-Dunois, canton de Bonneval (Eure-et-Loir).

O

Olaivilla. 176. 119. Ollainville, commune de Villamblain (Loiret).
Ormevilla. 327. 246 Ormeville, hameau, commune de Baudreville, canton de Janville (Eure-et-Loir).
Ororium Doain, vel Decani. 176. 120. — 209. 142. Ozoir-le-Doyen (Loir-et-Cher).

Ororium le Bruill. 150. 101.— 158. 106.— 163. 109. Ozoir-le-Breuil, canton de Châteaudun.

P

Paciacum. 112. 78. Passy (Seine).
Panceria apud Castridunum. 87. 60.
Pelliperia Castriduni. 270. 188.
Pertes in parrochia Castellione. 58. 40. — 59. 41. — 60. 41. — 61. 42. — 75. 51. — 243. 167. — 309. 224. Châtillon, canton de Cloyes (Eure-et-Loir).
Peschechat, Pochechat (vinea de). 79 55. — 251. 173.
Pessumvilla, Espezonvilla. 206. 139.— 316. 231. Péronville, canton d'Orgères (Eure-et-Loir).
Planche vadi Tonnellariorum. 99. 69. Le gué aux Tonneliers, commune de Choue (Loir-et-Cher).
Poiletum in Pertico. 176. 118. Le Poislay-au-Perche, canton de Droué (Loir-et-Cher).
Pontes. 197. 134.— 198. 134. — 238. 163. — 247. 170. Ponts, hameau, commune de Saint-Denis-lès-Ponts, canton de Châteaudun.
Porcheronvilla. 55. 38. — 67. 46. — 75. 51. — 110. 76 — 160. 108. — 161. 108. — 176. 117. — 208. 141. — 236. 161.— 237. 162.— 259. 179.— 285. 200.— 292. 207. — 298. 213. — 302. 218. — 312. 227. — 313. 228. — 317. 232 — 323. 241.— 324. 243. — 325. 244. Porcheronville, hameau, commune d'Ozoir-le-Breuil, canton de Châteaudun.
Porta Carnotensis. 201. 136. La porte Chartraine, à Châteaudun, aujourd'hui détruite.
Praheles. 176. 120.
Pratum de Flotel. 86. 60.
Primevilla, Primavilla. 82. 56. — 176. 117. — 208. 141. — 319. 236. Pruneville, ancien château, ferme, commune de Marboué, canton de Châteaudun.
Proenvilla (vinea de). 109. 76.
Puteum (vinea ad). 70. 47.
Pynarderia. 113. 78. La Pinardière? vers Droué (Loir-et-Cher).

Q

Quercus de Tripode. 121. 82.— 126. 87. ..... vers Beaufou, commune de Fontaine-Raoul (Loir-et-Cher).

R

Rengi. 176. 119. — 240. 164.
Romiliacum super Engrain, Romovilla. 176. 120. Romilly-sur-Aigre, canton de Cloyes (Eure-et-Loir).
Rougenoil. 176. 117.
Rouserein, Rouseren (vinea de). 66. 45. — 75 51.
Roycefort, Rupis Fortis. 304. 220. — 334. 252. Rochefort, hameau, commune de Jallans, canton de Châteaudun.

S

Sanctus Albinus juxta Castrumdunum. 254. 175. Saint-Aubin.
Sanctus Avitus, abbatia. 250. 172. L'abbaye de Saint-Avit, aujourd'hui hameau, commune de Saint-Denis-lès-Ponts, canton de Châteaudun.
Sanctus Cauraunus Carnotensis. 187. 127. Saint-Chéron-lès-Chartres, canton nord de Chartres (Eure-et-Loir).
Sanctus Egidius de Colle. 133. 91. — 296. 211. Saint-Gilles, château, commune de Châteaudun.
Sanctus Evurtius. 75. 52. Sainte-Euverte, à Orléans (Loiret).

Sanctus Johannes de Chatena. 202. 137. Saint-Jean de la Chaine, faubourg de Châteaudun.
Sanctus Lazarus. 120. 81. Saint-Lazare, ancienne léproserie, aujourd'hui Les Récollets, commune de Saint-Denis-lès-Ponts, canton de Châteaudun.
Sanctus Martinus de Marboeto. 319. 235. Saint-Martin, hameau, commune de Marboué, canton de Châteaudun.
Sanctus Medardus. 178. 121. Saint-Médard, ancienne église de Châteaudun, placée sous les murs du château.
Sanctus Petrus de Marboeto. 319. 235. L'église Saint-Pierre de Marboué, canton de Châteaudun.
Sanctus Vincentius de Nemore. 68. 46. Saint-Vincent aux Bois, ancienne abbaye, hameau, commune de Saint-Maixme, canton de Châteauneuf (Eure-et-Loir).
Sarmesoles. 75. 51.
Saullievre. 250. 172. Saulièvre, terroir, commune de La Chapelle-du-Noyer, canton de Châteaudun.
Selomes. 176. 119. Selommes, chef-lieu de canton (Loir-et-Cher).
Sivriacum. 149. 101. Civry, canton de Châteaudun.

T

Telloi. 200. 135. Teillay, ferme, commune d'Autheuil, canton de Cloyes (Eure-et-Loir).
Teneria Castriduni. 185. 126. — 288. 203.
Terra Nigra. 176. 118. Terrenoire, ferme, commune de La Chapelle-du-Noyer, canton de Châteaudun.
Terras dulces (vinea ad). 70. 47. — 75. 52.
Toriel, Toriau. 72. 49. — 75. 51. — 176. 118. Thoreau, château et ferme, commune de Saint-Denis-lès-Ponts, canton de Châteaudun.
Tronchetis (terra de). 75. 51. — 99. 69. Les Tronchais, commune de Choue (Loir-et-Cher).
Tronchetum. 180. 123. Le Tronchet, hameau, commune de Lanneray ou commune de Marboué, canton de Châteaudun.
Tusca Briderii. 176. 117. Touchebredier, château et ferme, commune de La Chapelle-du-Noyer, canton de Châteaudun.

U

Ulmo juxta Brocea. 176. 118. La Brosse, château, commune de Nottonville, canton d'Orgères (Eure-et-Loir).
Ursella. 62. 42.
Ursonvilla. 176. 118. Orsonville, hameau, commune de Donnemain-Saint-Mamert, canton de Châteaudun.

V

Valeria super Coniam. 217. 149. — 218. 150. Vallières, hameau, communes de Civry et de Nottonville, cantons de Châteaudun et d'Orgères (Eure-et-Loir).
Vallis Ryoli. 176. 118.
Vallum Sancti Aniani. 152. 103. — 267. 186. Le Val Saint-Aignan, quartier de la ville de Châteaudun.
Veves. 64. 44. Veuves, canton d'Herbault (Loir-et-Cher).
Vicenis. 191. 131. Vincennes (Seine).
Vicus Beate Marie Magdalene. 296. 211.
Vicus de Esseures. 79. 55.
Villa Amdree. 176. 119. Villandry? hameau, commune de Villampuy, canton de Châteaudun.
Villa Episcopi, Villevesque, Villevesquez. 62. 43. — 75. 51. — 78. 54. — 83. 57. —

100. 70. — 111. 77. — 211. 143. — 213. 146. — 250. 172. — 299. 215. — 300. 216. — 322. 240.

Villa Escharbot. 269. 188. Écharbault, ferme, commune de Lanneray, canton de Châteaudun.

Villagalli. 207. 139. Villequoy, ferme, commune de Péronville, canton d'Orgères (Eure-et-Loire).

Villa in Blado, Villenblini, Villenblainh. 75. 51.— 176. 117.— 213. 146.— 248. 171. — 250. 172. — 264. 183. — 273. 191. — 282. 197. — 283. 198. — 290. 205.— 293. 208. — 294. 209. — 310. 225. Villamblain, canton de Patay (Loiret).

Villa in Podio. 75. 51. Villampuy, canton de Châteaudun.

Villa Lupi. 75. 51. — 176. 118. Villeloup, hameau, commune d'Ozoir-le-Breuil, canton de Châteaudun.

Villavesson, Villevoison. 75. 51. — 176. 117. Villevoison, ferme, commune de Saint-Cloud, canton de Châteaudun.

Villebeton. 176. 119. Villebeton, hameau, commune du Mée, canton de Cloyes (Eure-et-Loir).

Villeretum, Villeret, Villaret. 75. 51. — 296. 210.— 316. 231.— 326. 245. Villeray, ferme, commune de Bazoches-en-Dunois, canton d'Orgères (Eure-et-Loir).

Villetronum. 176. 118. Villetron, ancien fief, hameau, commune de Civry, canton de Châteaudun.

Villorset. 248. 171. ? vers Villamblain, canton de Patay (Loiret).

Villouseir. 176. 120. Villouzier, ancien fief, hameau, commune de Lutz, canton de Châteaudun.

Vindocinensis. 136. 93. Vendôme (Loir-et-Cher).

Vovretum, Vovroi. 57. 39. — 75. 52. — 77. 53. — 81. 56. — 176. 118. Vouvray, hameau, commune de Saint-Denis-les-Ponts, canton de Châteaudun.

Y

Ysiacum, Ysi. 170. 114. — 176. 120. — 205. 138. Yssay, ancien fief, hameau, commune d'Yèvres, canton de Brou (Eure-et-Loir).

FIN DES TABLES.

www.ingramcontent.com/pod-product-compliance
Lightning Source LLC
Chambersburg PA
CBHW060633170426
43199CB00012B/1543